中国财政管理

谢旭人 著

中国财政经济出版社

图书在版编目（CIP）数据

中国财政管理/谢旭人著．—北京：中国财政经济出版社，2011.10
ISBN 978－7－5095－3109－9

Ⅰ.①中… Ⅱ.①谢… Ⅲ.①财政管理－研究－中国 Ⅳ.①F812.2

中国版本图书馆 CIP 数据核字（2011）第 186050 号

责任编辑：赵 力 吕小军 责任校对：李 丽
封面设计：思梵星尚 版式设计：兰 波

中国财政经济出版社 出版

URL：http：//www.cfeph.cn
E－mail：cfeph@cfeph.cn

（版权所有 翻印必究）

社址：北京市海淀区阜成路甲 28 号 邮政编码：100142
营销中心电话：88190406 北京财经书店电话：64033436 84041336
北京财经印刷厂印刷 各地新华书店经销
787×960 毫米 16 开 30.75 印张 365 000 字
2011 年 10 月第 1 版 2011 年 10 月北京第 1 次印刷
印数：1—5 000 定价：56.00 元
ISBN 978－7－5095－3109－9/F·2632
（图书出现印装问题，本社负责调换）
本社质量投诉电话：010－88190744

作者近照

目 录

导 论 …………………………………………………………（ 1 ）

第一章 财政管理的科学化精细化理念 …………………（ 20 ）
  第一节 财政管理的重要性 ……………………………（ 20 ）
  第二节 现代财政管理的必然选择
        ——科学化精细化 ………………………（ 23 ）
  第三节 财政科学化精细化管理的基本要求 …………（ 34 ）

第二章 财政管理的法制体系 ……………………………（ 41 ）
  第一节 财政管理的法治要求 …………………………（ 41 ）
  第二节 财政管理的法律依据 …………………………（ 49 ）
  第三节 加强财政执法及执法监督 ……………………（ 57 ）
  第四节 加强财政法制宣传教育 ………………………（ 61 ）

第三章 财政政策及管理 …………………………………（ 65 ）
  第一节 财政政策及管理概述 …………………………（ 65 ）
  第二节 财政政策实践 …………………………………（ 72 ）
  第三节 财政政策展望 …………………………………（ 85 ）

第四章　税政管理 （94）
第一节　税收收入管理 （94）
第二节　税收政策调节 （109）
第三节　税收制度改革 （114）
第四节　税收国际交流与合作 （123）

第五章　公共财政预算编制及管理 （129）
第一节　公共财政预算概述 （130）
第二节　收入预算编制及管理 （138）
第三节　支出预算编制及管理 （143）

第六章　政府性基金预算编制及管理 （157）
第一节　政府性基金概述 （157）
第二节　政府性基金预算编制及管理 （169）
第三节　完善政府性基金预算编制及管理 （175）

第七章　国有资本经营预算编制及管理 （182）
第一节　国有资本经营预算概述 （182）
第二节　收入预算编制及管理 （191）
第三节　支出预算编制及管理 （193）

第八章　社会保险基金预算编制及管理 （198）
第一节　社会保险基金预算概述 （198）
第二节　社会保险基金预算管理的主要内容 （209）
第三节　收入预算编制及管理 （214）
第四节　支出预算编制及管理 （219）
第五节　加强社会保险基金预算管理的措施 （227）

第九章 预算执行管理 (230)

- 第一节 预算执行管理概述 (230)
- 第二节 加强预算执行分析与预测 (233)
- 第三节 提高预算支出执行均衡性和效率 (236)
- 第四节 深化国库集中收付制度改革 (240)
- 第五节 推进政府采购制度改革 (253)
- 第六节 加强决算管理 (261)

第十章 预算绩效管理 (266)

- 第一节 预算绩效管理概述 (266)
- 第二节 我国预算绩效管理实践 (273)
- 第三节 推进预算绩效管理的措施 (282)

第十一章 政府性债务管理 (287)

- 第一节 国债管理 (287)
- 第二节 地方政府性债务管理 (292)
- 第三节 政府主权信用和境外发行主权债券管理 (297)
- 第四节 外国政府贷款管理 (301)
- 第五节 国际金融组织贷款管理 (311)

第十二章 财政监督管理 (320)

- 第一节 财政监督概述 (320)
- 第二节 财政监督方式方法与基本规范 (325)
- 第三节 财政监督的主要内容 (331)
- 第四节 建立健全财政监督机制 (341)
- 第五节 增强预算透明度 (347)

第十三章　财政管理基础工作 (355)
第一节　财政管理基础工作概述 (355)
第二节　完善政府收支分类科目体系 (357)
第三节　支出标准体系建设 (363)
第四节　项目库建设 (372)
第五节　政府会计改革 (378)

第十四章　国有资产管理 (382)
第一节　行政事业单位国有资产管理 (382)
第二节　金融企业国有资产管理 (392)

第十五章　会计管理 (399)
第一节　会计标准管理 (399)
第二节　会计信息化管理 (402)
第三节　会计人员管理 (404)
第四节　注册会计师管理 (411)

第十六章　基层财政建设 (418)
第一节　基层财政概述 (418)
第二节　县乡财政建设 (424)
第三节　基层财政改革 (430)

第十七章　财政管理信息化 (443)
第一节　财政管理信息化概述 (443)
第二节　财政管理信息化建设的总体要求 (446)
第三节　财政管理信息化建设主要内容 (450)

第四节　信息数据管理与应用 …………………… (458)

第十八章　财政干部队伍建设 ………………………… (462)
第一节　财政干部是财政管理的第一资源 ………… (462)
第二节　能力素质建设 ……………………………… (463)
第三节　党风廉政建设 ……………………………… (467)
第四节　人事制度建设 ……………………………… (472)
第五节　财政文化建设 ……………………………… (474)
第六节　保障体系建设 ……………………………… (478)

主要参考文献 ……………………………………………… (484)

导 论

一

财政是以国家为主体的分配活动,随国家的产生而产生、发展而发展,是国家政权活动的重要组成部分。国家凭借社会公共权力,依照法律法规,参与社会产品和国民收入分配、再分配活动,并集中一部分国民收入用于满足公共需要,以调节资源配置、促进经济社会发展和公平收入分配。

财政是一个经济范畴,也是一个政治范畴。马克思、恩格斯指出:"为了维持这种公共权力,就需要公民缴纳费用——捐税……随着文明时代的向前发展,甚至捐税也不够了,国家就发行期票,借债,即发行公债。"并强调"赋税是政府机器的经济基础"。毛泽东同志指出:"国家的预算是一个重大的问题,里面反映着整个国家的政策,因为它规定政府活动的范围和方向。"邓小平同志指出:"财政部门是集中体现国家政策的一个综合部门,和其他工作一样,它必须服从总路线。""数字中有政策,决定数字就是决定政策。"江泽民同志指出:"财政是一个经济范畴,又是一个政治范畴,事关治国安邦、强国富民。"胡锦涛同志强调:"财税工作是党的事业和政府工作的重要组成部分,预算里面体现了党和政府的政策和宏观调控意图,数字里面包含了政治,包含了各级政府之间的关系,部门之间的关系,地区之间的关系,民族之间的关系。"这些论断科学地概括了财政的本质内涵。

从人类发展史看，财政是社会生产力发展到一定历史阶段的产物，财政活动是一种历史悠久的经济现象。我国在历史上曾经采用过"国用"、"国计"、"度支"、"理财"等表述财政。现代意义上的财政一词起源于西欧，自日本明治维新以后传入中国。现在，人们一般从公共产品和公共财政的角度来理解国家财政。在市场经济条件下，私人产品可以通过市场交易的方式来提供，但是公共产品由于具有非排他性和非竞争性的特点，无法通过市场交易来提供，这种社会必需的公共产品和服务需要由国家或政府提供。国家机器的运转、政府提供公共产品和服务的基础是公共财政。在市场经济条件下，公共财政具有资源配置、收入分配、调控经济和监督管理等职能。随着我国社会主义市场经济的发展和改革开放的深入，公共财政在经济社会发展中发挥着越来越重要的作用。

资源配置职能。指将一部分社会资源集中起来，形成财政收入，然后通过财政支出活动，由政府提供公共产品或服务，引导社会资金流向，弥补市场缺陷，从而优化全社会的资源配置。在社会主义市场经济中，市场这只"无形的手"在资源配置中发挥基础性作用，政府这只"有形的手"主要在市场"失灵"的领域发挥作用。作为政府履行职能的重要手段之一，财政不仅是一部分社会资源的直接分配者，也是全社会资源配置的调节者。这一特殊地位，决定了财政的资源配置职能既包括对用于满足社会公共需要资源的直接分配，又包括对全社会资源的间接调节。

收入分配职能。指政府财政收支活动对各社会成员收入在社会财富中所占份额施加影响，以公平收入分配。在政府对收入分配不加干预的情况下，一般会以个人财产多少和对生产所作贡献大小等因素，将社会财富在社会各成员之间进行初次分配。这种市场化分配有利于提高效率，但容易造成社会成员间收入差距过大，从而需要政府对市场初次分配结果实施再分配调节，以促进社会公平。财政的收入分配职能主要通过税收调节、转移性支出（如社会保障支出、救济支出、补贴）等手段来实现。

调控经济职能。指通过实施特定的财政政策，促进实现较高的就业水平、物价稳定和经济增长等目标。政府根据宏观经济运行的不同状况，相机抉择采取相应的财政政策措施。当社会总需求小于社会总供给时，采用扩张性财政政策，增加财政支出或减少政府税收，扩大社会总需求，防止经济衰退；当社会总需求大于社会总供给时，采用紧缩性财政政策，减少财政支出或增加政府税收，抑制社会总需求，防止通货膨胀；在社会总供给和社会总需求基本平衡，但结构性矛盾比较突出时，实行趋于中性的财政政策。

监督管理职能。在财政的资源配置、收入分配和调控经济各项职能中，都隐含了监督管理职能。在市场经济条件下，由于利益主体的多元化、经济决策的分散性、市场竞争的自发性和排他性，都需要财政的监督和管理，以规范财经秩序、促进经济健康发展。我国是人民民主专政的社会主义国家，必须保证政令统一，维护国家和人民的根本利益，这就更需要强化财政的监督管理职能。

财政取之于民，用之于民。新中国成立以来，在社会主义制度和生产关系基础上建立起来的财政，是取之于民、用之于民的财政，是自力更生、独立自主的财政，是实现国家各个时期经济与社会发展任务的重要工具。在中华人民共和国建立前的新民主主义革命时期，财政的主要任务是保障革命战争的供给，争取革命的胜利。1934年1月，毛泽东同志指出："从发展国民经济来增加我们财政的收入,是我们财政政策的基本方针。"1942年12月,毛泽东同志总结了革命根据地财政工作的实践经验,具体分析了当时革命战争的实际情况,提出了"发展经济,保障供给"的财政经济工作总方针,并确立了"取之于民、用之于民",实行合理负担的税收政策和控制赤字、力争收支平衡的财政政策。1949年中华人民共和国成立以来,国家财政在国民经济发展中一直起着重要的作用,国家运用财政的分配、调节、监督等功能,在贫穷落后的基础上逐步建立、巩固和完善了以社会主义公有制为主体的经济基础,支持和促进国民经济的发展,不断提高人民的物质文化生活水平,并通过财政体制改革和配合推进其他经济体制改革,不断推动着社会主义制度的自我完善和发展。

在社会主义市场经济条件下,财政在优化资源配置、调节收入分配、加强宏观调控、实施监督管理等方面的职能作用更加突出。国家通过税收和非税收入组织筹集的财政收入,通过预算安排财政支出,用于提供公共产品和公共服务,进行交通、水利等基础设施和城市公共建设,支持农村和地区协调发展,用于环境保护和生态建设,促进教育、科学、文化、卫生等社会事业发展,用于社会保障和社会福利,进行国防建设,维护社会治安,用于政府行政管理,开展外交活动,保障国家安全,促进经济社会发展。随着财政收支规模的增长,国家财政用于民生的支出不断增加,满足人民群众日益增长的物质文化等方面的需要。汇总各项财政支出,2010年全国财政民生支出达到59601.81亿元,占全国财政支出的2/3以上,其中,用于与人民群众生活直接相关的教育、医疗卫生、社会保障和就业、保障性住房、文化体育等方面的支出合计29256.18亿元,增长21.1%;用于"三农"的支出合计24213.4亿元,增长20.8%。分税制改革以来,中央财政逐年加大财政转移支付力度,2010年中央财政对地方税收返还和转移支付达到 32341 亿元。其中，一般性转移支付 13236 亿元，主要用于中西部地区，不仅推动了基本公共服务均等化，也有效缓解了县乡财政困难，促进了区域协调发展。

二

党的十六大以来，党中央紧密结合新世纪、新阶段国际国内形势的发展变化，提出以人为本实现科学发展、全面建设小康社会、构建社会主义和谐社会、建设社会主义新农村、建设创新型国家、树立社会主义荣辱观、推动建设和谐世界、加强党的执政能力建设和先进性建设等重大战略思想和战略任务。胡锦涛总书记在党的十七大报告中，从多方面对发挥财政职能作用提出了新的更高要求，并明确了推进财税改革的主要任务。党的十七届五中全会进一步指出，"十二五"时期我国经济社会发展工作，必须以科学发展为主题，以加快转变经济发展方式为主线，提出要加快财税体制改革，积极构建有利于转变经济发展方式的财税体制。这些要求为做好当前及今后一个时期的财政工作指明了方向。

财政是党和政府履行职能的物质基础、体制保障、政策工具和监管手段。根据新形势新任务的要求，财政部提出了今后一个时期的财政工作指导思想：高举中国特色社会主义伟大旗帜，以邓小平理论和"三个代表"重要思想为指导，深入贯彻科学发展观，认真落实党中央、国务院对财政工作的各项要求，以科学发展为主题，以加快转变经济发展方式为主线，加强和改善财政宏观调控，推动经济结构优化，保持经济平稳较快发展；优化财政支出结构，加强社会建设，切实保障和改善民生；深化财税改革，积极构建有利于转变经济发展方式的财税体制机制，健全公共财政体系；推进财政科学化精细化管理，进一步提升财政管理水平，提高财政资金使用效益；强化队伍建设，不断增强干部综合素质。积极发挥财政职能作用，促进科学发展和社会和谐，为实现全面建设小康社会宏伟目标做出新的更大贡献。

按照上述指导思想，确立了当前及今后一个时期财政工作的主要任务：

坚持科学发展，促进经济结构优化和平稳较快增长。加强和改善财政宏观调控，根据国内外经济形势发展变化，充分发挥财政政策在稳定经济增长，特别是优化结构、协调发展等方面的积极作用，加快转变经济发展方式，促进经济社会又好又快发展。调整国民收入分配格局，逐步提高居民收入在国民收入分配中的比重、劳动报酬在初次分配中的比重，增强消费对经济增长的拉动作用。优化政府公共投资结构，积极引导民间投资，把投资与增加就业、改善民生有机结合起来。加大财政科技投入，推动科技进步和创新。改造提升制造业，培育发展战略性新兴产业，大力促进服务业和中小企业发展。推进节能减排和新能源发展，进一步健全生态环境补偿机制，促进循环经济发展，加强生态保护。加大城乡统筹力度，促进区域协调发展。

坚持改善民生，推进和谐社会建设。保障和改善民生是贯彻落实科学发展观的重要任务，是构建社会主义和谐社会、全面建设小康社会的重要内容。立足我国基本国情，根据社会事业发展规律和公共服务的不同特点，按照公共财政要求，积极探索有效的财政保障方式，不断优化财政支出结构，逐步完善符合国情、比较完整、覆盖城乡、可持续的基本公共服务体系，维护社会公平正义。加快社会主义新农村建设，促进城镇化健康发展，积极推进城乡经济社会发展一体化。深化农村综合改革，完善相关政策措施，加强农业农村基础设施建设，推动现代农业和农村社会事业发展，保障国家粮食安全，促进农民增收。支持实施更加积极的就业政策，努力扩大就业。落实《国家中长期教育改革与发展规划纲要（2010—2020年）》要求，加大教育投入，完善投入机制，提高教育经费使用效益。按照保基本、强基层、建机制的要求，支持深化医药卫生体制改革。多渠道筹集社会保障资金，加快推进覆盖城乡居民的社会保障体系建设。完善并实施城镇职工和居民养老保险制度，健全企业退休人员基本养老金正常调整机制，推进城镇企业职工基础养老金全国统筹，努力实现新型农村社会养老保险制度全覆盖，推动机关事业单位养老保险制度改革。完善城乡居民最低生活保障标准动态调整机制，健全社会救助体系，实现城乡社会救助全覆盖。支持增加中低收入居民住房供给，加强公共租赁住房、廉租住房、棚户区和农村危房改造等保障性安居工程建设。促进构建覆盖城乡、惠及全民的公共文化服务体系，不断深化文化体制改革，提升国家文化软实力。推进政法经费保障体制改革，加强基层政权建设，保障公共安全，维护社会稳定。

坚持改革创新，完善财税体制。加快财税体制改革，积极构建有利于转变经济发展方式的财税体制、运行机制和管理制度，是贯彻落实科学发展观的必然要求，也是更好发挥财政职能作用的体制保障。围绕推进基本公共服务均等化和主体功能区建设，完善公共财政体系。健全财政体制。在合理界定事权基础上，按照财力与事权相匹配的要求，进一步理顺各级政府间财政分配关系。健全统一规范透明的财政转移支付制度，提高转移支付资金使用效益。"十二五"期间，要基本建立起县级基本财力保障机制，加强县级政府提供基本公共服务财力保障能力。推进预算制度改革。健全公共财政预算，提高财政收入质量，增加公共服务领域投入。强化政府性基金预算管理，提高基金预算的规范性和透明度。健全国有资本经营预算收支政策，扩大国有资本经营预算范围，加快汇总编制全国国有资本经营预算。规范社会保险基金预算编制方法，扩大社会保险基金预算编报范围，逐步编制全国社会保险基金预算。努力健全科学完整、结构优化、有机衔接、公开透明的政府预算体系。健全预算编制和执行管理制度。继续深化部门预算、国库集中收付、政府采购等预算管理制度改革。改革完善税收制度。扩大增值税征收范围，相应调减营业税等税收，合理调整消费税范围和税率结构，完善有利于产业结构升级和服务业发展的税收政策。逐步建立健全综合和分类相结合的个人所得税制度。开征环境保护税。研究推进房地产税改革，完善财产税制度。按照强化税收、规范非税收入的原则，继续推进税费改革。逐步健全地方税体系，赋予省级政府适当税政管理权限。同时，完善财政支持农村金融体系发展和促进中小企业融资的长效机制。积极支持其他方面的改革，进一步完善社会主义市场经济体制。

坚持科学管理，进一步提高财政管理绩效。随着我国社会主义市场经济体制不断完善，政府职能转变加快，财政收支规模不断扩大，财政服务对象逐步拓宽，财政工作的复杂性和艰巨性越来越突出，迫切需要不断提高财政管理水平。全面推进财政科学化精细化管理，体现依法管理、科学管理、民主管理的要求，事关财政职能作用的有效发挥，事关财政事业的健康发展。坚持完善制度、夯实基础与提高执行力并重，不断加强财政科学管理。加快推进依法行政依法理财。进一步健全财政法律法规体系，强化规范性文件管理，规范财政执法行为。建立完善年度预算与中长期财政规划相结合的机制，加强预算编制管理，努力提高预算编制的科学性、准确性和完整性。完善预算绩效管理制度，逐步建立健全绩效目标设定、绩效跟踪、绩效评价及结果运用有机结合的预算管理机制,实现全过程预算绩效管理。建立健全地方政府债务规模管理和风险预警机制。将地方政府债务收支纳入预算管理,逐步形成地方政府规范举债、合理融资、风险可控、运行高效的长效机制。进一步加强管理基础工作,全面强化乡镇财政建设。完善覆盖所有政府性资金和财政运行全过程的监督机制,促进监督与管理的有机融合。紧紧围绕预算编制、预算执行和财政监督等关键环节,提升信息化对财政科学化精细化管理的保障能力。加快预算公开的法制化、规范化进程,逐步扩大公开范围和细化公开内容,强化预算公开责任制度。自觉依法接受人大、审计监督。

坚持队伍建设,不断提高财政干部素质。财政干部队伍建设事关财政发展改革大局。加强和改进思想政治工作与职业道德建设,积极引导广大财政干部职工树立正确的世界观、权力观和事业观。大力加强领导班子建设,努力成为学习型组织、创新型团队、实干型集体、廉洁型班子。不断深化财政干部人事制度改革,健全选贤任能的干部选拔任用机制。强化干部教育培训工作,全面提高干部政治素质、业务能力和职业道德水平。加强财政基层党组织建设,提升基层党组织的凝聚力和战斗力。研究制订并组织实施财政惩防腐败体系2013—2017年工作规划,全面提升财政反腐倡廉建设的科学化、制度化、规范化水平。加强财政文化建设,推进财政系统精神文明创建活动。开展财政部门和谐机关创建活动,积极引导广大财政干部职工发扬爱岗敬业、求真务实的工作作风,弘扬艰苦奋斗、廉洁自律的优良传统,为"十二五"时期财政发展改革提供强有力的组织保障。

总结多年来的实践经验,要完成上述财政工作的主要任务,需要遵循以下原则:

一是注重服务大局、推动科学发展。牢固树立科学发展理念,从服务党和国家事业发展全局出发,从积极应对国际金融危机冲击等重大挑战和各类自然灾害的迫切需要出发,努力发挥财政促进经济稳定增长、优化经济结构和调节收入分配的职能作用,以及在应对突发事件中的财力保障和政策支持作用,并注重处理好财政与市场的关系,充分发挥市场机制配置资源的基础性作用,更加重视提高经济增长质量和效益,加快转变经济发展方式,促进经济社会又好又快发展。在此基础上,不断壮大财政实力,进一步增强贯彻落实党中央、国务院重大决策部署的能力。

二是注重以人为本、保障改善民生。牢固树立"权为民所用、情为民所系、利为民所谋"和公共财政"取之于民、用之于民"的理念,既做大"蛋糕",又分好"蛋糕",处理好促进经济发展和收入分配的关系,始终把实现好、维护好、发展好最广大人民群众的根本利益,作为财政发展改革的出发点和落脚点。不断调整和优化财政支出结构,着力解决人民群众最关心、最直接、最现实的利益问题,加大强农惠农政策力度,积极推进教育、医疗卫生、社会保障和就业等社会事业发展,建立完善基本公共服务体系,做到改革发展为了人民、改革发展依靠人民、改革发展成果由人民共享。

三是注重深化改革、完善体制机制。牢固树立深化改革是科学发展强大动力的理念,充分发挥制度的根本性、长期性、全局性和稳定性作用,敢于和善于用改革的办法解决发展中存在的突出矛盾和问题,健全财政体制,创新预算管理,深化税制改革,加快完善公共财政体系和社会主义市场经济体制,形成有利于科学发展的财税体制机制,更好地激发和增强微观主体的动力和活力,调动各方面的积极性、主动性和创造性,努力提高全社会资源配置效率。

四是注重加强管理、提高财政效能。牢固树立科学化精细化管理理念，积极探索和掌握财政管理的客观规律，建立健全管理制度和运行机制，运用现代管理方法和信息技术，发挥管理人员的积极作用，坚持依法理财、科学理财、民主理财，全面深入地推进财政科学管理，以"两基"促"两化"，切实增强执行力，不断提高财政管理的效能和财政资金使用效益，更好地保障财政职能作用的发挥，保障党中央、国务院重大决策部署的贯彻落实。

五是注重建设队伍、践行工作宗旨。牢固树立人才是第一资源和队伍建设是基础建设的理念，按照业务工作和干部队伍建设"两手抓、两手都要硬"的要求，切实加强干部队伍建设，大力弘扬"为国理财、为民服务"的财政工作宗旨，不断增强财政干部的大局观念、创新观念、效率观念、服务观念、法治观念和责任观念，进一步提高干部依法理财、科学管理、勤政为民的本领，努力造就一支高素质的财政干部队伍，为做好财政工作提供有力的智力支持和组织保障。

三

财政管理是政府为了履行职能，依法运用一定手段，对财政收支及相关经济活动过程进行决策、计划、组织、协调和监督等的行为和方式，贯穿于研究制定和实施财政政策、编制和执行预算以及财政法制建设等财政工作的全过程，是财政部门的基本工作。财政管理水平的高低，直接影响到财政职能作用的发挥和财政资金的使用效率。不断加强财政管理，是落实新时期财政工作指导思想的重要举措。只有按照科学发展观的要求，完善管理体制，夯实管理基础，全面提高财政管理水平，才能更好地贯彻科学发展观，把"为国理财、为民服务"的财政工作宗旨落到实处。经济决定财政，经济发展了，财源基础就会壮大，但要使财源转化为财力，并能有效地提供公共产品和服务，就需要依靠国家法律法规进行有效的财政收入和支出组织管理才能实现。同样，运用财政政策，发挥调节作用，也需要财政管理来落实。所以，只有加强财政管理，才能发挥好财政资源配置、收入分配、调控经济和监督管理的职能作用。近年来，财政部门围绕强化财政管理进行了积极的探索，提出要全面推进科学化精细化管理，并采取了一系列加强财政管理的措施，有力地提高了财政管理的质量和效率，保障了财政职能作用的充分发挥，促进了经济社会又好又快发展。

胡锦涛总书记曾在一次重要讲话中指出：管理和技术是推动经济发展的两个车轮。同发达国家相比，我们在管理水平上的差距比技术上的差距更大。要广泛应用现代信息技术和科学管理方式，努力提高企业管理水平。就财政工作而言，同样存在这个问题。我们在财政管理理念、管理制度、管理方法、管理手段等方面都存在不少差距。要解决这些问题，必须大力推进依法理财，全面实施科学化精细化管理。这是财政部门深入贯彻落实科学发展观的具体体现，是总结实践经验得出的必然结论，是提高财政工作水平和财政资金绩效的必由之路。

全面推进科学化精细化管理是一项复杂的系统工程。科学化精细化是一种全面系统的管理理念。它反映在财政实践上，不仅要求管理理念的转变，而且要求管理制度、管理体系、管理方法和管理手段等全方位的积极变革。这就需要按照系统论的要求，全面研究实施科学化精细化管理的各项措施，做到统筹协调，整体推进。

全面推进科学化精细化管理是一个长期的过程。科学化精细化管理作为财政管理理念的重要创新,从确立到逐步成为全体干部的共识和自觉行动,需要付出长期的努力,必须坚持不懈、持之以恒,真正转化为实际的成果。在这个过程中,既要着眼长远,更要立足当前,根据财政税收形势的变化,确立不同时期的阶段性目标和工作重点,不断提高财政管理水平。

全面推进科学化精细化管理是一个动态发展、不断创新的过程。科学化精细化管理体现了现代管理理论的发展趋势,具有系统而深刻的理论内涵。理论的生命力在于它与实践的密切结合,实践检验理论,理论指导实践,两者相互促进。因此,必须结合财政工作实际,积极实践、探索,并在总结经验的基础上,不断有所创新,有所提高。

四

新的时期,全面推进财政科学化精细化管理是贯彻落实科学发展观的必然要求,符合现代管理的发展趋势,也是新形势下做好财政工作的迫切需要。全面实施财政科学化精细化管理,充分发挥财政职能作用,具有十分丰富的内容。具体来讲,主要包括以下几个方面:

准确把握新时期财政管理工作总体要求。财政管理是财政部门依法行使职权、加强财政收支管理的体现,是财政部门的基本职责。根据新形势新任务,财政管理工作的总体要求是,以邓小平理论和"三个代表"重要思想为指导,全面落实科学发展观,认真贯彻党中央、国务院的一系列方针政策和对财政管理的各项要求,坚持依法理财、科学理财、民主理财,按照突出重点、统筹兼顾、远近结合、分步实施的原则,建立完整的政府预算体系,完善预算管理制度,加强预算编制和执行管理,强化预算监督，建立预算编制与执行、监督相互制衡、有机衔接的运行机制，提高财政管理绩效，保障财政职能作用充分发挥，为全面建设小康社会、开创中国特色社会主义事业新局面做出新的更大贡献。贯彻这一总体要求，必须牢固树立现代财政管理观念，不断增强大局观念、法治观念、创新观念、效率观念、服务观念、责任观念，有效指导财政管理工作实践。按照执法规范、全面预算、保障有力、执行高效、运行透明、社会满意的要求，大力实施财政科学化精细化管理，全面提高财政管理水平。

坚持依法理财。依法理财是财政管理的基本要求。财政管理必须依照法律法规进行，严格按法律法规行使权力、履行职责，做到依法行政、合理行政、程序正当、高效便民、诚实守信、权责统一，真正体现依法行政和依法理财的要求。财政部门要努力推动完善财政管理法律法规体系，全面清理现有财政规范性文件，严格财政规章和规范性文件制定管理。加强普法教育和执法监督，提高全体财政干部的法律意识和法制观念。认真做好财政行政复议、行政应诉工作，完善财政行政审批程序，不断增强财政行政执法能力。

健全政府预算体系。按照完善社会主义市场经济体制的要求，建立由公共财政预算、政府性基金预算、国有资本经营预算和社会保障预算组成的有机衔接的政府预算体系，全面反映政府收支总量、结构和管理活动。努力提高公共财政收入质量，增加公共服务领域投入，在完善年度预算的基础上实行中期预算管理，逐步完善公共财政预算。理顺与国资监管部门的关系，完善国有资本经营预算收支政策，稳步扩大试点范围，全面推进国有资本经营预算。清理规范政府性基金项目，强化政府性基金预算管理，规范政府性基金预算。先行试编社会保险基金预算，理顺与相关部门的关系，逐步过渡到编制社会保障预算。

加强预算编制管理。做好预算编制工作是加强财政管理的前提和基础。综合考虑多种经济指标和政策调整等增减收因素，分税种科学测算税收收入，提高收入预算编制的科学性和准确性。调整优化财政支出结构，整合各种政府资源，增加对公共服务领域的投入，重点加大教育、科技、文化、就业、社会保障、医疗卫生、住房保障、生态环境等民生方面的投入。进一步细化预算编制，提高预算年初到位率，大幅减少代编预算规模。建立部门预算责任制度，强化部门的预算编制主体责任。扩大部门预算改革范围，省、市级部门及其下属预算单位要全面编制部门预算，县（市、区）也要逐步编制部门预算。加强部门预算专项结转和净结余资金统筹使用。推进资产管理与预算编制有机结合。增强地方预算编制的完整性。

强化预算执行管理。抓好预算执行管理是落实预算编制要求、提高预算管理水平的基本要求。依法加强收入征管，规范政府非税收入管理，依法健全财政收入均衡入库机制。建立预算执行责任制度，加强预算支出执行管理，提高预算支出的及时性、均衡性和有效性，确保资金安全。推进预算支出绩效评价工作，将评价结果作为改进预算管理和以后年度编制预算的重要参考依据，逐步建立评价结果公示制度。建立健全一体化的预算执行动态监控机制。完善财政资金安全管理保障机制。深化财政国库管理制度改革，健全以国库单一账户体系为基础、资金缴拨以国库集中收付为主要形式的现代国库管理制度。推进政府采购管理制度改革，继续扩大政府采购管理实施范围，对列入政府采购的项目全部依法实施政府采购。加强地方政府性债务管理。夯实政府性债务管理基础，研究建立债务管理信息系统、会计制度、规模控制和风险预警等基本制度框架。严格主权外债管理，有效防范债务风险，做好主权信用评级工作。

严格财政监督。强化财政监督是落实财政管理要求、提高财政资金绩效的有力保障。建立健全覆盖所有政府性资金和财政运行全过程的监督机制。强化事前和事中监督，促进监督与管理的有机融合。加强对基层预算单位财政资金使用情况的监管，健全专员办工作机制，充分发挥专员办就地监管优势，积极帮助基层财政部门落实监管机构和人员，组织、指导其开展监管工作，完善中央财政支出的日常监管网络。自觉依法接受人大、审计监督，进一步扩大向人大报送部门预算草案的范围，逐步细化报送人大审议的预算草案，认真整改审计发现的问题。不断增强预算透明度。按照《政府信息公开条例》的要求，充分利用报刊、网站等媒体及时公布财政收支统计数据，以及经人大审议通过的政府预决算和转移支付预算安排情况，主动公开财政规范性文件以及有关的财政政策、发展规划等，不断提高预算内容披露的详细程度。

全面强化管理基础工作。加强管理基础工作，是推进财政科学化精细化管理的需要。要完善政府收支分类科目体系。根据政治经济和社会发展的需要，按照财政科学化精细化管理的要求，调整、优化和完善相关科目。做好基础数据的收集整理，全面掌握包括预算单位人员、工资及津贴补贴、资产负债、收费项目和标准，地方财政的供养人口、财源财力、非税收入、县乡财政、贫困人口等基本数据。建立完善部门基础信息数据库，逐步实现对本级行政事业单位机构、编制、人员、资产、经费类型等数据的动态管理。加强支出标准体系建设，逐步完善基本支出定额标准体系。强化项目库建设，做好预算申报项目的立项、评估、遴选、论证、审核和排序工作，组织开展项目清理工作，推动项目滚动管理。

加强基层建设。立足基层加强财政管理，是实施财政科学化精细化管理的关键环节和重要抓手。适应农村经济社会发展的新形势和当前财政改革发展的新需要,进一步加强乡镇财政建设,合理界定和充实乡镇财政职能。完善县乡财政机构的运行机制,为乡镇财政工作人员创造良好的工作环境。推进财政部门内部基层单位建设,确保严格按照管理标准和工作规范,优质高效地完成本职工作。充分发挥基层预算单位的积极性,强化基层预算单位的责任意识。严格限制上级单位代编下级单位预算,切实做到从最基层预算单位开始编制预算,及时发现并努力解决执行过程中存在的问题。

加快财政管理信息化建设。运用信息技术强化财政管理,是全面实施财政科学化精细化管理的技术支撑。以标准和规范体系建设为基础,以建设和推广应用支撑平台为重点,以网络、安全及运行维护体系建设为保障,建成各级财政内部、财政与同级相关部门、上下级财政部门互联互通的一体化财政管理信息系统,支撑和促进财政科学化精细化管理。全力推广实施"金财工程"应用支撑平台,充分发挥其"多功能插座"的作用,促进实现业务畅通和数据贯通。规划和建立一体化管理系统,建立完善的财政资金对内对外即时动态监控系统,完整体现财政监管工作业务流程,实现对财政资金运行全过程的监督管理。加强数据中心建设和应用,充分利用数据中心,通过数据仓库等技术,加强对各类财政经济数据的统计分析,为财政决策提供科学依据。加快推进网络、安全、运维等保障体系建设,确保物理安全、网络安全、系统安全、应用安全和数据安全。

加强财政干部队伍建设。培养和造就高素质的财政干部队伍是做好财政管理工作的根本保证。按照政治坚定、开拓创新、求真务实、勤政廉政、团结协调的要求,进一步加强各级财政领导班子建设,使之成为学习型组织、创新型团队、实干型集体、廉洁型班子，在提高财政管理水平中发挥强有力的领导核心作用。认真贯彻中央关于党政领导干部选拔任用工作的有关精神，按照德才兼备、注重实绩、群众公认的原则选拔干部，营造使优秀人才脱颖而出、激励干部干事业、支持干部干成事业的良好氛围。以加强能力建设为核心，努力创新干部教育培训机制，根据不同的培训目标、培训对象、培训内容开展分级分类培训，不断增强培训的计划性、针对性和实效性。推行工作绩效评价，对财政管理人员工作的数量、质量、能力、态度和管理效益进行全面评价，确保实现管理目标。进一步改进作风，不断增强服务意识和能力。加强党风廉政建设，深入开展理想信念教育，牢固树立正确的权力观、地位观和利益观，做到为民、务实、清廉。坚持标本兼治、综合治理、惩防并举、注重预防的方针，建立健全财政系统惩防腐败体系。

五

现在呈现在读者面前的这本《中国财政管理》，正是以科学化精细化管理为主线，力求全面系统地总结近年来财政部门按照党中央、国务院的要求加强财政管理的理论与实践，探索进一步实施科学化精细化管理、提高财政管理绩效的思路及对策。

全书分为十八章，大体按照财政科学化精细化管理的主要内容依次展开。其中：第一章是全书的总括部分。分析了当前我国财政管理面临的形势，阐述了全面推进财政科学化精细化管理的重大意义和基本要求。第二至四章是财政综合管理部分。分别从财政管理的法制体系、财政政策及管理和税政管理三个方面做了阐述。第五至八章为预算编制部分。从建立完整的政府预算体系角度，分别就公共财政预算、政府性基金预算、国有资本经营预算、社会保险基金预算的编制及管理做了比较详细的介绍。第九至十一章为预算执行部分。分别就预算执行管理、预算绩效管理、政府性债务管理等方面进行了阐述。第十二章为财政监督管理部分。主要介绍了财政监督管理的意义、内涵、作用、范围、工作方式等内容,并针对建立健全财政监督机制、增强预算透明度提出了工作思路和具体要求。第十三至十六章为财政管理基础工作和基层建设部分。主要介绍了加强财政管理基础工作和基层建设的相关内容。第十七至十八章为财政管理保障部分。阐述了财政管理信息化建设、财政干部队伍建设的相关内容。

第一章　财政管理的科学化精细化理念

第一节　财政管理的重要性

财政管理是政府为了履行职能，依法运用一定手段，对财政收支及相关经济活动过程进行决策、计划、组织、协调和监督等的行为和方式，贯穿于制定和实施财政政策、编制和执行预算以及财政法制建设等财政工作的全过程。它既是政府管理活动的重要内容，也是整个国民经济管理活动的重要组成部分，其最终目的是更好地满足社会公共需要，促进经济社会又好又快发展。

财政管理的主体是国家及其财政机关。财政是国家为实现其职能而进行的一种分配与再分配活动，财政管理的主体是国家，财政机关是具体代表国家实施财政管理的工作机构。在我国，财政机关是指各级财政部门。

财政管理的客体是财政参与宏观调控、国民收入分配的全过程。财政管理活动是伴随着财政参与国民收入分配而产生的，涵盖国民经济与社会发展的各个方面。财政管理不仅贯穿财政分配活动的全过程，还涉及与财政分配相关的各个领域。既包括财政法律制度建设、财政政策的制定和实施、财政预算的编制和执行等财政工作的方方面面，还涉及政府与市场、政府与私人部门之间的利益关系调整，涉及"三农"、教育、医疗卫生、社会保障等民生问题的解决，涉及国有企业、国有资本运营监管等其他相关领域。因此，财政管理的客体包含了围绕政府履行职能、财政参与国民收入分配所产生的全部活动。

财政管理的依据是国家法律法规。实施财政管理，必须以国家法律规范为依据，坚持依法理财、依法管理。国家法律法规是进行财政管理活动的准绳，对财政管理活动涉及的任何一方都具有约束力，必须共同遵守执行，任何违反国家法律法规的行为都要受到法律的惩罚。

财政管理的主要内容包括依照国家法律法规，通过财政政策管理、税政管理、预算编制管理、预算执行管理、预算绩效管理、政府性债务管理、财政监督管理和基层建设、国有资产管理、会计管理、财政管理信息化建设、财政干部队伍建设等活动，实现财政收入稳定增长、财政资金绩效不断提高、财政职能作用有效发挥的目标。

财政管理的基本表现形式是财政决策、计划、组织、协调和监督。实质上是在财政分配活动中对各种管理要素进行合理配置，使之有效运行。即根据党和国家的方针政策做出财政决策，制定财政工作计划，执行政府财政收支预算，组织实施各类财政性资金运行管理活动，协调各方面利益关系，监督财政干部严格执法和规范理财，从而保证财政宏观调控和财政分配活动的顺利进行。

财政管理的目的是保证财政职能作用的发挥。国家通过实施财政管理，保证财政收支规模稳定增长，使各项财政政策得到有效落实，从而达到集中社会财力、提供公共服务、调节经济运行、公平收入分配，促进经济发展和社会进步的目的。财政管理必须紧紧围绕这一目标，科学、有效地进行。

财政管理水平的高低，直接影响到财政职能的发挥和财政资金运用的效率，也反映了政府各项政策实施的保障程度。加强财政管理是发挥财政职能作用、提高财政资金绩效的基本保障。财政部门作为政府宏观调控部门，按照深入贯彻落实科学发展观的要求，全面加强财政管理，是适应形势发展的必然选择，对更好地发挥财政职能作用、促进科学发展和社会和谐具有重要意义。

第一，加强财政管理是确保财政收入稳定增长、支出合理有效满足公共需要的基本要求。财政管理的首要任务是筹集政府履行职能所需要的财政收入，合理安排财政支出，满足社会公共需要。政府通过税收、非税收入等形式筹集财政收入，通过预算安排用于财政支出，提供公共产品和公共服务，促进经济社会发展，满足人民日益增长的物质文化等方面的需要。通过依法加强收入管理，做到应收尽收，杜绝财政收入跑冒滴漏，才能随着经济发展稳步提高财政收入规模，为各级政府增强公共服务和社会管理职能、推动科学发展和社会和谐、全面建设小康社会提供可靠的财力保证。

第二，加强财政管理是调节经济运行、促进国民经济健康发展的重要举措。宏观调控是社会主义市场经济生活的常态。实施宏观调控是社会主义市场经济发展的客观需要。财政作为国家实行宏观调控的重要工具，通过税收、预算、国债、贴息、转移支付、政府采购等工具，以及财政支出增减变化的结构性安排，影响社会总供求，促进经济稳定增长。比如，增加或压缩政府购买性支出，可以直接增减社会总需求。税收增减会影响个人的可支配收入和企业利润，从而导致消费需求和投资需求的变化，并影响商品的生产和供给。同时，国家还可以针对经济运行的不同形态，制定相机抉择的财政政策来调节经济总量和经济结构。财政政策各项措施的有效落实，都需要通过高效的财政管理来实现。

第三，加强财政管理是调节收入分配、促进社会稳定的客观需要。财政在调节收入分配、缓解分配不公、促进社会公平和稳定方面具有十分重要的作用。通过税收、财政支出等经济杠杆的运用，有效调整国民收入分配的方向、数量和结构，促进实现国民收入的公平分配。通过建立和完善社会保障体系，有效发挥社会保障的"安全阀"和"减震器"功能，消除市场机制运行中产生的不稳定因素及其可能引起的社会震动，促进社会的安全与稳定。财政管理实质上是不同主体之间利益分配再分配的过程，也就是说，财政调节作用的发挥，很大程度上是通过财政管理来实现的。因此，只有不断加强财政管理，才能确保财政调节收入分配作用的发挥。

第四，加强财政管理是维护社会主义市场经济秩序的重要方面。经过多年的改革与发展，我国已逐步建立起社会主义市场经济体制。但社会经济生活中仍然存在一些不符合市场经济要求的行为。不断整顿和规范市场经济秩序，是确保社会主义市场经济健康发展的必然要求。通过实施严格有效的财政管理，进一步规范政府部门的行为，营造更加公正透明、充满活力的市场环境，形成良好的财经秩序，对于促进社会主义市场经济发展具有重要意义。

第二节 现代财政管理的必然选择
——科学化精细化

实施财政科学化精细化管理，是近年来财政部门贯彻中央精神，结合财政工作实际采取的重要管理措施，是财政管理理念的创新。科学化管理，就是要从实际出发，实事求是，积极探索和掌握财政管理的客观规律，遵照财政法律法规要求，建立健全管理制度和运行机制，运用现代管理方法和信息技术，发挥管理人员的积极作用，把握加强管理的方向和途径。精细化管理，就是要树立精益思想和治理理念，运用信息化、专业化和系统化管理技术，建立健全工作规范、责任制度和评价机制，明确职责分工，完善岗责体系，加强协调配合，按照精确、细致、深入的要求实施管理，避免大而化之的粗放式管理，抓住管理的薄弱环节，有针对性地采取措施，增强执行力，不断提高财政管理的效能。科学化精细化是有机的整体，科学化是精细化的前提，精细化是在科学化指导下，按照统筹兼顾的原则，把科学管理要求落实到管理的各个环节，落实到管理人员岗位，体现集约管理、注重效益的要求。通俗地讲，科学化就是要"抬头看路"，明确方向、目标并选择有效的路径。精细化，就是要"埋头拉车"，一步一个脚印地按照科学确定的方向和路径前进。全面推进财政科学化精细化管理，是适应形势发展需要做出的必然选择。

一、全面推进财政科学化精细化管理是贯彻落实科学发展观的必然要求

党的十七大对科学发展观的科学内涵和精神实质做了精辟概括：第一要义是发展，核心是以人为本，基本要求是全面协调可持续，根本方法是统筹兼顾。科学发展观是马克思主义关于发展的世界观和方法论的集中体现，是同马克思列宁主义、毛泽东思想、邓小平理论和"三个代表"重要思想既一脉相承又与时俱进的科学理论，是对共产党执政规律、社会主义建设规律、人类社会发展规律做出的新探索和新概括，是我国经济社会发展的重要指导方针，是发展中国特色社会主义必须坚持和贯彻的重大战略思想。

财政工作以科学发展观为指导，并服务于科学发展观的贯彻落实，客观上要求财政管理必须实现科学化精细化。制定和实施财政政策、编制和执行预算，都要符合科学化精细化管理要求，不能笼而统之，大而化之。科学发展观讲求质量和效益，财政管

理要体现绩效的要求,就要做到科学精细。财政工作政策性很强,涉及面很广,关系经济社会发展全局和广大人民群众切身利益,又处在收入分配和资金供求矛盾的焦点上。财政管理既有宏观的,也有微观的;既有政策的研究制定和预算的编制,也有政策的贯彻实施和预算的执行,要求很高。这些特点都决定了必须实行科学精细管理,容不得半点疏忽大意。我们在财政管理理念、管理制度、管理方法、管理手段、管理人员素质等方面,与发达国家相比都不同程度地存在着差距,需要通过全面推进科学化精细化管理来逐步缩小。

二、全面推进财政科学化精细化管理符合现代管理的发展趋势

管理学最初是随着工业革命特别是企业的发展而逐渐成长起来的一门学科。当代管理理论与管理实践相互促进,不断发展。20世纪初期,泰罗等人倡导科学管理,以提高劳动生产率为目标,在操作规程、工作定额、差别工资制度等方面,进行了许多探索,并提出了一系列论述,开创了科学管理的新时代。20世纪20年代至30年代出现了行为科学理论。行为科学主张关注人的需求、行为动机、人际关系等,通过多种方式激励人的积极性。第二次世界大战之后,随着经济社会的发展,出现了许多新的管理技术,推进了管理手段现代化与管理方法现代化,提高了管理水平。同时,根据科学管理理论而建立的管理制度的突出特征是流程的规范化和标准化,即根据管理目标的需要,对人员进行合理分工,形成不同工作岗位,明确工作职责,规范工作流程,使之标准化、程序化、固定化。在应用现代化的管理方法和手段的同时,注重发挥人的主观能动性和创造性,适应管理环境的变化,不断进行管理创新,提高管理的质量和效率。当代中国

在借鉴国外先进经验的基础上，也形成了许多有价值的管理理念，特别是一些专家、学者致力于科学管理理论的研究，取得了不少成果。如著名经济学家厉以宁指出，科学管理是现代企业管理的基础，是造就现代工商文明的必然途径。企业要做大做强，培养自己的核心竞争力，就必须静下心来，戒除浮躁，固本强基。管理学者汪中求在《细节决定成败》中阐述了精细化管理理念，特别强调细节的重要性，认为忽视细节，1%的错误将导致100%的失败；伟大源于细节的积累，细分市场和客户，细分管理职能和责任，细化企业战略决策、目标任务和规章制度，努力把产品做成精品。管理专家陈鸿桥在其《16节科学管理课》中指出，科学管理是我国企业乃至国家发展壮大的关键要素；细节的准确可以成就一件伟大的产品，在工作的时候永远不要想当然，而是要有具体的数量和精确的设计；敬业是职业生涯最大的财富，其具体表现为勤勉尽责、一丝不苟、善始善终，这其中融合了一种使命感和责任感。还有的管理理论认为，科学、精细管理注重过程控制，体现于每一个管理环节，在持续改进中达到最优的结果；注重绩效考核，明确责任，有奖有罚；注重成本管理，追求低成本、高效益，以最小的投入获得最大的产出。这些管理理论，对实施财政科学化精细化管理，切实抓好财政管理工作，具有重要启示。

政府管理理论也经历了几个发展阶段。20世纪上半叶形成了官僚科层制理论，强调专业化和技术化，在职能专业化的基础上进行劳动分工，对官员注重技术专长。同时建立等级分明的层级制权力体系，上下级之间职权关系严格按等级划定。官僚科层制理论借鉴了科学管理理论，用专业化和制度化否定了家长制下的"人治"制度。70年代后，由于经济滞胀，西方一些国家围绕探索提高公共服务的效率和质量，提倡新公共管理运动，形成了新公共管理理论。新公共管理理论认为，公共管理与企业管理之间不存在本质区别，在管理方式和效率上，企业管理比公共管理更有效率，所以，用于企业管理的成功方法，如绩效管理、质量管理、目标管理、成本管理、顾客至上、结果控制等概念应该引入公共管理中。具体来说，新公共管理理论倡导在公共部门中实施专业化管理，让公共管理者自己管理自己并且承担责任；倡导确立明确的目标，设定绩效测量标准并且进行严格的绩效考核；倡导打破公共部门中的本位主义，对部门进行拆分与重组，破除单位与单位之间的藩篱；倡导在公共部门中引入竞争机制，降低管理成本，提高服务质量；强调对资源的有效利用和开发。

在新公共管理运动中，美国管理学家迈克尔·哈默和詹姆斯·钱皮于20世纪80年代末研究提出了"流程再造"理论，强调对官僚制进行重新改造和超越。其理论内容主要有：对工作流程进行重新设计，以提高效率、效能和质量。以业务流程为改造对象和中心，以顾客需求和满意度为目标、对现有业务流程进行根本的再思考和彻底的再设计，以打破传统的职能型组织结构，建立全新的过程型组织结构，从而实现组织在成本、质量、服务和速度等方面的巨大改善。在同一时期，美国管理学家马克·霍哲以政府绩效为切入点，提出把绩效评估作为改进绩效的一种管理工具。他设计了一整套具体的绩效评估流程，同时还强调，在绩效评估的过程中要提高公民的参与度，因为这样的绩效评估结果和绩效信息将会对政府政策和项目管理有更大的意义。另外，霍哲还研究了另一个重要的理论——基于回应性的政府全面质量管理，即建立起一套在以顾客为中心、持续改进、强调授权和协作基础上的全面质量管理。其目的在于通过引入政府全面质量管理，消除由官僚制、利益集团以及专业化的结构所带来的回应性障碍，建立更具回应性以及以顾客为中心的公共机构。美国公共管理学者戴维·奥斯本和特德·盖布勒在《改革政府》一书中提出了"企业家政府"理论，他们将"新公共管理"看作单一的模式概念，认为应用企业家精神去改造政府，并且能够把企业经营管理的一些成功方法移植到政府中来，使政府这类公共组织能像私人企业一样，提高效率。其中，最重要的一点就是以顾客为中心，即强调服务提供者应对他们的顾客负责，在提供服务过程中不断进行革新，寻求减少成本和增进质量的方法，聆听顾客的呼声，授权顾客做出选择，把资源放在顾客手里让他们挑选。

20世纪90年代以来，以美国著名公共行政学家罗伯特·B.登哈特为代表的一批公共行政学者还对新公共管理理论进行反思，提出了新公共服务理论，认为公共行政官员在其管理公共组织和执行公共政策时应该集中于承担为公民服务和向公民放权的职责，提出公共管理的工作重点应该是建立一些明显具有完善整合力和回应力的公共机构。新公共服务理论同时还十分强调"通过人来进行管理"的重要性。

科学化精细化财政管理不仅强调加强管理的必要性，而且强调管理的科学、精细，符合现代管理理论的要求，适应财政工作的实际，已经并将继续对加强财政管理、提高财政管理绩效发挥更大的作用。

三、全面推进财政科学化精细化管理是新形势下做好财政工作的迫切需要

近些年来，在各级党委、政府的高度重视和有关部门的大力支持下，各级财政部门围绕强化财政管理进行了积极的探索，采取了一系列有效措施，有力地提高了财政管理的质量和效率。

财政法制建设不断加强。我国《预算法》、《注册会计师法》修订工作取得重要进展。统一了内外资企业所得税制度，新的

《企业所得税法》运行平稳。《车船税法》顺利出台。修订颁布了增值税、消费税、营业税暂行条例及其实施细则。增值税、耕地占用税立法工作进展顺利。统一了内外资企业和个人的房产税、城建税和教育费附加制度。《彩票管理条例》、《金融企业国有资产转让管理办法》、《财政部门内部监督检查办法》等重要法规规章公布施行。财政规章和规范性文件清理工作扎实推进。财政行政执法和监督工作继续加强，财政行政执法责任制积极推行，财政行政审批制度改革不断深化。财政法制宣传教育深入开展，广大财政干部法律意识和法制观念不断增强。

政府预算体系框架初步建立。完善公共财政预算。深化政府收支分类改革，政府收支科目体系不断健全。完善中央预算稳定调节基金制度，改进了中央财政超收收入使用办法。一些省本级财政也设立了预算稳定调节基金。清理规范政府性基金项目，取消了已经失去收入来源或不适应管理体制要求的基金项目，规范地方越权设立的基金项目。在编制好中央政府性基金预算的基础上，新增编制全国和地方政府性基金预算。基金预算编制内容更加细化，中央政府性基金支出预算全部编列到了项级科目，细化到具体支出项目，落实到具体事项。一些省份国有土地出让金支出在编制预算时也全部细化到了具体项目和单位。中央国有资本经营预算取得重要阶段性成果，试点范围逐步扩大。部分省市也出台了试行国有资本经营预算的实施意见和制度办法。国有资本经营预算编制、执行和监督等相关工作的协调沟通机制基本形成，收支政策逐步完善。试编社会保险基金预算顺利实施。

预算编制管理水平逐步提高。收入预算编制的科学性和准确性不断增强。优化财政支出结构，严格控制一般性支出，增加对公共服务领域的投入，着力保障和改善民生。细化预算内容，减少代编预算规模，预算年初到位率有所提高。继续延伸预算管理级次，督促部门将每项支出落实到具体承担单位。积极开展重大项目预算评审。探索建立预算编制与执行相结合的机制，结合当年预算执行进度编制下年部门项目支出预算。加强对部门结转和结余资金的统筹使用，并与预算编制紧密结合。推动资产管理和预算编制有机结合。将大部分行政单位国有资产处置收入和出租出借收入以及事业单位国有资产处置收入，纳入公共财政预算管理。增强地方预算编制的完整性，中央财政提前通知对下转移支付数。一些省在年度预算编制前，结合中央财政提前通知的各项补助情况，细化省对市县的返还性收入和转移支付并提前通知，同时要求各市县将提前通知的转移支付数全额编入年初预算。

预算执行管理继续强化。加强收入形势监测分析，支持税务、海关等部门加强税收征管，严格非税收入管理，努力做到依法征收、应收尽收，促进财政收入稳定增长。强化部门的预算支出执行主体责任，加强分析和动态监控，建立预算支出执行情况定期分析、通报、约谈、提醒等制度。积极推进预算执行细化，在所有中央部门及所属12000多个基层预算单位实行当年预算与上年结余分开执行，在17家中央试点部门实行按预算项目执行。加强用款计划管理，基本支出在批复的预算内按照均衡原则核批，项目支出结合项目实施进度核批，建立完善项目支出资金预拨制度，促进项目支出进度均衡化。加快转移支付资金拨付进度，中央补助地方专项转移支付资金国库集中支付改革范围逐步扩大。切实推进预算支出绩效评价，中央本级试点部门和项目分别由2009年的94个和167个，增加到2010年的115个和200个。加强绩效评价结果与项目支出预算编制的有机结合。中央财政预算执行动态监控机制不断健全，地方财政预算执行动态监控体系建设加快。国库集中收付、政府采购等制度改革继续深化。密切监控地方政府融资平台公司债务情况，防范财政金融风险。

健全外国政府贷款管理制度体系，继续夯实国际金融组织贷款债务管理基础工作。加强外国政府贷款项目和国际金融组织贷赠款项目的全过程管理，加快建立完善相关绩效评价体系。

预算公开的力度进一步加大。建立健全中央财政月度收支情况定期公开机制。不断扩大公开范围，细化公开内容。在2009年"两会"后第一时间公开4张中央财政预算表的基础上，2010年增加到12张，中央本级支出预算表以及中央对地方税收返还和转移支付预算表，细化到了款级科目。其中，中央本级支出预算细化为23类123款，比2009年增加2类82款。2011年中央本级支出预算表中的教育、科学技术和农林水事务支出等重点支出已细化公开到项级科目。积极推动部门预算公开工作。2010年，共有75个中央部门向社会公开了部门预算。各省（区、市）财政部门均已向社会公开2010年预算报告。

财政监督成效明显。加大财政监督力度，重点加强对政府投资预算执行情况和重大财税政策贯彻落实情况的监督检查，强化事前和事中监督。财政部门预算管理机构、国库管理机构与专职监督机构之间工作协调机制和信息共享制度初步形成。加强财政内部监督，并注重与外部审计相结合，进一步建立健全预算编制、执行和监督相互协调、相互制衡的机制。充分发挥专员办就地监管优势，对中央基层预算单位的综合财政监管继续加强。"小金库"专项治理工作不断深入，并取得了阶段性成果。自觉接受人大监督，报送全国人大审议的中央部门预算数量由2007年的40个增加到2010年的98个，报送内容不断细化。

财政管理信息化建设稳步推进。信息化建设与财政业务管理进一步融合。应用支撑平台建设全面推进，在大部分省级财政部门上线运行，有些省份基本完成在市、县级的推广实施工作。《财政业务基础数据规范》顺利实施并不断完善，应用管理继续强化。业务系统应用向广度和深度拓展，预算管理等核心业务系统应用范围不断扩大，应用面由中央、省、地市逐步向县级延伸。数据集中共享程度逐步提高，数据信息资源的开发和综合利用力度加大。网络基础设施建设日趋完善，覆盖全国各级财政部门和财政资金使用部门的纵、横向网络系统不断健全。信息安全保障体系和运行维护体系建设稳步推进。

管理基础工作和基层建设有所加快。加强中央部门人员数据库建设，人员编制管理与预算管理相互制约的工作机制逐步健全。行政事业单位国有资产管理不断强化。基本支出定员定额标准体系继续完善，试点范围不断扩大，实物费用定额试点扎实推进。项目支出定额标准体系建设加快，扎实开展部分通用定额标准的修订和制订工作，启动一批专用定额标准建设项目。加强项目库建设，开展项目清理工作，建立重大项目支出事前评审机制。企业会计准则体系运行平稳，企业内部控制规范体系基本建成。企业财务制度、审计准则、资产评估准则和行业监管体系继续完善。事业单位会计改革稳步推进。立足基层加强财政管理，先后印发多个文件指导县乡基层财政有效履行职能。充分发挥中华会计函校作用，在全国范围内组织开展乡镇财政干部培训和农村财务人员培训。乡镇财政管理不断规范，就近实施监管的优势得到较好发挥。许多省（市、区）财政也都加大了"两基"建设工作力度，取得了很好成效。

在取得成绩的同时，也要清醒地看到，与科学发展观的要求相比，与党中央、国务院和广大人民群众对财政工作的要求相比，与经济社会发展的新形势相比，财政管理仍有一定差距。主要表现在：政府预算体系建设还需进一步加快。预算编制仍不够细化，基本建设等预算年初到位率普遍较低，代编预算规模偏大，转移支付下达时间偏晚，地方尤其是县级财政预算编制的完整性有待继续提高。支出预算执行进度偏慢，有一些项目支出迟缓。地方政府性债务特别是融资平台公司等举债融资规模膨胀，偿债风险日益加大。信息化建设与财政业务管理工作融合不够。财政资金监管机制仍需健全。预算公开的内容还不够细化。财政资金使用效益尚需提高等等。这些问题，既有多年积累下来的，也有改革发展过程中出现的；既有发展阶段制约、改革条件不成熟、解决有一个循序渐进过程等客观因素，也有重收轻支、重分轻管，淡化责任、疏于管理，对推进财政管理的系统性认识不够等主观因素。因此，需要我们下更大力气、花更多精力，全面推进财政科学化精细化管理，努力加以解决。

随着我国经济社会的发展，财政管理面临的形势发生了很大变化。财政工作要适应新的形势，必须全面推进科学化精细化管理。首先，要适应政府职能转变的要求。温家宝总理指出：要加快政府职能转变，建设法治政府、服务政府、责任政府、效能政府。财政是政府行为的反映。随着政府职能的逐步转变以及依法行政和行政管理创新的不断深入，完善公共财政体系尤为迫切，需要财政管理更加科学精细。其次，要适应财政收支规模不断扩大的要求。1994年财税体制改革以来，特别是近些年来，财政收支规模连续迈上新台阶。2010年，全国公共财政收入达到83101.51亿元，是1993年的19.1倍；全国公共财政支出达到89874.16亿元，是1993年的19.4倍。日益庞大的财政收支规模，对预算的编制、执行以及效果考核都提出了更高要求。社会各方面都希望预算更加细化，透明度更高。只有全面推进财政科学化精细化管理，才能适应新的形势，工作也会比较主动。再次，要适应财政分配领域和服务对象发生变化的要求。随着科学发展观的深入贯彻落实和社会主义和谐社会建设步伐不断加快，近年来涉及民生的财政政策不断出台，特别是财政支持教育、就业、社会保障、医疗卫生、住房保障等方面的民生政策越来越多,财政部门的服务对象由过去主要面向部门和企业,扩展到现在面向全社会、面向千家万户;由主要涉及经济领域扩展到经济社会生活各个领域。财政服务的对象和层级明显增加,社会各界也更加关注,迫切需要财政工作更加细致有效。最后,要适应加强党风廉政建设和干部队伍建设的要求。实行财政科学化精细化管理,有利于规范财经秩序,有利于从源头上加强反腐倡廉建设,也有利于促进财政事业健康发展,提升财政部门的形象。

总之,实施财政科学化精细化管理是财政部门落实科学发展观的具体体现,符合现代管理发展的趋势,是应对财政管理工作面临的形势做出的正确选择,也是提高我国财政管理水平的必由之路。也正是基于此,我们提出了新时期财政管理工作的总体要求,即以邓小平理论和"三个代表"重要思想为指导,全面落实科学发展观,认真贯彻党中央、国务院的一系列方针政策和对财政管理的各项要求,坚持依法理财、科学理财、民主理财,牢固树立全局观念、法治观念、创新观念、效率观念、服务观念、责任观念,把握财政管理的系统工程特征,按照突出重点、统筹兼顾、远近结合、分步实施的原则,建立完整的政府预算体系,完善预算编制制度,加强预算执行管理,强化预算监督,建立预算编制与预算执行、预算监督相互制衡、有机衔接的运行机制,提高财政管理绩效,保障财政职能作用充分发挥,为全面建设小康社会、开创中国特色社会主义事业新局面做出新的更大贡献。

第三节　财政科学化精细化管理的基本要求

财政科学化精细化管理有着丰富的内涵,本身对财政管理提出了新的更高要求。概括起来主要有以下几个方面：

一是突出依法理财。国家法律法规是财政管理的依据。财政管理必须依照法律法规进行，严格按法律法规行使权力、履行职责，做到依法行政、合理行政、程序正当、高效便民、诚实守信、权责统一，真正体现依法行政和依法理财的要求。

二是注重流程设计。合理的管理流程，是财政科学化精细化管理的基础。要按照精简程序、理清环节、分清责任、明确标准的要求，健全和优化财政管理工作流程，使预算编制、预算执行、财政监督、绩效评价等各项工作均依流程运行。在流程设计中要做到目标明确、环节清晰，形成上下互动、左右联动、环环相扣的有机链条，努力实现各环节间的"无缝衔接"、有机配合、信息共享，既相互促进又相互制约，既提高效率又减少差错。

三是完善岗责体系。有岗必须有责、权责必须对等，是财政科学化精细化管理必须遵循的原则。财政科学化精细化管理要在优化流程的前提下建立健全岗责体系，从机制上保证权责一致，促进责任落实。要根据财政管理各项工作的职能和流程运转环节，科学设置工作岗位。明确界定岗位职责，确定工作衔接的节点和程序，做到分工明确、各司其职、协调配合。形成包括工作职责、工作目标、业务流程、工作质量、绩效考核、责任追究等要素的具体岗位工作规范，使各个岗位的工作人员能够全面了解岗位职责，熟悉本职业务，确保严格按照管理标准和工作规范，优质高效地完成本职工作。

四是加强绩效考核。绩效考核是实现财政管理科学化精细化的重要保障。要根据岗责体系的要求，按照奖优、治庸、罚劣的原则，合理确定考核标准，坚持定性与定量考核相结合，强化考核结果的运用，积极推进预算编制、执行等工作绩效考核，使财政科学化精细化管理的成效,体现到提高资金使用效益和财政管理水平上来。

五是健全配套制度。制度具有根本性、长期性、稳定性。要将工作中采取的有效做法,通过建立和完善制度的方式稳定下来,使各项工作有章可循,做到用制度管权、按制度办事、靠制度管人。要在执行好已有行之有效的工作制度的基础上,根据形势任务的发展变化不断健全各项工作规范,努力做到反映财政工作规律,符合财政工作实际,可操作、可检查。

六是运用科技手段。财政科学化精细化管理要求运用先进科学技术,大力推进财政管理信息化建设,以信息化推动科学化精细化,努力创新财政管理方式,提高财政工作质量和效率。要加快推进"金财工程"建设,建立财政管理各环节畅通、业务标准统一、操作功能完善、网络安全可靠、覆盖所有财政资金、辐射各级财政部门和预算单位的财政管理信息系统。

七是实施细节管理。天下大事,必作于细。财政职能作用的发挥都要通过一件件具体的工作去体现、去落实。精细化管理强调把管理工作做精、做细,体现着精益求精的文化。高度重视细节,是财政科学化精细化管理的基本要求。财政管理人员尤其是各级领导干部都要树立细节管理的理念,把重视细节作为一种意识、一种修养、一种工作态度,切实转变粗放式管理方式,不搞形式主义,不做表面文章,扎扎实实抓好工作,讲求工作质量和效率,真正做到认真负责、严谨细致、精益求精。

八是坚持以人为本。以实现人的全面发展为目标,关心、爱护、激励财政干部,充分调动财政干部的积极性和创造性,为提高财政管理水平贡献聪明才智。加强财政干部队伍建设,牢固树立为国理财、为民服务的财政工作宗旨,努力提高思想水平、理论水平、政策水平、工作能力和综合素质,为加强财政科学化精细化管理提供组织保障和智力支持。

实施财政科学化精细化管理,在思想认识和工作实践中要把握以下几点。

一、牢固树立现代财政管理观念

思想是行动的先导。牢固树立现代财政管理观念,是有效指导财政工作实践、落实财政管理各项工作的前提和基础。要坚持与时俱进,牢固树立现代财政管理观念。一是全局观念。认真贯彻党中央、国务院一系列方针政策和对财政工作的各项要求,自觉服从、主动服务于经济社会发展大局,充分发挥财政职能作用。切实加强部门协调配合,形成工作合力。二是法治观念。将依法理财作为财政工作的灵魂贯穿始终,完善财政立法,加强财政执法,强化执法监督,做好执法考核,努力实现有法可依、有法必依、执法必严、违法必究。三是创新观念。坚持从时代要求和财政发展需要出发,分析新情况,总结新经验,解决新问题,在改革中创新,在创新中促进财政发展。四是效率观念。切实强化财政管理,提高财政资金使用效益,加强绩效评价,以尽可能少的投入提供尽可能多的公共产品和公共服务。五是服务观念。不断改进公共服务水平,做到管理与服务的有机结合,在强化管理中提高服务水平,在优化服务中强化财政管理。六是责任观念。财政干部要有强烈的事业心,不断增强使命感,切实负起责任,扎实工作,干事创业。强化责任追究,确保各项管理要求落到实处。这六个观念是构成现代财政管理观念的有机整体,互相联系,互为补充。无论是决策的形成、目标的确立、措施的选择,还是财政具体工作的组织实施,都应当按照六个观念的要求,进行全面权衡和综合判断,确保财政工作始终沿着正确的轨道前进。

二、准确把握财政管理工作规律

唯物辩证法认为,事物发展是有其内在规律的。财政管理工作同样如此,也有其自身发展、变化的规律。只有认识和掌握这些规律,并自觉地运用于财政管理工作实践,才能收到事半功倍的效果。探索和运用规律,是财政科学化管理的一个基本要求。这就需要我们在工作中坚持解放思想、实事求是的原则,一切从实际出发,理论联系实际,自觉探索和掌握财政管理的规律,把科学化精细化管理的各项要求因地制宜、因时制宜地落实下去,促进财政管理工作水平的提高。第一,要完善财政管理的法律体系,为各项财政管理实践活动提供明确的法律依据,并确保其得以规范执行,这是实施科学化精细化管理的基本前提;第二,要完善财政管理的组织体系,依法规范机构设置,完善岗责体系,明确职责分工,加强协调配合,这是实施科学化精细化管理的组织保障;第三,要狠抓管理基础工作和基层建设,建立完整的政府预算体系,进一步加强预算编制管理,强化预算执行管理,加强预算绩效管理,强化财政监督管理,加快财政管理信息化建设,不断改进和优化财政服务,这是实施科学化精细化管理的重点内容;第四,要大力加强财政管理队伍建设,提高财政干部的综合素质,这是实施科学化精细化管理的人才基础;第五,要提高内部行政管理水平,加强政务、后勤、财务等方面的管理,这是实施科学化精细化管理的有力保障。

三、明确财政管理工作目标

实施财政科学化精细化管理,提高财政管理水平、服务质量和资金使用效率,这是财政管理工作的基本目标。具体来讲,包括六个方面:一是执法规范。国家法律法规是财政管理的依据。

财政管理必须依照法律法规进行，努力做到严格执法、公正执法、文明执法，确保各项财税政策措施落实到位。二是全面预算。依据国家相关法律法规和政策，通过公共财政预算、政府性基金预算、国有资本经营预算和社会保障预算，将所有公共收支活动纳入规范的预算管理，实现政府预算体系的全覆盖。三是保障有力。通过科学测算税收收入和非税收入，细化预算编制，加强结转结余资金管理，进一步整合各种政府资源，优化财政支出结构，强化对"三农"、民生等公共服务领域的保障。四是执行高效。通过优化业务流程，建立预算支出责任制度，推进预算支出绩效评价工作，增强预算支出执行的均衡性，降低行政运行成本，提高资金使用效率。五是运行透明。形成覆盖所有政府性资金和财政运行全过程的监督机制，加强对财政资金使用情况的监管。按照要求及时公开财政收支统计数据等相关信息，进一步增强预算透明度，在自觉接受人大、审计监督的同时，方便广大群众获取相关信息，发挥监督作用。通过公示和听证、专家咨询等多种方式，广泛听取各方面意见，提高财政决策的公众参与度，完善财政民主决策机制。六是社会满意。有效发挥财政职能作用，为社会公众提供优质高效的公共服务，财政部门的形象日益改善。上述六个方面是一个有机的整体，共同构成了财政管理工作的基本目标，也是衡量财政管理水平、服务质量和效率的根本标准。

四、狠抓各项工作落实

落实各项工作制度和管理措施，是确保科学化精细化管理取得实效的关键，也是科学化精细化管理的内在要求。美国学者在名为《执行力》的著作中指出：执行力是决定企业成败的一个重要因素，是构成 21 世纪企业竞争力的重要环节。我们通俗地理解，执行力就是执行并实现企业既定战略目标的能力。这一企业管理理念对实施财政科学化精细化管理具有非常重要的借鉴意义。这就要求我们在工作中紧紧围绕财政工作主题和总体目标，提高执行力，狠抓各项工作的落实。要不折不扣地落实好上级的各项决策部署，做到令行禁止，确保政令畅通。要紧密结合本单位本系统的实际情况，在吃透上情、摸透下情的基础上，勇于探索，大胆创新，创造性地开展工作。要真抓实干。对各项工作部署不能停留在一般性的号召上，要坚持出实招、办实事，一个环节一个环节地抓，一个问题一个问题地解决，真正体现抓紧、抓细、抓实的要求。要务求实效。树立正确的政绩观，脚踏实地，埋头苦干，切实提高管理的质量和效率。要不图虚名，不务虚功，不提脱离实际的高指标，不喊哗众取宠的空口号，不搞劳民伤财的假政绩，坚决杜绝形式主义、官僚主义，避免搞花架子做表面文章。要常抓不懈。实施财政科学化精细化管理是一项长期而艰巨的任务，也是经常性工作。要立足当前、着眼长远，统一认识，提高能力，不断完善制度和措施，建立健全长效机制，把科学化精细化管理不断推向深入，努力在财政管理实践中创造一流的工作业绩。

第二章 财政管理的法制体系

第一节 财政管理的法治要求

一、依法理财是财政工作的灵魂

依法行政是建设法治政府的核心，也是现代政治文明的重要标志。贯彻依法治国基本方略，推进依法行政，建设法治政府，是我们党治国理政从理念到方式的革命性变化，是我国政治体制改革迈出的重要一步，具有划时代的重要意义。财政部门是政府重要的宏观经济管理部门。财政管理必须依照财政法律法规和相关管理规定来进行，这是财政管理的一项基本原则。财政部门要将依法理财作为财政工作的灵魂贯穿始终，切实转变观念，健全工作机制，创新工作方法，进一步增强做好依法行政依法理财工作的责任感和紧迫感，全面提高依法行政依法理财工作水平。

第一，依法理财是深入贯彻落实科学发展观的根本保证。科学发展观是我国经济社会发展的重要指导方针，是发展中国特色社会主义必须长期坚持和贯彻的重大战略思想。贯彻落实科学发展观，不仅要重视解决思想观念问题，最根本的是要从法治上体现以人为本，依法保障人民群众的经济、政治、文化、社会权益，从法治上体现全面协调可持续发展的要求。财政预算反映了政府活动的范围和方向，是立党为公、执政为民的重要体现。依法理财是依法行政的重要组成部分。及时将落实科学发展观、推进财政发展改革的好经验、好做法，通过法定程序转化为财政法律法规，形成法治、完整、透明的预算制度体系，建立健全有利于科学发展的财政体制、运行机制和管理制度，不仅有利于促进经济社会又好又快发展，维护社会公平正义，推动构建社会主义和谐社会，还有利于保障公民的知情权、参与权、监督权，推进社会主义民主政治建设。

第二，依法理财是进一步完善公共财政体系的内在要求。市场经济是法治经济，没有完备的法制保障，就没有成熟的市场经济。必须运用法律法规调整政府、市场、企业之间的关系。公共财政是与社会主义市场经济发展相适应的财政运行模式，法治性是公共财政的基本特征之一。将财政收支活动纳入法制化轨道，进一步突出财政运行的公共性、公平性、公益性和规范性，不仅有利于约束、规范和监督政府行为，确保公共财政活动更加符合社会公众的根本利益，促进法治政府建设，还有利于规范财经秩序，促进经济财政健康可持续发展，加快完善公共财政体系和社会主义市场经济体制，更好地为全面建设小康社会服务。

第三，依法理财是加强财政反腐倡廉建设的重要措施。财政是党和政府履行职能的物质基础、体制保障、政策工具和监管手段，也是从源头上、机制上惩治和预防腐败的重大举措。依法理财，不仅关系到财政事业自身的健康发展，也关系到财政系统和全社会反腐倡廉建设的深入推进。通过完善财政法制体系，做到"有法可依"，提高广大财政干部理财行为的规范性、科学性，有利于从源头上构筑起拒腐防变的防线。通过严格财政行政执法，压缩财政自由裁量权，进一步规范财政权力运行和理财行为，减少财政工作和执法的随意性，做到"有法必依"和"执法必严"，有利于从管理和执法程序上构筑起拒腐防变的防线。通过提高财政管理运行的透明度和加大执法监督力度，推动财政工作的公开、透明、规范、高效，做到"违法必究"，有利于从监督和惩治上构筑起拒腐防变的防线。通过深入开展法制宣传教育，弘扬法治精神，形成自觉学法守法用法的良好氛围，防患于未然，有利于从思想上构筑起拒腐防变的防线。

第四，依法理财是进一步提高财政管理水平的基本要求。全面推进财政科学化精细化管理，事关财政职能作用的有效发挥，事关财政事业的健康发展，是财政管理理念的重大创新，体现了依法管理、科学管理、民主管理的要求。法制具有根本性、长期性、稳定性。财政法律法规是财政管理的依据和基础，依法理财是财政管理工作的核心和灵魂。大力强化财政法制建设，使各项财政工作有法可依，有章可循，同时严格财政执法，加强执法监督，做好执法考核，切实按法律法规行使权力、履行职责，做到用法制管权、按法制办事、靠法制管人，有利于深入推进财政科学化精细化管理，进一步提升财政管理水平，提高财政管理绩效，保障财政改革与发展顺利进行，不断开拓财政工作新局面。

推进依法理财，不仅非常重要，而且十分紧迫。当前，我国经济社会发展进入新阶段。国内外环境更为复杂，挑战增多。转变经济发展方式和调整经济结构的任务更加紧迫和艰巨；城乡之间、地区之间发展不平衡，收入分配不公平和差距扩大，社会结构和利益格局深刻调整，部分地区和一些领域社会矛盾有所增加，群体性事件时有发生。要解决经济社会发展中出现的新问题，必须深化改革，同时也要求加快推进依法行政，建设法治政府。从财政上看，近些年来，财政收支规模越来越大，公共财政涉及面越来越广，社会各界对财政监督的意识越来越强。财政发展改革面临形势的变化，迫切需要广大财政干部始终牢记"为国理财、为民服务"的财政工作宗旨，牢固树立全局观念、法治观念、创新观念、效率观念、服务观念和责任观念，切实增强依法理财、科学理财、民主理财的能力，努力提高财政科学化精细化管理水平，更好地适应形势发展变化的客观需要。

二、财政部门推进依法理财工作取得明显进展

近年来，各级财政部门根据国务院推进依法行政工作的总体部署，认真贯彻落实《全面推进依法行政实施纲要》和《财政部门全面推进依法行政依法理财实施意见》，坚持把依法理财作为财政系统落实科学发展观的重大举措、推进财政科学化精细化管理的基本要求、加强自身建设的重要内容，积极探索推进依法理财的新思路、新方法，取得明显进展。

（一）财政法律制度体系不断完善

《企业所得税法》等5部财政法律、《财政违法行为处罚处分条例》等14部财政行政法规、《政府采购货物和服务招标投标管理办法》等43部财政规章颁布实施。预算法等多部重要财政法律、行政法规的立法工作有序推进并取得阶段性重要成果。财政法律制度体系框架基本建立。截至2010年，现行有效的财政法律和法律问题的决定9件，财政行政法规和法规性文件91件，财政部门规章113件，财政部规范性文件2000多件，涵盖预算管理、收支管理、财务及资产管理、会计管理、财政监督等财政工作的各个方面。在加快立法进程的同时，财政立法的科学性不断增强，制度建设质量有所提高。积极开展立法后评估工作，2004—2009年财政部共组织4项专题立法后评估。有步骤地对财政规章和规范性文件进行全面、系统的清理，2004—2009年宣布废止、失效财政规章和规范性文件共计940件。第十一次规章和规范性文件清理工作正在有序开展。地方财政部门围绕财政中心工作，按照《财政部门全面推进依法行政依法理财实施意见》和推进财政科学

化精细化管理的要求，不断加强财政法制工作，制定了一系列符合地方实际的法规、规章和规范性文件。

（二）财政行政执法行为逐步规范

围绕贯彻落实行政许可法和《全面推进依法行政实施纲要》，大力推进行政审批制度改革。在全面清理财政行政审批事项的基础上，经国务院批准，财政部决定取消财政行政审批47项，转变管理方式6项，保留行政许可18项、非行政许可审批项目52项。在保留的18项行政许可事项中，由财政部牵头制定管理办法的有14项，目前已制定10项并颁布实施，其余4项正在修订或制定过程中。制定了《财政部行政许可监督管理办法》和《财政部行政审批操作规程》，对行政许可监督机制与行政审批的流程、程序等做出明确规定。对保留的非行政许可审批项目，也都制定了具体的管理办法，明确规定了审批条件、时限和程序。在加强财政行政执法制度建设的同时，严格依法依规执法。财政部门还充分利用行政复议手段化解社会矛盾，成效显著。采取多种有效措施，全面加强预算执行管理，预算执行的均衡性和效率进一步提高，预算的法治性和约束力增强。地方财政部门也积极采取措施，不断增强财政执法行为的规范性。

（三）财政行政权力运行规则更加健全

为切实履行国务院赋予的职责，进一步促进各项财政工作的制度化与规范化，财政部两次修订《财政部工作规则》，对财政部领导职责、决策程序、依法行政、政务公开、行政监督、廉政建设、会议制度、公文审批、作风纪律等九个方面做出了明确规定。制定了《财政部内部会议制度》，进一步规范了部党组会议、部务会议、部长办公会议和部领导专题会议的组成人员、职责、工作程序、决策程序及会议议定事项督查督办等事项。从2008年起，财政部按照"摸清底数、明确责任、完善机制、规范运行、强化监督、预防腐败、确保财政资金安全和财政干部安全"的要求开展了权力搜索工作。在全面清理、认真审核鉴别的基础上，对每项权力都编制了内容详细、职责明晰的权力目录，制定完成了统一的工作规划和权力运行清晰、程序严谨的流程图，涵盖了项目申报、审核、实施到反馈、评估全过程，明确了审核的依据、岗位间流转的程序、专家评审程序、申请和审批之间的沟通程序、公开的办法、反馈的机制。地方财政部门也积极建立健全规范财政权力运行的监督制约机制，探索取得了许多好的经验。

（四）财政工作的公开性和透明度进一步提高

为切实保障广大人民群众对财政工作的知情权和监督权，并广泛争取社会各界对财政工作的理解和支持，着力加强了财政政务公开工作。一是报送全国人大审议的中央总预算及中央部门预算的透明度不断提高。财政部报送全国人大审议部门预算的部门数量逐年增加，已从2000年的4个部门增加到2010年的98个，基本涵盖所有非涉密部门；预算内容也进一步细化，大多数支出已细化到款级科目。对年初不能列入部门预算、由中央总预算作预留安排项目的详细情况，也向国务院报告并转送全国人大备案。二是完善地方财政向人大报送预算制度。财政部印发了《关于地方政府向人大报告财政预、决算草案和预算执行情况的补充通知》，要求地方政府将上级政府对本地区（包括本级和下级）的税收返还和补助全额编入地方本级预算，进一步督促地方提高预算的完整性，配合人大、审计等部门加强对地方预算的监督和管理。三是加快财政预算公开步伐。建立健全中央财政月度收支情况定期公开机制。不断扩大预算公开范围，细化预算公开内容。制发《关于进一步做好预算信息公开工作的指导意见》，部门预算公开和省以下预算公开工作取得积极进展。四是建立财政部门政务公开制度。制定了《财政部政务公开规定》、《财政部关于进一步推动地方财政部门政务公开工作的意见》,对政务公开的指导思想和原则、公开内容、公开形式、公开程序、工作要求、制度保障等做出详细规定,使各级财政部门的政务公开工作有章可循,纳入制度化轨道。截至 2010 年年底,财政部门户网站主动发布信息 34.5 万条,并不断更新内容,财政部门户网站总点击量约 1.8 亿次。地方财政部门也因地制宜不断加强财政政务公开工作。

(五) 财政法制宣传教育力度加大

自财政"五五"普法规划全面实施以来,各级财政部门高度重视财政法制宣传教育工作,在创新上做文章,在实效上下工夫,财政法制宣传教育工作深入开展。财政部党组中心组将法律作为学习的重要内容。进一步完善了财政干部法制培训机制,坚持举办各种层次的法制讲座。2004—2010 年,每年举办财政干部法制培训班,培训对象覆盖部内各单位,财政部驻各地监察专员办事处,以及各省、自治区、直辖市、计划单列市财政厅(局)及部分市、县财政局负责人及财政法制干部。2009 年,还举办了首期全国财政厅(局)长依法行政培训班,各省、自治区、直辖市、计划单列市财政厅(局)长参加了培训。组织开展了财政法规知识竞赛、财政系统公务员学法用法征文、送法下乡等内容丰富、形式多样的普法宣传活动,增强了财政干部的法律意识和法制观念。地方财政部门也不断创新形式,注重宣传教育实效。

三、加快推进依法理财的总体思路和主要任务

党中央、国务院历来高度重视推进依法行政工作。2004 年国务院发布的《全面推进依法行政实施纲要》,是新时期加快建

设法治政府的指导性文件。2010年8月27日，全国依法行政工作会议召开，温家宝总理发表了重要讲话，全面阐述了加快建设法治政府的重大意义，深入分析了推进依法行政面临的新形势新问题，对推进依法行政、加快建设法治政府做出全面部署。党的十七届五中全会也对依法行政提出了明确要求，强调要坚持中国特色社会主义政治发展道路，坚持党的领导、人民当家做主、依法治国有机统一，加快建设社会主义法治国家，用法律法规调整政府、市场、企业之间的关系，依法管理经济和社会事务，推进决策科学化、民主化、法治化，推进政府工作制度化、规范化、程序化。党中央、国务院的决策部署，为当前和今后一个时期加快推进依法理财指明了方向。

结合面临的新形势和新任务，根据党的十七届五中全会和全国依法行政工作会议精神以及《国务院关于加强法治政府建设的意见》要求，当前及今后一个时期财政部门加快推进依法理财的总体思路是：高举中国特色社会主义伟大旗帜，以邓小平理论和"三个代表"重要思想为指导，深入贯彻科学发展观，全面落实依法治国基本方略，努力创新事关依法行政依法理财工作全局的体制机制，切实提高财政干部依法行政、依法理财的意识和能力，提升财政制度建设质量，规范财政权力运行，深入推进财政科学化精细化管理，保障财政职能更好发挥，为全面建设小康社会和构建社会主义和谐社会做出新的更大贡献。

按照上述总体思路，加快推进依法理财要重点做好以下几方面工作：一是切实加强财政法律制度建设。积极推进各项财政法律立法进程，全面开展各项财政法规立法工作，进一步加强财政规章立法工作。二是进一步提升财政法律制度建设质量。强化对规范性文件的管理，认真抓好财政法律法规清理工作。三是多措并举规范财政执法行为。加强财政部门行政执法程序建设，建立健全财政执法主体资格制度,深入推进行政审批制度改革。四是积极稳妥推进财政政务公开。深入推进财政部门办事公开,加大预算公开力度。五是切实增强财政行政监督效能。严格财政行政问责,加大财政执法监督力度,扎实做好财政行政复议工作。六是大力营造依法行政依法理财的良好氛围。做好财政"六五"普法工作,进一步健全财政干部学法制度,探索基层法制宣传教育新模式。七是继续强化依法行政依法理财的组织保障。

第二节 财政管理的法律依据

一、我国现行财政法制体系的基本框架

我国财政法律制度涵盖预算管理、财政收入管理、财政支出管理、财务及资产管理、会计管理、财政监督管理等财政管理的各个领域,主要制度包括:

(一)规范预算管理的法律制度

预算是国家管理经济社会事务、实施宏观调控的主要手段,在国家经济社会生活中具有十分重要的地位和作用。现行预算管理法律制度由《预算法》、《全国人民代表大会常务委员会关于加强中央预算审查的决定》、《预算法实施条例》等法律、行政法规及大量的财政规章、规范性文件构成。其中,1995年1月1日起施行的《预算法》,是我国预算管理的基本法律,对于强化预算的分配和监督职能、健全预算管理、加强国家宏观调控、保障经济社会健康发展,发挥了重要作用。

1993年12月国务院制定的具有行政法规性质的《关于实行分税制财政管理体制的决定》,明确规定我国实行分税制财政管理体制,进一步规范了中央与地方的财政分配关系。

(二) 规范财政收入管理的法律制度

财政收入管理法律制度包括税收管理法律制度和非税收入管理法律制度。

1. 税收管理法律制度。现行税收管理法律制度由《税收征收管理法》、《企业所得税法》、《个人所得税法》、《外商投资企业和外国企业适用增值税、消费税、营业税等税收暂行条例的决定》等法律或法律问题的决定,《增值税暂行条例》、《消费税暂行条例》、《营业税暂行条例》、《税收征收管理法实施细则》、《发票管理办法》等税收行政法规,以及大量的税收规章和规范性文件构成。目前,各税种及税收征收管理基本上都有法律或行政法规作为依据,税收管理法律法规相对比较健全。

2. 非税收入管理法律制度。政府非税收入是政府财政收入的重要组成部分。广义非税收入包括行政事业性收费、政府性基金、国有资源有偿使用收入等。除1996年颁布的具有行政法规性质的《关于加强预算外资金管理的决定》,以及2009年制定的《彩票管理条例》外,目前,在非税收入管理方面尚未制定专门的法律或行政法规,主要由财政部门制定的规范性文件对非税收入进行管理。此外,在其他有关法律、行政法规中对政府性基金、行政事业性收费等非税收入也有一些具体的规定。

(三) 规范财政支出管理的法律制度

财政支出管理法律制度包括国库管理法律制度、政府采购管理法律制度等。此外,国家有关农业、教育、科技、文化等方面的专门法律、行政法规中也对相关领域的财政支出规定了原则要求。

1. 国库管理法律制度。现行国库管理法律制度主要由《预算法》、《预算法实施条例》、《国家金库条例》、《国家金库条例实施细则》等法律、行政法规和规章等构成。为建立适应公共财政要求的现代国库管理制度,我国自2001年开始实行以国库单一账户体系为基础、资金缴拨以国库集中收付为主要形式的财政国库管理制度改革。改革的重要依据是2001年3月财政部和中国人民银行根据《国务院办公厅关于财政国库管理制度改革方案有关问题的通知》精神,经国务院同意制定发布的《财政国库管理制度改革试点方案》。该方案及以其为依据制定的一系列规范性文件是现行国库管理法律制度的重要组成部分。

2. 政府采购管理法律制度。政府采购是国家有效实施购买性支出和政策调控的重要手段。现行政府采购法律制度由《政府采购法》及一系列政府采购规章、规范性文件构成。其中,2003年1月1日起施行的《政府采购法》,是规范政府采购活动和监督管理的基本法律。

(四)规范财务及资产管理的法律制度

现行财务及资产管理法律制度主要由《企业财务通则》、《行政单位财务规则》、《事业单位财务规则》、《行政单位国有资产管理暂行办法》、《事业单位国有资产管理暂行办法》、《金融企业财务规则》、《金融企业国有资本保值增值结果确认暂行办法》、《金融企业国有资产评估监督管理暂行办法》、《金融企业国有资产转让管理办法》以及分行业的企业、事业单位财务制度等行政法规、规章和规范性文件构成。

(五)规范会计管理的法律制度

现行会计管理法律制度由《会计法》、《企业财务会计报告条例》、《总会计师条例》、《企业会计准则》等法律、行政法规,以及财政部制定的具体会计准则、企业会计制度和分行业的会计制度、企业内部控制基本规范等财政规章和规范性文件构成。1999年第二次修订、自2000年7月1日起施行的《会计法》,是规范会计工作和管理的基本法律。

（六）规范财政监督的法律制度

现行财政监督法律制度主要由《预算法》、《财政违法行为处罚处分条例》、《违反行政事业性收费和罚没收入"收支两条线"管理规定行政处分暂行规定》等法律、行政法规、财政规章和规范性文件构成。尤其是 2005 年 2 月 1 日起施行的《财政违法行为处罚处分条例》，对各类财政违法行为规定了具体的处罚处分措施，对加强财政监督管理、维护财经秩序发挥了重要作用。

（七）规范社会中介组织管理的法律制度

现行规范财政部门管理的社会中介组织的法律制度主要由《注册会计师法》以及有关注册会计师行业管理、注册资产评估师行业管理的财政规章和规范性文件构成。其中，1994 年 1 月 1 日起施行的《注册会计师法》，是规范注册会计师行业管理的基本法律。

二、完善我国财政法制体系的方向

目前财政工作的各个领域基本实现了有法可依，但与推进财政科学化精细化管理的要求相比还有差距。主要表现在：一些重要的财政立法项目尚待制定，部分财政法律制度规定难以适应财政改革和形势发展需要；财政法律制度整体法律级次较低，制度的权威性和约束力不够强；部分财政法律制度规定比较原则，影响执行和适用；财政规范性文件范围、内容、形式不统一、不协调。因此，完善我国现行财政管理法制体系，已经成为一项重要而紧迫的任务。要按照科学化精细化的要求，加强财政管理法制体系建设，为财政科学化精细化管理提供良好的法律依据和制度保障。

当前及今后一个时期，健全财政管理法制体系，要把握以下三项原则：

一是更加注重制度建设质量。随着依法行政、依法理财进程的不断推进，财政立法工作需要解决的主要问题已经发生了大的变化，主要不是"有没有"法律法规的问题，而是法律法规质量"高不高"的问题。人们不仅关注法律是什么，而且关注为什么这样规定；不仅关注法律形成的结果，而且关注法律形成的过程；不仅关注法律制定的意图，而且关注法律执行的效果。切实提高制度建设质量是新时期推进财政立法、加强财政法制建设的重点。这就要求我们必须严格按照科学立法、民主立法的要求，积极探索、准确反映财政管理的客观规律，遵循立法工作的内在规律，坚持公开立法、开门立法，广泛征求社会公众的意见，通过人民群众的广泛参与，从制度上保证制定的财政法律制度在执行中积极促进财政发展改革。

二是加强财政规章和规范性文件制定管理。财政规章和规范性文件既是贯彻落实法律、行政法规等上位法的执行性文件，又是各级财政部门推进财政改革、实施财政管理的直接依据，在我国财政法制体系中具有重要地位。加强财政规章和规范性文件的制定工作，提高制度建设质量，是完善财政法制体系、提高财政法律制度实施效果的客观要求，也是全面推进财政科学化精细化管理的重要内容。要结合财政法规清理工作，重点对法律、行政法规明确要求由财政部门制定具体办法的执行情况，以及财政规章及规范性文件明确要求另行规（制）定具体办法的执行情况进行整理，并针对暴露出的问题，研究制定具体改进措施，不断提高制度质量，确保财政法律制度建设的科学化、精细化。

三是建立健全立、改、废工作机制，保持财政法制体系的权威性、时效性。财政法制体系是开放的、动态的，坚持立、改、废并举，保持财政法制体系的权威性和时效性，是发挥财政法律制度保障作用的重要前提。第一，要及时组织财政法规清理。各级财政部门要按照《国务院关于加强法治政府建设》的要求，建立清理工作机制，定期组织对本单位制定的财政规范性文件的清理。财政规章一般每隔5年、财政规范性文件一般每隔2年应组织一次全面清理。第二，要探索建立财政规章和规范性文件的"日落条款"，即在财政规章和规范性文件中规定的有效期到期后需要继续执行的要重新公布。第三，要加强财政法律制度实施情况的监督检查和立法后评估工作力度，形成财政规章和规范性文件的适时修订机制。

根据以上三项原则，当前以及今后一段时期完善我国财政管理法制体系的主要任务是：

第一，以推动《预算法》修订和提升税收法律级次为突破口，着力完善财政法制体系。

1. 加快修订《预算法》，重点解决预算不完整、超收收入使用和地方债务管理等问题。

修订《预算法》是加强财政法制建设的重中之重。由于《预算法》涉及面广，问题复杂，如果全面修订难以短期内在立法层面达成共识，可考虑采取"小步快跑"的办法，加快《预算法》的修订，通过修正案的形式，对一些亟待解决且管理制度、政策措施基本成熟并已付诸实施的问题进行修订明确。一是通过修订《预算法》对预算完整性做出规定。明确政府预算体系构成，将政府性基金预算、国有资本经营预算、社会保障预算等纳入《预算法》规范的框架，实现预算体系完整。将上级补助作为法定的预算编制内容，明确地方必须编入预算，实现收支内容完整。将中央财政有关上级补助下达的具体时间规定在《预算法》中作限制性规定，增强约束力。二是通过修订《预算法》对超收收入的使用管理做出规定。在巩固现行超收收入使用管理办法的基础上，尽快在《预算法》中对各级财政超收的使用做出明确规定。三是通过修订《预算法》强化地方债务法律约束。从规范地方政府性债务管理的角度考虑，应当进一步研究建立一套包括规模控制、风险预警、债务预算、债务审批、债务偿还在内的基本制度框架，并在《预算法》中明确相关原则，促进地方债务管理的法制化、规范化。

2. 积极稳妥提升税收立法级次。随着我国改革开放和法治建设的不断推进，有必要逐步提高我国税收立法的级次，将经过实践检验、条件成熟的税收暂行条例上升为税收法律，这对于贯彻依法治国的基本方略，推进依法行政、依法理财具有重要意义，也有利于提高税收法律制度的权威性，减少各种侵蚀税基、随意减免税的倾向。

提升税收立法级次应当坚持既积极又稳妥的原则，根据财政发展改革的需要，成熟一个制定一个，在兼顾税法稳定性的同时，也为宏观调控相机抉择税收政策预留法律空间。相关工作可分两个阶段进行。第一阶段，按照十一届全国人大常委会立法规划和国务院立法计划的安排，重点做好制定增值税法的立法工作，做好耕地占用税法、环境税法的前期研究工作。在着手对现行税收暂行条例进行全面评估的基础上，加快现行税法的修订频次。通过对各税种收入的稳定性、征管成本、税收相关制度（税收暂行条例、税收文件）施行情况及存在的问题等进行评估，对不适应经济发展的个别条款，及时进行相应修订，为今后制定相应的税收法律奠定基础。第二阶段，全面启动税法提升级次工作，力争利用10年左右的时间，完成将现行税收暂行条例全面上升为税收法律。

在重点做好《预算法》修订和提升税收立法级次工作的同时，按照全国人大常委会立法规划和国务院立法计划的安排，结合财政法律制度建设的实际,积极推进财政管理各个领域的立法进程。根据《预算法》的修改情况开展《预算法》实施条例的修改工作,制定《财政转移支付管理暂行条例》、《国有资本经营预算条例》、《政府采购法实施条例》、《金融企业国有资产监督管理条例》等。进一步加强财政规章立法工作。重点做好《彩票管理条例实施细则》、《政府采购法实施配套办法》、《财政票据管理办法》、《资产评估机构审批管理办法》、《会计人员从业资格管理办法》、《注册会计师注册办法》、《财政监督办法》等规章的起草、修订工作。同时,地方财政部门也应在职权范围内,依法做好相关的财政立法工作。

第二,以加强财政规范性文件制定管理为突破口,着力提高财政法律制度质量。

财政规范性文件是指各级财政部门依照法定职权和规定程序制定并发布的,或者牵头会同有关部门联合发布的,涉及财政政策及行政管理相对人权利、义务,具有普遍约束力并能够反复适用的文件。进一步规范财政规范性文件的制定工作,提高财政规范性文件的质量,对全面推进财政科学化精细化管理具有重要意义。各级财政部门要健全规范性文件制定程序和机制,增强规范性文件制定的科学性。结合本地区、本部门实际,合理设定各项具体管理制度和程序,妥善处理制定者与执行者、执行者与相对人、公共利益与个人利益的关系,努力做到权力与责任相统一、权利与义务相统一、公平与效率相统一,使规范性文件体现规律要求、适应工作需要、符合人民意愿、解决实际问题,以提高财政法律制度的实施效果,保障财政活动能够在法律制度的轨道上有序有效运行。

强化对规范性文件的管理。制定规范性文件要严格遵守法定权限和程序,不得违法设定行政许可、行政处罚、行政强制、行政收费等事项。规范性文件草案要经财政部门法制机构进行合法性审查，并由制定部门负责人召开会议进行讨论。未经听取意见、合法性审查、集体讨论的规范性文件，制定部门不得发布实施。规范性文件除依法需要保密的外，要通过政府公报、门户网站、有关媒体向社会公布，未公布的规范性文件不得作为行政管理的依据。

认真抓好财政法律法规清理工作。按照全国依法行政工作会议的要求，认真抓好财政法律法规的清理，做到"全面清理、建立机制"，提高财政法律法规的运行质量。要根据法律法规的变化以及经济社会发展新形势的要求，及时组织规章和规范性文件的专项清理和全面清理。对与法律、法规和国家政策相抵触以及不适应经济社会发展要求的规章和规范性文件，要及时进行修改或者废止，并向社会公布。财政部门规章及涉及公民、法人和其他组织切身利益的规范性文件要定期评估其实施效果。要探索建立财政规范性文件有效期制度，有效期届满仍需执行的要重新公布。

同时，要适时修订《财政部立法工作规则》，做好《财政部规范性文件制定管理办法》的试点工作，不断提高财政制度建设质量，确保财政法律制度建设的科学化规范化。

在法律和行政法规未规定的领域，各级财政部门要充分发挥财政规范性文件的作用，从实际出发，继续深化财政改革，积极探索和创新财政管理制度、体制和机制，尤其是地方财政部门可以先行先试先规范，待积累了一定实践经验、各方面形成基本共识、条件基本具备后，再适时上升为法律或行政法规。

第三节 加强财政执法及执法监督

法律的生命在于执行。法律得到有效实施，是实现立法目的、发挥法律作用的前提，是实现法治的必由之路。从理论上讲，法律制度生效后便具有法律效力，但如果法律制度仅仅停留在法律文本上，在实践中未被有效执行，或者在执行中走样、变形，有效力而无实效，比没有法律制度对法治的破坏更为严重。影响财政法律制度实施效果的因素，在法律制度的制定层面，取决于制度安排的科学性和可操作性；在法律制度的遵守执行层面，取决于人们的守法意识、守法收益、违法成本和执法机关全面有效的执法行为。因此，财政法制建设的重心要在继续着力推进"有法可依"的同时，更加注重"有法必依、执法必严、违法必究"。

一、加强财政执法制度建设

（一）加强财政部门行政执法程序建设

严格规范执法主体和执法权限，进一步细化执法流程和环节，健全财政行政执法证据规则和行政裁量权的基准制度，加强对程序违法行为的监督审查力度，着力改变当前行政执法中存在的重实体、轻程序现象。健全财政执法案卷评查制度，加强有关行政处罚、行政许可、行政强制等财政执法的案卷管理，对公民、法人和其他组织的有关监督检查记录、证据材料、执法文书应当及时立卷归档。

（二）建立健全财政执法主体资格制度

财政机关须在法定职权范围内实施相应的财政执法行为，任何非财政机关的组织未经法律、法规授权或者财政机关的合法委托，不得行使财政执法权。实行财政执法人员资格制度，规范和完善财政执法权的行使，要在加强清理、确认的基础上向社会公告财政执法主体，没有取得执法资格的不得从事财政执法工作，以确保财政执法的公正性和透明度。

二、全面完善财政执法监督体系

(一) 健全行政执法责任制和问责制,加大财政执法监督力度

任何形式的监督,只有与责任追究结合起来,才能取得实效。完善行政执法责任制度,积极落实《关于党政干部问责的暂行规定》,继续探索制定财政部门党政干部问责的相关办法,不断推进财政行政问责工作的制度化法制化。同时,加强财政执法监督工作,加大对程序违法行为的监督检查力度,通过审核各类执法文书,规范财政执法行为,提高财政执法水平。上级财政部门要加大对下级财政部门执法监督工作的指导力度,共同推动财政执法水平的进一步提高。

(二) 扎实做好财政行政复议工作

行政复议既是政府内部重要的层级监督制度,也是公民、法人和其他组织的重要救济途径。近些年,财政行政复议案件大幅度增加,一方面是经济社会发展和人民群众民主法律意识的提高,另一个方面是财政法律制度建设质量有待进一步提高,财政行政执法有待进一步规范。各级财政部门要高度重视和认真研究行政复议工作遇到的新情况、新问题,依法、公正、高效地解决行政争议。创新办案机制,严格依法办案,提高办案质量。做好修订和完善财政行政复议制度相关工作,适时修订财政行政复议法律文书格式。加强行政复议信息化建设,提高工作效率。做好典型案例分析工作,为加强财政立法和规范财政执法,提供切实可行的措施建议。

(三) 积极稳妥推进财政政务公开,保障人民群众的知情权和监督权

根据《政府信息公开条例》及相关规章制度的要求,进一

步健全公开机制，拓展公开内容，畅通公开渠道。

一是不断深化公开意识。进一步加强政府信息公开宣传教育培训工作，切实提高财政干部对财政政务信息公开工作重要性的认识，增强工作的主动性、自觉性，不断提高财政政务信息公开工作的质量和水平。

二是积极拓展公开内容。把社会公众普遍关心、涉及人民群众切身利益的问题作为财政信息公开的重点内容，特别是要大力推进财政预算信息公开，完善财政信息发布制度。进一步拓宽办事公开领域，运用多种形式依法公开办事依据、流程和结果，实现办事项目有关信息的充分告知，便于群众知情、参与和监督。把政府所有收支全部纳入预算管理，进一步推进公共财政预算、政府性基金预算、国有资本经营预算向社会公开。财政部门要带头公开部门预算，妥善做好依申请公开预算信息工作。

三是努力畅通公开渠道。全面加强财政部门门户网站建设，以门户网站为财政信息公开主要载体，公开政务信息、提供在线服务、解答公众咨询。通过定期编发文告等形式，将财政政策法规及相关工作制度规定及时向社会公开。充分运用广播、电视、报刊等媒体，及时公开财政信息。

四是切实增强公开效果。采用人民群众喜闻乐见的公开形式，让群众听得清楚、看得明白、行得具体。

三、深入推进财政行政审批制度改革

结合财政行政审批制度改革工作的实际需要，继续推进财政行政审批制度改革。

一是继续推进财政行政审批制度改革。围绕转变政府职能和社会经济发展、促进反腐倡廉建设，继续清理、取消和调整财政行政审批项目，把财政行政审批制度改革推向深入。

二是加强财政行政审批制度建设。进一步完善财政行政许可事项管理办法,没有制定的要抓紧制定;对现有的行政审批事项进一步规范和简化审批程序,促进审批行为规范有序、高效便民、公开透明;对拟新设的行政审批事项加强审核论证,确保新设行政审批项目与已有的审批项目相互衔接。进一步完善行政审批工作的各项配套制度和措施,研究制定财政行政许可文书格式。

三是积极推进行政审批制度改革长效机制建设。开展财政行政审批制度改革调研工作,总结财政部门行政审批工作经验,更好地推进财政部门行政审批工作。

第四节 加强财政法制宣传教育

一、财政法制宣传教育是依法行政依法理财的重要保障

财政法制宣传教育是提高全社会财政法律意识和法制观念,全面推进依法行政、依法理财的一项基础性工作,也是促进财政发展改革的一项基础性工作。胡锦涛总书记指出,全党同志,特别是各级领导干部都要切实增强法制观念,带头学法守法,在全党全社会营造依法行政、依法治国、依法办事的良好氛围。党中央、国务院要求各级领导干部都要带头学习法律知识,努力提高宪法意识和法制观念,不断增强依法行政和运用法律管理经济和社会事务的本领。中组部、中宣部、司法部、全国普法办也发布了《关于进一步加强领导干部学法用法提高依法执政能力的意见》,对领导干部学法用法做出了具体部署。各级财政部门要高度重视财政法制宣传教育,着力加强财政干部特别是领导干部法

制宣传教育,不断提高依法行政、依法理财能力。

二、加强财政法制宣传教育,营造依法行政依法理财的良好氛围

做好财政"六五"普法工作。按照全国普法规划的要求,积极组织各项财政法制宣传教育工作。总结财政普法的好经验、好做法,不断探索形式新颖、效果显著的法制宣传教育形式,增强法制宣传教育整体效果。

进一步健全财政干部学法制度。继续推进领导干部法律教育制度化、规范化。坚持和完善党组中心组集体学法制度、领导干部法律讲座制度、法律知识年度考试制度。探索推行领导干部法律知识培训制度、领导干部任职前依法行政考查和法律知识测试制度,将考查测试结果作为能否任职的重要依据。着力强化财政干部的法律意识和法制观念,增强财政行政执法能力。

探索基层法制宣传教育新模式。加强对市县财政部门法制宣传教育工作的指导。积极组织企、事业单位管理人员及广大财务会计人员认真学习有关财政、税收、财务会计等的法律法规知识。全面提高社会公众的财政法律意识和法制观念。

三、加强财政法制宣传教育,建立依法行政依法理财的长效机制

一是加强领导。各级财政部门要高度重视本部门、本地区财政法制宣传教育工作,把该项工作与财政立法和执法工作有机结合起来,与财政立法和执法任务一起部署、一起落实、一起考核。同时,各级领导干部要带头学法用法,努力做到领导干部法律教育制度化、规范化。继续组织财政厅(局)长依法行政培训和法制干部培训。地方各级财政部门也要充分利用各种培训形

式,加大财政干部尤其是领导干部依法行政培训力度。

二是务求实效。要在不断创新和丰富财政法制宣传教育活动形式,提高各项普法活动吸引力的同时,认真研究、深刻把握全社会特别是财政部门和财政干部对财政法制宣传教育的根本需求,找准突破口,提高广大财政干部学法用法守法的自觉性和主动性,使财政普法工作更有针对性,真正取得实效。要大力加强社会公众法制宣传教育,积极组织广大财务会计人员认真学习国家有关财政、税收、财务会计等法律法规知识,不断提高其财政法律素质,增强其遵守国家财政法律制度的自觉性;要采取多种形式向社会公众宣传财政法律法规,全面提高社会公众的财政法律意识和法制观念。

三是注重创新。推进普法工作开展重在创新。一要创新工作理念。要深入贯彻落实科学发展观,牢固树立以人为本的理念,把事关人民群众切身利益的法律法规作为普法的重要内容,调动广大财政干部和社会公众学法守法用法的自觉性,全面提高财政干部依法行政依法理财水平,最大限度地减少行政纠纷,特别是因行政执法程序不规范、行政不作为和因法律理解偏差而引发的纠纷。要通过普法宣传,引导广大群众更多地选择通过非诉讼手段化解纠纷,依法维护自身权益。要进一步强化服务理念,把为广大财政干部和社会公众服务贯穿于财政普法工作全过程,在重视普及法律知识的同时,大力培育公民崇尚法治、忠于法律、维护法治权威的法治精神。二要创新工作制度。要认真总结20多年来财政法制宣传教育的成功经验,把经过实践检验的成功做法上升为法规制度,用制度推进普法工作,促进普法工作的制度化、规范化。三要创新工作方式。要积极适应新形势新任务的要求,探索新途径,丰富新载体,采用新方法,不断提高普法工作的针对性、实效性。要把财政法制宣传教育与财政立法、执法结合起来,使财政立法、财政执法和执法监督的过程成为普及法律知识的过程。要善于运用正反两方面典型进行教育,选择一些重大典型案例,以案说法,警示违法后果,提高学法、用法、守法的自觉性。要通过创新,不断提高普法工作的覆盖面和渗透力,增强普法工作的亲和力,提高普法工作的实效性。

四是重视和加强基层财政部门依法理财工作。根深才能叶茂,源远才能流长。市、县财政部门处在财政工作的第一线,是财政法律法规和政策的重要执行者。实际工作中,直接涉及人民群众具体利益的财政行政行为大多数由市县财政部门做出,各种社会矛盾和纠纷大多数发生在基层并需要市县财政处理和化解。市县财政部门能否切实做到依法理财,很大程度上决定着财政部门依法理财的整体水平。各级财政部门要按照《国务院关于加强市县政府依法行政的决定》的部署和要求,采取有力措施,逐步提高基层财政部门依法行政依法理财的能力和水平。上级财政部门要及时全面深入地了解财政法律法规、规范性文件等在基层执行中的难点、疑点和热点,通过分析,从修订完善、培训辅导、执法检查、执法评估四个层面加强法制建设,努力为基层财政部门依法行政依法理财创造有利条件和提供优质服务。

第三章 财政政策及管理

随着我国社会主义市场经济体制的不断完善，经济总量越来越大，经济发展面临的国内外环境也日趋复杂，财政政策在调节经济运行、促进经济持续健康发展方面的地位和作用越来越重要，迫切需要按照科学化精细化的要求，加强对财政政策的制定、实施和调整完善等的管理，以更好地发挥财政职能作用，确保实现国家宏观调控预期目标。

第一节 财政政策及管理概述

宏观调控是社会主义市场经济生活的常态。市场机制与宏观调控两者相辅相成、不可分割，都是市场经济体制的有机组成部分。财政、货币、计划是社会主义市场经济条件下宏观调控的重要手段，三者相互配合，共同构成我国宏观调控体系的基本内容。财政政策作为社会主义市场经济条件下宏观调控体系的重要组成部分，其管理制度、管理手段、管理方式等随着人们对市场经济运行规律认识的深化和实践的发展而逐步完善。

一、财政政策及管理的概念与内涵

财政政策通过税收、预算、国债、贴息、转移支付、政府采购等工具以及财政支出增减变化的结构性安排，影响社会总供求，促进经济稳定增长。针对经济运行的不同形态，需要及时采取适当的财政政策：在社会总供给大于社会总需求时，应该采取扩大政府支出规模、减少税收等措施，实施积极（扩张）的财政政策；在社会总供给小于社会总需求时，应该采取削减政府支出规模、增加税收等措施，实施从紧（紧缩）的财政政策；在社会总供给与社会总需求基本平衡、但结构需要优化时，应该采取控制赤字、调整结构等措施，实施稳健（中性）的财政政策。

财政政策管理是指在财政政策的制定、实施、调整完善等全过程采取一系列控制方法和措施，以充分发挥财政职能作用，实现国家宏观调控预期目标的管理活动。科学有效的管理工作是制定实施财政政策、发挥财政职能作用的重要前提和基础保障。财政政策管理应遵循科学管理的一般原理，结合财政政策管理的工作实际和经济财政形势的发展变化，在计划、组织、指挥和控制等各个方面，规范有效地开展管理工作。

财政政策管理主体。即财政政策的制定者和执行者。财政政策的制定者是指按照国家法律规定，制定或参与制定财政政策的国家权力机关和政府相关部门。财政政策的执行者是指组织或参与具体实施财政政策的政府部门。财政政策管理主体的行为是否规范、有效，对财政政策的制定和执行具有决定性作用，并直接影响财政政策预期目标的实现。

财政政策管理目标，在社会主义市场经济条件下，一般可以将财政政策管理目标归结为四个方面：（1）经济稳定增长。是指在不同时期，政府需要综合考虑国内外各种因素，确定一个期望达到的经济增长基本目标。（2）物价稳定。是指在国民经济稳定增长、社会总供求处于基本平衡的状态下，维持价格总水平基本稳定。（3）充分就业。是指通过财政政策措施促进扩大就业，努力使全社会保持一种接近自然失业率的状态。（4）国际收支平衡。是指通过财政政策工具对国际收支活动进行调节，进而影响国内社会总需求与总供给对比态势，为实现经济稳定增长服务。

财政政策管理对象。财政政策管理对象是指为实现既定的管理目标所选择的各种工具及其组合。财政政策工具以及不同的工具组合都各有特点，财政政策管理需要通过发挥其各自独特作用和协同效应来实现管理目标。从财政收入工具看，包括税收、收费、国债和利润上缴等形式；从财政支出工具看，包括财政转移支付、补贴、公共投资、政府采购等形式，此外还有预算管理方法约束、折旧率变动、国有资产管理政策调整等多种形式。政策工具及其组合的适用性和有效性，直接关系到政策目标能否实现和实现的快慢程度。

财政政策作用渠道，是指通过对财政政策管理对象进行选择或组合搭配，传导至财政收入或财政支出的变动，从而调整个人或企业的经济利益和经济行为，直接或间接作用于社会总需求和总供给的规模及结构，最终达到宏观调控目标。具体表现为：一是发挥保障作用。通过财政收入和财政支出的结构性安排弥补市场失灵，提供各类公共产品和公共服务。二是发挥杠杆作用。通过补贴、贴息、以奖代补、民办公助等政策措施，调节社会资本流向，起到"四两拨千斤"的作用。三是发挥引导作用。通过对不同领域投入增加或减少、政策扶持或抑制，对市场主体的经济行为起到促进或制约的作用。此外，财政政策取向对市场经济主体有很强的信号作用，会极大地影响市场主体的预期。

二、财政政策制定依据和目标

财政政策制定是指财政政策取向选择、具体方案设计及论证、正式发布等酝酿出台的过程。它是新一轮财政宏观调控的发端和财政政策管理的起始环节，同时也需要全面分析上一轮财政宏观调控的实施情况，从中总结经验、汲取教训，完善后续的调控政策措施，不断提高财政宏观调控的实际效果。

（一）财政政策制定的基本依据

在制定财政政策过程中需要综合考虑以下三方面因素：

一是国际经济形势的变化。随着经济全球化的深入发展和我国对外开放程度的日益提高，我国财政政策的制定需要放眼世界，立足于全球经济运行的大背景进行政策选择和方案设计。一般而言，需要重点分析美国、欧盟、日本等发达国家（或地区）和俄罗斯、印度、巴西、南非等新兴经济体的经济运行状况，密切关注石油、铁矿石等国际大宗商品、原材料的价格走势，分析判断全球通货膨胀、国际贸易发展变化形势；关注国际突发事件、重大政治经济事件等对全球经济形势的影响。

二是国内经济运行情况。需要全面分析社会总供给和总需求的动态变化，重点关注投资与消费需求的相对变化，结合国内就业和价格总水平变化趋势，综合分析判断我国经济运行情况和发展态势。

三是财政运行情况。全面准确分析和掌握财政收支和运行情况，根据经济社会发展的实际需要，对财政支出规模增长需求进行分析，特别是要根据党和政府的中心工作、群众关注的热点焦点问题，做好相关支出测算。在此基础上，对宏观税负、赤字率、债务依存度等指标进行分析，准确评估财政宏观调控的空间和余地，注意把握好政策的力度、重点和节奏，增强财政发展的稳定性和可持续性。

（二）财政政策管理目标的确定

理论上，宏观调控主要有经济稳定增长、物价稳定、充分就业和国际收支平衡四大目标。具体实践中需要根据我国经济社会发展的实际情况，合理选择财政政策具体目标组合，细化、分解形成由多个调控指标有机构成的财政政策目标体系。

一是财政政策目标与经济社会发展目标任务的协调。在社会主义市场经济条件下，政府主要通过经济、法律和行政等手段管理经济社会事务，实现经济社会发展目标。在制定财政政策目标时，需要坚持财政宏观调控与国家总体的宏观调控目标相协调，坚持经济增长速度、质量和效益三者相统一，在保持适度的增长速度的同时，持续推进经济结构调整和优化升级，加快经济发展方式转变，促进经济社会又好又快发展。

二是单一目标与多重目标的协调。财政政策目标是由若干个主要目标和辅助目标共同构成的、多层次的目标体系，一般往往是以其中一到两个目标为主，其他目标为辅。因此，选择和确定调控目标应当考虑多个具体目标之间的协调，处理好单一目标与多重目标之间的关系。在推动实现主要目标的同时，应防止出现严重的副作用。一旦形势发生较大变化，在总的目标体系大框架下，主要目标和辅助目标也可以互相转换，以避免政策调整对经济运行造成大的冲击。

三是过程目标与最终目标的协调。财政政策目标通常有过程目标和最终目标之分。财政政策管理要实现经济稳定增长、物价稳定、充分就业和国际收支平衡等最终目标，必须通过全社会固定资产投资、社会消费品零售总额、城镇新增就业岗位、进口或出口贸易总额等中间变量来起作用。制定政策时，通过对最终目标进行细化，将其分解为若干个中间变量或过程目标，以增强财政宏观调控的针对性、灵活性和有效性。这样，在实施过程中也可以通过对过程目标进行动态分析与监控，及时发现问题和偏差，有效推动最终目标的实现。

（三）财政政策与其他政策工具之间的协调配合

在财政政策管理过程中，为形成宏观调控合力、实现预定的调控目标，需要协调好财政政策与其他政策工具之间的关系，加强与货币、发展规划、环保、产业等政策工具的协调配合。

财政政策和货币政策是市场经济中政府实施宏观调控的两大主要工具,但两者在作用机制、调节领域、作用对象、效应时滞、政策工具等方面各有不同,在宏观调控中的作用各有侧重。一般而言,财政政策在促进经济稳定增长、优化结构和调节收入分配方面具有重要功能,特别是通过发挥其目标定位准、针对性强、作用直接有效的优势,对经济发展的薄弱环节实施"点调控",可以在调整和优化经济结构方面发挥更大作用。货币政策在调节社会供求总量方面具有重要作用。为了实现宏观调控目标,需要根据经济运行的具体情况,加强财政政策与货币政策之间的协调配合,一般有"双扩张"、"双紧缩"、"双稳健(中性)"、"财政扩张、货币紧缩"、"财政紧缩、货币扩张"、"财政稳健、货币紧缩"等搭配模式。此外,财政政策需要加强与发展规划、土地、环保、产业等政策的协调配合,以最终取得良好的政策效果。

在实施宏观调控过程中,建立健全各宏观调控部门之间的有效沟通机制、强化宏观调控政策之间的协调配合非常重要。当前,我国宏观调控当中"三方会商"机制的建立就是一种探索和尝试。按照建立健全协调运转机制、形成更加完善的宏观调控体系的要求,2008年5月,国家发展改革委、财政部和中国人民银行共同发起建立三部门会商制度。会商主要采取定期会商和临时会商的形式。定期会商由三部门轮流牵头组织。"三方会商"机制自建立以来运行良好,对加强和改善宏观调控发挥了重要作用。

三、财政政策的调整完善

相机抉择是财政政策管理的基本要求。任何一项政策的实施，都必须随着作用环境与对象的变化而适时适度做出调整。财政政策的调整完善，是财政政策管理的一个重要环节，也是确保实现财政政策管理目标的重要保障。

（一）年度间政策调整

财政政策管理是一个动态过程。实践中，每一年度结束时都会面临下一年度财政政策取向选择问题。从每年的第三季度开始，有关部门就需要系统全面地分析次年的国内外经济形势，研究下一年度的财政政策取向，以保持经济平稳较快发展。

（二）年度内政策跟踪

在年度财政政策实施的过程中，需要及时跟踪研究财政经济形势。一般而言，可以依据财政收支和宏观经济运行月度、季度数据，进行财政政策实施情况分析，根据形势变化和存在的问题调整完善相关政策措施。如果国内外有重大财经事件发生，还需研究这些事件对宏观经济运行和财政收支的影响，及时制定应对预案，相应调整完善财政政策措施。

（三）应对突发事件的政策调整

应对突发事件是财政政策调整的一个特例。实践中，国内外还可能会发生一些重大突发事件，有的事件会对全球经济形势和国内经济运行产生重要影响。比如，1997年的亚洲金融危机、2003年的伊拉克战争、2008年的国际金融危机等。对于这些重大事件，需要及时进行专题分析研究，做好充分的应对准备。

（四）财政政策的退出或转型

财政政策的退出或转型，是指财政政策发生质的调整或方向性变化，它处于财政政策管理链条的最末端。一种取向的财政政策出台后，一般会持续一段时期。但是，如果宏观经济环境发生大的变化，就需要及时对财政政策做出方向性的调整，启动政策退出或转型操作，重新在扩张性、紧缩性与中性财政政策中进行选择。财政政策的退出或转型,需要把握好时机,掌握好政策调整的力度和节奏。既不能过度影响市场预期,又要着眼于增强经济发展后劲,注重增强经济增长的内生动力。

第二节 财政政策实践

党的十四大明确提出建立社会主义市场经济体制目标以后,随着人们对政府与市场关系的认识逐步深化,我国政府宏观调控体系也不断完善。财政政策作为政府宏观调控的主要工具之一,在保持经济平稳较快增长、促进经济结构调整优化方面发挥了积极的作用。从20世纪90年代初至今,针对经济形势的发展变化,党中央、国务院相机抉择财政政策的取向和力度,分别于1993—1997年实施了适度从紧的财政政策、1998—2004年实施了积极的财政政策、2005—2008年实施了稳健的财政政策,2008年国际金融危机爆发以后又实施了积极的财政政策,并注重加强与货币政策等的协调配合,有力地促进了国民经济持续快速健康发展。这里,以最近一次积极财政政策为例简要介绍财政政策管理的实践情况。

一、本次积极财政政策的出台背景

2008年,我国国内外经济环境发生重大变化。从当年年初开始,接连遭受低温雨雪冰冻灾害和汶川特大地震,遭遇国际金融危机的巨大冲击,承受了国际初级产品价格的剧烈波动。尤其是当年9月以后,国际金融经济形势急剧恶化,对全球实体经济的影响逐步显现,这些突发因素与经济运行中原有的体制性、结构性矛盾交织在一起,极大地增加了宏观调控的难度。

从国际看,2008年,美国次贷危机迅速演化为国际金融危机，美国几家大型金融机构相继破产、被兼并或由政府接管，欧洲不少银行呆坏账明显增加，日本、澳大利亚以及新兴经济体的金融机构与次贷相关的损失也不断显现，信贷市场迅速萎缩，全球股票市场深度下挫，国际大宗商品价格迅速下跌。受金融市场动荡的冲击，美国等发达国家实体经济普遍收缩，消费支出下滑，企业投资环比负增长，贸易总量下降，工厂订单减少，就业市场恶化。2008年二季度欧元区和日本经济环比出现负增长，三季度美国和英国经济也出现负增长，发展中国家实体经济受到的不利影响也逐步显现，全球性经济衰退的风险明显增大。

从国内看，国际经济金融形势恶化，对我国经济增长、就业、企业效益、财政收入等方面的影响逐步显现。一是经济增长放缓。2008年第三季度国内生产总值增长9.0%，低于第一、二季度11.3%和10.1%的增速，经济增速下滑已成为突出矛盾。2008年1—10月，外贸出口增幅同比回落4.6个百分点，其中10月份增幅比上月回落2.2个百分点。出口价格也开始回落，对部分企业、沿海地区经济的影响进一步加剧。二是投资增速下滑。2008年10月，城镇固定资产投资增幅比上月下降4.6个百分点。同时，新开工项目计划总投资增幅回落，全国有15个省份新开工项目计划总投资为负增长，部分行业投资增速明显放缓。三是部分经济运行指标明显回落。2008年1—10月，规模以上工业增加值增幅同比回落4.1个百分点，全社会发电量、用电量增幅同比分别回落6.2和4.5个百分点，10月份全国铁路货运总周转量同比为负增长。汽车、粗钢、水泥、电解铝等需求急剧萎缩，产能过剩的问题日益突出。四是物价涨幅大幅回落。2008年10月，居民消费价格涨幅已从2月份8.7%的高点降至4%，工业品出厂价格和原材料、燃料、动力购进价格涨幅也急剧回落。五是经济效益明显下滑。2008年前8个月规模以上工业企业实现利润增幅同比回落17.6个百分点,部分企业生产经营困难。城乡居民收入增速放缓。10月份全国财政收入开始出现负增长。此外,股票市场跌幅较大,房屋销售价格涨幅回落,销售量较大幅度下降。

在国际金融危机的严重冲击下,我国经济运行中的结构性矛盾更为突出:一是内外部经济不协调。多年来我国经济增长过度依靠投资和出口拉动,国内消费相对不足,最终消费对经济增长的贡献率偏低。二是产业结构不协调。三次产业结构不尽合理,第二产业比重过高,第三产业比重偏低。农业生产专业化、集约化、社会化水平低,生产率较低。工业大而不强,产业技术层次、产品附加值和自主创新能力相对较低,主要行业的关键设备与核心技术进口依赖度较高。服务业发展相对滞后,市场化程度较低。三是城乡区域发展不均衡。城乡收入差距较大,农村教育、卫生、文化等社会事业发展相对滞后。地区间经济发展差距较大,2008年中西部地区和东北地区21个省区市GDP总量仅占全国的45.7%,东部地区10省市GDP总量占全国的54.3%。四是社会发展相对滞后。一些涉及群众切身利益的民生事业发展比较缓慢,医疗服务、教育、住房、收入分配、社会管理等方面的突出问题亟待解决。五是经济社会发展与人口资源环境的矛盾日益突出,可持续发展面临严峻挑战。

二、本次积极财政政策的实施情况

2008年第四季度以来,面对严峻复杂的国内外经济形势,党中央、国务院全面分析、准确判断、果断决策,制定了应对国际金融危机冲击的一揽子计划,及时调整宏观经济政策取向,实施积极的财政政策和适度宽松的货币政策,努力保持经济社会平稳较快发展。在应对国际金融危机冲击的一揽子计划中,积极的财政政策发挥了重要作用。

(一) 扩大政府公共投资，加强各项重点建设

通过统筹公共财政预算拨款、政府性基金收入、国有资本经营收益等多个方面的资金，2008年10月至2010年底，中央政府新增公共投资1.26万亿元，超额完成两年新增中央政府公共投资1.18万亿元的计划目标。新增的中央政府公共投资更加突出公益性与公共性特征，主要用于农村民生工程、教育医疗卫生等社会事业、保障性安居工程、节能环保和生态建设、技术改造与科技创新、重大基础设施建设和地震灾后恢复重建等领域。在增加国债发行规模的同时，为确保地方政府配套资金需要，2009年和2010年中央政府分别代理发行地方政府债券2000亿元。中央财政赤字规模由2008年的1800亿元增加到2010年的8000亿元。这些措施既有力地促进了投资快速增长，也增强了经济社会发展后劲。

(二) 实施结构性减税政策，减轻企业和居民负担

全面实施消费型增值税，允许增值税一般纳税人抵扣其新购进设备所含的进项税额。实施成品油价格和税费改革，取消公路养路费、航道养护费等六项收费，逐步有序取消政府还贷二级公路收费。进一步提高纺织、服装、石化、电子信息等产品的出口退税率。对部分小型微利企业实施所得税优惠政策。调整1.6升及以下排量乘用车的车辆购置税征收税率。对住房转让环节暂定减免一年营业税，并根据房地产市场调控需要，实施差别化的购房契税政策。中央政府取消和停征了102项行政事业性收费；地方政府取消和停征了1700多项地方审批设立的收费，降低170项收费标准。通过实施各项税费减免政策，仅2009年就减轻企业和居民负担约5000亿元，有力地推进了企业自主创新和技术改造，促进节能减排和结构调整，增强了企业投资和居民消费能

力。

（三）大幅增加对低收入群体的补贴，扩大居民消费需求

充分发挥财税政策在调整国民收入分配格局中的重要作用，重点增加城乡低收入者收入，更加注重扩大消费需求。一是扎实落实各项强农惠农政策。2009年、2010年全国财政用于"三农"方面的支出分别为20042.6亿元和24213.4亿元，分别比上年增长28.2%和20.8%。重点用于增加对农民的各项补贴，支持较大幅度提高粮食最低收购价，支持现代农业发展，加强农业农村基础设施建设和农村社会事业发展，加大扶贫开发力度等。二是加大社会保障投入。2009年中央财政安排城乡低保、基本养老保险和优抚对象等人员抚恤及生活补助支出2114亿元，2010年进一步增加到2409.6亿元，支持提高城乡低保和优抚对象生活补助标准，再次提高企业退休人员基本养老金水平10%。推进建立新型农村社会养老保险制度，2009年和2010年全国财政分别安排专项补助资金42.3亿元和227.5亿元。三是实施家电下乡、汽车摩托车下乡以及汽车家电以旧换新政策。在全国推广实行家电下乡政策。实施汽车摩托车下乡政策。开展家电以旧换新试点，并逐步扩大到全国。在老旧汽车报废更新补贴基础上，逐步扩大补贴范围、提高补贴标准，鼓励汽车以旧换新。四是完善收入分配政策。支持建立企业职工工资正常增长机制和支付保障机制，规范公务员收入分配秩序，推进事业单位工资改革。五是推进现代服务业发展。中央财政先后设立农村物流体系建设专项资金和服务业发展专项资金，以及中小商贸企业发展专项资金，支持农村物流体系的建设和城市服务业聚集功能区建设，为扩大消费创造更加便利的条件。

（四）优化财政支出结构，着力保障和改善民生

在实施积极财政政策的过程中，调整财政支出结构，严格控

制一般性支出，重点加大教育、医疗卫生、社会保障和就业、住房保障等民生领域投入，并向中西部地区倾斜。一是支持教育优先发展。2009年全国财政教育支出10437.54亿元，增长15.8%，2010年增长20.2%，达12550.02亿元。全面推进农村义务教育经费保障机制改革。全部免除城市义务教育阶段学生的学杂费，并支持解决农民工随迁子女的就学问题。2009年秋季学期起免除中等职业学校农村家庭经济困难学生和涉农专业学生学费，2010年秋季学期扩大到城市家庭经济困难学生。二是支持医药卫生体制改革。2009年全国财政医疗卫生支出增长39.7%，2010年增加到4804.18亿元。支持全面推行城镇居民基本医疗保险制度，促进新型农村合作医疗制度平稳运行，财政补助标准由2009年每人每年80元提高到2010年的120元。支持各地开展基本公共卫生服务，推动基层医疗卫生机构实施国家基本药物制度和综合改革，启动公立医院改革试点。三是不断提高社会保障水平。中央财政多次提高城乡农村低保、新农合、城镇医疗保险财政补助标准，2010年，城乡低保标准分别提高到231元/月和103元/月，全国财政平均补助水平分别提高到162元和61元，农村五保供养标准提高到2582元，新农合补助标准提高到人均120元，城镇居民医保财政补助标准不低于120元。企业退休人员基本养老金、优抚对象等人员抚恤补贴和生活补助标准也相应提高。四是支持实施更加积极的就业政策。2009年仅中央财政安排就业支出390.9亿元，增长59%，2010年增加到396.5亿元，将下岗再就业税收优惠政策延长到2010年底；对受金融危机影响较大的企业实行"五缓四降三补贴"政策，即允许企业缓缴五项社会保险费、降低养老保险金之外的四项社会保险费率，使用失业保险基金支付社会保险补贴、岗位补贴和职工在岗培训补贴。五是支持加快保障性安居工程建设。2010

年全国财政保障性安居工程支出1218.3亿元，比2009年增加492.3亿元，增长67.8%，同时还实施了多项保障性安居工程建设税费优惠政策。

（五）大力支持科技创新和节能减排，推动经济发展方式转变

加大财政投入力度，创新体制机制，鼓励和引导自主创新和结构调整，促进资源节约和环境保护。一是促进科技创新。2009年全国财政科技支出2744.5亿元，2010年增加到3250.18亿元，比上年增长18.4%。支持加快实施科技重大专项，以及国家重点实验室、科研机构、大学科研条件和能力建设。设立国产首台（套）装备补助资金，减免部分关键零部件、先进技术装备等产品的进口税收，扩大中小企业发展专项资金的规模和支持范围。二是促进产业结构优化升级。大力支持发展安全高效农业，加强农业基础地位。推动战略性新兴产业发展，落实重点产业调整振兴规划。扶持服务业发展和农村物流体系建设。三是深入推进节能减排。2008年、2009年和2010年中央财政节能减排专项支出分别为270亿元、300亿元和518.25亿元。实施节能产品惠民工程，支持10大类高效节能产品推广使用。开展节能与新能源汽车推广试点，将试点城市由13个扩大到25个，启动私人购买新能源汽车补贴试点。

三、本次积极财政政策的主要成效

实施积极的财政政策，是我国主动应对国际金融危机严重冲击、保持经济平稳较快发展的重大举措。从本次积极财政政策的实践看，具有一些突出的特点：一是中央决策及时果断，积极财政政策"出手快"。国际金融危机爆发后，中央及时果断决策，实施包括积极财政政策在内的应对国际金融危机的一揽子计划。财政部迅速落实中央的决策部署，在2008年第四季度就新增了

1040亿元中央政府公共投资，并在2009年初出台实施了一系列扩大内需的结构性减税政策。二是政策力度大，运用的方法手段多样。在实施积极财政政策的过程中，综合运用预算、税收、国债、补贴等多种政策工具，并注重加强与货币、产业等政策的协调，形成政策合力。为应对国际金融危机采取的财税政策措施"含金量"高，政策的力度无论是绝对数额还是相对比例都居世界前列。三是坚持投资与消费、内需与外需并重，促进经济均衡发展。在拉动国内需求的过程中，既扩大投资需求，又通过健全公共服务体系、实施家电下乡等政策促进居民消费。在注重扩大内需的同时，也高度重视稳定外需。四是总量调控与结构调整密切结合，夯实经济长远发展的基础。在加大政策力度的同时，不断加强经济社会发展的薄弱环节，推动经济结构调整。既增加当期需求、拉动经济增长，又为长远发展奠定基础。五是刺激经济与改善民生有机结合，促进经济社会协调发展。不断调整和优化财政支出结构，加大强农惠农政策力度，积极推进教育、医疗卫生、社会保障和就业等社会事业发展，建立完善基本公共服务体系。

总的看，积极的财政政策各项措施有效地拉动了内需，促进了经济结构调整，加快了社会事业发展，对于有效应对国际金融危机严重冲击、保持经济平稳较快发展、夯实经济社会可持续发展基础都发挥了重要作用。

（一）有力促进了经济回升向好

两年多来，积极的财政政策在增加城乡居民收入、扩大国内需求、促进经济回升向好等方面取得了显著成效。一是经济增速稳步回升。2009年国内生产总值同比增长9.1%。其中，一季度增长6.2%，二季度增长7.9%，三季度增长9.1%，四季度增长10.7%，经济运行实现"V"型反转。2010年国内生产总值达到40.1万亿元，同比增长10.4%，比上年加快1.2个百分点，经济总量上升到世界第二位。二是工业生产迅速恢复。2009年规模以上工业增加值增长11.0%，企业利润增长7.8%。2010年全国规模以上工业增加值同比增长15.7%，增速比上年加快4.7个百分点。三是国内需求有效启动。在公共投资带动下，2009年全社会固定资产投资同比增长30.1%，2010年增长23.8%。在刺激消费政策的带动下，2009年全社会消费品零售总额实际增长16.9%，增速比上年加快2.1个百分点；2010年全社会消费品零售总额实际增长18.4%，增速比上年加快1.5个百分点。

（二）推动了经济结构调整和发展方式转变

实施积极财政政策的过程中，注重推进经济结构调整，推动经济发展方式转变，进一步增强了经济社会发展后劲。一是农业基础地位继续加强。实施各项强农惠农财税政策，加大财政投入力度，以农田水利为重点的农业基础设施建设不断加快，农业综合生产能力不断提高，农村发展与改革的好形势进一步巩固。粮食产量实现连续7年增产，连续4年超过1万亿斤，为保持物价基本稳定发挥了重要作用。2009年和2010年农村居民人均现金收入实际增长8.5%和10.9%。二是区域发展趋向协调。落实推进西部大开发、振兴东北地区等老工业基地、促进中部地区崛起、支持东部地区率先发展的财税政策，积极扶持革命老区、民族地区、边疆地区、贫困地区加快发展，财力薄弱地区改善民生事业的保障能力进一步提高，有力促进了基本公共服务均等化。三是产业结构优化调整。第一、第三产业投资增速明显快于第二产业，2010年第三产业增加值占GDP比重为43.0%，比2005年上升2.7个百分点。支持实施十大产业调整振兴规划，组织实施重点产业调整和技术改造专项，推动了重点行业结构优化升级。四是基础设施建设取得长足进展。大幅增加政府投资,解决了1.17亿农村人口饮水安全问题,新增农村电网线路115万公里,新建改建农村公路70万公里,一批重大铁路、高速公路、支线机场等基础设施建设进展顺利,加强了经济社会发展的薄弱环节。以高速公路为骨架的干线公路网初步形成,农村公路通畅程度普遍提高,城市轨道交通发展迅速,民用运输机场体系框架基本形成。水利建设步伐加快,大江大河及重要支流治理和水利枢纽工程建设成效显著。五是节能减排取得明显成效。通过支持实施重点节能项目、减排工程项目及循环经济和资源节约重点项目,促进了节能减排。在保持经济平稳较快增长的同时,2006—2010年,单位国内生产总值能耗累计下降19.1%,节能减排目标如期实现。

(三) 进一步保障和改善了民生

积极财政政策在促进经济平稳较快增长的同时,教育等民生得到切实保障和改善。农村义务教育经费保障机制进一步完善,2010年全国1.3亿名农村义务教育阶段学生全部享受免除学杂费和免费教科书政策,中西部地区约1228万名农村义务教育阶段家庭经济困难寄宿生获得生活费补助。免除2900多万名城市义务教育阶段学生的学杂费。家庭经济困难学生资助政策体系不断健全,449万名普通高校学生、482万名普通高中学生和1136万名中等职业学校学生获得资助。免除440万名中等职业学校家庭经济困难学生和涉农专业学生学费。落实更加积极的就业政策,2010年城镇新增就业1168万人。社会保障体系逐步完善,保障水平不断提高。2010年新型农村社会养老保险试点覆盖面达到24%。连续第六年提高企业退休人员基本养老金水平,城乡低保补助标准、优抚对象等人员抚恤和生活补助标准逐年提高。建立孤儿基本生活保障制度。医药卫生体制改革顺利推进。

城镇职工基本医疗保险、城镇居民基本医疗保险、新型农村合作医疗保险的最高支付限额，分别提高到当地职工年平均工资、城镇居民可支配收入、全国农民人均纯收入的6倍以上。新型农村合作医疗参合人数、城镇居民基本医疗保险参保人数分别达到8.35亿人和1.95亿人，财政补助标准提高到每人每年120元。支持未参保的关闭破产国有企业退休人员和困难企业职工参加城镇职工基本医疗保险。城乡医疗救助水平进一步提高。基层医疗卫生服务体系建设得到加强。国家基本药物制度覆盖到60%的政府举办的基层医疗卫生机构。支持向城乡居民免费提供9类基本公共卫生服务，重大公共卫生服务项目加快实施。公立医院改革试点在部分城市启动。保障性安居工程进展顺利，全国保障性住房和棚户区改造住房基本建成370万套，农村危房改造和游牧民定居工程加快推进。

（四）支持了重点领域和关键环节改革

围绕贯彻落实科学发展观和应对国际金融危机冲击，财政部门在加强和改善财政宏观调控的同时，不断深化财税体制改革，推动完善了社会主义市场经济体制。一是财政体制改革稳步推进。转移支付制度继续完善，转移支付结构不断优化，完善民族地区转移支付办法，健全生态功能区转移支付制度，资源枯竭城市转移支付规模逐步扩大。探索建立县级基本财力保障机制，基层政府公共服务保障能力有所增强。在27个省份970个县推行了省直管县财政管理方式改革，2.86万个乡镇实行了乡财县管财政管理方式改革。省以下财政体制进一步健全。二是预算管理制度改革继续深化。健全公共财政预算，全面编制中央和地方政府性基金预算，国有资本经营预算制度试点范围继续扩大，试编社会保险基金预算。部门预算、国库集中收付、政府采购等预算管理制度改革全面深化。三是税费制度进一步完善。全面实施消费型增值税，完善了增值税制度。顺利推进成品油税费改革，理顺税费关系，建立了依法筹集公路发展资金的长效机制。调整和完善了个人所得税、消费税等税收制度。资源税改革在整个西部地区试点。统一了内外资企业和个人城市维护建设税、教育费附加制度。稳步推进地方税改革，实施新的车船税、城镇土地使用税和耕地占用税制度，房产税改革在重庆、上海试点。此外，农村综合改革向纵深推进，集体林权制度改革在全国范围内展开。在27个省份的21.5万个行政村开展了村级公益事业建设一事一议财政奖补试点。积极推动收入分配制度改革。义务教育学校绩效工资政策全面落实。公共卫生与基层医疗卫生事业单位绩效工资政策加快实施。上述各项改革，进一步健全了有利于科学发展的体制机制，增强了我国经济发展的动力和活力。

在实施积极财政政策的过程中，既坚定地增加财政支持力度，又十分注意防范和控制财政风险，保持财政政策的可持续性，财政预算执行情况也比较好。2010年全国财政收入83101.51亿元，增长21.3%；全国财政支出89874.16亿元，增长17.8%，各项重点支出得到较好保障。2010年全国财政赤字占GDP的比重在2.5%左右，控制在安全范围之内。

四、加强财政政策管理的小结

我国社会主义市场经济体制下的财政政策管理，经过多年的探索与实践，积累了比较丰富的经验。随着社会主义市场经济体制的发展完善，财政宏观调控方式也相应发生了重大改变，即由被动调控向主动调控转变，由直接调控向间接调控转变，由单一手段调控向综合运用工具调控转变。这些转变标志着我国已建立起社会主义市场经济条件下，适应不同经济运行形态需要的，包括目标定位、政策取向、工具组合、时机选择、组织实施等一系列要素在内的财政宏观调控体系。这些实践探索和经验积累也为做好今后的财政政策管理指明了方向。

（一）始终把握相机抉择这一财政政策管理的基本要求

财政政策需要根据经济形势的发展变化相机抉择。在经济运行的不同形态下，财政政策必须随着作用环境与对象的变化而适时适度地进行调整。采取扩张性、紧缩性或中性的财政政策，要根据经济运行态势和特定的宏观调控任务来决定。事实上，我国财政政策的每次调整也充分体现了宏观经济形势发展变化的要求。加强财政政策管理，要牢牢把握相机抉择这一基本要求，不断增强宏观调控的针对性、科学性、预见性和有效性，并加强与货币等政策的协调配合，实现内需和外需、投资和消费均衡拉动经济增长，保持经济长期平稳较快发展与社会和谐稳定。

（二）处理好保持经济平稳较快发展、调整经济结构和管理通胀预期的关系

实现党的十七大提出的到2020年人均国内生产总值比2000年翻两番目标任务，我国经济必须保持较快的发展速度。与此同时，要处理好发展速度与发展质量的关系，在保持经济平稳较快发展的基础上，加快转变经济发展方式，推进经济结构战略性调整，夯实经济长远发展的基础。在促进经济又好又快发展的过程中，要把管理好通货膨胀预期作为一项重要任务。充分发挥财税政策稳定物价的作用，并对可能影响物价稳定的外部因素予以高度重视，采取有效措施积极应对。

（三）实现短期调控政策和长期发展政策的有机结合

财政政策管理既要处理好当前经济生活中的突出矛盾和问题，也要着眼于经济社会发展长远目标，把短期调控政策和长期发展政策有机结合起来。正确处理好投资和消费、内需和外需、经济增长和社会发展之间的关系，立足于经济长期平稳较快发

展，做好财政政策管理工作。当前及今后一段时期，加强财政政策管理，在着力解决好当前矛盾和问题的同时，要更加注重解决经济社会发展中存在的深层次矛盾和问题，加快转变经济发展方式，增强经济增长内生动力和活力。

（四）加强宏观调控政策之间的协调配合

加强和改善宏观调控需要注重各项政策目标的内在统一，统筹各项宏观调控政策工具，避免顾此失彼，但在不同时期、不同阶段，政策目标和工具运用又应有所侧重、突出重点。在具体制定和实施财政政策措施时，应综合使用各种财政政策工具，同时与货币、产业、环保、土地等政策协调配合，形成宏观调控合力。

第三节 财政政策展望

一、当前面临的形势和任务

准确把握经济社会发展所面临的国内外形势，是加强和改善财政宏观调控的前提和基础。当前和今后一个时期，世情、国情继续发生深刻变化，我国经济社会呈现新的阶段性特征。从全球范围来看，世界多极化、经济全球化深入发展，科技创新孕育新突破，国际环境总体上有利于我国和平发展。同时，国际金融危机影响深远，世界经济增长速度减缓，全球需求结构出现明显变化，围绕市场、资源、人才、技术、标准等的竞争更加激烈，气候变化以及能源资源安全、粮食安全等全球性问题更加突出，各种形式的贸易保护主义抬头，我国发展的外部环境更趋复杂。

从国内形势来看，工业化、信息化、城镇化、市场化、国际化深入发展，人均国民收入稳步增加，经济结构转型加快，市场需求潜力巨大，科技和教育整体水平稳步提升，劳动力素质改善，基础设施日益完善，体制活力显著增强，政府宏观调控和应对复杂局面能力明显提高，社会保障体系逐步健全，社会大局保持稳定，经济社会发展和综合国力将会再上新台阶。与此同时，我国发展中不平衡、不协调、不可持续的问题依然突出，经济增长的资源环境约束强化，投资和消费关系失衡，收入分配差距较大，科技创新能力不强，产业结构不合理，农业基础仍然薄弱，城乡区域发展不协调，就业总量压力和结构性矛盾并存，制约科学发展的体制机制障碍依然较多。综合判断国际国内形势，我国发展仍处于可以大有作为的重要战略机遇期，既面临难得的历史机遇，也面对诸多风险挑战。

党的十七届五中全会通过的《中共中央关于制定国民经济和社会发展第十二个五年规划的建议》，在深刻分析并准确把握国内外形势新变化新特点的基础上，鲜明地提出做好"十二五"时期的经济社会发展工作，必须以科学发展为主题，以加快转变经济发展方式为主线。主题和主线是发展的指南。把握好"十二五"时期发展的主题和主线，是"十二五"时期推进财政发展改革、加强和改善财政宏观调控必须紧紧围绕的中心。贯彻落实科学发展观，加快转变经济发展方式，对发挥财政职能作用提出了新的更高要求，明确了新形势下加强和改善财政宏观调控的主要任务。

（一）促进经济平稳较快发展是财政政策的首要任务

根据宏观经济发展形势，科学实施财政政策管理，充分发挥财政职能作用，合理配置公共资源，引导经济增长向依靠消费、投资、出口协调拉动转变，管理好通胀预期，保持价格总水平基本稳定，支持就业持续增加，促进国际收支趋向基本平衡，实现经济长期平稳较快发展与社会和谐稳定。

（二）调整优化经济结构是财政政策的主攻方向

大力扩大内需，尤其是消费需求。提高公共服务水平，继续完善鼓励消费的财税政策，深化收入分配制度改革，着力提高中低收入群体收入水平，增强居民消费能力，建立扩大消费需求的长效机制。发挥财政税收调节功能，加强城乡商贸流通体系建设，支持发展节能环保型消费产品，合理引导消费行为，改善消费环境，推动消费结构升级。保持政府公共投资合理增长，优化公共投资结构，创新投资机制，提高投资质量和效益，发挥投资对扩大内需的重要作用。促进投资消费良性互动，把扩大投资、增加就业和改善民生有机结合起来，努力扩大内需。在扩大内需的同时支持稳定外需，着力实现内外经济均衡发展。支持优化产业结构，加快发展现代农业，改造提升制造业，培育发展战略性新兴产业，促进发展服务业。支持实施区域发展总体战略和主体功能区战略，促进资源枯竭地区转型发展，完善转移支付制度，加大转移支付力度，重点向革命老区、民族地区、边疆地区和贫困地区倾斜，实现区域基本公共服务均等化，推动区域经济协调发展。推进农村综合改革，完善强农惠农政策，加强农业基础地位，缩小城乡差距。加大科技投入力度，支持企业自主创新，健全激励和约束机制，促进节能减排和环境保护，支持发展循环经济，构建资源节约、环境友好的发展模式，不断提高经济增长质量和效益。

（三）保障改善民生是财政政策的出发点和落脚点

加大财政对教育、医疗卫生、社会保障、公共文化事业和保障性安居工程建设投入力度，着力构建与经济发展水平相适应、覆盖城乡、可持续的基本公共服务体系。规范收入分配秩序，加强税收对收入分配的调节作用，完善公务员工资制度，有效调节过高收入，提高中低收入者收入水平，努力扭转城乡、区域、行业和社会成员之间收入差距扩大趋势。实施更加积极的就业政策，加强职业培训，实行税收优惠政策，多渠道开发就业岗位，支持扩大就业，不断提高居民科学文化素养、职业技能和身体素质，推动经济社会协调发展。

（四）深化财税体制改革是财政政策的重要支撑

深化财政体制改革，合理界定中央与地方的支出责任，进一步理顺政府间收入划分和财力分配，完善省以下财政体制。推进预算制度改革，进一步健全政府预算体系，完善部门预算制度，健全现代财政国库管理制度，规范地方政府债务管理。完善税收制度体系，改革完善增值税、消费税和个人所得税等税收制度，逐步健全地方税体系，继续推进税费改革。此外，支持深化金融体制改革，促进完善金融体系和加强金融监管，健全国有金融资产管理体制。

二、加强和改善财政宏观调控的措施

今后一个时期，加强和改善财政宏观调控要坚持以邓小平理论和"三个代表"重要思想为指导，深入贯彻落实科学发展观，紧紧围绕科学发展主题和加快转变经济发展方式主线，处理好保持经济平稳较快增长、调整经济结构和管理通胀预期的关系，着力扩大内需，更加突出保障和改善民生，切实推进自主创新和节能减排，坚定不移地深化改革开放，提高经济发展质量和效益，促进经济平稳较快发展。

（一）坚持协调均衡发展，着力保持经济平稳较快增长

构建扩大内需特别是消费需求的长效机制，加快形成消费、投资、出口协调拉动经济增长的新局面。一是增加居民收入，提升居民消费能力。增加财政补助规模，完善各项强农惠农政策措施，努力扩大就业，不断提高社会保障支出占财政支出的比重，

加快完善覆盖城乡居民的社会保障体系，着力增加城乡居民特别是中低收入者的收入，提高居民收入在国民收入分配中的比重和劳动报酬在初次分配中的比重。二是建立健全扩大消费的财政政策体系，增强居民消费需求。继续做好家电下乡和以旧换新工作，加大高效节能产品推广力度，研究促进新能源汽车消费的支持政策。维护消费者权益，规范消费市场秩序。大力促进服务消费，重点加强农村和中小城市文化、旅游、宽带网络、商贸流通等基础设施建设，繁荣发展文化事业和文化产业。三是保持合理的政府公共投资规模，着力优化投资结构。中央政府公共投资重点投向教育、保障性安居工程、"三农"、节能减排和环境保护、战略性新兴产业、水利建设及山洪地质灾害防治等方面。深化投融资体制改革，落实企业自主决策、自担风险的投资机制，拓宽民间投资领域和范围，鼓励和引导民间投资进入基础产业、基础设施、社会事业和金融服务等领域，促进民间投资增长。积极寻求投资与消费的结合点，实现增投资、扩消费、促发展与惠民生一举多得。四是稳定发展对外经济，改善国际收支状况。在保持进出口政策总体稳定的同时，着力优化进出口结构，推动外贸发展由数量规模型向质量效益型转变。支持实施"走出去"战略。

（二）坚持保持物价基本稳定，着力管理好通货膨胀预期

保持物价基本稳定，是当前及今后一个时期加强和改善财政宏观调控的一项突出任务。一是大力促进农业发展，巩固农产品价格稳定基础。继续增加种粮补贴，完善农资综合补贴动态调整机制和产粮（油）大县奖励以及粮食最低收购价政策，支持粮食稳产增产。加强农业农村基础设施建设，大力推进中小河流治理、小型病险水库除险加固、山洪灾害防治等，改善农村生产生活条件，增强防灾减灾能力。二是进一步支持完善粮食、重要物资储备体系建设，发挥储备调节价格作用。灵活运用农产品储

备、重要物资储备吞吐机制，加强价格调节，抑制社会炒作行为，缓解物价上涨压力。三是稳定住房价格，防止资产价格剧烈波动。大幅度增加保障性安居工程投入，加快完善引导个人合理住房消费和调节个人房产收益的税收政策，坚决遏制住房价格过快上涨。四是适时适度增加对低收入群体的补贴，缓解价格上涨的影响。研究建立随着物价上涨自动调整社会保障标准的机制，保障相关群体的基本生活。

（三）坚持节约资源和保护环境，着力推动科技进步和产业结构优化升级

加强和改善财政宏观调控，必须围绕加快转变经济发展方式主线，增强发展的全面性、协调性和可持续性。一是促进资源节约和环境保护。继续完善推动节能减排、鼓励资源综合利用和新能源发展的财税政策，全面推行资源税改革；完善消费税制度，将部分严重污染环境、过度消耗资源的产品以及部分高档消费品纳入消费税的征收范围；提高污水和垃圾处理等城市公用事业收费标准，研究征收环境保护税，增加节能减排投入。二是加大对科技创新的支持力度。实施有利于促进科技创新的财政投入政策，重点支持市场机制不能有效配置资源的基础研究等科技活动。全面组织开展重大科研装备自主研制工作，提高我国科学技术原始创新能力。三是培育战略性新兴产业。加大政策扶持和财政投入力度，整合相关专项资金，有针对性地采取贴息、创业风险投资、补助等多种方式，重点支持发展战略性新兴产业的薄弱环节，引导和带动社会资金投向战略性新兴产业。四是推动三次产业协调发展。注重利用现代科技改造传统农业，积极发展现代农业。运用税收、贴息、政府采购等财政政策措施，推动建成一批具有国际竞争力的重大产业基地和现代产业集群，促进提高产业国际竞争力。大力发展现代服务业，完善支持中小企业和服务

业发展的财税政策，优先发展现代物流、金融保险、商务服务、信息咨询等生产性服务业。

（四）坚持共享改革发展成果，着力促进城乡和区域协调发展

促进城乡和区域协调发展，是实现科学发展和社会和谐的一项根本任务。一是促进区域协调发展。支持深入推动西部大开发，推动西藏、新疆实现跨越式发展，继续落实好东北振兴、中部崛起和东部率先发展的政策措施。围绕推进基本公共服务均等化和主体功能区建设，进一步完善财政转移支付制度。加大一般性转移支付力度并向中西部地区倾斜，增强中西部地区地方政府提供基本公共服务的能力。完善专项转移支付分配管理办法，向民族地区、财政困难地区和生态功能区倾斜，促进区域良性互动、协调发展。二是统筹城乡协调发展。健全支农投入稳定增长的机制，加强农业农村基础设施建设，加快农村社会事业发展，促进农业稳定发展和农民持续增收。三是积极稳妥推进城镇化进程。大力推进城市群发展，在提升东部城镇化水平的同时，加快发展中西部城市群，加强综合交通运输网络等基础设施的建设。支持壮大县域经济，引导非农产业和农村人口有序向小城镇集聚，鼓励返乡农民工就地创业。支持推进户籍制度改革，逐步实现农民工在劳动报酬、子女就学、公共卫生、住房租购以及社会保障方面与城镇居民享有同等待遇。四是加大调节居民收入分配力度。着力提高城乡居民特别是低收入者收入水平，完善税收制度，增强税收调节收入分配的作用，着力解决城乡、地区和不同行业之间收入差距过大问题，逐步形成中等收入者占多数的"橄榄形"收入分配格局，让全体人民共享改革发展成果。

（五）坚持经济社会协调发展，着力改善民生和促进社会公平正义

进一步优化财政支出结构，加大对"三农"、教育、医疗卫

生、社会保障和就业、保障性安居工程、节能环保和欠发达地区的支持力度，促进民生改善和社会事业发展，推进基本公共服务均等化。一是按照《国家中长期教育改革和发展规划纲要（2010—2020年）》要求，加大教育投入，完善城乡义务教育经费保障体系，健全国家资助制度，促进教育公平和均衡发展。二是按照医药卫生体制改革实施方案要求，重点推进基本医疗保障制度、国家基本药物制度、基层医疗卫生服务体系、基本公共卫生服务、公立医院改革试点等五项改革，使人人享有方便可及的基本医疗卫生服务。三是按照广覆盖、保基本、多层次、可持续的基本方针，完善城镇养老、医疗、失业等社会保险，以及城乡低保、城乡医疗救助、新型农村合作医疗等制度，在扩大覆盖范围、提高保障水平、提升统筹层次和实现制度统一等方面迈出更大的实质性步伐。四是加大保障性安居工程投入力度，推进廉租房建设、农村危房及棚户区改造，大力发展公共租赁住房，形成符合我国国情的住房保障和供应体系，逐步解决群众住房困难问题。五是加大公共文化投入力度，加强基层公共文化设施建设，以市场为导向大力发展文化产业，发展公益性文化事业。积极研究推动对事业单位实施分类改革，改革公共服务的提供方式，着力建立机制灵活、结构合理、运行高效、管理规范的公益性服务体系。

（六）坚持深化体制改革，着力激发经济发展的内在动力和活力

在深化财税体制改革的同时，着力支持推进重要领域和关键环节改革，推动完善社会主义市场经济体制，促进形成有利于经济发展方式转变的体制机制。一是支持加快政府职能转变，积极推进政企分开、政资分开、政事分开、政府与市场中介组织分开，减少并规范行政审批，把不该由政府管理的事项转移出去，

该由政府管理的事项切实管好,建设服务型政府,理顺政府与市场的关系。二是深化垄断行业改革,继续推进国有经济战略性调整,大力支持和引导非公有制经济发展,形成多种所有制经济公平参与竞争的格局。推进国有企业股份制改革,健全国有资产监管体制,完善国有企业经营业绩考核制度,鼓励非公有制企业参与国有企业改革。三是推进水、电、气等资源要素价格和环保收费改革,包括完善成品油、天然气价格形成机制,推行用电、用水阶梯价格制度,以及城市污水和垃圾及医疗废物处理、排污权交易等环保收费制度改革,建立健全生态环境补偿机制,完善可再生能源发电定价和费用分担机制,使资源性产品价格在反映市场供求关系的同时,更加充分地反映资源的稀缺程度和环境损害成本。四是支持深化金融体制改革,完善国有金融企业治理结构,支持发展中小金融企业和新型农村金融组织,扩大直接融资规模,稳步推进利率市场化改革,进一步完善人民币汇率形成机制,建立健全系统性金融风险防范预警体系和处置机制。

第四章 税政管理

税政管理是国家财政管理的重要组成部分。财政部门作为国家税政管理的政府职能部门，在税收收入管理、税收政策调节、税收制度改革、税收国际交流与合作等各个环节实施税政管理。

第一节 税收收入管理

一、税收收入管理

（一）税收收入的概念及我国税收收入的特点

税收收入是指国家凭借社会公共权力，依照法律法规，对企业、单位和个人强制征收的收入。税收取之于民，用之于民。政府征收税收，用于提供公共产品和服务，以满足社会公共需求。税收具有强制性、无偿性、固定性的特点，筹集财政收入稳定可靠，是世界各国政府组织财政收入的主要形式。

1994年税制改革前我国的税种有20多个，经过多年的改革和完善，目前共有19个税种，其中固定资产投资方向调节税停征，真正开征的只有18种。按照课税对象，我国税种分为五类：一是流转税，包括增值税、消费税、营业税、关税、烟叶税。2010年，流转税收入占税收总收入的比重约为59.5%，仅国内增值税收入就占税收总收入的28.8%。二是所得税，主要包括企业所得税、个人所得税。2010年所得税收入约占税收总收入的 24.2%。其中，企业所得税、个人所得税收入分别占税收总收入的 17.5% 和 6.6%。三是资源税。2010 年，资源税收入仅约占税收总收入的 0.6%。四是财产税，包括房产税、车船税、船舶吨税、城镇土地使用税。2010 年，这四个税种收入约占税收总收入的 2.9%。五是行为税，即对特定行为征收的税，包括车辆购置税、城市维护建设税、印花税、契税、土地增值税、耕地占用税、固定资产投资方向调节税。2010 年，这几个税种收入约占税收总收入的 12.8%（见图 4-1）。

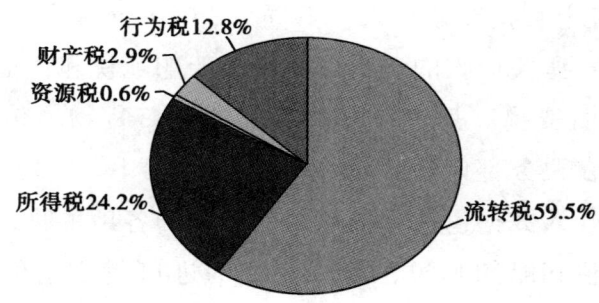

图 4-1　2010 年我国五类税种收入占税收总收入的比重

（二）税收收入的统计及发布

我国税收收入征收部门有税务、海关和财政部门。现行 19 个税种中有 16 个税种收入由税务部门负责征收，国家税务局负责征收中央税和部分共享税，地方税务局负责征收地方税和个人所得税；海关负责征收关税和船舶吨税，并代征进口货物的增值税和消费税；部分省份的地方财政部门负责征收契税和耕地占用税。税收收入的统计主要由上述几个征收部门共同完成。其中，财政部门的国库系统统计的数据比较完整，税务、海关部门的统计数据比较细化，只反映各自征收的税收收入。

财政部按月定期公布当月公共财政收支情况，内含当月税收收入部分情况；按季、按年定期公布当季、当年税收收入详细情况及相关分析。国家税务总局按年定期公布当年税务机关组织征收的税收收入情况。国家统计局在每年的国民经济和社会发展统计公报中公布当年的财政收入情况，内含税收收入概况。

根据不同的征管范围和统计口径，税务、海关、财政等部门公布的税收收入数据存在一定差异：（1）税务部门统计的税收收入数据包括：各级国税和地税部门征收的国内税收收入（不包括耕地占用税和契税）以及海关代征的进口货物增值税和消费税，并扣除了税务部门办理的企业所得税和增值税等退税（退税在账务上直接冲减收入，下同）。（2）海关统计的税收收入数据包括：海关征收的进出口关税、船舶吨税和代征的进口货物增值税和消费税。其中，海关代征的进口货物增值税和消费税，已包括在税务部门统计的税收收入数据中。（3）财政部门统计的税收收入数据包括：税务部门征收的各项税收，海关征收的进出口关税和船舶吨税，海关代征的进口货物增值税和消费税，财政及地税部门征收的耕地占用税和契税，扣除了出口退税（外贸出口退增值税、消费税），以及财政部门办理的企业所得税和增值税退税等。总体上看，财政部门统计的税收收入数据全面反映了国家税收收入情况。全国人大及地方各级人大审议的预算报告中的税收收入数据均来自财政部门的统计数据。

二、税收收入分析

（一）税收收入分析的内容

税收收入分析是结合宏观经济形势，对一定时期内税收收入增减变化情况及原因进行分析，为宏观经济决策提供参考的工作。税收收入分析是了解和掌握财政经济形势、制定和完善财政政策的重要手段，也是推进政府信息公开、提高财政工作透明度的必然要求。税收收入分析工作既包括对税收总收入的分析，也包括分税种的结构性分析。

1. 税收总收入的分析。分析税收收入总量变化情况，首先要对当期税收总收入的增减变化进行分析，并与上一年度同期数据进行对比。其次，对税收收入变化的特点、趋势以及变化较大的税种进行分析。最后，结合宏观经济形势、政策调整和征管制度等因素对税收总收入变化的原因进行分析。

2. 分税种的结构性分析。除了对税收总收入的变化进行分析，税收收入分析还包括分税种的结构性分析，对一些占税收收入比重较大税种（如国内增值税、国内消费税、营业税、企业所得税、个人所得税、进口环节相关税收）分别进行收入增减变化及原因的分析。

总体来看，影响税收收入增减变化的因素主要有以下五个方面：

（1）经济因素。宏观经济形势变化是影响税收收入变化的根本因素，但税收收入增长不是由 GDP 的增长直接决定的，而是由各税种对应的税基的增长决定的。税收收入的增速与 GDP 的增速在量上并不存在直接的、一一对应的关系。每个税种都有其特定的课征对象（税基），课征对象的增减变化决定着税收的增减变化。其中，国内增值税的税基大体上相当于工业增加值和商业增加值，国内消费税的税基是烟、酒、汽车、成品油等 14 类特定商品的销售额或销售量，营业税的税基是交通运输业、建筑业、金融保险业、邮电通信业、文化体育业、娱乐业、服务业、转让无形资产和销售不动产等 9 个行业取得的营业收入，企业所得税的税基是企业利润总额，个人所得税的税基是个人（主要是城镇居民）收入，关税和进口货物增值税、消费税的税基是一般贸易进口额，契税的税基大体相当于土地和房产的交易总金额，车辆购置税的税基是应税车辆的销售总额，房产税的税基是企业保有的自用房产原值总额和出租房屋的租金收入总额，城镇土地使用税的税基是纳税人占用的土地面积，土地增值税的税基是纳税人销售新建房屋和二手房的土地增值收益总额，证券交易印花税的税基是A股和B股市场交易总金额。

（2）价格因素。由于我国现行绝大多数税种都是从价税，如增值税、营业税、消费税等，价格变化会直接影响税收的增减变化。商品价格上涨会扩大税基，从而带动税收收入增长，反之，则会造成税收下降或增速回落。如2011年上半年，CPI上涨5.4%，工业生产者购进价格和工业生产者出厂价格同比分别增长10.3%和7.0%，带动以现价计算的税收收入较快增长。另外，由于税收收入增长率是按照现价计算的，而GDP、工业增加值等衡量经济增长的指标的增长率是按照不变价格核算的，不包括价格上涨因素，在物价快速上涨的情况下，价格因素会导致税收收入的增长速度高于当期GDP的增长速度。

（3）政策因素。税收政策和其他宏观经济政策调整会直接影响税收收入。税收政策变化会直接改变税率、税基从而引起税收收入的变化。如2009年在全国范围内实施增值税转型改革，将生产型增值税转为消费型增值税，增加了企业增值税进项税额的抵扣，导致当年增值税增速大幅回落，2009年增值税总收入仅增长2.7%，比上一年度增速回落了13.6个百分点。除了税收政策，其他宏观经济政策也会影响一些产品的生产和销售，进而对税收的增减产生影响。

（4）征管因素。税收征管水平的高低、征管制度的变化也是税收收入分析中必须考虑的因素。税收征管是税收管理活动中的重要环节，是实现税收管理目标，将潜在税源变为现实收入的手段。税收征管水平的提高会使税收收入增速加快。例如，2007年税务机关加强了对个人所得税的征管，使得当年个人所得税增速大幅加快，2007年个人所得税收入增长29.8%，比上年增速加快了12.7个百分点。此外，由于税收的产生与缴纳时间并不完全匹配，有时也会产生较大的时滞。如2011年1—3月企业所得税同比增长37.9%，比2010年同期增速加快了21.8个百分点。究其原因，除了企业效益好、利润增加以外，由于上一年度企业效益好，带动2011年第一季度汇算清缴的企业所得税收入大幅增长。

（5）重大突发事件的影响。除了经济、价格、政策和征管这三方面因素外，一些重大突发事件也会对税收收入产生较大的影响。例如2008年下半年的国际金融危机，对我国经济产生了较大影响，导致2009年上半年企业利润大幅下滑，企业所得税收入也相应大幅减收，同比下降13.8%。

（二）"十一五"时期我国税收收入分析

"十一五"时期，全国税收收入总量保持较快增长，国家财力显著增强，为政府履行职能、保障改善民生和促进经济社会协调发展提供了可靠的财力保障，为增强政府宏观调控能力、应对国际金融危机冲击打下了坚实的基础。同时，税收结构不断优化，"十一五"时期所得税、财产税及行为税等其他税收[①]占全国税收收入的比重显著提高，流转税[②]收入的比重相应降低。

1. 税收收入增长的结构性分析（见图4-2）。

税收收入增长的总体特点：一是税收总量持续较快增长。2006—2010年，全国税收收入从34804.35亿元增加到73210.79亿元，增长了1.1倍。"十一五"时期全国税收收入的年均增长

[①] 这里的财产税及行为税等其他税收指除流转税、所得税以外的全部税收。
[②] 这里的流转税包括增值税、营业税、消费税、关税，但不包括烟叶税。

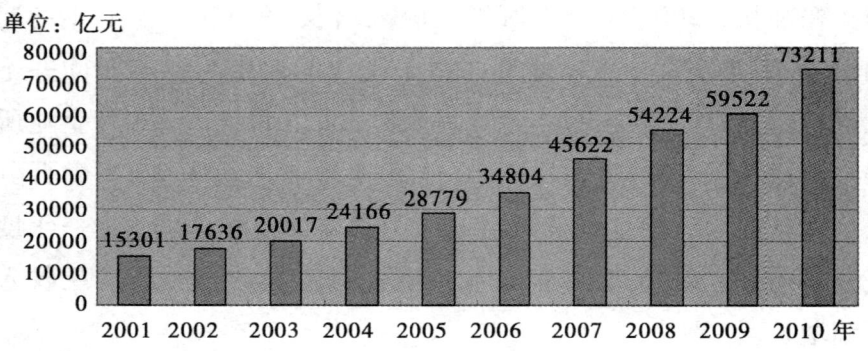

图 4-2 2001—2010 年全国税收收入

率达到 20.5%，比"十五"时期加快了 2.5 个百分点。二是财产税及行为税等其他税收快速增长。2006—2010 年，财产税及行为税等其他税收从 4284.6 亿元增加到 12015.9 亿元，增长了 1.8 倍。"十一五"时期财产税及行为税等其他税收的年均增长率达到 28.3%，比"十五"时期加快了 14.3 个百分点，高于同期税收总收入的平均增长率 7.8 个百分点。三是流转税保持平稳增长。2006—2010 年，流转税收入从 21026.5 亿元增加到 43514.1 亿元，增长了 1.1 倍。"十一五"时期流转税的年均增长率为 19.5%，比"十五"时期加快了 3.4 个百分点。其中，国内增值税年均增长率为 14.3%，比"十五"时期回落了 4.5 个百分点；国内消费税年均增长率为 30.0%，比"十五"时期加快了 16.3 个百分点；营业税年均增长率为 21.4%，比"十五"时期加快了 3.6 个百分点。四是所得税保持较快增长，但增速明显回落。2006—2010 年，所得税收入从 9493.31 亿元增加到 17680.81 亿元，增长了 86%。"十一五"时期所得税的年均增长率为 18.9%，比"十五"时期回落了 7.3 个百分点。其中，企业所得税年均增长率为 19.2%，比"十五"时期回落了 7.1 个百分点；个人所得税年均增长率为 18.2%，比"十五"时期回落了 7.8 个百分点（见图 4-3）。

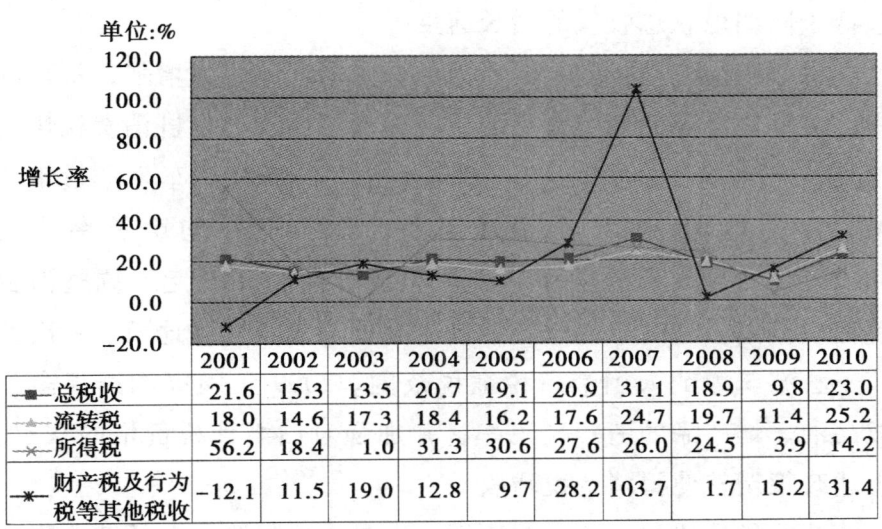

图 4-3　2001—2010 年税收总收入及主要税种的增长率

税收总量持续较快增长的主要原因是经济稳定增长为税收增长奠定了税源基础。"十一五"时期，国民经济整体运行良好，特别是与税收关联度较高的经济指标增长较快。基础设施建设迅速发展，全社会固定资产投资年均增长率为 25.7%。企业效益大幅增加，工业企业利润快速增长，年均增长率为 21.3%。全部工业企业增加值年均增长率为 15.7%。城乡居民收入水平迅速提高，扣除价格因素，城镇居民人均可支配收入年均实际增长 9.7%，农村居民人均纯收入年均实际增长 8.9%。进出口贸易规模不断扩大，货物进出口总额年均增长率为 15.9%。税源规模的迅速增长，带动相关货物与劳务税、所得税等主体税种实现增收。

国内增值税收入增速回落的主要原因是增值税转型改革导致增值税收入增速放缓。2009 年起，在全国范围内实施增值税转型改革，导致当年增值税收入减收超过 1400 亿元。2009 年、

2010年，增值税增速明显放缓，同比分别增长2.7%和14.1%，远低于同期税收总收入的增长速度。

消费税快速增长的主要原因：一是居民购买力增强，带动汽车、黄金珠宝等大额消费品的销售额大幅增加，促进消费税快速增长。"十一五"时期，汽车市场购销两旺，乘用车生产量年均增长率达到28.7%。金银珠宝商品零售额年均增长率达到30.2%。二是政策调整因素。从2006年4月1日起，调整消费税征税范围，将高尔夫球及球具、高档手表、实木地板、一次性筷子、游艇等纳入到消费税征税范围。2009年国家相继提高了成品油、烟产品的消费税税率，并加强对白酒计税价格的核定。上述政策调整使得消费税增收。

营业税较快增长的主要原因：一是金融保险行业的营业收入增长较快。特别是为应对2008年国际金融危机冲击的影响，国家采取适度宽松的货币政策，扩大了信贷规模。"十一五"时期，金融机构各项贷款余额年均增长率为19.7%。二是固定资产投资增速持续高位运行和房地产市场活跃，带动建筑安装业和房地产业营业收入及营业税大幅增长。"十一五"时期，城镇固定资产投资年均增长率达到26.3%，其中，房地产开发完成投资额年均增长率为24.9%。

企业所得税继续保持较快增长的主要原因是企业效益大幅提高，带动企业所得税快速增长。"十一五"时期工业企业利润快速增长，从2006年的19504.44亿元增长到2010年的38827.9亿元，年均增长率为21.3%。与"十五"时期相比，"十一五"时期企业所得税增速回落的原因：一是从2008年起内外资企业所得税法合并，企业所得税总体税率水平降低。二是"十五"时期，企业所得税收入的基数过高。特别是受国有企业改革等因素影响，2001年汇算清缴2000年的企业所得税大幅增长。2001

年企业所得税对当年税收增长的贡献达到48%。

财产税收入快速增长的主要原因：一是房地产市场供销两旺，带动房地产交易和保有等各环节财产税收入快速增长。"十一五"时期商品房销售额快速增长，年均增长24.5%。二是财产税政策调整力度大，使得财产税收入大幅增加。2006年以来，国家实施了多项财产税改革，扩大了财产税的税基，提高了税额标准。

2. 各类税收占税收总收入的比重（见图4-4、图4-5）。"十一五"时期，财产税及行为税等其他税收占税收总收入的比重为15.2%，比"十五"时期提高2.6个百分点。所得税比重进一步上升，所得税占税收总收入的比重为26%，比"十五"时期提高2个百分点。其中，企业所得税的比重提高2.3个百分点，个人所得税比重降低0.2个百分点。流转税比重下降，占税收总收入的比重为58.8%，比"十五"时期下降4.6个百分点。其中：国内增值税比重下降4.3个百分点，关税比重下降1.4个百分点。

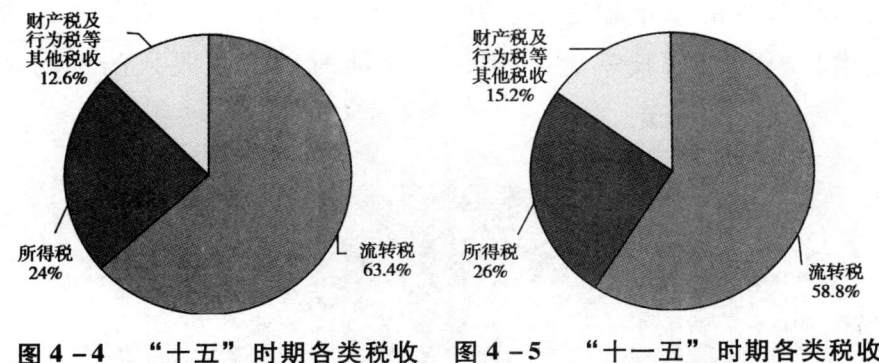

图4-4 "十五"时期各类税收占税收总收入的比重　　图4-5 "十一五"时期各类税收占税收总收入的比重

3. 税收收入占国内生产总值的比重稳步上升（见图4-6）。过去10年，税收收入占国内生产总值（GDP）的比重稳步上升，从2001年的13.95%提高到2010年的18.40%。"十一五"时期税收收入占 GDP 平均比重为 17.42%，比"十五"时期提高了 2.48 个百分点。

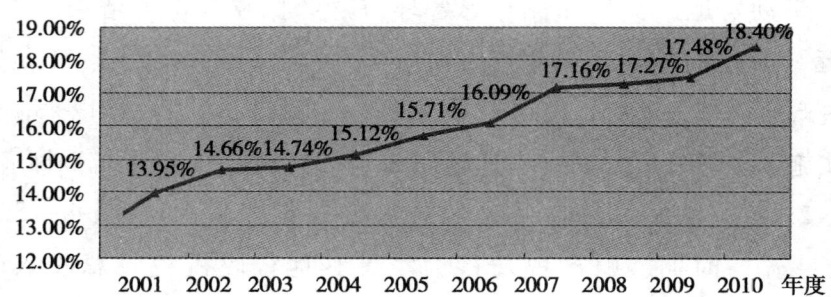

图 4-6　2001—2010 年税收占 GDP 的比重

4. 税收收入占财政收入的比重呈下降趋势（见图 4-7）。从 2001 年到 2010 年，我国公共财政收入中税收收入所占比重呈下降态势，由 93.38% 下降到 88.10%。"十一五"时期税收收入占财政收入的平均比重为 88.24%，比"十五"时期下降了 3.81 个百分点。税收收入占财政收入的比重逐年下降，而非税收入的比重却逐年上升。"十一五"时期，非税收入快速增长，年均增长率达 28%，超过同时期税收收入的年均增长率 7.5 个百分点。

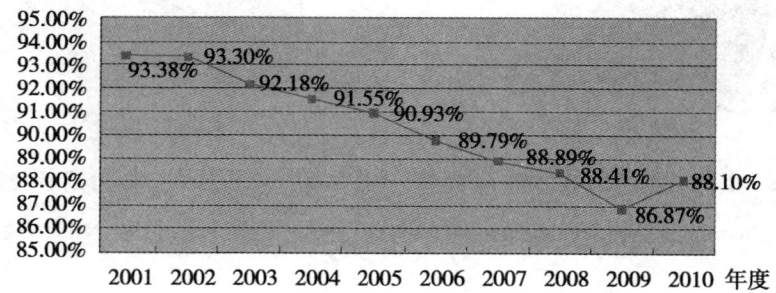

图 4-7　2001—2010 年税收收入占财政收入的比重

与税收收入相比，非税收入规模过大，既不利于规范财政收入征管，也不利于财政资金的合理使用。因此，要继续坚持"正税清费"的基本原则，加快政府性基金和收费制度改革，大力清理各类政府性非税收入，将部分体现政府职能、来源相对稳定、具有税收特征的收费改为税收，确保税收收入占财政收入的比重稳步提高。

三、税收收入预测

（一）税收收入预测的基本思路

税收预测从本质上看可以分为两个方面：一是经济预测；二是税源分析。因为税收来源于经济活动，经济增长是税收增长的基础。但税收增长与国内生产总值增长一般来说并不是直接的对应关系。直接决定税收收入的是各类税种的税基，即税收的课征依据。税收预测首先需要通过经济分析和各种经济指标预测判断税基的增长情况，然后通过税基增长推算税收的增长。

国内生产总值（GDP）代表了一个国家在一定时期内国内生产、支出或收入的总和。按生产法计算，GDP等于三次产业的增加值之和。取消农业税以后，第一产业生产环节征收的税收就只有烟叶税。第二产业和第三产业的生产过程中则需要缴纳各种生产税。其中，最主要的是增值税和营业税，此外还有资源税、消费税、城市维护建设税、契税、印花税、耕地占用税、土地增值税和城镇土地使用税等。从支出法角度，GDP可以分解为消费、投资和净出口。目前在消费环节征收的主要为车辆购置税。进口环节有进口关税和进口消费税、增值税。出口环节对少量产品征收出口关税，同时对征收过增值税和消费税的产品实行退税。从收入法角度，GDP可以分解为劳动要素和资本要素收入。对要素收入主要通过个人和企业所得税征收。GDP是经济流量这一过程产生的存量财产，如房产和交通工具等，在保有过程中征收房产税和车船税。

从国内生产总值与税收对应关系可以看出（见图4-8），税收收入不仅与经济总量相关，还与经济结构相关；不仅与生产相关，还与收入分配和支出行为相关；不仅与经济流量相关，还与存量财产相关。所以，做税收预测时不仅需要关注经济总量数据，还需要结合实际税制，对各税种收入做详细的经济结构分析。当经济结构发生变化，例如税负较高的产业增加值占比上升时，即使经济总量不变，税收收入也将增加。

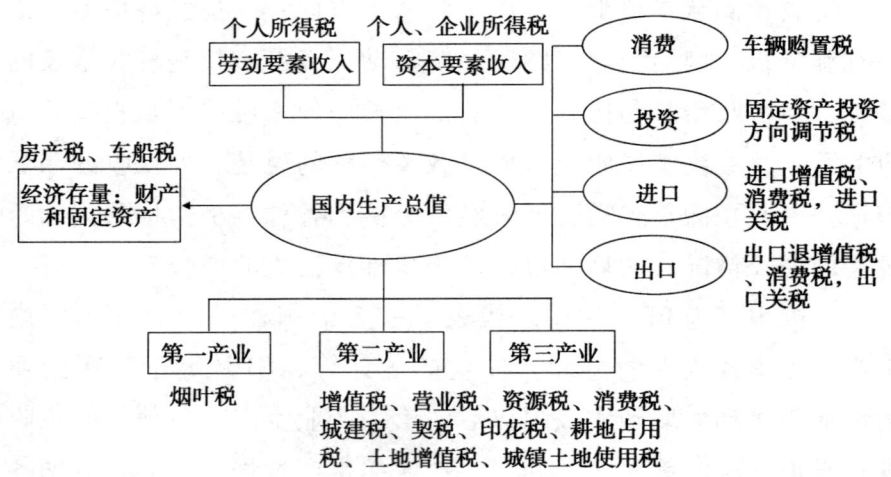

图4-8 国内生产总值与税收的对应关系

税基与税收之间，也不是简单的线性联系。第一，根据税法，一些税种会采取累进税制。例如个人所得税、土地增值税等，其税基与税收就存在非线性的联系，影响税收的不仅是税基的大小，还包括税基的分布。第二，由于税收优惠往往针对特定群体，各类经济个体面临的实际税率会存在差异。第三，某些税种的税基计算比较复杂，存在许多抵扣因素，且各类企业面临的抵扣政策不同，如增值税、企业所得税。第四，由于征管因素，税基产生与税收缴纳的时期不能完全匹配。通常，税法对纳税申报时间会提供多种选择，所以实际税基从产生、确认到税款缴纳、入库会存在一个相当的时滞。另外，增值税的留抵政策、增值税退税免抵调库指标落实，企业所得税的预缴和汇算清缴等，都会造成实际税收滞后或者提前于税基产生。当这些时差因素跨季或跨年时，当季或者当年的税基与税收就不匹配。第五，实际税收收入受税收征管力度影响较大。当征管力度提高时，实际的税负率就会提高，税收增速就会快于税基增速，反之税收增速则会小于税基增速。

要准确把握经济对税收的影响，一是做好税源分析，准确定位实际税基，分析税基与经济指标的关系，并直接通过实际税基预测税收。二是建立税收的微观模拟模型，反映实际税制的税率差异、抵扣政策、税收优惠政策和纳税申报时滞等非线性因素。不过，在实际操作中，这些都存在很大的难度：第一，税基数据属于保密数据，税收征管部门以外的其他机构往往难以获得；第二，经济预测机构关心的经济指标与税基指标并不完全对应，在税收预测中还需要将经济增长的预测转化为税基增长的预测；第三，建立模拟模型所需的工作量和数据量往往都很大，且需要专门的机构长期更新维护，成本较高。在现有的条件下，一个替代的方案是：将经济指标尽可能细化，寻找与实际税基最匹配的指标。使用统计方法分析经济指标与对应税收的历史关系，并尽可能控制政策和征管因素。如果某项经济指标与对应的税收存在稳定的联系，就可以用它来做税收分析和预测。

（二）税收收入预测的基本方法

财政部目前开展税收收入预测的基本方法是分税种建立预测模型，然后根据分税种税收收入预测结果推算总税收收入。税收收入预测工作主要包括以下六个工作步骤：

一是核心指标的数据收集和清理。将有关部门提供的数据，以及从公开渠道收集到的税收数据和宏观经济数据，合并后建立专门数据库，并对合并的数据进行清理，包括利用指标之间存在的逻辑关系或比例关系进行核对，纠正原始数据可能存在的各种错误。

二是考虑政策因素和征管因素，对数据进行修正。原始数据混合了与经济增长和税源波动相关程度低、更多的是反映政策意图的因素，包括财政和税收政策的更替，以及征管力度的变化等。如果不从原始数据里剔除这些因素，将导致收入预测值包含了以往的政策更替和征管力度变化的影响，而由于财税政策和征管力度总是在发生变化，这会大大降低收入预测的精度。因此，需要根据有关部门提供的资料，明确对历年的税收收入产生重大影响的政策因素和征管因素，并从原始数据里剔除这部分干扰因素。

三是研判国内外宏观经济形势。根据国内外权威机构（包括国家统计局、国家信息中心、联合国统计署、国际货币基金、世界银行和OECD等）发布的最新信息，对国际经济形势以及全国经济运行情况进行研究和预判，做到宏观和微观相结合，为各税种收入变化的预测及分析提供必要的政策环境说明，从而提供更加全面的收入预测信息。

四是建立预测模型，得到初步的预测结果。目前实际工作中主要使用两种预测模型。一种是以税基指标为解释变量建立结构模型，这一方法适用于税基比较清晰，且税收与税基存在较稳定联系的税种。首先要通过税源分析，明确预测税种的税基指标。然后设计回归模型，估计预测税种和税基指标的结构性关系。如果回归模型可以通过统计检验，则可以利用模型和税基指标的预测值预测未来的税收增长。反之，则需要修改税基指标或者预测模型，或者对税收政策和征管因素做更多的调整和控制。另一种是直接使用税收数据，建立时间序列计量模型进行预测。这一方法适用于增长较为平稳，受税收政策和经济结构性变动影响较小的税种。

五是针对未来的政策因素和征管因素变化调整预测结果。由于模型是基于以往的税收政策和征管情况建立，在预测时不能考虑未来的政策和征管变动，所以在初步预测结果完成以后，还要根据预期的税收政策变动和征管力度变化，对预测结果进行调整。

六是撰写税收预测分析报告。内容主要包括国际和国内经济形势分析、经济形势变化对税收增长的影响和主要税种的预测结果与分析。

目前财政部的税收预测工作每季度开展一次。每次预测时，在分析预测效果并改进预测模型的基础上，更新当年未来各季度和全年的税收预测结果。从以往的预测结果来看，目前多数税种的预测模型已经比较完善，预测的准确性不断提高。

第二节 税收政策调节

税收政策是政府实施宏观调控的重要工具之一，主要通过税种设置、税率选择、税目调整和减免优惠等手段对经济运行进行调节，是政府进行反经济周期调节、熨平经济波动的重要工具，也是政府有效履行配置资源、公平分配和稳定经济等职能的主要手段。近年来，针对各个时期国民经济发展变化，积极配合不同的财政政策的调控需要，财政部门综合运用各种税收政策工具调节经济运行和收入分配，为促进国民经济平稳持续发展发挥了重要作用。

一、稳健财政政策下的税收调节

"十一五"前期,根据我国经济运行总体平稳、但结构性和体制性问题比较突出的情况,实施了稳健的财政政策,采取了有效的税收调节措施,促进了经济社会协调发展。

运用税收政策,增强居民的消费能力。一是推进农村税费改革,促进农民减负增收。在2004年对黑龙江、吉林等8个省区免征农业税及取消除烟叶外的其他农业特产税的基础上,2005年扩大到28个省免征农业税,2006年全国统一取消了农业税,使农民负担明显减轻。二是为保护农民从事粮食生产的积极性,有效降低农资价格,对生产企业生产销售的尿素实行免征增值税的政策。三是分步提高个人所得税工薪所得减除费用标准。2006年1月,将个人所得税工薪所得减除费用标准由800元/人·月统一提高到1600元/人·月,2008年3月,又进一步提高到2000元/人·月。

进一步完善出口退税政策。一是为控制高耗能、高污染和资源性产品出口,分批调低或取消了钢铁、电解铝、铁合金、成品油、煤焦油、若干皮革、农药、有色金属及其制品、硫酸二钠、石蜡等产品的出口退税政策。2006年9月,又进一步加强了对高耗能、高污染、资源性产品出口退税的调控力度,同时,适当提高了部分高科技产品和以农产品为原料的加工品的出口退税率,对转变经济发展方式、调整和优化出口产品结构、促进资源节约和环境保护发挥了重要的作用。二是为增强出口产品竞争力,适时明确了生产企业出口货物实行"免抵退"税办法的城建税、教育费附加政策。三是将所有取消出口退税的商品列入加工贸易禁止类目录。四是对部分不鼓励出口的原材料等产品加征出口关税,降低部分资源性产品进口关税。

强化对经济结构的税收调控力度。一是为促进区域经济结构的调整，2004年7月以来，分别对东北地区、中部老工业基地城市以及内蒙古东部部分城市的相关行业进行增值税转型试点，允许纳入试点范围的企业新购进机器设备所含增值税税金实行增量抵扣办法，鼓励扩大投资、设备更新和技术进步，促进我国产品与外国产品的公平竞争。根据有关地区试点情况，研究测算增值税转型改革方案，为全国范围内统一实施增值税转型改革积累经验。二是实施内外资企业统一的所得税制度，按照国家产业结构调整战略，将高技术产业、环境保护、资源综合利用、节能等作为产业税收优惠的扶持重点，同时，进一步强化研发费用加计扣除、加速折旧、低税率等政策手段，激励和引导企业增加科技投入，增强企业自主创新能力。三是运用税收政策，推动行业改革和企业重组。分别实施了铁路、民航、邮政、金融等行业改革的税收优惠政策。进一步规范了促进资本市场改革和发展以及支持国有企业重组上市的税收政策。

加强对房地产业的税收调节。为控制固定资产投资特别是房地产投资的过快增长，加大对投机性和投资性购房等交易行为的税收调控，2005年6月，对个人购买住房不足2年转手交易的，销售时按其取得的售房收入全额征收营业税；个人购买普通住房、非普通住房超过2年转手交易的，分别实行免征和按差额征收营业税的政策。2006年又将征免税期限由2年延长至5年，并调整规范了土地收支管理政策，完善了住房公积金管理政策，调整了新增建设用地有偿使用费政策和征收标准。

完善土地税收政策，加强土地宏观调控。一是将城镇土地使用税税额标准提高两倍、将外资企业纳入城镇土地使用税征收范围。二是实施新的耕地占用税条例，将税额标准提高4倍，并取消了对铁路线路、机场等的免税政策。三是调整了应税集体所有建设用地、煤炭企业未利用塌陷地涉及的城镇土地使用税政策。

健全资源能源税收政策，推动经济增长方式向集约型转变。一是为了控制资源的无序开采，克服资源约束瓶颈，促进资源合理利用，陆续提高了煤炭、原油、天然气及其他有色金属、铁矿石的资源税税额标准。二是为了促进资源节约型社会建设，加强环境保护和生态建设，在加快完善可再生资源、清洁能源和鼓励资源综合利用税收扶持政策的同时，开展开征环境税研究。三是将高尔夫球及球具、高档手表、游艇、木制一次性筷子、实木地板等纳入消费税征收范围，促进环境保护和节约资源，进一步强化了消费税的调节作用。

上述税收政策措施，既注重解决一定时期内经济运行中的突出矛盾和问题，保持经济的平稳较快发展，又注重支持推动经济体制改革，消除经济运行中的体制性障碍，着眼于经济的长远发展，实现了经济增长、结构优化、体制改革三者的有机结合，并注重加强与货币政策和其他宏观经济政策的协同配合，使我国经济运行呈现增长速度较快、经济效益较好、群众受惠较多的良好格局。

二、积极财政政策下的结构性减税政策

2008年第四季度以后，受国际金融危机严重冲击，我国经济社会发展遇到严重困难。面对严峻复杂的经济形势，为有效防止经济增速过快下滑和出现大的波动，党中央、国务院全面分析、准确判断、果断决策，及时对宏观经济政策做出重大调整，决定把稳健的财政政策调整为积极的财政政策，把从紧的货币政策调整为适度宽松的货币政策，先后出台了应对国际金融危机冲击的一揽子计划，努力保持经济平稳较快发展。结构性减税是积极财政政策的重头戏。根据国家宏观调控的新形势新要求，财政部及时调整和制定了一系列结构性减税的政策措施，主要包括：

实施促进投资改善的税收政策。全面实施增值税转型改革，改变了试点时"增量抵扣"的做法，允许一次性全额抵扣，降低了企业的投资成本，提高了企业投资固定资产的积极性。同时，降低了小规模纳税人的划分标准和增值税征收率，鼓励机器设备投资和小企业发展，促进了企业技术进步和产业结构调整。对地震灾区实施税收优惠，减轻受灾地区企业和人民群众的负担，增强灾区人民生产自救能力，支持灾区恢复重建。

实施扩大消费需求的税收政策。在两次提高了个人所得税工薪所得减除费用标准的基础上，暂免征收储蓄存款利息个人所得税，对证券市场个人投资者取得的证券交易结算资金利息所得暂免征收个人所得税。继续实施鼓励下岗失业人员从事个体经营及企业吸纳下岗失业人员的税收优惠政策。对小排量乘用车减半征收车辆购置税。对个人购买住房实行契税、印花税、土地增值税优惠政策，并适时放宽了个人转让住房减免营业税的优惠条件。

实施鼓励进出口的税收政策。在调低或取消"两高一资"增值税出口退税率的同时，2008年下半年以来，先后7次提高了轻纺等劳动密集型产品、科技含量及附加值较高产品的出口退税率，适时下调了部分能源资源产品、原材料、关键零部件等的进口关税税率，并坚持对"两高一资"产品取消出口退税政策这条底线不放松，优化出口产品结构，推动外贸出口的可持续发展。

实施推动结构优化的税收政策。实施燃油税费改革，提高了成品油消费税单位税额。适时提高了金属矿、非金属矿采选产品的增值税税率。完善了资源综合利用、废旧物资回收等增值税优惠政策。较大幅度地提高了大排量汽车的消费税税额。提高了卷烟生产环节的消费税税率，调整卷烟生产环节（含进口）消费税的从价税税率，同时在卷烟批发环节加征一道消费税。

结构性减税政策体现了多税种并用、多手段并举、多环节并促的特点，其力度之大、范围之广、作用之深是前所未有的。作为积极的财政政策的重要组成部分，结构性减税政策的实施，使企业和居民税收负担减轻，这对于有效遏制经济增长明显下滑态势、实现经济总体回升向好、巩固和扩大应对国际金融危机冲击的成果、保持经济平稳较快增长，发挥了积极而重要的作用。今后，要继续服从和服务于改革发展大局和中央宏观调控大局的需要，在确保税收筹集财政收入主渠道作用的前提下，积极探寻税收中性与发挥税收调控作用的平衡点，逐步建立健全有利于转变经济发展方式的税收政策调节机制，进一步完善现有税收政策，灵活运用税种、税率和税式支出政策工具，相机实施增税政策与减税政策的税收扶持政策体系，形成有利于资源节约型和环境友好型社会建设的税收导向，强化税收推动产业结构调整和技术升级的作用，充分发挥税收在优化资源配置、公平收入分配和促进社会和谐方面的调节机能。

第三节 税收制度改革

一、近年来的税收制度改革及其成效

（一）税收制度改革

《中华人民共和国国民经济和社会发展第十一个五年规划纲要》明确提出的税制改革任务是：在全国范围内实现增值税由生产型转为消费型；适当调整消费税征收范围，合理调整部分应税品目税负水平和征缴办法；适时开征燃油税；合理调整营业税征税范围和税目；完善出口退税制度；统一各类企业税收制度；

实行综合和分类相结合的个人所得税制度；改革房地产税收制度，稳步推行物业税并相应取消有关收费；改革资源税制度；完善城市维护建设税、耕地占用税、印花税。

根据上述要求，2006年以来，面对复杂多变的国内外经济环境和艰巨繁重的改革发展任务，财税部门按照"简税制、宽税基、低税率、严征管"的原则，积极稳妥地推进税制改革，不断优化和完善税收制度。主要表现在：

一是全面实施增值税转型改革。"十一五"时期，在试点基础上，全面实施增值税转型改革。2004年7月1日，对东北地区的装备制造业等8大行业实施了增值税转型改革试点。2007年7月1日，又将转型改革试点扩大到中部6省26个老工业基地城市的电力业、采掘业等8大行业。2008年7月进一步扩大到内蒙古的五个盟市和四川汶川地震受灾严重地区。在总结试点经验的基础上，2009年1月1日，在全国范围内实施了增值税转型改革。实施增值税转型改革不仅规范和完善了我国增值税制度，而且有利于增强企业投资能力和发展后劲，提高我国企业竞争力。

二是适时调整完善消费税制。从2006年4月1日起，对消费税的应税品目进行有增有减的调整，对原有税目的税率进行有高有低的调整，调整后消费税的税目由原来的11个增至14个。2008年，将排气量在4.0以上的乘用车消费税税率由20%上调至40%。从2009年5月1日起提高了在生产环节征收的卷烟消费税的计税价格和税率，并在批发环节对卷烟加征消费税。既增强了消费税调节分配和筹集财政资金的功能，也强化了消费税的调节功能，突出了节能、环保的政策目标取向，促进了资源的合理配置和经济结构的优化。

三是成功实施成品油税费改革。2008年7月下旬，党中央、国务院及时把握国际市场油价持续回落的有利时机,推进成品油税费改革。这项改革,实行"价、税、费"联动,在现行税制框架内,通过提高成品油消费税税额的方式,替代公路养路费等"六费",逐步有序取消政府还贷二级公路收费。这项改革既体现了多用油、多负担的公平负担原则,促进节能减排,又进一步理顺了税费关系,建立了依法筹集公路发展资金的长效机制。

四是合理调整营业税征税范围和税目。5年来,根据国家教育、科技、文化和邮政体制改革的实际需要,及时制定支持邮政服务、宣传文化、科技企业孵化器以及动漫产业健康发展的营业税优惠政策。延长下岗失业人员再就业的有关营业税政策。调整支持廉租住房、个人住房转让和行政事业性收费(基金)的营业税政策,明确证券投资者保护基金和期货投资者保障基金有关营业税政策,出台支持农村金融发展的营业税政策。从2009年1月1日起,新的营业税条例和细则重新规定了税目注释,调整和优化了征收范围,增加了差额征税项目扣除凭证的管理规定,解决了境内劳务确定原则调整后出现的新问题。

五是调整完善进出口相关税收政策。完善出口退税制度,2006年调整部分出口商品增值税退税率,增补加工贸易禁止类商品目录;2007年较大幅度调整出口退税政策,取消高耗能、高污染产品的出口退税,降低容易产生贸易摩擦的大宗出口商品的出口退税率;为应对国际金融危机冲击,在2008年四次提高出口退税率的基础上,2009年又先后三次提高劳动密集型、科技含量及附加值较高产品的出口退税率。严格履行承诺,完成关税减让义务,2006—2010年,我国共降低了143个税目的进口关税,关税总水平从2005年的10%下降到9.8%。调整进口暂定税率,重点降低重要能源资源性产品、农业生产资料、基础工业原材料、先进技术装备和关键零部件、部分关系百姓日常生活用品等商品的进口税率，优化进口商品结构。完善出口关税调控政策，多次调整"两高一资"产品出口关税的征收范围和税率，截至2010年年底，共对200多项"两高一资"产品征收出口关税。调整进口税收优惠政策，重点支持农业发展，促进经济发展方式转变，继续向科教文卫等社会事业倾斜，不断完善进口税收优惠政策。科学调整商品关税税则税目，经过调整和细化，我国税则税目数量由2006年的7605个增至7923个。完善边境小额贸易税收优惠政策，将边民互市进口的生活用品免税额度提高到每人每日人民币8000元，出台《边民互市进口商品不予免税清单》。紧紧抓住"有效控制规模、合理调整结构、注重绩效评价"三个重点，先后完成四个进口税收税式支出年度报告，进口税收减免管理逐步走向科学化、规范化。

六是统一内外资企业的所得税。2008年1月1日实施了新的《企业所得税法》，结束了20年来企业所得税法律制度内外资分立的局面，为各类企业创造了公平竞争的税收环境。

七是连续修订《个人所得税法》。将工薪所得减除费用标准由每人每月800元分三次提高至每人每月3500元。对居民储蓄存款利息个人所得税税率由20%减按5%的税率和暂停征收个人所得税。

八是改革房地产税收制度。取消了城市房地产税，统一了内外资企业和个人的房产税制度。修订《城镇土地使用税暂行条例》，调整税额标准，将外资企业纳入城镇土地使用税的征收范围。开展物业税（房产税）模拟评税试点，研究形成了改革经营性房产的房产税制度的思路。做好在部分城市对部分个人售房征收房产税试点的有关工作。

九是改革完善资源税制度。2005年以来，调整了部分应税品目资源税税额标准。提高河南、山东、福建、云南等25个省

（区、市）煤炭资源税税额标准。提高油气田企业原油、天然气资源税税额标准；经过调整，部分油田企业原油资源税税额达到条例规定的最高标准，即 30 元/吨。提高锰矿石、钼矿石、铁矿石、萤石等黑色金属、有色金属和其他非金属矿原矿应税品目资源税税额标准。从 2010 年 6 月 1 日起，资源税改革率先在新疆试点，原油、天然气资源税由从量计征改为从价计征。

十是积极推进其他地方税改革。取消农业税，终结了我国农民延续 2600 多年"种粮缴税"的历史。修订《车船税暂行条例》，调整税目和减免范围，适当提高税额标准。同时，为适应税收法制建设需要，将立法与改革相结合制定了《车船税法（草案）》，已经全国人大常委会审议通过。修订《耕地占用税暂行条例》，提高税额标准，将外资企业纳入耕地占用税的征收范围，规范了减免制度。

（二）税收制度改革的成效

通过不断深化税制改革，进一步完善了税收制度，基本完成了"十一五"规划的税制改革任务，初步建立了一个适应社会主义市场经济需要的税政统一、结构优化、税负合理、政策透明、调控有力的税制体系，税收组织收入的功能和宏观调控的功能不断加强。

一是税收收入能力显著增强。全国税收收入总量由 2005 年的 28778.5 亿元增加到 2010 年的 73210.79 亿元，累计完成税收总收入 29.6 万亿元。2010 年税收占 GDP 的比重为 18.40%，比 2005 年提高 2.69 个百分点。为政府履行职能、保障改善民生和促进经济社会发展提供了可靠的财力保障。

二是企业税收制度基本统一。"十一五"期间，通过统一内外资企业的所得税制度，统一内外资企业和个人的车船税、城镇土地使用税、耕地占用税、房产税以及城市维护建设税制度，在规范、公平内外资企业税收负担方面取得了重大进展,使各类企业和个人的税收待遇基本一致,形成了有利于纳税人公平竞争的税收环境。

三是税收结构更加合理优化。随着税制改革的不断推进,所得税和财产税等直接税占税收收入的比重稳步提升,已由1994年的22.76%提高到2010年的27.07%,增值税等间接税在税收收入的比重有所降低。这使得我国以流转税和所得税为主体税种的税收收入结构更加合理,拉动税收增长的主力逐渐由流转税向所得税和财产行为税转移,税收增长的内在质量不断提高。

四是税收法律体系不断健全。废止《中华人民共和国农业税条例》,取消了筵席税和城市房地产税,对企业所得税、个人所得税、增值税、营业税、消费税、车船税、城镇土地使用税、耕地占用税、烟叶税等法律法规进行了修订和完善,并启动了增值税、车船税立法工作,在一定程度上提升了我国税收法律的层次,全民纳税意识不断提高,税法遵从度明显提升。

二、"十二五"时期税收制度改革的基本思路

《中共中央关于制定国民经济和社会发展第十二个五年规划的建议》明确提出,要"积极构建有利于转变经济发展方式的财税体制",这与党的十七大提出"实行有利于科学发展的财税制度"一脉相承。因此,"十二五"时期,要以推进结构优化和加快发展方式转变为主线,以健全和完善适应社会主义市场经济体制要求的税制体系为立足点,以推进科学化精细化管理为保障,按照优化税制结构、公平税收负担、规范分配关系、完善税权配置的原则,健全税制体系,加强税收法制建设,完善以流转税和所得税为主体税种,财产税及其他特定目的税相互配合,多税种、多环节、多层次调节的复合税制体系,充分发挥税收筹集

收入、调节分配和调控经济的职能作用,更好地为全面建设小康社会服务。

(一)构建有利于科学发展的税收制度体系

优化增值税和营业税制度。在实施增值税转型改革的基础上,按照增值税中性原理,将各种劳务、无形资产和不动产统一改征增值税,扩大增值税征收范围,相应调减营业税等税收,并建立健全增值税统一规范的抵扣机制,从制度上解决货物与劳务税收政策不统一的问题。

合理调整消费税征收范围、税率结构和征税环节。研究扩大和调整消费税的征税范围,对部分能源消耗较大、环境污染较严重的产品、部分高档奢侈品开征消费税,充分体现国家产业政策的导向,进一步加强消费税促进节约资源、环境保护和调节收入分配的作用。同时,选择合适的税目,进行消费税征收环节逐步后移的探索。

进一步完善企业所得税制度。以《企业所得税法》、《企业所得税法实施条例》及相关配套政策为基础,根据企业所得税政策执行中出现的新情况、新问题,及时进行调查研究,完善有关政策。对政策执行中出现的新情况,及时明确政策执行口径。根据经济社会发展情况变化,适时调整有关优惠产业目录。

逐步建立健全综合和分类相结合的个人所得税制度,完善个人所得税征管机制。深入研究论证国际上个人所得税制发展的客观规律,结合我国实际情况,按照"总体设计、分步实施、先易后难、逐步到位"原则,合理调整个人所得税税基和税率结构,提高工资薪金所得费用扣除标准,减轻中低收入者税收负担,加大对高收入者的税收调节力度。

全面推进资源税改革。按照价、税、费联动的机制,整合现行资源税费制度,逐步扩大资源税征税品目,适当提高资源税税负，完善计征方式，将重要资源产品由从量定额征收改为从价定率征收，促进资源合理开发利用。

研究推进房地产税改革。推进对个人住房征收房产税改革试点，逐步扩大到全国。修订《房产税暂行条例》，以评估值为计税依据，实行幅度比例税率，规范优惠政策。适时将房产税、城镇土地使用税合并为统一的房地产税。

研究开征环境保护税。根据经济社会发展需要和环境保护工作重点，积极推进环境税费改革，选择防治任务繁重、技术标准成熟的税目开征环境保护税，逐步扩大征收范围，相应取消有关收费。积极推进在部分地区开展征收环境保护税试点工作。

研究推进城市维护建设税和印花税联动改革，继续保持附加税种的性质，使其成为地方税体系中的重要税种，更好地体现统筹城乡发展的要求。

（二）充分发挥税收筹集财政收入的主渠道作用

全面统筹税费关系，理顺政府收入机制。针对行政事业性收费、政府性基金、国有资源和国有资本收益等不同类型非税收入的特点，按照"一清、二转、三改、四保留"的原则，分源而治、分流而治、分类而治、分项而治，做到理其源、清其流、正其类、定其项。一是清理各类非税收入，坚决取消不合法、不合理收费和基金项目，整合性质相近、重复设置的收费和基金项目，控制非税收入过快增长。二是继续推进费改税，将体现政府职能、具有税收特征的收费和基金合并改为税收，纳入税收管理。三是依法征收的行政事业性收费，要全部纳入预算管理。四要坚决取消各种乱收费、乱集资、乱罚款。

（三）构建结构合理的地方税收体系

按照财力与事权相匹配的原则，结合税制改革，完善地方税体系，通过对地方税权的界定、地方主体税种的确立和税种结构的优化，适当壮大地方税收入，提高地方公共服务的保障能力。一是中央集中管理中央税、共享税的立法权、税种开征停征权、税目税率调整权、减免税权等，以维护国家的整体利益，增强宏观调控能力。二是一般地方税税种，在中央统一立法的基础上，赋予省级人民政府对税目、税率调整权、减免税权，并允许省级人民政府制定实施细则或制定具体的实施办法。

（四）稳步推进税收法制工作

逐步提高税收立法层次。对于经过改革和完善已经比较成熟的税种，采取"成熟一个，提交一个"的办法，在"十二五"期间基本完成主体税种提交人大立法。同时，提高税收法律质量，加大税收执法力度，完善人大监督、审计监督、财政自身监督相结合的监督机制，强化对税收执法的监督。

（五）构建有利于科学发展的进出口税收政策体系

进一步完善进出口税收政策，加快转变经济发展方式。在政策导向方面，有利于推进经济结构战略性调整，有利于推进科技进步和自主创新，有利于国家能源安全和构建资源节约型、环境友好型社会。在政策对象方面，更加突出地体现公共财政职能，政策要更多地为维护公共利益服务，进一步向教科文卫等社会事业倾斜，向事关国计民生的重要领域倾斜，着力保障和改善民生，继续加强农业基础地位，发展战略性新兴产业，加快发展服务业，统筹区域协调发展。在政策内容方面，继续鼓励国内不能生产或性能不能满足要求的先进技术设备、关键零部件以及国内紧缺的重要能源、资源、原材料等产品的进口，严格控制"两高一资"产品的出口，促进资源节约和环境保护。在政策手段方面，更加灵活有效地运用关税、进口环节税以及从价、从量、季节、滑准等多种方式，对进出口商品进行更有针对性的调节；进一步完善进出口税则税目，重点研究增列新产品、高技术产品税目，为对进出口贸易实行差别化管理和落实各项税收政策提供支持。

第四节 税收国际交流与合作

税收国际交流与合作是指国家和地区之间为消弭客观存在的税收利益冲突、实现公平合理的国际税收利益分配而在税收制度、政策及税收征管等方面进行的合作。随着经济全球化、区域经济一体化的深入发展，我国税收领域对外交流与协调不断拓展。"十一五"期间，按照服务国家经济建设和财政中心工作大局的要求，财政部坚持"以我为主、为我所用、循序渐进、互利共赢"的方针，在推进双边和多边税收交流合作、参与全球税收论坛建设和国际税收对话机制工作、促进国际税收政策协调、参加国家和地区间涉税谈判以及国际税收规则的制定等方面取得了明显进展。

一、国际税收协定谈签工作成绩显著

国际税收协定也称作"国际税收条约"，它是指两个或两个以上的主权国家，为了协调相互间在处理跨国纳税人征税事务和其他有关税收方面的关系，按照国际法有关主权和平等原则，由政府谈判签订的一种书面协议或条约。国际税收协定处理的问题包括：有关国家之间的双重课税问题、取消税收差别待遇问题、税收的优惠待遇问题以及相互配合减少国际逃税问题等。由于国际税收协定属于国际经济法范畴，因此，对有关国家具有国际法的约束力，任何国家间由于税收问题引起的矛盾冲突，通常都通过双边或多边税收协定来加以规范和消除。

我国国际税收协定的谈签工作始于1981年，近年来又有了

长足进展。截至 2011 年 5 月底，我国已先后与 96 个国家签订了综合双边税收协定，其中除与埃塞俄比亚、赞比亚、叙利亚签订的税收协定尚未生效外，与其他 93 个国家签订的税收协定已经生效并开始执行。我国与上述 96 个国家签订的税收协定主要涉及对所得（有的还包括财产）双重征税的免除以及情报交换、防止偷漏税等内容。在采用的范本上，我国的国际税收协定主要以联合国范本为基础同时参照 OECD 范本，并根据上述两个税收协定范本制定了我国自己的国际税收协定谈签范本。

二、成功举办第三届国际税收对话机制（ITD）全球大会

国际税收对话机制（ITD）是由世界银行、国际货币基金组织、经济合作与发展组织于 2005 年联合组织发起的国际税收对话交流平台，并得到联合国大力支持。该机制旨在建立一种畅通的国际税收对话平台和成功经验共享机制，寻求实现完善税收制度和增强税收功能的共同目标，并从发达国家和发展中国家的双重角度出发，建立更好的国际税收利益协调机制。该对话机制是目前级别最高，规模最大，发达国家和发展中国家共同参与的国际税收对话交流平台。国际税收对话机制（ITD）每两年举行一次会议，截至 2010 年底已举行了三次会议。

2009 年 10 月，第三届国际税收对话机制（ITD）全球大会在北京成功举办。大会紧紧围绕"金融机构与金融工具：税收的挑战与前景"的主题，就金融危机之后的金融领域概况，金融中介和金融工具创新的税收问题，银行、保险、租赁的税收问题等分议题进行了广泛而热烈的交流和讨论。会议对金融业税收面临的挑战达成了共识，指出了税收政策和管理的未来发展方向，指明摆脱金融危机的主要责任虽然在于金融业本身及其监管

机构，但税收政策制定者和管理人员也有责任确定全球税制如何能够更好地支持和促进健康的金融环境。在应对国际金融危机的背景下，会议的召开不仅有利于更好地落实 G20 匹兹堡峰会领导人达成的共识，加强各国之间金融领域的税收政策协调，完善公平良好的国际金融税收环境，积极推动世界经济健康复苏；而且有利于推动各国完善税收制度和政策，更好地发挥税收政策在降低金融风险、加强金融监管、推动金融创新、促进金融发展方面的重要作用；同时也借这次机会更好地介绍中国经济和相关税收政策，增强中国在国际税收领域的影响力和作用。

三、积极开展与 OECD 在税收领域的合作

我国与 OECD 在税收领域的合作始于 1994 年，最初是以参加 OECD 培训班和 OECD 向我国提供技术援助的形式进行合作，取得了一定成效，有力地配合了国家的财税改革。随着我国财税事业的不断发展，我国同 OECD 在税收领域的合作范围和层次也在不断扩大和提高。特别是自 2004 年我国成为 OECD 财委会观察员以来，与 OECD 的合作上了一个新台阶。目前的合作内容主要有：（1）以观察员身份参加财委会年会及其各个工作组的活动，在税收政策分析和统计、税收协定、转移定价、有害税收竞争、国际逃避税、税收情报交换、电子商务税收、增值税、企业重组税收等方面参与规则的制定和政策的分析研究。（2）定期选派税收官员参加 OECD 在世界各地税收培训中心的税收专题研讨会，内容涉及税收政策分析、税收模型分析、税收协定、企业所得税、有害税收竞争、国际逃避税、金融税收、转移定价、跨国公司征税、银行信息交换、电子商务征税等方面。（3）参加 OECD 财委会专题会议，加强对 OECD 当前研究重点如税收与经济增长、税收与气候变化和环保、税收与发展等的跟踪分析。

（4）积极利用 OECD 财委会的税收智库，举办国际研讨会和咨询会，就国际税收政策制定和国际税收征管进行经验交流。

四、参与并推动税收透明度和情报交换工作

随着经济全球化进程的加快，跨国投资和贸易活动的增多，一些企业通过转让定价、滥用避税地等进行避税的情况不断增加，洗钱等不法活动猖獗，造成相关国家税收收入流失，从而使加强税收情报交换以打击避税地的合作日益引起各国的重视。2002 年，OECD 公布了《税收情报交换协定范本》，要求缔约国各方进行有效的情报交换，并于 2004 年对《税收情报交换协定范本》第 26 条款进行了修订，提出了税收情报交换的高标准。2008 年国际金融危机爆发后，各国进一步意识到加强国际税收协调与交流、推进税收透明度和情报交换对于加强金融监管、打击偷逃避税、增加财政收入的重要性。

为落实 G20 匹兹堡峰会关于推进税收透明度和情报交换工作的精神，第五次税收透明度和情报交换全球论坛会议于 2009 年 9 月在墨西哥举行，此次会议的主要目的是重组扩建税收透明度与情报交换全球税收论坛，建立同行审议机制，以全面有效地监督各国税收透明度和情报交换工作的进展；建立多边谈判机制，加快情报交换协定的谈签，从而最终推动税收透明度和情报交换高标准在世界范围内的实施，加强全球范围内金融监管和打击偷逃避税行为，建设有利于经济稳定持续发展的良好的国际税收环境。为有利于我国更好地参与相关标准和规则的制定，维护我国利益，财政、税务部门积极参与了全球税收论坛的改组扩建工作，我国成功当选论坛副主席暨指导委员会副主席，成为同行审议小组成员，并对改革重组全球税收论坛的功能、架构等提出合理化建议。

五、积极参与其他国际税收谈判，开展双向对话交流，提高我国税收影响力

近年来，我国积极开展税收对话交流活动，参加亚行税收年会、国际财产税协会年会、IMF举办的亚洲区域税收高层研讨会以及环境税法建设国际研讨会，成功主办中韩税收交流会，分别就应对国际金融危机、环境保护、气候变化的税收政策等主题进行了交流和对话。与此同时，随着改革开放的深入，我国对外税收交流的思路和形式也在逐渐转变，从过去单边的出国考察、接受培训、技援等输入模式转变为对外提供指导、咨询等输出模式。国际税收交流工作模式由"引进来"变成"走出去"，进一步提升了我国税收对外交流工作的层次，有利于增强我国在国际上的软实力。

六、务实开展关税领域的财经对外交流与合作

一是在世界贸易组织多哈回合谈判中继续发挥建设性作用。"十一五"时期，我国加入世界贸易组织的降税承诺全部履行完毕。在严格履行入世关税减让义务的同时，我国政府充分行使成员权利，参与制定多边贸易规则，细化落实"新成员待遇"，并会同其他新加入成员，使"新成员待遇"成为指导多哈回合谈判的重要原则之一。提出并坚持我国在非农产品市场准入关税谈判、农业谈判、环境产品谈判中若干重要议题的原则和立场。在谈判中加强与发展中国家的立场协调，积极参加亚太经合组织、20国协调组、33国工作小组等合作机制相关经贸议题的磋商，显著提高了我国制定多边贸易规则的话语权。

二是积极稳妥地推进自贸区战略。"十一五"期间，根据实施自由贸易区战略的总体部署，我国与相关国家（地区）正式

签署并实施了 5 项自由贸易协定，自由贸易区建设从开局走向稳步发展，取得了阶段性成果。此外，妥善解决了各自由贸易区关税减让执行过程中的问题，有效落实了区域关税优惠协定。经过早期收获降税和四轮全面降税，中国—东盟自贸区于 2010 年 1 月 1 日全面建成，是我国与其他国家（地区）第一个全面建成的自由贸易区。

三是支持港、澳地区发展，促进两岸经贸往来。根据《内地与香港（澳门）关于建立更紧密经贸关系的安排》（CEPA）及其补充协议的规定，"十一五"期间，内地与港澳特区政府分别就 172 项、565 项税号产品的优惠原产地标准达成一致意见，并实施零关税。2010 年 6 月 29 日，与台湾地区正式签署了包括货物贸易早期收获在内的《海峡两岸经济合作框架协议》。

第五章　公共财政预算编制及管理

预算反映了政府活动的范围和内容，体现了一定时期内政府的施政方针和要达到的政治、经济和社会发展目标。预算编制及管理是政府根据政治、经济和社会发展目标，筹集、分配和监督预算资金的管理活动，是财政管理的重要组成部分。

为全面反映政府收支总量、结构和管理活动，要按照完善社会主义市场经济体制的要求，建立由公共财政预算、政府性基金预算、国有资本经营预算和社会保障预算组成的有机衔接的政府预算体系。按照各自功能和定位，科学设置政府预算。将应当统筹安排使用的财政资金统一纳入公共财政预算，将具有专款专用性质的政府性基金纳入政府性基金预算。社会保险基金预算相对独立，公共财政预算要支持社会保险基金预算，国有资本经营预算部分收入可用于安排公共财政预算和弥补社会保障支出。根据经济社会发展和政府宏观调控的需要，加大对政府性基金预算和国有资本经营预算的统筹调配力度，通过预算编制形成资金合力。目前，我国由公共财政预算、政府性基金预算、国有资本经营预算组成的政府预算体系框架基本形成，社会保险基金预算正在试编。本章和第六、第七、第八章，将分别阐述公共财政预算、政府性基金预算、国有资本经营预算和社会保险基金预算编制及管理的相关内容。

第一节 公共财政预算概述

一、公共财政预算的概念和特征

公共财政预算是指政府凭借国家政治权力，以社会管理者身份筹集以税收为主体的财政收入，用于保障和改善民生、维持国家行政职能正常行使、保障国家安全等方面的收支预算。其中：收入预算是指政府在法定预算年度内，按照有关法律法规，筹措公共财政资金的计划；支出预算是政府在法定预算年度内，按照有关法律法规规定，科学合理地分配公共财政资金的计划。

公共财政预算是国家参与国民收入分配和再分配的主要形式，具有以下特征：公益性。公共财政不应直接从事市场活动，不能以利润为追求目标，只能以满足社会公共需要为己任，追求公益目标。公共财政预算以税收为主要收入来源，以提供公共产品和服务、满足社会公共需要为主要支出方向，具有明显的公益性特征。公平性。公共财政实行平等不歧视、一视同仁的财政政策，为社会成员和市场活动主体提供平等的服务。公共财政支出有效保证不同地区、不同群体的公民享受基本教育、医疗、社会保障的权利。公共财政的预算过程要充分体现和维护社会公平正义。法制性。公共财政以法制为基础，实行规范管理。公共财政收支活动在法律上有严格界定，财政收入的方式和数量或财政支出的去向和规模等理财行为都建立在法制的基础上。公共财政预算的编制、执行和监督，要依据法律法规规定并遵循一定的程序进行。强制性。财政收入中的主体——税收收入具有无偿性、强制性，任何市场主体都必须履行依法纳税的义务；政府通过公共财政预算提供的公共服务，如国防服务、义务教育服务等具有明显的强制性特征。

二、公共财政预算管理的基本原则

公共财政预算管理是政府依据有关法律法规对预算资金的筹集、分配和使用进行的组织、协调、控制和监督活动，既是财政管理的重要组成部分，也是政府管理经济的重要手段。公共财政预算管理要遵循以下基本原则：

一是符合法律规定。市场经济是法治经济。预算管理活动必须在法律允许的范围内进行。从市场经济国家的实践看，大多数国家对预算编制、预算报告、预算的审查和批准，预算执行以及预算调整等都有明确的规定。我国法律也对预算的编制、报告、审查以及执行等有明确而具体的规定，预算管理活动必须按照这些法律规定进行。

二是贯彻政府的方针和政策。政府预算是政府施政的物质基础，体现了政府活动的范围、内容和方向，预算管理也必须体现政府的意志。特别是公共财政预算，更要围绕政府的施政目标进行收支管理活动，保证政府的方针政策得到贯彻落实。

三是真实、公开。作为国家经济管理重要手段的公共财政预算，要真实、准确地反映政府收支的规模、内容和性质。只有真实的政府收支规模和内容才能提供准确的预算信息，才能做出科学正确的决策。同时，预算只有公之于众，社会公众才能了解预算资金的收支活动，有效实施监督，促进提高财政资金的使用效益，防止预算分配过程中产生腐败。

三、公共财政预算编制的法律依据、原则和程序

（一）公共财政预算编制的法律依据

我国《宪法》、《预算法》等一系列法律法规，以及财政部

发布的一系列规章制度，对预算编制做了相应规定。按照一级政府设立一级预算的原则，《预算法》规定，国家设立中央，省、自治区、直辖市，设区的市、自治州，县、自治县、不设区的市、市辖区，乡、民族乡、镇五级预算。

与我国行政管理体制相适应，国家预算相应划分为中央预算和地方预算。中央预算即中央政府预算，是经法定程序批准的中央政府财政收支计划，由中央本级预算以及中央对地方税收返还和转移支付预算组成；地方预算是经法定程序批准的各级地方政府财政收支计划的统称，由各省、自治区、直辖市总预算组成；各省、自治区、直辖市总预算，由省、自治区、直辖市政府本级预算和汇总的下一级政府总预算组成。

（二）公共财政预算编制的原则

量力而行，保持收支平衡。收入预算编制既要积极稳妥，客观反映经济发展状况，又要适当留有余地。支出预算编制要立足经济社会发展全局，坚持统筹兼顾、突出重点，以保障和改善民生为支出安排的优先方向。地方各级预算要量入为出，收支平衡。除法律和国务院另有规定外，地方政府不得发行地方政府债券。

坚持统一领导，分级管理。中央和地方各级政府预算的编制应当符合财政管理体制的规定，并按统一的收支科目、预算报表、规定的时间编制预算。中央预算由国务院编制，报全国人民代表大会审查批准；地方各级政府本级预算由地方各级人民政府编制，报本级人民代表大会审查批准。

程序规范。各级政府、各部门、各单位编制、审核、批复预算必须符合法定程序。

（三）公共财政预算编制的基本程序

预算编制是预算工作的起点，也是整个预算工作程序的关键环节。在我国，各级政府年度预算一般在上年年中开始编制。《预算法》规定，各级政府、各部门、各单位应当按照国务院规定的时间编制预算草案。国务院每年都要在分析当年经济运行情况、对下年经济走势做出预测的基础上，下达编制预算草案的指示，明确预算编制的指导思想、收支政策、编制办法、报送程序、时限要求等重要事项。财政部负责布置编制预算草案的具体事项，如修订预算科目、预算报表等，以便编制与汇总中央和地方预算。预算草案的编制、审查批准、批复的基本程序是：

1. 对当年预算执行情况进行分析预计。主要是结合历年预算收支变化规律、当年经济发展趋势、增收节支措施落实情况等，对当年预算收支情况进行分析，做出全年收支执行情况预计。其中，财政部门要在总结本级各部门、各单位预算执行情况，以及分析当年经济走势等基础上，对本级政府全年收支执行情况做出预计。

2. 拟定预算年度预算收支控制指标。各部门根据当年预计预算执行情况、下年国民经济和社会事业发展主要指标、部门及所属单位承担的工作职能和下年工作任务等，提出下年预算收支建议数。财政部门在本级各部门上报的收支建议的基础上，经综合平衡，拟定本级政府预算收支控制指标，经本级政府批准后，下达本级各部门。

3. 编制预算草案。各部门、各单位根据本级财政部门下达的控制指标，按规定的预算科目、报表格式等编制本部门、本单位年度预算草案，上报本级财政部门。财政部门审核汇总后编制本级政府预算草案，上报本级政府。本级政府核准后，提请本级人民代表大会审查批准。

《预算法》规定，县级以上各级人民代表大会除审查批准本级预算外,全国人民代表大会要审查地方预算草案,县级以上地方各级人民代表大会要审查本级总预算草案。按照这一规定,各级财政部门在汇总编制本级预算草案时,还要汇总编制本级总预算草案,提交本级人民代表大会审查;财政部要对各省、自治区、直辖市上报的总预算审核汇总,编制地方预算草案,提请全国人民代表大会审查。

4. 预算草案的审查批准和批复。全国人民代表大会审查中央和地方预算草案,批准中央预算。地方各级人民代表大会审查本级总预算草案,批准本级预算。中央预算和地方各级政府预算批准后,财政部和地方各级财政部门向本级各部门批复预算,本级各部门向所属单位批复预算。

(四)中央与地方公共财政预算编制的衔接

中央预算和地方公共财政预算共同组成全国公共财政预算。各级政府应按照财政管理体制的规定编制预算。

1994年我国实行分税制改革后,中央与地方收支划分基本稳定,并根据相关改革进展情况进行必要的调整。中央与地方财政关系主要包括以下几个方面的内容:

1. 中央与地方支出划分。中央主要承担国家安全、外交和中央国家机关运转所需经费,调整国民经济结构、协调地区发展、实施宏观调控所需支出,中央直接管理的社会事业发展支出。具体项目包括:国防费,武警经费,国家安全支出,外交和援外支出,中央国家机关行政管理支出,事关全国的重要基础设施建设支出,支持农业生产支出,中央所属文化、教育、卫生、科学研究等单位的支出,中央负担的国内外债务还本和付息支出。

地方主要承担本地区政权机关运转所需支出,以及本地区经济、社会事业发展支出。具体包括:地方行政管理支出,地方重要基础设施建设支出，支持农业生产支出，城市建设和维护支出，地方政府所属文化、教育、卫生等事业单位支出。

2. 中央与地方收入划分。属于维护国家权益、实施宏观调控的税种为中央固定收入，包括：关税、海关代征增值税和消费税；铁道部门、各银行总行、保险总公司等集中缴纳的收入（包括营业税、利润、城市维护建设税）；未纳入共享范围的中央企业所得税（主要是中石油、中石化、工商银行、建设银行、中国银行等企业的所得税）；中央企业上缴的利润等。

与经济发展直接相关的主要税种由中央与地方分享：国内增值税中央分享75%，地方分享25%；纳入共享范围的企业所得税和个人所得税中央分享60%，地方分享40%；资源税按不同的资源品种划分，海洋石油资源税为中央收入，其余资源税为地方收入；证券交易印花税中央分享97%，上海、深圳分享3%。

适合地方征管的税种为地方固定收入，包括：营业税（不含铁道部门、各银行总行、各保险公司总公司集中缴纳的营业税），地方企业上缴利润，城镇土地使用税，城市维护建设税（不含铁道部门、各银行总行、各保险公司总公司集中缴纳的部分），房产税，车船税，印花税（不含证券交易印花税），耕地占用税，契税，烟叶税，土地增值税等。

对划归地方的收入，地方政府要按地方各级政府事权再确定归属。

3. 中央对地方转移支付。中央和地方收支划分以后，为解决财力分布的纵向和横向不均衡问题，中央对地方实施转移支付。转移支付分为一般性转移支付和专项转移支付。一般性转移支付用于弥补财政实力薄弱地区的财力缺口，均衡地区间财力差距，实现地区间基本公共服务能力的均等化，地方政府可统筹安排使用。专项转移支付重点用于"三农"、教育、医疗卫生、社会保障和就业等领域，以实现特定的宏观政策及事业发展目标，或对中央委托地方事务、中央地方共同事务进行补偿，地方政府必须按规定用途使用。

一般性转移支付与专项转移支付两者各有特点和作用。比较而言，前者便于地方统筹安排，后者可以体现中央的政策导向，关键在于科学设置、合理搭配。从国际上看，两者比例关系如何搭配，并无统一标准。2010年，中央对地方转移支付27347.72亿元，其中一般性转移支付13235.66亿元，占48.4%；专项转移支付14112.06亿元，占51.6%。专项转移支付比例偏高的主要原因：一是《农业法》、《教育法》、《科技进步法》等法律法规对相关财政支出明确提出增长要求，中央财政本级用于这些领域的支出多数通过专项转移支付的方式补助地方。二是实施积极的财政政策，中央财政增加赤字安排的支出大多通过安排项目、以专项转移支付方式支持地方。

4. 税收返还和地方上解。税收返还是为保障地方既得利益、顺利推进相关改革设立的，包括增值税和消费税返还、所得税基数返还、成品油价格和税费改革税收返还三项。地方上解是指地方按有关法律、法规或财政体制规定上解中央的各项收入，主要包括1994年分税制改革时保留的地方原体制上解收入和出口退税专项上解收入。这是采取渐进式财政体制改革而保留的事项，有利于妥善处理中央与地方的财政关系。2009年，为简化中央与地方财政结算关系，中央财政将地方上解与中央对地方税收返还作对冲处理，相应取消地方上解中央收入科目。

从中央与地方财政运行看，目前中央本级收入除一部分用于中央本级支出外，大部分通过税收返还和转移支付等形式补助给了地方（主要是中西部地区），相应形成地方财政收入并用于安排地方财政支出。

2010年，全国公共财政收入83101.51亿元，全国公共财政支出89874.16亿元。中央本级收入42488.47亿元，占全国公共财政收入的51.1%；中央本级支出15989.73亿元，占全国公共财政支出的17.8%。地方本级收入40613.04亿元，占全国公共财政收入的48.9%；地方本级支出73884.43亿元，占全国公共财政支出的82.2%。

2010年，地方从中央获得的税收返还和转移支付32341.09亿元，相当于地方本级支出（即地方财政支出）的44%，也就是说，44%的地方本级支出是来源于中央财政的税收返还和转移支付。因此，不能将地方本级收入占全国公共财政收入的比重（48.9%），与地方本级支出占全国公共财政支出的比重（82.2%）进行简单对比，认为地方以48.9%的全国公共财政收入，承担了82.2%的全国公共财政支出。实际上，地方特别是中西部地区本级支出中相当一部分来自中央财政的税收返还和转移支付。

中央财政收入比重多少为宜，国际上并无统一的标准，但从各国情况来看，无论是发展中国家还是发达国家，多数国家的中央财政收入比重都在60%以上。2010年，我国公共财政收入中中央财政所占比重为51.1%，如果扣除税收返还，中央收入比重为45.1%；如果再将政府性基金、社会保险基金等政府性收入计算在内，中央收入比重约在30%左右，明显低于大多数国家的水平。

中央政府集中大部分财政收入具有重大的政治经济意义。中央政府集中大部分财政收入，并通过转移支付支持欠发达地区发展，是所有统一的民族国家的通行做法，它有助于强化国家统一、保持政治稳定、加强宏观经济调控、调剂和缩小地区收入差异，促进地区协调发展。近年来中央财政不断加大对中西部等财力薄弱地区的转移支付力度，但地区间财力差异仍然较大。适当增强中央财政统筹能力，有利于均衡地区间财力差异，提高财力薄弱地区落实各项民生政策的保障能力，促进地区间基本公共服务均等化。

第二节 收入预算编制及管理

一、政府收入分类

政府收入是预算年度内通过一定的形式和程序，筹集的归各级政府支配的全部资金，是政府履行职能的财力保障。政府收入分类是将各类政府收入按其性质进行归类和层次划分，以便全面、准确、清晰地反映政府收入的总量、结构及来源情况。为适应建立完善公共财政体系的要求，2007年1月1日起我国实施政府收支分类改革。此次政府收支分类改革是新中国成立以来我国政府收支分类统计体系的一次重大调整。改革后的政府收支分类体系包括"收入分类"、"支出功能分类"、"支出经济分类"三部分。此后，财政部每年都会根据预算管理需要，在年度预算编制和执行过程中对部分科目进行适当修订完善。

目前收入具体分为：税收收入、社会保险基金收入、非税收入、贷款转贷回收本金收入、债务收入、转移性收入六类。

1. 税收收入。税收随着国家的产生而产生，是政府实现其职能的重要形式。在现代市场经济条件下，税收具有组织财政收入、调节经济和收入分配的职能。税收是公共财政收入的主要来源，我国税收收入已占公共财政收入的90%左右。目前，我国共有19个税种，其中增值税、消费税、营业税、企业所得税、个人所得税、资源税、城镇土地使用税、土地增值税、房产税、城市维护建设税、车辆购置税、车船税、印花税、契税、耕地占用税、烟叶税等税种由税务部门负责征收，关税和船舶吨税由海关征收，进口货物的增值税、消费税由海关部门代征。

2. 非税收入。非税收入是指除税收和政府债务收入以外，由各级人民政府及其所属部门和单位依法利用行政权力、政府信誉、国家资源、国有资产或提供特定公共服务取得的财政收入，包括行政事业性收费、政府性基金、国有资源有偿使用收入、国有资产有偿使用收入、国有资本经营收入、彩票公益金、罚没收入、以政府名义接受的捐赠收入、主管部门集中收入、政府财政资金产生的利息收入十类，社会保险基金、住房公积金不纳入非税收入管理。各类非税收入的取得依据有所不同，行政事业性收费、政府性基金、罚没收入和主管部门集中收入是利用行政权力征收的，具有强制性；国有资源有偿使用收入、国有资产有偿使用收入、国有资本经营收入是利用国家资源和国有资产所有权取得的，体现了国家作为所有者或出资人的权益；彩票公益金、以政府名义接受的捐赠收入是依托政府信誉募集的，遵循自愿原则。

3. 国债。从财政收入角度看，国债是中央政府为实现公共财政职能、平衡财政收支、按照有借有还的信用原则筹集的财政资金，是政府债务管理的重要组成部分。

4. 政府外债。政府外债是指财政部代表我国政府对外举借的债务，它以国家主权信用为基础，又称主权外债，包括国际金融组织贷款、外国政府贷款和境外发行本外币债券三种形式，可分为中央财政统借统还和统借自还两类。中央财政统借统还是指财政部统一借入并安排中央财政预算资金对外偿还（计入国债余额）；统借自还是指财政部统一借入，最终由实际使用贷款的部门或项目单位负责偿还（不计入国债余额）。1998年政府部门职能调整后，政府外债工作由财政部统一负责。财政部对政府外债实行借、用、还全过程管理。

二、公共财政收入预算编制

公共财政收入预算编制包括税收收入和非税收入预算两部分。税收收入预算编制，是根据国内生产总值、居民消费价格总水平以及与税收直接相关的工商业增加值、全社会固定资产投资、外贸进出口总额、社会消费品零售总额等经济指标的预期增长情况，并综合考虑政策调整等增减收因素，留有适当余地，分税种科学测算税收收入。非税收入预算编制，是依据各项非税收入政策规定以及近年来的收入情况，综合考虑预算年度内的政策调整等相关因素，分项目测算非税收入。在编制税收收入预算中，增值税的税基大体相当于工业增加值和商业增加值；消费税的税基相当于汽车、成品油、烟、酒等14类特定商品的销售额或销售量；营业税的税基相当于交通运输业、建筑业、金融保险业、邮电通信业、文化体育业、娱乐业、服务业、转让无形资产和销售不动产9个行业取得的营业收入；企业所得税的税基相当于企业利润；个人所得税的税基是个人（主要是城镇居民）收入，其中主要来源是工资薪金收入；关税和进口环节税的税基相当于一般贸易进口额；证券交易印花税的税基是A股和B股的交易总金额；车辆购置税的税基相当于应税车辆（包括汽车、摩托车、电车、挂车、农用运输车）的销售总额。

中央财政收入预算编制，是根据年度国民经济发展计划和宏观经济形势，综合运用经验分析、模型等手段预测收入，编制年度中央财政收入预算，并报全国人大审批。中央财政收入即中央本级收入，是指按现行财政体制规定，划归中央财政的税收收入和非税收入，主要包括：消费税、关税等固定收入；增值税、企业所得税、个人所得税等共享收入部分，以及中央部门的行政事业性收费、罚没收入等非税收入。

中央财政收入预算中，税收收入预算由财政部根据上年税收收入执行情况、预算年度与税收密切相关的经济指标如工商业增加值、企业利润、进出口总额、城乡居民收入等的预计增长情况、税收政策调整等因素，在征求国家税务总局、海关总署等部门意见的基础上分税种测算、按科目编制。非税收入包括中央各部门上缴的行政事业性收费、罚没收入等项目，预算由财政部根据上年非税收入执行情况、当年非税收入政策调整等因素编制。

地方财政收入预算编制是根据本地区年度经济发展计划以及经济运行情况，考虑有关收入项目增减变化情况，经综合平衡，编制本地区收入预算。

经济决定财政，经济增长是财政收入增长的基础，因此，财政收入增长应与经济增长相适应。但财政收入增长与当年GDP增长在数量上不是直接的一一对应关系，两者并不完全同步。从近年来的历史数据看，2003—2008年，全国财政收入分别增长14.9%、21.6%、19.9%、22.5%、32.4%和19.5%，高于同期GDP 4.9、11.5、9.5、11.4、19.4和9.9个百分点。2009年，全国财政收入增长11.7%，仅高于GDP 2.5个百分点，两者差距明显缩小。

2010年GDP增长10.4%，全国公共财政收入增长21.3%。产生这一差异的主要原因：一是财政收入增长以现价计算，而GDP增长以不变价计算。2010年，按照现价计算GDP增长16.7%，与财政收入增幅的差距不大。二是财政收入特别是税收收入主要来源于第二、三产业，而第二、三产业增长通常高于GDP增长。特别是2010年汽车销售量增长32.4%，远远超出GDP增长速度，由此带来的消费税和车辆购置税超收收入占到中央财政超收额的 29% 左右。三是部分税种的税基与 GDP 增长没有直接正向关联。例如，只要进口就要征收进口环节的相关税收，而在核算 GDP 时，进口额是减项。2010 年我国进口增长 38.7%，带动进口货物增值税和消费税增长 35.7%、关税增长 36.6%，其超收收入部分占到中央财政超收额的 65% 左右，相应拉大了财政收入增幅与 GDP 增幅的差距。四是存在一些特殊增收因素。如实施成品油价格和税费改革，取消了公路养路费等六项收费，相应增加了消费税等收入。

总体上看，近几年，为应对国际金融危机实行了大结构性减税，除推进资源税改革收入有所增加外，在基本没有出台新的增税措施的情况下，财政收入继续保持较快增长，反映了我国经济增长质量、企业效益以及收入征管水平进一步提高。

三、完善公共财政收入预算编制的措施

近年来，通过不断深化政府收支分类改革、完善财政转移支付制度、加强政府非税收入管理等措施，财政收入预算的统一性、准确性、科学性进一步增强。特别是 2008 年以来，改进中央财政超收收入使用办法，公共财政收入的预算约束力大大增强。超收收入除按照法律法规和财政体制规定增加当年支出，以及用于削减财政赤字、特殊一次性支出等必要支出外，原则上不再安排当年支出，转入中央预算稳定调节基金，在以后年度经过预算再安排使用。

今后一个时期，要进一步完善公共财政收入预算编制管理，不断提高预算编制的科学性和准确性。强化税收收入预测。加强对经济运行的跟踪监测，认真分析经济运行变化对税收收入的影响。按照国内生产总值等经济预期增长指标，考虑税收征管实际，分税种对各项收入进行测算，合理编制收入预算。建立健全

财政与税务、海关等部门沟通协调的工作机制。严格控制税费减免，清理到期的税收减免政策，坚决制止越权减免税。加强非税收入管理。按照"正税清费"原则，清理取消不合理、不合法的非税收入项目，建立规范的非税收入体系。加强财政票据管理和使用规范。全面实施政府非税收入国库集中收缴，取消执收单位过渡性账户，把所有政府非税收入统一纳入国库单一账户体系管理。

第三节　支出预算编制及管理

公共财政支出是政府为提供公共产品和服务，满足社会共同需要而进行的财政资金的支付。主要有：保证国家机器正常运转、维护国家安全、巩固各级政府政权建设的支出；社会公共事业支出；公益性基础设施建设的支出；对宏观经济运行进行必要调控的支出等。2000年我国实施部门预算改革之后，财政支出预算就是以部门预算模式为核心的，同时中央财政还编制对地方税收返还和转移支付预算。

一、部门预算编制及管理

（一）部门预算的内涵

部门预算是指一级政府各部门的收支预算，由本级政府各部门所属单位预算组成。单位预算则指列入部门预算的国家机关、社会团体和其他单位的收支预算。

改革开放后，随着社会主义市场经济的发展和公共财政体系的建立完善，传统功能预算已不能适应建立公共财政框架的要求，因此，有必要对预算编制的内容、方式和方法等进行改革，建立与社会主义市场经济体制和公共财政要求相适应的预算编制管理模式。2000年，经国务院批准，财政部在广泛征求部门意见的基础上，提出了《关于改进2000年中央预算编制的意见》，开始着手实施部门预算改革。中央部门预算改革以后，预算的范围、内容、编制时间、编制方式等都发生了重大变化。

1. 预算的范围。部门预算按照综合预算原则，将一个部门所有收入和支出按照统一形式在一本预算中全面反映，实现了"一个部门一本预算"。

2. 预算的内容。部门预算将部门支出划分为基本支出和项目支出，分别采取不同方式管理。基本支出预算推行定员定额管理，根据单位编制、人员情况和基本支出定额标准测算。项目支出预算按照项目库方式管理，由基层预算单位逐级申报项目，经过论证、评审、遴选，按照"轻重缓急"原则排序后予以安排，同时，对项目支出实行以项目清理为基础的滚动管理。随着部门预算改革的不断深入，部门预算编制的内容还逐步涵盖了财政拨款结转和结余资金、政府采购预算、新增资产配置预算等内容。

3. 预算编制时间。1999年度以前，中央各部门预算编制时间为4个月，中央部门预算改革后，预算编制时间不断提前，各预算编制阶段时间不断延长。目前，预算编制时间已延长为10个月。

4. 预算编制方式。部门预算改变了传统的"自上而下"的预算编制方式，预算从基层预算单位编起，逐级汇总，所有支出项目落实到具体预算单位，减少了随意性，预算编报内容更加符合实际。

（二）部门预算编制和调整

总体上看，一份年度预算从开始编制到执行完毕，周期约20个月，以预算是否经全国人民代表大会批准为界限，预算管理周期可分为预算编制和预算调整两个阶段。

1. 部门预算编制。中央部门预算改革后,通过不断规范,逐步形成了一个"二上二下"的预算编制标准流程。按照流程,可以将部门预算编制分为五个阶段。

(1) 部门预算编制"准备"阶段。时间为每年 4—5 月。这一阶段主要是收集整理下一年度预算编制资料、开展项目清理工作等,做好下一年度部门预算编制的准备。

(2) 部门预算编制"一上"阶段。时间为每年 6—7 月。这一阶段主要是中央部门从基层预算单位开始逐级编制预算,经层层审核汇总后,由一级预算单位汇编成部门预算建议数,报送财政部。

(3) 部门预算编制"一下"阶段。时间为每年 8—10 月。这一阶段主要是由财政部对各中央部门报送的预算建议数进行审核、平衡,经过各方协商、沟通,汇总形成中央本级预算初步方案,报国务院批准后向各中央部门下达预算控制限额。

(4) 部门预算编制"二上"阶段。时间为每年 11 月至次年 2 月。这一阶段主要是中央部门根据财政部下达的预算控制限额,编制部门预算草案报财政部,财政部审核后汇总形成中央本级财政预算草案和部门预算,报国务院审批后,再报人大预工委和财经委审核,最后提交全国人民代表大会审议。

(5) 部门预算编制"二下"阶段。时间为每年 3—5 月。这一阶段主要是在全国人大批准预算草案后一个月内,财政部根据批准的中央预算草案统一批复中央各部门预算,各部门则在财政部批复本部门预算之日起 15 日内,批复所属各单位的预算。

2. 部门预算调整。为规范部门预算的调整,减少随意性,财政部对部门预算调整做出了一系列规定:

(1) 调整的事项。部门年度预算一经确定,除无法预见的临时性或特殊支出事项外,不得随意调整。已批复的项目,因部门前期论证工作不充分以及其他不可预见原因造成无法执行的，作调减预算处理。对年初预算已申请未安排的项目，或年初已安排又提出增支的项目，除特殊情况外，当年执行中不得再申请追加预算。

（2）调整预算的程序。预算单位确因无法预见的临时性或特殊支出事项，需要调整预算的，由预算单位逐级上报提出调整申请，部门汇总审核后，符合条件的向财政部提出调整申请，财政部审核同意后以正式文件批复调整事项。

（3）调整预算资金来源。部门因特殊支出事项确需增加支出的，应优先通过年初预算安排的部门机动经费解决，机动经费不能满足需要时，方可向财政部提出追加预算申请。

（4）调整预算的时间。部门申请细化年初预算时间为预算批复后至6月30日；提出追加预算申请时间为每年8月31日前。财政部批复调整预算的截止时间原则上为9月30日前，对部分特殊事项可适当延长。

（三）部门预算改革进展情况

近年来，中央部门预算改革不断向纵深推进，与公共财政框架相适应的预算编制框架体系和运行机制逐步完善。

1. 完善中央部门预算管理相关制度。2007年，财政部结合部门预算改革推进情况和规范管理的需要，修订了《中央本级基本支出预算管理办法》和《中央本级项目支出预算管理办法》。2008年，在修订原《中央部门预算编制工作规程》的基础上，制定了《中央部门预算管理工作规程》，进一步规范部门预算管理各项工作。2010年，在修订《中央部门财政拨款结余资金管理办法》的基础上，印发了《中央部门财政拨款结转和结余资金管理办法》。

2. 细化预算编制，提高部门预算管理的精细化水平。近年来，财政部采取措施，不断细化部门预算编制：基本支出和项目支出除编制到功能分类项级科目外，基本支出还要编制到经济分类科目和具体预算单位；中央部门不得代编下级单位预算，预算支出都要落实具体单位；有预算分配权的部门要采取有效措施，提高年初部门预算到位率。

3. 完善分配机制，提高部门预算管理的科学化水平。

（1）不断推进基本支出定额管理改革。大力推进基本支出改革，稳步扩大定员定额试点范围，进一步完善现行定员定额标准体系，继续推进实物费用定额试点工作。

（2）启动项目支出定额标准体系建设工作。在借鉴中央部门和地方财政部门经验基础上，结合管理的实际需要，财政部于2009年制发了《中央本级项目支出定额标准管理暂行办法》和《中央本级项目支出定额标准体系建设实施方案》，启动了项目支出定额标准体系建设工作。

（3）推进预算管理和资产管理的有机结合。在颁布《行政单位国有资产管理暂行办法》和《事业单位国有资产管理暂行办法》的基础上，财政部进一步研究建立覆盖资产配置、使用到处置全过程的制度体系，完善资产配置标准和相关实物费用定额，推动资产共享共用机制，规范国有资产处置行为和有偿使用活动及其收入的管理。同时，规范了资产配置事项审批程序，形成了资产管理部门与预算管理部门协调配合的行政事业单位国有资产管理机制。

4. 加强财政资金管理，提高财政资金的使用效益。积极规范各类账户管理，加强财政专户、部门和单位银行账户管理，并要求按照"集体决策、公平公开、确保安全、廉政高效"的原则，择优选择代理银行。完善资金收付制度，进一步完善非税收入收缴管理制度，全面推行国库集中支付制度，建立健全财政资金对账制度，严格规范资金管理基础工作。加强对结转结余资金的管理，通过科学合理编制预算、加快预算执行等有效措施，减少财政结转和结余资金规模。加强预算绩效管理，逐步建立预算绩效管理制度。预算安排时要确定绩效目标，预算执行过程中要监控实施情况，预算执行结束后要形成绩效评价报告，并将评价结果应用于预算编制。

5. 加强预算资金监管，提高部门预算的透明度。将部门预算报送人大审查，2000年有4个部门的部门预算报送全国人大审查，到2010年已达到98个，基本覆盖了所有国务院组成部门。细化报送人大审议的内容，2009年起将教育、科学技术、社会保障和就业、农林水事务等重点支出全部细化到款级科目。向社会公开预算报告，从2009年起，在全国人民代表大会闭幕后财政部立即将经全国人大批准的预算报告向社会公布。积极推进部门预算公开，明确要求中央部门按照《政府信息公开条例》有关规定，积极推进部门预算公开工作，主动接受社会监督。

二、税收返还和转移支付预算编制及管理

（一）税收返还预算编制及管理

税收返还包括增值税和消费税返还、所得税基数返还、成品油税费改革税收返还三项。所得税基数返还、成品油税费改革税收返还基本固定，增值税和消费税返还，根据相关收入的每年增长情况适当增长。财政部按以上情况测算编制每年税收返还预算。

1. 增值税和消费税返还。《国务院关于实行分税制财政管理体制的决定》规定，为了保证地方既得利益，逐步达到改革目标，中央财政按照1993年地方实际收入以及税制改革和中央与地方收入划分情况，核定中央对地方返还基数（即消费税 +

75%增值税－中央下划收入），实行增量返还的办法。1994年以后，税收返还额在1993年基数上逐年递增。为了更充分地调动地方政府发展经济、培植财源的积极性，经国务院批准，税收返还的递增率按各地区分别缴入中央金库的增值税和消费税增长率的1:0.3系数确定。增值税和消费税返还年度预算，按照上述办法和各地区上划中央的增值税和消费税预计年度增长情况计算确定。

2. 所得税基数返还。《国务院关于所得税收入分享改革方案的通知》规定，为了不影响地方财政平稳运行，按照保证地方既得利益的原则，以2001年为基期，按改革方案确定的分享范围和比例计算，地方上划的所得税收入大于中央下划的所得税收入的差额部分，由中央作为基数返还地方。所得税基数返还额年度间保持固定不变。

3. 成品油税费改革税收返还。《国务院关于实施成品油价格和税费改革的通知》规定，对取消的公路养路费等六项收费，中央财政以2007年的养路费等"六费"收入为基础，考虑地方实际情况按一定的增长率确定对地方的返还额。成品油税费改革税收返还额年度间保持固定不变。

（二）一般性转移支付预算编制及管理

中央对地方一般性转移支付主要包括均衡性转移支付、民族地区转移支付、县级基本财力保障机制奖补资金、农村税费改革转移支付、资源枯竭城市财力性转移支付、成品油税费改革转移支付、教育转移支付、社会保障和就业转移支付、医疗卫生转移支付、农林水转移支付等。

一般性转移支付预算中，均衡性转移支付主要参照各地标准财政收入和标准财政支出的差额及可用于转移支付的资金规模等客观因素，按统一公式计算确定。标准财政收入主要按税基和税率分税种测算;标准财政支出则根据各地达到均等化基本公共服务水平的财政支出需求,按人口、面积、地方政府规模、影响支出的客观因素以及成本差异等测算。

根据党中央、国务院和全国人大完善一般性转移支付制度有关要求,中央财政采取多项措施,优化转移支付结构,不断增加一般性转移支付的规模和比例,提高转移支付资金管理的科学化精细化水平。

1. 建立一般性转移支付规模稳定增长机制。为了减缓地区间财力差距的扩大、推进基本公共服务均等化,中央财政逐步加大一般性转移支付规模。

一是除中央预算安排外,2002年所得税收入分享改革明确中央因改革增加的收入全部用于均衡性转移支付,建立了均衡性转移支付总额稳定增长的机制。随着企业所得税和个人所得税收入的快速增长,2010年中央对地方均衡性转移支付达到4510亿元(不含国家重点生态功能区转移支付)。

二是为贯彻《民族区域自治法》,体现对民族地区的特殊支持和照顾,经国务院批准,2010年起,中央对地方民族地区转移支付总额,按照前三年全国增值税收入的平均增长率滚动递增。

三是对教育、医疗卫生、社会保障和就业、国家重点生态功能区、资源枯竭城市等一般性转移支付,中央财政也都根据国家的统一政策,考虑地方的实际需求,不断加大对地方转移支付力度。

2. 按照因素法分配。目前,所有各项中央对地方一般性转移支付均按照客观因素进行公式化分配,逐步建立了规范统一的一般性转移支付分配办法,提高了转移支付资金分配的科学性、合理性和透明度。例如,1995年出台的均衡性转移支付,引入了标准财政收支概念。根据工业增加值、企业利润等指标测算各地的标准财政收入；按照总人口、可居住面积、人口密度等因素，并参照寒冷程度、海拔等测算各地的标准财政支出需求，对存在收支缺口的地区考虑财政困难程度给予补助。此后，中央财政每年都根据实际情况对均衡性转移支付分配办法进行补充完善。

3. 引入激励约束机制。为进一步缓解县乡财政困难，经国务院批准，2005年起中央财政建立了"三奖一补"的缓解县乡财政困难激励约束机制，调动财政困难县发展经济、做大"蛋糕"的积极性，引导省市级政府加大对财政困难县的支持力度，并对县乡精简机构和人员，以及产粮大县给予奖励。2009年中央财政对地方缓解县乡财政困难奖励和补助政策进行了完善，设立"县级基本财力保障机制奖补资金"。此外，2009年起中央财政研究制定了《国家重点生态功能区转移支付办法》，引入奖惩机制，建立监控体系，督促和引导地方用好资金，推动地方开展生态环境保护，提高重点生态功能区基本公共服务保障水平。2010年中央财政还出台了《资源枯竭城市转移支付绩效评价暂行办法》，督促地方强化资金监管，提高资金使用效益。

（三）专项转移支付预算编制及管理

1. 专项转移支付预算编制。专项转移支付是上级政府安排给承担特定事务的地方政府的补助资金，实行专款专用，地方财政需按规定用途使用资金，又称有条件补助或专项拨款。专项转移支付资金测算、分配主要依据《中央对地方专项拨款管理办法》，以及各项专款的具体管理办法，在征求主管部门和地方意见的基础上进行。多数专项转移支付按影响支出的客观因素分配到省（自治区、直辖市），由省级财政部门再向下分配并确定到具体项目。少数专项转移支付由主管部门会同财政部在专家评估、论证的基础上，确定具体项目，并分配资金。从资金使用方向看，重点用于教育、医疗卫生、社会保障、农业水利、生态环境保护等公共服务领域。从资金分配的地区结构上看，主要面向财力相对薄弱的中西部地区。从资金分配的办法来看，主要采取因素法、项目法、因素和项目结合法。

按照贯彻中央政策意图、促进经济社会协调发展的要求，专项转移支付预算编制须遵循以下四条原则：一是优化转移支付结构。控制专项转移支付的规模，使专项转移支付和一般性转移支付保持合理比例。二是贯彻中央宏观调控决策部署。合理安排专项转移支付项目和资金，保障中央宏观调控方针政策的贯彻落实。三是统筹兼顾，保障重点支出。从严控制一般性支出，进一步优化支出结构，加大对"三农"、教育、科技、医疗卫生、社会保障和就业、保障性住房、节能环保等重点支出。四是促进区域协调发展。在专项转移支付项目设立和资金分配上不断加大对欠发达地区的支持力度，促进区域协调和城乡统筹发展。

专项转移支付预算编制的时间一般从当年的8月到下年的3月，主要分为以下几个步骤：一是预算申报。财政部门布置预算编制工作，各部门根据各项社会事业发展的需要，编制专项转移支付预算并报财政部门。二是预算初审。财政部门根据有关法律法规、中央宏观调控方针政策、下年中央财力情况等，对专项转移支付项目预算进行审核，确定专项转移支付预算总规模。三是征求意见。财政部门向有关部门通知初审后的专项转移支付预算。各部门根据工作需要，提出反馈意见。四是综合平衡。财政部门根据各部门反馈意见和年度预算支出重点，对专项转移支付预算进行调整和综合平衡后，纳入中央财政支出预算报人大批准。五是下达预算。人代会批准预算后，财政部门会同有关部门向各地下达专项转移支付预算。

2. 专项转移支付预算管理。根据党中央、国务院和全国人大完善专项转移支付制度有关要求，中央财政采取多项政策措施，不断加强专项转移支付预算的科学化精细化管理。

优化专项转移支付项目结构。一是严格控制新设项目。除国家有关法律法规、党中央和国务院文件要求设立的项目外，原则上不设立新的专项转移支付项目。二是加强项目清理整合。从2007年开始，中央财政着手开展专项转移支付的清理整合工作，将已有项目分为取消类、整合类、固定数额类、保留类等四种类别。对到期项目、一次性项目以及按照新形势不需要设立的项目予以取消，对使用方向一致、可以进行归并的项目予以整合，对符合新形势需要的项目继续予以保留。同时，从资金使用层面入手，推进支农资金等专项资金整合，发挥财政资金合力。三是压缩专项转移支付规模。将属于地方政府事权范围、数额较大且按因素法分配的专项转移支付项目归并入一般性转移支付，逐步提高一般性转移支付规模和比例。

加强专项转移支付预算执行管理。一是加快预算执行进度，从2011年起，将能够提前通知地方的项目原则上要在上年9月30日之前，按上年执行数70%的比例，提前下达地方；指导和督促地方将上级财政下达的指标编入本级预算，做好向下级财政部门提前拨付预算工作，不断提高地方预算完整性。修改完善资金管理办法，将地方申报、项目评审、资金分配等工作的时间节点提前。二是继续选择符合条件的专项转移支付项目实行政府采购和国库集中支付，进一步扩大试点范围。三是加快推进财政信息化建设工作，建立项目管理和资金分配信息反馈机制，实现对专项转移支付的动态监控。四是研究建立转移支付资金绩效评价体系，并在预算编制中考虑绩效评价结果。

完善配套政策。严格执行专项转移支付配套政策，规范配套政策出台程序,将地方配套的总体负担控制在可承受的范围之内。对属于中央事权的项目,由中央财政全额负担,不再要求地方配套;对属于中央与地方共同事权的项目,分别研究确定配套政策,并区分不同地区具体情况制定不同的配套政策,降低或取消对民族地区、财力薄弱地区的配套要求。

增强法制化和透明度。一是加快《预算法》修订和《财政转移支付暂行条例》制定工作。理顺专项转移支付的决策、协调、分配、监管等工作机制和程序。二是继续主动向社会公开专项转移支付项目资金管理办法和分配结果,自觉接受社会监督。

三、完善公共财政支出预算编制的措施

近年来,各级财政部门着力优化公共财政支出结构,严格控制一般性支出,增加对公共服务领域的投入,努力保障和改善民生。减少代编预算规模,预算年初到位率有所提高。继续延伸预算管理级次,督促各部门将每项支出落实到具体承担单位。积极开展重大项目预算评审。探索建立预算编制与执行相结合的机制,结合当年预算执行进度编制下年部门项目支出预算。加强对部门结转和结余资金的统筹使用,并与预算编制紧密结合。推动资产管理和预算编制有机结合。将大部分行政单位国有资产处置收入和出租出借收入以及事业单位国有资产处置收入,纳入公共财政预算管理。下一步,要继续强化公共财政支出预算编制管理,努力提高支出预算编制的科学性、准确性。

进一步细化支出预算编制。深化部门预算改革,继续规范预算编制程序,细化预算内容。切实减少代编预算规模和预留项目,继续提高预算年初到位率。细化基本支出和项目支出预算编制,"一上"预算编制全部细化到"项"级科目,落实到具体执行项目。基本支出预算要如实准确地反映预算单位机构编制、人

员、经费类型等基础数据及变化情况。项目支出预算在"一上"时要有明确的项目绩效目标、实施计划和时间进度，保证项目可以执行。进一步加强项目评审，提高项目预算编制的科学性和可执行性。

加强部门财政拨款结转和结余资金的统筹使用。完善结转和结余资金的管理制度，推进建立结转和结余资金管理与预算编制相衔接的机制。除特殊原因外，对当年结转和结余资金比上年增加较多，或常年累计结转和结余资金规模较大的部门，在编制部门预算时，视其结转和结余资金情况，适当压缩部门财政拨款预算总额。年度预算执行结束后形成的项目支出结余资金，应全部统筹用于编制以后年度部门预算，按预算管理的有关规定，用于本部门相关支出。

建立完善预算编制与预算执行有机结合的机制。科学准确的预算编制是预算执行有效均衡的前提和保障，有效的预算执行反过来又可以为提高预算编制水平提供改进的方向和重点，两者相辅相成、相互促进。要把上年的预算执行情况作为编制下年预算的重要参考依据。对上年预算执行中反映出的突出问题，如涉及预算编制的，要在编制下年预算时努力研究解决，避免编制和执行"两张皮"。将预算编制与预算执行进度挂钩，在报送"一上"、"二上"预算时，要求部门同时报送项目支出预算执行进度，对执行进度慢的，适当核减下年预算。同时要建立健全部门预、决算相互反映、相互促进的机制。

进一步推进资产管理和预算编制有机结合。研究制定行政事业单位资产配置和更新标准，建立分层次的配置标准体系。完善资产管理与预算管理有机结合的工作机制和流程，在编制部门预算时充分考虑部门占有的资产及其收益情况。切实加强新增资产配置专项审核，逐步扩大审核范围。行政单位国有资产处置收入和出租出借收入、事业单位国有资产处置收入上缴同级财政，全部纳入公共财政预算管理，并优先用于行政事业单位新增资产配置。要强化新增资产配置与政府采购等环节的衔接，未经财政批准的资产配置事项，不得进行政府采购。全面实施行政事业单位资产管理信息系统和统计报表制度，实现对资产全过程动态监管。

第六章 政府性基金预算编制及管理

第一节 政府性基金概述

一、政府性基金概念及分类

政府性基金（以下简称基金）是指各级政府及其所属部门根据法律、行政法规和中共中央、国务院文件规定，为支持特定公共基础设施建设和公共事业发展，向公民、法人和其他组织无偿征收的具有专项用途的财政资金。政府性基金是政府收入的重要组成部分，是政府参与国民收入分配的重要形式。截至2010年年底，全国政府性基金项目有31项。此外，还有一些资金项目虽然按收入来源和类别划分不属于基金，但考虑其专款专用的性质将其纳入政府性基金预算管理，如政府有偿出让国有土地使用权取得的土地出让收入、依托政府信誉募集的彩票公益金、从住房公积金增值收益中提取的政府住房基金等，目前有14项。以上合计纳入政府性基金预算管理的基金共45项。

按收入归属划分，属于中央收入的政府性基金12项，包括铁路建设基金、港口建设费、旅游发展基金等；属于地方收入的政府性基金20项，包括地方教育附加、新型墙体材料专项基金、土地出让收入等；属于中央与地方共享收入的政府性基金13项，包括国家重大水利工程建设基金、森林植被恢复费等。

按支出用途划分，用于交通基础设施建设的政府性基金10

项，包括铁路建设基金、民航基础设施建设基金、民航机场管理建设费、港口建设费、海南省高等级公路车辆通行附加费等；用于水利建设的政府性基金4项，包括南水北调工程基金、水利建设基金等；用于城市维护建设的政府性基金8项，包括城市基础设施配套费、城镇公用事业附加、土地出让收入等；用于教育、文化、体育等事业发展的政府性基金7项，包括教育费附加、地方教育附加、文化事业建设费、国家电影事业发展专项资金、旅游发展基金等；用于移民和社会保障的政府性基金5项，包括大中型水库移民后期扶持基金、大中型水库库区基金、残疾人就业保障金等；用于生态环境建设的政府性基金5项，包括育林基金、森林植被恢复费、山西省煤炭可持续发展基金等；用于其他方面的政府性基金6项，包括农网还贷资金、中央特别国债经营基金等。

2010年，全国政府性基金收入36785.02亿元，其中，中央政府性基金收入3175.75亿元，地方政府性基金本级收入33609.27亿元。全国政府性基金支出33951.16亿元，其中，中央政府性基金本级支出2284.05亿元，地方政府性基金支出31667.11亿元。

二、政府性基金管理制度的历史沿革

改革开放以来，政府性基金发展经历了由少到多、管理逐步规范的过程。按照政府性基金管理制度变化情况，大致可以分为四个阶段。

（一）设立初期（20世纪80年代）

政府性基金的设立可追溯到20世纪80年代初期。当时我国经济建设、社会事业发展以及各项经济体制改革，都需要政府主导和推进，而实现改革发展目标需要大量资金作保障。1982年，根据当时的财政经济形势，国务院颁布了国家能源交通重点建设基金征集办法，按国营企事业单位、机关团体、部队和地方政府预算外资金以及城镇集体企业税后利润的10%征收。1983年，将该基金征收比例提高到15%，并将征收范围扩大到城镇小集体企业和农村社队企业。1989年，国务院颁发了国家预算调节基金征集办法，征收范围与国家能源交通重点建设基金相同，征收比例为10%。出台这两项基金政策，主要是为了更好地集中社会资金，加快能源交通等经济社会发展"瓶颈"产业的建设，调整和改善国民经济结构。

（二）规模扩张阶段（从20世纪80年代末到20世纪90年代）

随着经济体制改革的不断深入和政府职能的逐步转变，国家财政包揽社会事务的局面逐步发生变化。各地为调动发展的积极性，各部门和单位积极组织收入，基金项目也越来越多，数额越来越大。到1995年，全国各种基金有上千项，其中除40多项是经国务院或财政部批准设立以外，其余基金项目均为各地区、各部门越权设立。各类基金（收费）规模达4500多亿元，相当于同期公共财政预算收入的45%左右。有些地方基金（收费）数额与公共财政预算收入不相上下，甚至超过公共财政预算收入。这些相当可观的资金，对促进经济社会发展、支持重点产业和行业建设等发挥了积极作用。但这些资金大部分放在预算外管理，由各部门和单位掌握，脱离人大和财政监督，弱化了政府宏观调控能力，也不利于财政分配职能作用的发挥。同时，由于管理制度和监督机制不健全，一些资金被挪用乱支现象也时有发生，不仅加重了社会负担、扰乱了正常的分配秩序，而且助长了腐败现象的滋生蔓延，损害了党和政府的形象。

（三）清理整顿阶段（从20世纪90年代到2000年）

为扭转基金和收费管理混乱的局面，逐步理顺政府参与国民收入分配秩序，切实减轻企业和居民负担，20世纪90年代中期以来，党中央、国务院做出了治理乱收费、乱罚款和各种摊派的决定，持续广泛地开展了清理整顿工作。

一是清理规范基金项目。1997年、1998年和1999年连续3年，财政部会同有关部门对全国各种基金开展了清理工作，分3批公布取消了历年来各省、自治区、直辖市政府和有关部门未经国务院或财政部批准越权设立的各种基金，共计437项，每年约减轻社会负担250亿元。1998年，原国家计委联合财政部等部门清理了各地在电价外加收的基金项目，公布取消了500多项违规设立的各种基金和附加费，每年约减轻社会负担217亿元。2000年，财政部会同有关部门对全国涉及交通和车辆的基金和收费项目进行了清理，公布取消了238项基金和收费，每年约减轻社会负担145亿元。

二是严格基金审批管理。1996年，《国务院关于加强预算外资金管理的决定》明确了基金审批管理权限，基金必须统一报财政部审批，重要的基金项目由财政部报国务院审批，未经国务院或财政部批准，任何部门和地方均不得征收基金。同时明确，今后国家原则上不再出台新的基金项目。财政部按照上述原则不断加强基金审批管理，严格控制设立新的基金项目，对依据法律法规设立的基金项目，财政部每年均向社会公告，接受公众监督。

三是加强"收支两条线"管理。1993年，党中央、国务院明确要求，对基金和收费资金实行"收支两条线"管理，基金逐步纳入各级财政预算管理，尚未纳入预算管理的要实行财政专户管理，收入全额上缴财政部门在银行开设的财政专户，支出由用款单位编制计划，经财政部门审核后按计划拨付。此后，按照建立完善公共财政体系的要求，将预算外管理的基金项目纳入财政预算管理，并构建了政府性基金预算管理制度。1996年，国务院明确将公路养路费、车辆购置附加费、铁路建设基金、电力建设基金、三峡工程建设基金等13项数额较大的基金纳入财政预算管理，基金收入全额上缴中央或地方国库，基金收支在预算上单独编列反映，按规定专款专用，不得挪作他用，也不能用于平衡公共财政预算。同年，财政部印发《政府性基金预算管理办法》，明确了政府性基金预算管理原则、政府性基金预算编制办法、政府性基金预算科目设置、政府性基金预算执行、基金决算编报等，初步构建了政府性基金预算制度框架。之后，财政部陆续将在预算外管理的地方教育附加等基金项目纳入预算管理，以解决财政资金"体外循环"的问题。

（四）全面规范管理阶段（从2000年至今）

2000年以来，我国实施了以部门预算、国库集中收付和政府采购为主要内容的预算管理制度改革，将预算外资金统一纳入国库单一账户体系和部门预算管理，消除了财政管理上的预算内外资金"双轨制"，进一步加快了规范基金管理的进程。特别是近几年来，财政部全面加强政府性基金预算管理，建立健全政府性基金预算编制和管理制度，增强了政府性基金预算编制和管理的规范性、有效性。

一是继续清理基金项目。2002年，财政部对全国各种基金项目再次进行了全面清理整顿，公布取消了277项，只保留了33项。同时，对保留的基金项目设定了征收期限，明确到期后予以取消。据此，财政部从2010年起公布取消了三峡工程建设基金，并从2011年起取消福建省铁路建设附加费、山西省水资源补偿费和电源基地建设基金，进一步压缩基金项目和规模。

二是推进税费制度改革。将一些具有税收特征且便于按税收征管的基金改为税,纳入政府税收体系。2009年,按照实施成品油税费改革的要求,在全国范围内统一取消了公路养路费、航道养护费、公路客货运附加费、水运客货运附加费等涉及交通和车辆的基金,涉及金额1300多亿元,理顺了交通税费关系,公平了税费负担。2010年在整个西部地区实施资源税改革,并取消各省、自治区、直辖市针对矿产资源设立的各种基金。

三是完善政府性基金预算管理。2002年,在对全国基金项目进行清理整顿的基础上,财政部将公布保留的33项基金全部纳入了财政预算管理。2007年,财政部对土地出让收入预算管理方式进行了改革,将土地出让收入全额纳入地方政府性基金预算管理。2008年,将彩票公益金等纳入政府性基金预算管理,进一步健全了政府性基金预算管理体系。2009年以来,按照建立由公共财政预算、政府性基金预算、国有资本经营预算和社会保障预算组成、有机衔接的政府预算体系的要求,各级财政部门完善政府性基金预算编制和管理,从2010年起全面编制了中央和地方政府性基金预算,作为政府预算体系的组成部分向人大报告;构建了规范的政府性基金预算编报体系,不断提高政府性基金预算编制的完整性、准确性和精细化程度,全面清晰地反映所有基金收支情况;逐步增强政府性基金预算约束力,确保按批准的预算项目、科目和数额执行。

四是健全基金管理制度。2010年,财政部印发《政府性基金管理暂行办法》,明确了基金管理职能、审批权限、审批程序、征收缴库、预决算编制、监督检查、法律责任等,从制度上全面规范了基金审批、征收、使用、监督等行为,将基金逐步纳入规范性、法制化管理轨道。

三、现行政府性基金管理政策和制度

1996 年《国务院关于加强预算外资金管理的决定》和 2004 年《国务院办公厅关于保留部分非行政许可审批项目的通知》对基金审批管理做出明确规定,即征收基金必须统一报财政部审批,重要的基金项目由财政部报国务院审批。其中,附加在税收、价格上征收,或者按销售(营业)收入、固定资产原值等的一定比例征收的基金项目,应当经财政部会同有关部门审核后,报国务院批准。除上述情况以外的其他基金项目,由财政部审批。未经国务院或财政部批准,任何部门和地方均不得设立基金。

政府性基金遵循统一政策、分级管理的原则。各级财政部门是基金管理的职能部门。财政部负责制定全国基金征收使用管理政策和制度,审批、管理和监督全国基金。地方各级财政部门负责本行政区域内基金的征收使用管理和监督。财政部于每年 3 月 31 日前编制截至上年 12 月 31 日的全国基金项目目录,向社会公布。省级财政部门按照财政部规定,于每年 4 月 30 日前编制截至上年 12 月 31 日在本行政区域范围内实施的基金项目目录,向社会公布。

针对基金项目多、涉及范围广、管理政策不尽一致等情况,各级财政部门按照有利于及时足额征收、降低征收成本的原则,对基金收入采取因地制宜、灵活多样的收缴方式。大部分基金收入委托银行代收;有的地方成立了专门的非税收入征收管理机构,负责基金收入征收管理;有的地方设立收费大厅或政府办证(服务)中心,由缴款人直接到收费大厅或者办证中心申报和缴费;有的地方将基金收入委托税务机构代征。

目前,我国尚未制定基金管理方面的专项法律或行政法规。

基金管理的主要依据是《国务院关于加强预算外资金管理的决定》、《财政部关于加强政府非税收入管理的通知》和财政部印发的《政府性基金管理暂行办法》。此外，国务院和财政部针对每项基金制定了具体征收使用管理办法。其中，土地出让收入、彩票公益金与其他基金项目的性质有所不同，具有特定的管理政策和制度。

（一）土地出让收入

土地出让收入是市县政府依据《土地管理法》、《城市房地产管理法》等有关法律法规和国家有关政策规定，以土地所有者身份出让国有土地使用权所取得的收入，主要是以招标、拍卖、挂牌和协议方式出让土地取得的收入（占土地出让收入的80%以上），也包括向改变土地使用条件的土地使用者依法收取的收入、划拨土地时依法收取的拆迁安置等成本性的收入、依法出租土地的租金收入等。

土地出让收入由市县国土资源管理部门依据土地出让合同或供地协议具体负责征收。按照现行政策规定，土地出让收入可以分次分期缴纳，一般在一年内缴清，特殊情况可以在两年内缴清，首次缴纳数额不得低于应缴数额的50%。也就是说，当年签订的土地出让合同价款并不一定在当年全部缴入国库，比如，当年12月份签订的土地出让合同，出让价款通常在下一年度入库。因此，当年全国各地签订的土地出让合同价款数与当年全国各地实际缴入地方国库的土地出让收入数可能会存在一定差异。

2007年之前，土地出让收入先缴入财政专户管理，再将扣除征地补偿和拆迁费用以及土地开发支出等成本性支出后的余额缴入地方国库，纳入地方政府性基金预算管理。2007年国家对土地出让收入管理制度进行了改革，将全部土地出让收入缴入地方国库，纳入地方政府性基金预算，实行"收支两条线"管理，与一般预算分开核算，专款专用。

按照现行政策规定，土地出让收入缴入国库后，市县财政部门先分别按规定比例计提国有土地收益基金和农业土地开发资金，缴纳新增建设用地土地有偿使用费，余下的部分统称为国有土地使用权出让金。其中，计提的国有土地收益基金专项用于市县土地收购储备，包括土地补偿费、安置补助费、地上附着物和青苗补偿费、拆迁补偿费以及前期土地开发支出，计提比例由省级政府确定。计提的农业土地开发资金（其中省级最高可以集中30%），专项用于农业土地开发，具体使用范围包括土地整理和复垦、宜农未利用地开发、基本农田建设以及改善农业生产条件等方面的土地开发。新增建设用地土地有偿使用费是国务院或省级政府在批准将农用地、未利用地转为建设用地时，由市县政府从土地出让收入中按规定标准向中央和省级缴纳。新增建设用地土地有偿使用费实行中央和省两级3:7分成，专项用于耕地开发、土地整理、基本农田建设和保护支出。国有土地使用权出让金主要用于征地拆迁补偿、土地开发、城乡基础设施建设、城镇廉租住房保障等支出。

综合来看，土地出让收入使用范围包括以下方面：一是征地和拆迁补偿支出。包括土地补偿费、安置补助费、地上附着物和青苗补偿费、拆迁补偿费。二是土地开发支出。包括与前期土地开发相关的道路、供水、供电、供气、排水、通讯、照明、土地平整等基础设施建设支出，以及与前期土地开发相关的银行贷款本息等支出。三是补助被征地农民社会保障等支出。四是农村基础设施建设支出。包括用于农村饮水、环境、卫生、教育以及文化等基础设施建设支出。五是农业土地开发支出。六是城市建设支出。包括城市道路、桥涵、公共绿地、公共厕所、消防设施等基础设施建设。七是耕地开发、土地整理、基本农田建设和保护支出。八是城镇廉租住房保障支出。九是土地出让业务支出。十是破产或改制国有企业土地出让收入用于职工安置等支出。

全国土地出让收支纳入基金预决算编制范围，实行预决算管理制度。国土资源管理等有关部门每年按照相关规定编制土地出让收支预算，年度终了时，按照规定编制土地出让收支决算。同时，按照规定程序向同级政府报告，政府依法向同级人大报告。土地出让收入预算按照上年土地出让收入情况、年度土地供应计划、地价水平等因素编制；土地出让支出预算根据预计年度土地出让收入情况，综合考虑年度土地征收计划、拆迁计划以及规定的用途、支出范围和支出标准等因素编制。其中，属于政府采购范围的，应当按照规定编制相关的政府采购预算。

近年来，土地出让收入增长较快，社会各方面十分关注。2010年全国缴入国库的土地出让收入达到29397.98亿元，同比增长106.2%。究其原因：一是土地供应规模大幅度增加。当年全国土地供应总量达42.82万公顷，同比增长34.2%。二是土地招拍挂出让比重上升。2010年，在全国土地供应总量中，招拍挂和协议出让土地29.15万公顷，同比增长32.0%，占68.1%（其中，招拍挂出让土地25.73万公顷，占60.1%，比上年提高4.3个百分点，比2006年提高29.8个百分点）。相应的，招拍挂和协议出让土地收入达到25926.41亿元，占全国土地出让收入的88.2%，比2009年提高0.3个百分点。三是全国地价总体水平上升。近年来，受征地拆迁补偿成本上升，土地供需矛盾加剧，以及流动性充足和房价上升的影响，地价水平呈上升趋势。2010年，全国105个主要监测城市第四季度末地价总体水平为2881元/平方米，同比增长8.6%。四是征管政策调整等因素的影响。2009年前，土地出让收入缴纳期限和首次缴纳比例没有做出统一规定。从实际执行情况看，大多数地区约定的首付比例为20%—30%，有的地区缴清期限长达3年以上。2009年底，为有效遏制囤地炒地行为、督促开发商加快开发、增加住房供给，财政部、国土资源部等部门明确规定，缴纳土地出让收入的期限原则上不得超过一年，首次缴纳比例不得低于50%，要求未按时缴纳土地出让收入的单位和个人，限期补缴应缴的土地出让收入。受其影响，2010年土地出让收入缴库数额增加较多。

土地出让收入与经济发展程度密切相关。从近几年土地出让收入来源地区结构看，越是经济发达地区，土地出让收入越多；越是经济不发达地区，土地出让收入越少。2010年全国土地出让收入中，浙江、江苏、辽宁、山东、上海、广东、北京、福建、天津等9个东部省份土地出让收入19269.14亿元，占全国土地出让收入65.5%；中部10个省份土地出让收入5657.17亿元，占全国土地出让收入19.3%；西部12个省份土地出让收入4471.69亿元，占全国土地出让收入15.2%，说明土地出让收入与经济发展水平、土地供求关系和市场发育程度密切相关，并非地方政府所控制的。

按照现行政策规定，土地出让收入主要用于征地拆迁补偿、土地开发、城乡基础设施建设、城镇廉租住房保障等支出。2010年，全国土地出让支出为26977.06亿元，比上年增长115.6%。其中，补偿安置等成本性支出16732.23亿元，占62.1%；农业农村发展支出2249.54亿元，占8.3%；城市建设支出7531.67亿元，占27.9%；廉租住房保障支出463.62亿元，占当年招拍挂和协议出让土地收益的7.3%，略低于要求的10%。主要原因是土地出让收入分布不均，主要集中在东部地区，而这些地区财政收入相对充裕,通过一般预算能够较好地满足廉租房保障资金需求,对于从土地出让收益中安排用于廉租房保障的资金需求相对较小,计提的廉租住房保障资金存在一定结余。不难看出,土地出让收入都有专门的支出用途和方向,不能用于保障政府运转和平衡公共财政预算。

(二)彩票公益金

彩票公益金是政府从彩票发行收入中按一定比例提取的资金。2005年以前,彩票资金构成比例为:返奖奖金50%、公益金35%、发行费15%。2005年,经国务院批准,调整了彩票资金构成比例,即在坚持比例返奖和返奖不超过75%的前提下,由财政部根据彩票市场的发展需要和不同彩票的特性,确定不同彩票资金构成的具体比例。近年来,随着彩票销售快速增长,全国彩票公益金规模稳步扩大。2008年以前,彩票公益金缴入财政专户,作为预算外资金管理;从2008年起彩票公益金全部缴入国库,纳入政府性基金预算管理。

经国务院批准,自2005年起彩票公益金分配政策由"部门基数加增量分配"调整为"比例分配",具体分配办法是:中央与地方按5:5比例分配。中央集中的彩票公益金,除2008年7月1日至2010年12月31日期间中央集中的即开型彩票公益金专项用于支持汶川地震灾后重建外,按60%、30%、5%和5%的比例分配至全国社会保障基金、专项公益金、民政部和体育总局。地方留成的彩票公益金,由省级财政部门商民政、体育部门研究确定分配原则。近年来,彩票公益金分配领域在民政福利事业、体育事业、青少年学生校外活动场所建设、全国社会保障基金的基础上,进一步拓展至红十字事业、残疾人事业、农村医疗救助、城市医疗救助、教育助学、扶贫、法律援助等领域。

第二节 政府性基金预算编制及管理

一、政府性基金预算概念、特征和管理原则

政府性基金预算是指政府通过向社会征收基金、收费，在出让土地使用权时取得的收入以及发行彩票取得收入，专项用于支持特定基础设施建设和社会事业发展等方面的收支预算。

政府性基金预算的基本特征和管理原则是"以收定支、专款专用、结余结转使用"。基金支出根据基金收入情况安排，自求平衡，不编制赤字预算。当年政府性基金预算收入不足的，可使用以前年度结余资金安排支出；当年政府性基金预算收入超出预算支出的，结余资金结转下年继续安排使用。各项基金按规定用途安排，相互不调剂使用。

鉴于政府性基金预算与公共财政预算在功能定位、收支范围以及管理特征等方面存在明显差异，许多国家和地区政府预算体系中都单独编列政府性基金预算。加拿大《财政管理法》规定，联邦政府收费必须统一缴存到出纳总署的"综合收入基金"账户中管理。日本、韩国政府预算体系有专门的政府性基金预算。香港特别行政区政府财政预算包括"政府一般收入账目"和"基金账目"两部分，"基金账目"包括：基本工程储备基金、资本投资基金、公务员退休金储备基金、赈灾基金、创新及科技基金、土地基金、贷款基金、奖券基金等。

政府性基金预算作为政府预算体系的重要组成部分，与公共财政预算等其他各类预算之间的关系应既相对独立又有机衔接。将应当统筹安排使用的财政资金统一纳入公共财政预算，将具有专款专用性质且不宜纳入公共财政预算管理的资金纳入政府性基

金预算。在编制政府性基金预算时，坚持量入为出的原则，预算支出大体按照预算收入规模安排，自求平衡。政府性基金预算独立编制完成后，与公共财政预算等其他各类预算合并形成完整的政府预算，提交人大审议。同时，政府性基金预算与公共财政预算应有机衔接，根据经济社会发展和政府宏观调控要求，两类预算资金的安排范围和领域应相互协调，统筹考虑相关基础设施建设和社会事业发展需要，通过预算编制形成资金合力。比如，将一些基金收支结余统筹安排用于保障和改善民生以及支持社会事业发展。

二、政府性基金预算编制和管理的主要内容

（一）政府性基金预算编制分工

财政部编制中央政府性基金预算草案，汇总全国政府性基金预算草案；地方各级财政部门编制本级政府性基金预算草案；基金使用部门和单位（以下简称使用单位）负责编制涉及本部门和单位的有关基金收支预算。基金使用单位按照财政部统一要求以及同级财政部门的有关规定，编制年度相关政府性基金预算，逐级汇总后报同级财政部门审核。各级财政部门在审核使用单位年度政府性基金预算的基础上，汇总编制本级政府年度政府性基金预算草案，经同级政府审定后，报同级人大审查批准。财政部汇总中央和地方政府性基金预算，形成全国政府性基金预算草案，经国务院审定后，报全国人大审查批准。

（二）政府性基金预算编制方法

1. 基金收入预算编制。基金收入预算是在以前年度基金收入执行数基础上，考虑经济形势变化、政策调整等因素，按照积极稳妥、留有余地的原则安排。总的看，基金收入预算安排与我国经济增长呈正相关关系，每年保持一定比例增长。具体分析，

各项基金收入预算增减变化情况有所不同，主要分为三种情况：

一是预计收入增长的基金。主要是与经济增长密切相关的基金收入会有一定程度增长。比如，随着全社会用电量增长，按销售电量计征的中央农网还贷资金、大中型水库移民后期扶持基金、三峡水库库区基金、国家重大水利工程建设基金等收入相应增长；随着铁路货运量、民航客运周转量、港口吞吐量等的增长，按货运（吞吐）量、旅客人数等征收的铁路建设基金、港口建设费、船舶港务费、民航机场管理建设费、旅游发展基金等收入也会相应增加；随着城镇固定资产投资增长，与土地供应量和房屋建设面积相关的城市基础设施配套费、新增建设用地土地有偿使用费、新型墙体材料专项基金收入会相应增加。此外，由于提高征收标准、扩大征收范围、加大征管力度等政策性因素，也会使相关基金收入增加。

二是预计收入下降的基金。主要是受相关政策调整影响，有关基金收入相应减少。比如，因审批建设项目征占用林地面积减少，将减少森林植被恢复费收入；随着我国出口配额商品招标收入减少，相应减少中央对外贸易发展基金、国家茧丝绸发展风险基金等相关收入。

三是预计收入保持不变的基金。中央特别国债经营基金财务收支按照"以支定收"原则管理，每年支付特别国债利息数额固定，财务收入每年基本保持不变。

在预测下年度基金收入的同时，还要考虑以前年度基金结余因素。在编制政府性基金预算时，各项基金上年结转收入，与本年政府性基金预算收入一起，作为本年可安排的基金收入总量，全部安排本年政府性基金预算支出。年度终了，各项基金实际执行形成的结余资金，结转下年基金收入预算予以安排。

2. 基金支出预算编制。基金支出预算编制主要遵循以下几项原则：(1) 按照"以收定支、收支平衡"原则安排。基金上年结余资金和当年预算收入全部安排当年支出，不留结余，也不编制赤字预算。(2) 按照"专款专用"原则安排。各项基金按规定用途安排使用，各项基金之间不予调剂。(3) 保证重点项目建设。加大对铁路、公路、民航、水利等领域重点基础设施建设项目的投资力度，加强经济社会发展的薄弱环节和促进战略性新兴产业发展，增强经济发展后劲。

基金支出预算包括基金本级支出预算和基金转移支付预算两部分。基金本级支出预算反映安排用于本级政府的相关支出，需细化到具体支出项目；基金转移支付预算反映上级政府对下级政府的基金补助支出以及下级政府对上级政府的基金上解支出，转移支付资金按规定用途统筹安排使用或按照明确的具体支出项目使用。

基金本级支出预算分为基本支出预算和项目支出预算。基本支出包括人员经费和日常公用经费，应按照支出经济分类科目编报。项目支出预算按项级科目编报，并细化到具体执行单位的明细支出项目。基金安排的项目支出应进行充分论证，保证项目可执行。要建立健全政府性基金预算支出项目库，做好具体支出项目的各项前期准备工作。项目支出涉及固定资产投资的，要与固定资产投资计划相衔接。对政府性基金预算项目支出结余资金，按规定程序审批后安排使用。

(三) 政府性基金预算编制流程

根据财政部印发的《中央政府性基金预算管理工作规程》，中央政府性基金预算按照"两上、两下"的程序编制，时间安排与部门预算、地方财政预算编报总体要求保持一致。

1. 布置政府性基金预算。按照编制中央部门预算的时间规定，财政部提出中央政府性基金预算编制原则和要求，制定下发中央政府性基金预算编制报表和软件。

2. 报送和审核"一上"政府性基金预算。中央部门编制本部门政府性基金预算，并向财政部报送"一上"政府性基金预算编制文本和电子数据。财政部对中央部门"一上"政府性基金预算数据进行规范性审核，对不符合要求的，通知中央部门调整并重新上报电子数据。

3. 提出"一下"政府性基金预算建议数。财政部审核中央部门"一上"政府性基金预算，测算提出分部门、分科目"一下"政府性基金预算建议数，同时，按照分工提出代编的非中央部门预算单位政府性基金预算和补助地方基金支出预算建议数，并在预算编制网"基金测算"模块中完成测算工作。

4. 下达"一下"政府性基金预算控制数。财政部将审核批准后"一下"政府性基金预算控制数下达到相关中央部门，并要求相关中央部门依据"一下"控制数细化编制"二上"政府性基金预算。

5. 报送"二上"政府性基金预算。中央部门在规定时间将细化编制的"二上"政府性基金预算报送财政部。除特殊情况外，原则上不得调整"一下"政府性基金预算控制数，因特殊情况确需调整的，中央部门应提出充分理由，在上报"二上"政府性基金预算时，正式上报财政部。

6. 审核"二上"政府性基金预算。财政部对中央部门"二上"政府性基金预算进行审核，确保列入部门预算的基金支出按项级科目编报，并细化到具体执行单位的明细支出项目。同时，在预算编制网"基金测算"模块中完成"二上"政府性基金预算审核以及代编非中央部门预算单位基金"二上"预算和补助地方基金支出预算工作。在此基础上，财政部汇总编制中央基金收支预算，按程序审核批准后，将中央政府性基金预算草案与代编的地方政府性基金预算一起汇总形成全国政府性基金预算草案，报全国人大审批。

7. 批复"二下"政府性基金预算。在全国人大批准全国政府性基金预算草案后，将中央本级政府性基金预算纳入中央部门预算统一批复中央部门。

8. 预拨资金和下达政府性基金预算指标。在政府性基金预算草案未经全国人大批准之前，暂以"二上"政府性基金预算控制数作为临时指标预拨资金，将"二上"政府性基金预算控制数导入预算指标管理系统，形成政府性基金预算临时指标。待全国人大批准政府性基金预算草案后，将政府性基金预算数据导入预算指标管理系统，形成年初政府性基金预算正式指标。

9. 细化调整政府性基金预算。政府性基金预算执行中确需细化调整的，财政部按程序审核批准后批复中央相关部门。

（四）政府性基金预算执行和决算

财政部门按照经人大批准的政府性基金预算、基金收入征收缴库进度，以及国库集中支付的相关制度规定，及时支付资金。加强政府性基金预算执行管理，要求合理安排政府性基金预算执行进度，确保政府性基金预算均衡执行，提高资金使用效益。一是及时分析、跟踪和通报政府性基金预算执行情况，掌握政府性基金预算执行动态，强化政府性基金预算执行进度管理。二是督促基金使用单位强化预算执行，对符合资金支付条件的项目进行清理，及时申报用款计划，抓紧办理拨款手续。对代编政府性基金预算和预留待分配资金，尽早开展项目论证、落实具体支出项目。对补助地方基金支出，尽早提出分配方案。此外，监督基金使用单位严格遵守相关财务管理和会计核算制度，按照财政部门批复的政府性基金预算使用基金，确保基金专款专用。三是对历年结余资金规模比较大的基金项目，与基金使用单位研究完善基金使用政策，提高资金使用效率。

基金实行决算管理制度。每年年度终了，基金使用单位按照财政部统一要求以及同级财政部门的有关规定，根据年度相关政府性基金预算执行情况，编制基金决算，报同级财政部门审核。各级财政部门汇总编制本级基金决算草案，经同级政府审定后，报同级人大常委会审查批准。财政部汇总中央和地方基金决算，形成全国基金决算草案，经国务院审定后，报全国人大常委会审查批准。

第三节　完善政府性基金预算编制及管理

一、政府性基金预算编制管理取得明显进展

近年来，各级财政部门更新管理理念，着力完善政府性基金预算编制和管理制度，不断加大工作力度，政府性基金编制和管理取得明显进展。

一是清理规范基金项目。取消了对外承包工程保函风险基金、农业发展基金、煤代油基金等已失去收入来源或不适应管理体制要求的基金项目；将中央对外贸易发展基金、援外合资合作项目基金、国家茧丝绸发展风险基金、下放港口以港养港收入、灌溉水源工程补偿费等转入公共财政预算管理。同时，将原在预算外管理并具有特定管理要求的车辆通行费、船舶港务费等纳入政府性基金预算管理。

二是细化基金收支预算科目。在保持现行政府收支分类科目框架不变的情况下，调整和细化了基金收支分类科目设置，为每项基金单独设置项级收入科目和款级支出科目，同时在每项基金

款级支出科目下设置项级支出科目，清晰反映每项基金的支出结构与方向，为政府性基金预算编制打下了良好基础。

三是完善中央基金收支预算报表体系。修订了中央基金收支预算录入表，设计了中央基金收支预算控制数测算表、控制数见面表、汇总分析表等，政府性基金预算报表由过去3张增加到10张，以满足编报、审核、测算、下达和汇总中央基金收支预算的要求，更加全面翔实地编报基金收支预算。

四是开发中央基金收支预算编审软件。在"中央部门预算编制管理系统"中开发了专门的"政府性基金预算编审模块"，具备预算编报、审核、测算、下达、汇总、统计分析等功能，为开展中央基金收支预算审核、测算工作提供便捷的信息管理平台。同时，在"中央部门预算指标管理系统"中开发了专门的"政府性基金预算指标模块"，用于办理政府性基金预算指标下达、调整和资金拨付审核等。

五是明确中央基金收支预算管理工作流程。财政部印发了《中央政府性基金预算管理工作规程》，明确了中央政府性基金预算管理涉及的工作环节、内容、时限和职责分工，确保中央政府性基金预算编制、调整、执行和监督工作有序进行，提高中央政府性基金预算管理的统一性和规范性。同时，财政部印发了《关于进一步加强地方政府性基金预算管理的意见》，指导和推动地方政府性基金预算编制工作。

按照新的政府性基金预算管理制度，财政部顺利完成了2010年和2011年政府性基金预算编制工作，并经十一届全国人大三次、四次会议审议通过。与以往年度相比，2010年和2011年政府性基金预算编制有较大改进和提高。一是预算完整性进一步提高。在编制中央政府性基金预算的基础上，新增编制了全国和地方政府性基金预算，实现了对政府性基金预算的完整披露，更加全面地反映了基金收支总量、结构和管理活动。二是预算编制内容进一步细化。更加细致地反映基金收支的具体情况,中央基金支出预算,全部编列到项级科目,并细化到具体支出项目,落实到具体事项。细化了一些主要基金项目收支预算,在预算报告中对社会比较关注的土地出让收入安排情况进行了全面反映。政府性基金预算所反映的内容在深度上有较大程度的拓展。三是预算准确性进一步提高。根据经济形势变化、政策调整等因素,准确预测基金收入。按照"以收定支、专款专用"和"收支平衡、结余结转下年安排使用"的原则,合理安排基金支出。充分论证项目支出,保证项目可执行,提高基金收支预算编制的准确性。四是预算透明度进一步增强。在全国预算草案中增加了对每项基金征收使用政策的说明,使人大代表和社会各界充分了解预算数据的政策含义。将经人大审查批准的基金收支预算向社会公布,便于社会了解和监督预算执行。

尽管政府性基金预算编制和管理制度不断完善,但还存在一些需要进一步改善的地方。主要表现在:年初预算到位率仍偏低,代编预算规模偏大;预算调整比较频繁,预算约束力不够强;有些基金结余规模大,资金使用效率不高;有些基金使用管理制度尚需完善,支出不尽合理;纳入政府性基金预算编制范围的项目经常变动,与公共财政预算界限划分不够清晰;地方完善政府性基金预算编制工作相对滞后,中央与地方政府性基金预算编制的衔接有待加强等。

二、完善政府性基金预算管理的重要性和紧迫性

完善政府性基金预算管理,对全面提高政府预算的统一性和完整性,增强政府预算的约束力和透明度,提高基金使用效率,充分发挥财政职能作用,更好地接受人大和社会监督,都具有十

分重要的意义。

（一）完善政府性基金预算管理是健全政府预算体系的重要任务

随着我国逐步将预算外管理的非税收入纳入财政预算管理，需要根据不同性质非税收入采取有区别的预算管理方式，而单一的公共财政预算制度难以满足分类预算管理的要求。温家宝总理在十一届全国人大二次会议上所作的《政府工作报告》中明确提出，要深化预算制度改革，实现政府公共预算、国有资本经营预算、政府性基金预算和社会保障预算有机衔接。按照这项要求，财政部加快推进建立完整的、相互衔接的政府预算体系。政府性基金预算是政府预算体系的重要组成部分，完善政府性基金预算管理，编制科学、规范的政府性基金预算，是构建完整的政府预算体系的必然要求和重要任务，有利于全面提高预算管理的统一性、完整性。

（二）完善政府性基金预算管理是适应当前财政经济形势的迫切需要

当前我国经济发展总体态势良好，但经济发展中不平衡、不协调、不可持续因素增多。从财政看，财政收入增长结构不够协调，支出压力不断增加，对"三农"、教育、社会保障和就业、医疗卫生、保障性安居工程等民生领域财政投入需要进一步加大，财政收支紧张的矛盾仍长期存在。因此，狠抓增收节支工作尤为重要，加强非税收入管理是其中一项重要内容。2010年，全国政府非税收入为5.16万亿元，其中基金收入3.57万亿元，占非税收入的69.2%。完善基金收支预算管理，不断强化政府性基金预算收入约束，督促基金收入应收尽收。同时，有利于增强财政对政府性基金的统筹调配能力，合理安排支出，提高资金使用效率，更好地支持国家重点建设和社会事业发展。

（三）完善政府性基金预算管理是推进财政科学化精细化管理的客观需要

基金收支规模庞大，涉及国家重大基础设施建设和经济社会发展的许多重要方面，对政府性基金预算编制、执行和监督提出了更高要求。比如，近年来全国土地出让收入增长较快，迫切要求在预算中更加详细、准确的反映。还有一些基金，如水库移民扶持基金、彩票公益金等，涉及民生改善，社会各界十分关注，如果预算管理不到位、监督不严格，容易产生分配不合理、甚至违规使用问题，引发社会矛盾。因此，必须完善政府性基金预算管理制度，增强政府性基金预算规范性和透明度，加强对各项基金收支管理和监督。

三、完善政府性基金预算管理的措施

针对政府性基金预算管理中存在的问题，按照健全社会主义市场经济体制和完善公共财政制度的要求，应深化改革、完善制度、健全机制，进一步规范和加强基金管理，不断提高政府性基金预算编制和管理水平。

（一）加大基金清理规范力度，合理控制基金收入规模

按照"正税清费"的原则，对基金进行清理、整合和规范，压缩基金收入规模，优化财政收入结构，逐步建立以税收为主，基金和收费为辅的政府收入体系。一是清理取消不合法、不合理的基金。凡未经国务院或财政部批准，地方各级人民政府和其他部门越权设立的基金一律予以取消；国家为筹集资金支持某些重点工程建设和事业发展而设立的基金，已规定征收期限的，征收期满即停止征收，或在工程完工时予以取消；对用于铁路、机场、港口等基础设施建设的基金，应通过理顺投融资体制，拓宽投融资渠道，在条件成熟时予以取消；适时取消用于相关社会事

业发展的基金，有关支出由各级政府通过公共财政预算予以保障。二是整合性质相近、重复设置的基金。结合机构改革和部门职能的合理划分，将一些在不同部门分别设立但征收对象、资金用途相似的基金项目予以合并，降低征管成本，提高资金使用效率。三是将部分具有税收特征的基金改为税收。对体现政府职能、收入数额较大、来源相对稳定、具有税收特征的基金，用相应税收取代，进一步健全和完善税收体系。

（二）积极探索政府性基金预算有效管理方式，健全政府性基金预算编制和管理制度

一是创新政府性基金预算管理方式。鼓励各地区在借鉴公共财政预算管理制度的基础上，根据政府性基金预算性质和管理特点，积极探索政府性基金预算管理模式。财政部将及时总结地方有益经验，推广政府性基金预算有效管理方式，并不断健全政府性基金预算编制和管理制度，增强政府性基金预算编制和管理的针对性、操作性及有效性。二是健全政府收支分类科目体系。在明确政府性基金预算功能定位、收支范围的基础上，结合政府性基金预算收支特点，完善政府收支分类科目体系，既要避免收支科目交叉、重复设置，又要细化收支科目分类，以便全面、详细地反映各项基金收入来源，清晰反映基金支出总量、结构与方向，为政府性基金预算编制提供基础制度保障。三是完善政府性基金预算编制。按照科学化精细化管理要求，进一步提高政府性基金预算编制的完整性、准确性和精细化程度，增强政府性基金预算的约束力。推动政府性基金预算支出项目库建设，加强中央对地方基金转移支付的预算监督，严格控制代编预算和预留待分配资金规模，提高政府性基金预算透明度。

（三）推进政府性基金预算与其他预算的相互协调，建立有机衔接的政府预算体系

结合修订《预算法》，明确由公共财政预算、政府性基金预算、国有资本经营预算和社会保障预算共同组成政府预算体系，界定各类预算的功能定位及其相互关系。同时，抓紧研究制定相关配套法规，明确各类预算的编制范围、内容、方法、流程和监督管理等规定，为建立健全政府预算体系奠定法律基础。根据经济社会发展和政府宏观调控要求，推动各类预算之间的相互协调与衔接，统筹考虑经济社会发展的需要，通过预算编制形成资金合力，进一步增强政府统筹调控能力。建立政府性基金预算与公共财政预算之间的资金调剂渠道，包括从公共财政预算调出资金用于增加有关基金收入来源；将一些基金收支结余调入公共财政预算，统筹安排用于保障和改善民生以及加快社会事业发展。

第七章　国有资本经营预算编制及管理

第一节　国有资本经营预算概述

一、政府与国有企业分配关系的发展演变历程

国有资本经营预算是国家以所有者身份依法取得国有资本收益，并对所得收益进行分配而发生的收支预算。建立实施国有资本经营预算制度，是政府与国有企业分配关系的一次重大调整。我国政府与国有企业的分配关系，随着国家经济体制的改革和政治环境的变化而不断发展演变，先后经历了统收统支、放权让利、完善税制、投资回报制度等历史阶段。

（一）统收统支阶段（1949—1978年）

"统收统支"分配模式是在高度集权的计划经济体制下，政府与国有企业之间形成的一种分配关系。在"统收统支"模式下，国有企业将利润全部上缴国家，而后从国家再获得投资资金。

1. 奖励基金制度。国营企业除了缴纳规定的税款外，还须将折旧基金和利润的一部分，按期上缴国家。国营企业只能分别提取计划利润的2.5%—5%和超计划利润的12%—20%，作为企业奖励基金。

2. 利润留成制度。1958年进行的财政管理体制改革，取消了奖励基金制度，实行企业利润留成制度。留成比例以主管部门

为单位计算确定，1958年企业留成比例为13.2%，随后逐年增加。留成利润主要用于生产，少部分用于职工福利支出。

3. 企业奖金制度。1961年1月23日，中共中央批转财政部《关于调低企业利润留成比例加强企业利润留成资金管理的报告》，将国有企业利润留成比例由13.2%调低至6.9%，并规定留成利润主要用于"四项费用"（即技术组织措施费、新产品试制费、劳动安全保护费、零星固定资产购置费）和技术革新等。从1962年起，除了商业部门仍实行利润留成办法外，其他部门的企业改为提取企业奖金的办法，"四项费用"则由国家财政拨款来保障。

(二) 放权让利阶段（1978—1983年）

党的十一届三中全会以后，我国经济体制改革逐步推开，特别是党的十二大明确提出"计划经济为主，市场调节为辅"的方针以后，国有企业成为经济体制改革的重点。围绕"搞活国有企业"这个中心，相关管理体制和分配关系改革加速推进，政府与国有企业的分配关系进入了"放权让利"阶段。

1. 企业基金制度。1978年，国务院批转的《财政部关于国营企业试行企业基金的规定》明确了：完成国家年度计划指标的企业和企业主管部门，可分别按职工全年工资总额和超计划利润的一定比例提取企业基金，主要用于职工集体福利设施支出、弥补职工福利基金不足，以及对企业和职工的奖励等。

2. 利润留成制度。为强化企业经济责任，1979年，国务院颁发的《关于国营企业实行利润留成的规定》，明确将企业基金制度改为利润留成办法。1980年，根据试点经验，国务院批转国家经委、财政部《关于国营工业企业利润留成试行办法》，把原规定的全额利润留成办法改为基数加增长利润留成办法，将上缴国家的利润按照一定比例留给企业，由企业按"6:4"的比例用于生产发展和职工福利奖金等支出。

（三）完善税制阶段（1983—2007年）

随着经济体制改革的不断推进，政府与国有企业的分配关系逐步由上缴利润演变为按国家规定的税种、税率缴纳税收，并通过税法对这种分配关系予以明确。

1. 利改税。为解决由于利润留成导致的财政收入整体下滑等问题，1983年，国家在试点基础上实施利改税试行办法，称为第一步利改税，即税利并存制度：凡是有盈利的国有大中型企业，实现利润均按55%的税率缴纳所得税；凡是有盈利的国有小型企业，实现的利润按八级超额累进税率缴纳所得税。1984年，试行第二步利改税，即完全的利改税制度：国有企业将应当上缴的利润按照11个税种向国家缴税，税后利润由企业自行支配。

2. 承包经营责任制。为进一步理顺政府与国有企业的分配关系，转变企业经营机制，增强企业活力，1986年，国务院颁布《关于深化企业改革 增强企业活力的若干规定》，对国有大中型企业实行承包经营责任制试点，并于1987年在全国推开。在此制度下，国有企业向国家上缴利润的形式为：在缴税的基础上，企业上缴利润递增包干；上缴基数包干，超收分成；微利企业上缴的利润定额包干；亏损企业减亏或补贴包干。

3. 税利分流。为适应深化经济体制改革的需要，发挥政府作为国有企业管理者和所有者的双重职能作用，从1994年1月1日起，税利分流制度开始全面实施。具体做法是：统一企业所得税税率为33%，对1993年以前注册的多数国有全资企业实行税后利润暂不上缴的办法，同时，微利企业缴纳的企业所得税也不退库。

（四）投资回报制度阶段（2007年至今）

2007年，国务院颁布关于试行国有资本经营预算的意见，决定建立实施国有资本经营预算制度，明确对纳入国有资本经营预算范围的政府及其部门、机构履行出资人职责的企业收取国有资本收益。国有资本经营预算制度建立后，政府按照市场经济规则，依法从企业取得资本收益，政府与国有企业分配关系进入了投资回报阶段。

二、国有资本经营预算概念的演变

改革开放以来，我国预算管理体制进行了多次重大改革，政府职能、财政收支结构等相应发生变化，与此同时，我国国有资本经营预算制度从萌芽到建立大体经历了四个阶段。

（一）建设性预算

20世纪80年代，资本预算概念引入我国。1986年，部分全国人大代表提出了实行复式预算的建议。1988年，财政部向国务院报送了实行复式预算的意见。1991年，财政部正式报送复式预算方案。同年，国务院颁布《国家预算管理条例》，规定从1992年起，国家预算按复式预算（即经常性预算和建设性预算）编制。

（二）国有资产经营预算

1993年，党的十四届三中全会指出，要"改进和规范复式预算制度，建立政府公共预算和国有资产经营预算，并可根据需要建立社会保障预算和其他预算"，首次明确提出了"国有资产经营预算"的概念，并用其取代了"建设性预算"的提法。1994年通过的《预算法》规定："中央预算和地方各级政府预算按照复式预算编制。"1995年通过的《预算法实施条例》进一步明确，复式预算分为"政府公共预算、国有资产经营预算、社会保障预算"。1995年，《预算法》实施，复式预算正式取得法律地位。

（三）国有资本金预算

1998 年 7 月,《国务院办公厅关于印发财政部职能配置、内设机构和人员编制的规定》明确要求,改进预算制度、强化预算约束,逐步建立起政府公共预算、国有资本金预算和社会保障预算制度。

（四）国有资本经营预算

2003 年,党的十六届三中全会通过的《中共中央关于完善社会主义市场经济体制若干问题的决定》提出"建立国有资本经营预算制度和企业经营业绩考核体系。积极探索国有资产监管和经营的有效形式,完善授权经营制度",正式提出了"国有资本经营预算"。2004 年的《政府工作报告》明确指出："抓紧完善国有资产监督管理相关法规和实施办法,研究建立国有资本经营预算制度和企业经营业绩考核体系,进一步落实国有资产经营责任。"2006 年 11 月,国务院常务会议指出,要加快建立国有资本经营预算制度,统筹使用好国有资本收益。

2007 年 9 月 8 日,国务院发布关于试行国有资本经营预算的意见,标志着我国国有资本经营预算制度正式建立。国务院决定,中央本级国有资本经营预算从 2008 年开始实施,2007 年进行试点,收取部分企业 2006 年实现的国有资本收益。地方试行的时间、范围和步骤由各省、自治区、直辖市及计划单列市政府决定。

三、建立国有资本经营预算制度的重要意义

建立国有资本经营预算制度,是党中央、国务院从完善社会主义市场经济体制的全局出发,采取的一项重要改革措施,对增强政府的宏观调控能力,完善国有企业收入分配制度,推进国有

经济布局和结构的战略性调整，集中解决国有企业发展中的体制性、机制性问题，具有重要意义。

（一）建立国有资本经营预算制度有利于规范政府与国有企业的分配关系，完善国有企业收入分配制度

在社会主义市场经济条件下，政府具有社会管理者和国有资产所有者的双重身份，并履行社会管理者和资产所有者的双重职能。改革开放以来，特别是1994年工商税制改革以来，国有企业盈利能力显著提高，实力不断壮大。但受资源、垄断程度以及历史包袱等多种因素影响，不同行业国有企业利润水平差异较大，企业职工收入水平差距明显。建立实施国有资本经营预算制度，国家对国有资本收益进行适当集中和合理分配，有利于促进解决收入分配不公的问题。

（二）建立国有资本经营预算制度有利于增强政府的宏观调控能力，促进国有经济战略布局和结构调整

改革开放以来，我国国有企业改革逐步深化，国有经济结构和布局不断优化，国有企业公司制股份制改革深入推进，国有企业兼并重组成效初显。但同时，也存在着资源分散、条块分割，国有企业内部资源配置不合理，企业自主创新能力不足、发展方式粗放等问题。建立实施国有资本经营预算制度，政府对国有资本进行合理配置，有利于进一步推进国有经济战略布局和结构的调整优化，促进产业结构优化升级，实现国有经济可持续发展。

（三）建立国有资本经营预算制度有利于完善政府预算体系，规范政府预算管理

长期以来，我国一直没有对国有资本经营收支单独编制预算，而是与公共财政预算收支混列在一起。这种做法难以体现政府作为社会管理者和国有资本所有者两种职能及其相应收支活动的运行特征。随着社会主义市场经济体制的建立和不断完善，这

两种职能的界限日益清晰，客观上要求建立有效的预算管理制度来如实反映国有资本经营收支状况，确保国有资本增值和再投入计划的有效进行。按照完善社会主义市场经济体制的要求，必须建立由公共财政预算、政府性基金预算、国有资本经营预算和社会保障预算组成的有机衔接的政府预算体系，全面反映政府收支总量、结构和管理活动。建立国有资本经营预算制度，是完善政府预算体系、进一步增强财政分配与再分配职能的必然要求。

四、我国国有资本经营预算实施基本情况

（一）中央国有资本经营预算取得明显成效

按照《国务院关于试行国有资本经营预算的意见》要求，近年来，中央财政切实加强国有资本经营预算管理制度建设，不断扩大中央国有资本经营预算实施范围，逐步提高国有资本收益收取比例，进一步规范预算管理，国有资本经营预算取得了明显成效。

1. 中央国有资本经营预算制度框架基本建立。2007年以来，财政部会同有关部门制定了《中央企业国有资本收益收取管理暂行办法》、《中央国有资本经营预算编报试行办法》等预算管理制度，对中央企业国有资本收益收取和中央国有资本经营预算的范围、内容、有关程序等事项做出了规定。制定了《中央国有资本经营预算重大技术创新及产业化资金管理办法》、《中央国有资本经营预算节能减排资金管理暂行办法》、《中央国有资本经营预算境外投资资金管理暂行办法》等一系列支出管理办法。在政府收支分类科目中单独设置了国有资本经营预算科目。修订了《财政总预算会计制度》，增设了"国有资本经营预算"会计核算科目，对国有资本经营预算收支实行单独核算。

中央国有资本经营预算经过两年试编，2010年首次上报全

国人大并审议通过，标志着中央国有资本经营预算管理逐步规范。

2. 中央国有资本经营预算实施范围逐步扩大。2008 年，中央国有资本经营预算试行范围包括国务院国有资产监督管理委员会监管企业和中国烟草总公司。2009 年，增加了中国邮政集团公司。从 2011 年起，教育部、中国国际贸易促进委员会所属企业，国家广播电影电视总局直属中国电影集团公司，文化部直属中国东方演艺集团公司、中国文化传媒集团公司、中国动漫集团公司，农业部直属黑龙江北大荒农垦集团公司、广东省农垦集团公司，以及中国出版集团公司和中国对外文化集团公司纳入中央国有资本经营预算实施范围。目前，纳入预算实施范围的独立核算企业共 19977 户，占全部中央企业（不含金融企业，下同）的 80.6%；2010 年资产总额 249560 亿元，占全部中央企业的 89.4%；利润总额 10026 亿元，占全部中央企业的 97.2%。

3. 中央企业国有资本收益收取比例逐步提高。国有资本经营预算建立初期，考虑到我国不同行业企业受不同条件因素的影响，利润水平差异较大，本着既有利于支持国有企业改革发展，又有利于国家宏观调控，同时规范企业收入分配秩序的目的，对中央企业国有资本收益采取分类收取方式，收取比例按照"适度、从低"的原则确定。纳入中央国有资本经营预算实施范围的中央企业分为四类：第一类为烟草、石油石化、电力、电信、煤炭企业，国有资本收益收取比例 10%；第二类为一般竞争性企业，国有资本收益收取比例 5%；第三类为军工企业、转制科研院所，前三年暂缓收取国有资本收益，2010 年起，按企业税后利润的 5% 收取；第四类为政策性企业，即中国储备粮管理总公司和中国储备棉管理总公司，免收国有资本收益。

为完善国有资本经营预算制度，经国务院批准，从 2011 年起,在不改变企业分类的前提下,适当提高国有资本收益收取比例。第一类企业国有资本收益收取比例由10%提高到15%;第二类企业国有资本收益收取比例由5%提高到10%;第三类企业和中国邮政集团公司,以及新纳入中央国有资本经营预算实施范围的各部门(单位)所属企业,国有资本收益收取比例为企业税后利润的5%;第四类政策性企业,仍免收国有资本收益。

4. 中央国有资本经营预算的调控作用逐步显现。自2008年国有资本经营预算制度实施以来,截至2010年年底,中央国有资本经营预算累计实现收入2130.9亿元,其中,2008年583.5亿元(含2007年试点减半收取的139.9亿元)、2009年988.7亿元(含电信改革专项收入600亿元)、2010年558.7亿元(含国有股减持收入127.1亿元);累计完成支出2095.3亿元,其中,2008年571.3亿元、2009年982亿元、2010年542亿元。按照"统筹兼顾,留有余地"的原则,通过对国有资本收益的合理分配和使用,有力地支持了中央企业提高自主创新能力和节能环保水平、实施"走出去"战略、中央企业的灾后恢复重建和改革等。中央国有资本经营预算的稳步实施,对深化国有企业改革,推进国有经济战略布局和结构的调整,增强国家宏观调控能力,规范政府与国有企业的分配关系,发挥了积极作用。

(二)地方国有资本经营预算取得积极进展

《国务院关于试行国有资本经营预算的意见》的颁布,特别是中央国有资本经营预算工作的顺利推进,对地方国有资本经营预算工作起到了积极的推动和示范效应,一些地方积极开展了国有资本经营预算试点。2010年,全国人大提出了2011年地方试编国有资本经营预算和2012年汇总编制全国国有资本经营预算的要求。为落实全国人大要求,财政部印发了《关于推动地方开展试编国有资本经营预算工作的意见》等文件,大力推动地方试编国有资本经营预算。在各地政府的高度重视下，通过财政部门的不懈努力，地方国有资本经营预算工作取得了积极进展，截至2011年5月底，全国36个省（市）都不同程度开展了国有资本经营预算工作，一些省（市）部分地市级以下也建立了国有资本经营预算制度。有32个省（市）由省级政府出台了建立国有资本经营预算制度的意见，超过半数的省（市）已经开始单独编制省本级国有资本经营预算。

第二节　收入预算编制及管理

一、国有资本经营收入预算的编制

（一）国有资本经营预算收入的构成

国有资本经营预算收入是指各级政府及其部门、机构履行出资人职责的企业上缴的国有资本收益。根据收入来源不同，主要包括以下五个方面：国有独资企业按规定上缴国家的利润；国有控股、参股企业国有股权（股份）获得的股息、股利；企业国有产权（含国有股份）转让收入；国有独资企业清算收入（扣除清算费用），以及控股、参股企业国有股份（股权）分享的公司清算收入（扣除清算费用）；其他收入。目前，国有企业上缴的利润是中央国有资本经营预算收入的主要来源，股息股利、产权转让等收入所占比重很低。而地方国有资本经营预算收入中，国有企业上缴的利润收入约占1/3。

（二）国有资本经营收入预算的编制

国有资本经营收入预算由财政部门根据当年取得的企业国有资本收益以及上年结转收入直接编制，对国有资本收益进行预测分析是收入预算编制的主要内容。

1. 企业应缴利润和国有股股利股息的预测。企业应缴利润，根据企业年度合并财务报表反映的归属于母公司所有者的净利润，抵扣以前年度未弥补亏损和提取的法定公积金后，按规定的上缴比例计算。国有股股利股息，根据国有控股、参股企业关于利润分配的决议核定。

对上述两项收入的测算和分析，主要考虑以下几项因素：国家宏观经济的总体走势和当期国家的经济政策；企业上一年度的经济效益和当年的经济运行状况；企业所在行业的特点、经济运行规律和财务政策；企业自身的业务经营特点，以及企业当年发生的特殊财务事项及其对企业经济效益的影响。

2. 国有产权转让收入、企业清算收入的预测。国有产权转让收入，根据企业产权转让协议和资产评估报告等资料核定。企业清算收入，根据清算组或者管理人提交的企业清算报告核定。这两项收入具有一定的不确定性，但与国有经济战略布局和结构调整的有关政策密切相关，可依据国家相关政策进行预测分析。

二、完善国有资本经营收入预算编制及管理

（一）完善国有资本经营收入预算编制

国有资本经营预算"以收定支，不列赤字"。进一步加强收入预算编制研究，及时总结经验，提高收入预算编制的科学性和准确性，对完善国有资本经营预算制度具有重要意义。一是建立科学、有效的国有资本收益预测体系，确保国有资本经营预算收入编制的科学性、准确性和完整性。二是建立与企业信息沟通的机制，及时掌握企业发展规划、经营计划、投资规划、财务状况，以及企业其他重大事项等情况，为国有资本经营收入预算编制提供充分可靠的依据。三是建立企业经济运行分析体系，及时掌握企业经济效益的变化趋势。四是建立国家宏观经济运行跟踪

监测体系,及时分析宏观经济运行变化对企业经济效益的影响。

(二)加强国有资本经营预算收入的管理

根据有关规定,国有资本收益由财政部门负责收取,预算单位组织出资(监管)企业上交国有资本收益。为保障完成收入预算,要进一步加强国有资本经营预算收入的管理。一是进一步扩大国有资本收益收取范围,合理确定企业利润上缴基数和上缴比例。科学合理界定企业利润上缴基数中法定公积金的扣除标准和企业以前年度未弥补亏损的抵扣标准,保证国有资本收益政策的公平统一。二是加强对企业申报国有资本收益工作的管理,保证申报工作制度化、规范化。三是做好企业国有资本收益的审核和确认工作。国有资本收益减收、免收或者缓收事宜,必须按照有关法律法规的规定办理。采取定期抽查和重点检查方式,加强对企业年度财务会计决算报表质量的监督和管理,确保国有资本收益的真实、准确和完整。四是根据国有资本经营预算管理办法以及现行政府非税收入收缴管理规定,完善国有资本收益收缴管理操作规程,明确管理责任,保证国有资本收益及时、足额入库。五是制定国有资本经营预算条例,提高立法层次,增强国有资本收益收取的法律强制性。

第三节 支出预算编制及管理

一、国有资本经营支出预算的概念和内容

国有资本经营支出预算是指国家根据国有资本经营预算收入规模和国民经济发展需要制订的支出计划。国有资本经营预算支出按照资金使用性质划分为:(1)资本性支出,主要是根据国家产业发展规划,国有经济战略布局和结构调整规划,用于支持

国有企业改制、重组，自主创新，提高企业核心竞争力；（2）费用性支出，主要用于弥补国有企业改革成本，解决历史遗留问题；（3）其他支出，即用于社会保障等方面的支出。具体支出范围依据国家宏观经济政策以及不同时期国有企业改革和发展的任务，统筹安排确定。必要时，可将部分企业上缴国家的利润统筹用于社会保障等方面的支出。近期，国有资本经营预算支出主要用于：着力推进经济结构调整和经济发展方式转变；着力解决国有企业发展中的体制性、机制性问题；着力加大社会保障等支出力度，解决涉及企业职工切身利益的问题。

二、国有资本经营支出预算的编制及管理

国有资本经营支出预算由财政部门负责编制，预算编制及管理工作主要涉及财政部门、预算单位及有关企业。财政部门每年发布年度预算编制通知，预算单位根据财政部门通知对所出资（监管）企业提出编制国有资本经营预算支出项目计划的具体要求，并根据企业编制的支出项目计划，编制本单位国有资本经营预算建议草案。财政部门根据国家宏观调控政策需要及预算收入规模等，在预算单位编制的国有资本经营预算建议草案基础上，统筹安排、综合平衡后，按预算管理有关规定，编制年度国有资本经营支出预算。

企业编制的国有资本经营预算支出项目计划，包括编制支出项目计划的书面报告和企业国有资本经营预算支出表等表格。书面报告需要说明或者提交以下内容：项目名称及主要内容；项目承担企业基本情况；项目实施的主要目的和目标；资本性支出项目包括项目立项的依据、项目可行性分析、项目投资方案与资金筹措方案、项目实施进度与年度计划安排、项目经济效益和社会效益的分析等；费用性支出项目包括立项的必要性、项目具体的

支出范围、项目资金测算依据和标准等；项目绩效考核及其有关责任的落实；项目承担企业提供的其他相关材料。

预算单位编制的国有资本经营预算建议草案，包括编制国有资本经营预算建议草案的书面报告、预算单位国有资本经营预算支出表等表格和企业编报的国有资本经营预算支出项目计划。书面报告需要说明或者提交以下内容：企业的基本情况（包括企业户数、经营状况、行业分布和企业国有资本经营状况等）；年度预算支出规模及分类；预算年度国有资本经营预算支出所要达到的政策目标；预算编制的主要依据；预算编制的组织及企业编报情况。

财政部门根据预算收入和预算支出情况，编制国有资本经营预算草案，预算草案包括编制国有资本经营预算草案的书面报告和国有资本经营预算收支总表等相关表格两部分内容。书面报告主要反映预算年度国有资本经营预算支出规模、支出预算编制的原则和依据、对预算单位国有资本经营预算建议草案的审核说明、预算主要收支内容等。

国有资本经营预算经本级人大（政府）批准后，财政部门在规定期限内批复各预算单位，由预算单位批复所出资（监管）企业，同时抄报财政部门备案。预算批复后，财政部门下达预算指标文件，企业根据财政部门指标文件请款并具体实施项目预算。

三、完善国有资本经营预算制度的措施

（一）扩大国有资本经营预算实施范围，提高国有资本收益收取比例

扩大中央国有资本经营预算实施范围，逐步将金融、铁道等各类国有企业纳入国有资本经营预算实施范围，实现将全部中央

国有企业纳入国有资本经营预算实施范围。研究确定合理的国有资本收益收取比例。在兼顾企业正常发展需要的基础上，适当提高国有资本收益收取比例，扩大国有资本经营预算收入规模，保障国家所有者权益。同时，加快推进国有企业改革，积极推动中央管理企业实现股东多元化、证券化，逐步通过市场机制按股份取得国有资本收益。

（二）完善国有资本经营预算支出政策，优化国有资本经营预算支出结构

科学界定国有资本经营预算与公共财政预算等的支出功能，研究建立国有资本经营预算与公共财政预算、社会保障预算之间的有机衔接机制。国有企业是我国国民经济的支柱，是发展社会生产力、改善人民生活、保持社会稳定的重要基础。当前中央确定的推进国有企业改革和解决历史遗留问题的任务还很艰巨，一段时期内，国有资本经营预算支出将主要用于支持国有企业改革发展。同时，也要加快研究建立收益分享制度，优化国有资本经营预算支出结构，逐步加大国有资本经营预算用于社保等民生改善方面的支出力度。

（三）推进国有资本经营预算科学化精细化管理，不断提高预算管理水平

逐步建立适合国有资本经营预算管理特点的预算管理规程。建立沟通协调机制，加强财政与其他部门的协作配合。规范收入执行管理，确保国有资本经营预算收入应收尽收、及时入库。研究创新预算资金支持方式，充分发挥国有资本经营预算资金的杠杆作用。积极推进项目库滚动管理，探索科学有效的预算审核机制，加强对支出预算的审核。加强组织管理，加快预算执行进度，进一步增强预算安排的公开、透明、有效。研究建立绩效考评制度，强化预算执行的监督和评价，建立贯穿预算执行全过程

的监管机制。

（四）积极推动地方开展国有资本经营预算工作，切实做好国有资本经营预算立法工作

进一步加强对地方国有资本经营预算工作的指导和培训，推动地方省级全面建立完善国有资本经营预算制度。规范国有资本经营预算编制。做好地方国有资本经营预决算编报软件开发、国有资本经营预决算报表完善等具体工作，加快汇总编制全国国有资本经营预算。抓紧做好《国有资本经营预算条例》等相关法律、法规的制定工作，提升国有资本经营预算的约束力。

第八章 社会保险基金预算编制及管理

第一节 社会保险基金预算概述

社会保障预算是政府预算体系的重要组成部分,是政府编制的全面反映各项社会保障资金收支规模、结构和变化情况的计划。社会保险基金预算是社会保障预算的重要组成部分。目前我国建立社会保障预算的条件还不成熟,必须先行建立社会保险基金预算。待条件成熟时,研究逐步过渡到编制社会保障预算。

一、我国社会保险制度改革和发展基本情况

社会保险是指国家通过立法手段,在劳动者因年老、疾病、伤残、失业、生育及死亡等原因,暂时或永久性失去劳动能力或劳动机会,从而全部或部分丧失生活来源的时候,由国家或社会对其本人或家属给予一定物质帮助的强制保险制度。社会保险制度起源于19世纪80年代的德国,此后其他工业国家纷纷效仿。目前,全球共有170多个国家和地区不同程度地建立了社会保险制度,主要包括养老保险、失业保险、医疗保险、工伤保险,一些国家或地区还设有单独的生育保险、遗属保险、护理保险乃至灾害社会保险等。

新中国成立以来我国社会保险事业的发展可大体划分为三个阶段:第一个阶段是从新中国成立到20世纪80年代前期推进城

市经济体制改革之前,是服务于计划经济和工业化进程的社会保险制度建设阶段。在这一阶段,社会保险很大程度上是一种"单位保障"。第二个阶段是从 80 年代中期到 21 世纪初党的十六大召开,是服务于市场化改革特别是国有企业改革进程的社会保险制度建设阶段。在这一阶段,与社会主义市场经济相适应的社会保险制度框架初步建立。第三个阶段是十六大以来至今,是服务于构建和谐社会,以促进基本公共服务均等化、加快建设覆盖城乡居民的社会保险体系为目标的制度建设阶段。社会保险从国有企业改革的配套举措逐步转变为构建和谐社会的重要基石和实现社会公平正义的关键措施之一,社会保险体系得到进一步完善。

总的看,近些年来,各级财政部门不断深化财税改革,积极发挥公共财政职能作用,努力调整支出结构,有力地支持了社会保险制度的不断完善。经过多年努力,目前我国已经建立起以企业职工基本养老保险、城镇职工基本医疗保险、城镇居民基本医疗保险、失业保险、工伤保险、生育保险、新型农村合作医疗保险等为主要内容的社会保险制度体系基本框架,各项社会保险制度覆盖面不断扩大。新型农村社会养老保险试点正在加快推进,2011 年将覆盖全国 60% 的地区,城镇居民社会养老保险试点将同步推进。

(一) 我国社会保险基金的收支规模及财政投入情况

社会保险基金是社会保险制度运行的物质基础,是指为了保障保险对象的社会保险待遇,按照国家法律法规,由缴费单位和缴费个人按缴费基数的一定比例缴纳以及通过其他合法方式筹集的专项资金。社会保险基金管理是社会保险管理的核心问题,一国的社会保险制度实际上就是围绕着社会保险基金的筹集、使用范围、形式、标准等内容设计制定的。

近年来，随着社会保险制度体系逐步完善、覆盖面不断扩大，社会保险基金收支保持良好发展势头，基金抗风险能力进一步增强。据统计，2006年至2010年，企业职工基本养老保险、城镇职工基本医疗保险、失业保险、工伤保险和生育保险五项社会保险基金收入由7914亿元增加到约17000亿元，年均增长20%；五项社会保险基金支出从5809亿元增加到13000多亿元，年均增幅超过20%。截至2010年年底，五项社会保险基金累计结余21000多亿元。新型农村合作医疗保险基金收入由2006年的227亿元增加到2010年的1324亿元，基金支出由161亿元增加到1173亿元，2010年末基金滚存结余508亿元。2010年，城镇居民基本医疗保险基金收入331亿元，基金支出253亿元，基金年末滚存结余300亿元。2010年底新型农村社会养老保险基金收入463亿元，基金支出210亿元，基金年末滚存结余465亿元。

与此同时，各级财政按照推进基本公共服务均等化、完善公共财政体系的要求，进一步优化财政支出结构，不断加大对社会保险的投入力度，有力地保障和促进了社会保险事业的健康快速发展。2006年至2010年，各级财政对五项社会保险基金补助累计超过7600多亿元，其中，中央财政安排补助资金6100多亿元，占85%左右。

（二）我国社会保险基金管理体制沿革

在社会保险基金管理上，最初由隶属于各级原劳动部门的社会保险经办机构全面负责基金的征缴、支付和管理，并直接从基金中提取管理费，财政部门除每年向政府报送"两金（企业职工基本养老保险基金、失业保险基金）"决算报告外，并未更多地直接参与基金管理。由于社会保险经办机构集基金收缴支付、管理运营、监督检查三项职责于一身，缺乏有效的监督制约机制，基金的安全性和完整性难以保证，乱投资、挤占挪用和超额提取管理费等问题较为严重。

为规范社会保险基金管理，1996年，《国务院关于加强预算外资金管理的决定》明确规定，"社会保障基金在国家财政建立社会保障预算制度以前，先按预算外资金管理制度进行管理，专款专用"，实行"收支两条线管理"，即收入全额缴入同级财政专户，支出由同级财政按收支计划和规定用途安排，从财政专户中拨付，专款专用。1999年，国务院颁布的《社会保险费征缴暂行条例》规定，"社会保险基金实行收支两条线管理，由财政部门依法进行监督"。各项社会保险基金开始逐步纳入财政专户，实行收支两条线管理，税务机关征收社会保险费工作不断推进，财政部门逐步加强了对社会保险基金的监督管理，社会保险基金开始向收、支、管分离的管理体制迈进。同时，《社会保险基金财务制度》、《社会保险基金会计制度》等相继颁布实施，各项社会保险基金的财务会计制度由此统一。至此，我国社会保险基金管理体制基本确立，即人力资源社会保障行政部门制定和贯彻落实相关的社会保险业务管理政策；税务部门和社会保险经办机构负责征收社会保险费；社会保险经办机构具体负责社会保险基金的日常管理，包括会计核算、账户记录及待遇发放等；财政部门负责有关财务会计制度的制定和贯彻落实，管理社会保障基金财政专户，审核基金预、决算，审核社会保险经办机构的用款计划并拨付基金，在基金入不敷出时提供财政补贴，拨付社会保险经办机构的经费；审计部门对社会保险基金的管理进行审计监督。

在这种管理体制下，社会保险基金被纳入单独的社会保障基金财政专户，实行收支两条线管理，即征收机构征收的各项社会保险费通过经办机构的收入户（该账户除向财政专户缴存基金外只收不支)、国库归集或直接缴入同级财政部门开设的社会保障基金财政专户,然后由同级财政部门根据批准后的各项社会保险基金收支计划,定期定额拨入社会保险经办机构的支出户(该账户除接收财政专户拨款外只支不收),专项用于各项社会保险支出。这样就在不同的政府部门间建立起了必要的监督制约机制,为确保社会保险基金的安全和完整提供了制度保障。

此后,为规范社会保险经办机构经费管理,财政部、原劳动保障部还共同制定了《关于社会保险经办机构经费保障等问题的通知》,明确规定社会保险经办机构经费由同级财政预算足额安排,不得再从基金中提取管理费。2003年,针对各地在社会保险基金财务会计制度执行中存在的问题,财政部、原劳动保障部共同制发了《关于加强社会保险基金财务管理有关问题的通知》,财政部相应制定了《关于印发〈社会保险基金会计核算若干问题补充规定〉的通知》,社会保险基金财务会计制度进一步完善。

二、社会保险基金预算的概念及重要意义

社会保险基金预算是指根据国家社会保险和预算管理法律法规建立、反映各项社会保险基金收支的年度计划,体现了社会保险事业发展的规模和方向。社会保险基金实行预算管理具有重要意义。

第一,建立社会保险基金预算是完善社会保险制度的重要保障。社会保险基金虽然已实行收支两条线管理,但仍未纳入政府预算体系管理。建立社会保险基金预算,有利于全面掌握基金收支运行情况,将各项与社会保险有关的资金统筹安排,增强社会保险管理的计划性和规范性,从而推动社会保险制度的完善和社会保险政策的落实。

第二,建立社会保险基金预算是确保基金收支平衡的重要手段。实事求是地编制社会保险基金预算,通过预算实现收支平衡,可以保证社会保险制度的正常、稳定运行,落实保障对象应享受的各项社会保险待遇。另外,社会保险基金出现支付不足时,政府要予以补贴,基金预算编制是否合理、执行是否严格,都会对财政收支产生重要影响,因此,建立社会保险基金预算有利于增强社会保险基金管理的科学性和计划性。

第三,建立社会保险基金预算是加强基金监管的客观需要。社会保险基金是国家强制建立的专项基金,关系到庞大的参保对象群体的切身利益,必须保证基金的安全完整、专款专用。建立社会保险基金预算,旨在强化对社会保险基金收支的预算约束,形成部门间相互监督的制约机制,从而把基金收支的事前计划、事中控制和事后监督有机结合起来,实现社会保险基金管理的科学化精细化。

第四,建立社会保险基金预算是完善政府预算体系的重大举措。社会保险基金预算是社会保障预算的重要组成部分,建立社会保险基金预算,有利于为最终建立社会保障预算积累经验、创造条件,是完善包括公共财政预算、政府性基金预算、国有资本经营预算和社会保障预算在内的政府预算体系的重要举措。

三、国外社会保险基金预算管理的主要模式

各国社会保险基金预算管理的形式各不相同。概括起来,主要有以下几种形式:

1. 专项预算模式。这一模式是将养老、医疗、失业、工伤、生育等社会保险基金收支建立单独预算反映,其基金收入由社会保险费(税)和政府财政补助及基金投资运营收益、利息收入

等构成，基金支出主要是社会保险待遇支出。美国和日本等国采用这种方式。美国政府规定，凡是政府强制举办的社会保险所筹集的各项资金都由国内税务署征收，财政部门统一管理，编制社会保险基金预算（也称信托基金预算）。自1986年起，美国社会保险基金预算从经常性预算中分离出来，实行独立的预算管理，目的在于分清社会保险基金账户与其他经常性预算资金各自的赤字或盈余，以及投资运营情况。日本实行复式预算，一般会计预算反映一般税收收入及相应的支出，特别会计预算反映具有特定目的的专项收支，其中，社会保险基金预算在特别会计预算中反映。在专项预算模式下，社会保险基金预算将所有的社会保险基金收支全面、完整、单独反映，且与经常预算收支相对分开，不仅防止了资金相互挤占，而且能够明晰地反映出财政对社会保险的贡献程度。社会保险基金单独核算，依法运营，有利于基金保值增值，提高透明度，加强社会公众监督。这一模式的缺点是政府承担社会保险事业的责任较大。

2. 政府公共预算模式。这一模式是将社会保险费（税）收入、社会保险基金支出视同政府的经常性收支，在政府公共预算中统一安排使用。在这种模式下，国家全面担负起社会保险事业的财政责任，社会保险基金收支全部在政府公共预算中体现，并不存在独立的社会保险基金预算。这种模式的典型代表为英国和瑞典等福利国家。在英国，包括社会保险基金预算在内的社会保障预算隶属于政府公共预算。社会保险基金收入主要来源于国民的社会保障缴费收入，同政府的其他税收一样列入政府公共预算，在经常收入中的国内收入总额项下反映。社会保险基金支出直接以"社会保险津贴"项目列示在政府公共预算支出中的其他管理支出项下。一般而言，各项社会保险基金收支预算不存在直接的一一对应关系，如儿童津贴资金来源于所得税，失业津贴资金来源于其他税收。在政府公共预算模式下,由于社会保险基金收支直接列示在政府公共预算收支中,财政部门可以更直接地参与社会保险基金收支的具体管理,在社会保险收支安排过程中更直接地体现政府的意志和政策,公民的基本生活也可以得到较好的保障,体现了较高的福利水平。但由于社会保险基金预算与政府公共预算混在一起,难免造成社会保险基金收支与经常性收支之间相互挤占资金。而且,由于社会保险基金支出全部由财政负担,在"福利刚性"的影响下,社会保险基金支出膨胀,容易给财政造成较大的负担。

3. 独立于政府的基金预算模式。这一模式是指社会保险基金的收入和支出均独立于政府预算之外,单独管理。严格地说,这已不是真正意义上的社会保险基金预算,目前只是为数不多的人口较少的国家采用,典型的代表是新加坡。新加坡的中央公积金不论是其收支还是投资运营均不纳入政府预算,政府不负担任何费用,中央公积金预算不仅从政府公共预算中脱离出来,而且完全脱离政府的预算管理。这种模式最大的特点是政府不直接参与社会保险基金的收支管理,因而财政对社会保险的负担相对较轻。社会保险基金单独核算,也有利于基金的自求平衡和保值增值。但是,社会保险是国家宏观调控的一种政策手段,如完全脱离政府预算管理,政府只是通过法律法规对社会保险进行间接管理,将造成政府对社会保险领域的干预作用过小。

总的来看,由于各国国情不同,社会保险基金预算管理模式选择不尽一致,但有几个共同点:一是政府对社会保险基金收支应承担有限责任。大多数国家对社会保险都立足于建立基金的自求平衡机制,政府只弥补收支缺口或按一定比例给予补贴。二是健全的预算制度是社会保险基金有效运营的保障。多数国家的社会保险基金预算都建立了较完善的制度体系,社会保险基金预算一旦批准，基金收支需严格按照预算执行。如美国社会保险信托基金预算的每一次变动都要有相应的法案，从内容和程序上有效防止了社会保险信托基金的不平衡。三是社会保险基金应实行科学化精细化管理。社会保险政策变化对基金收支影响较大，影响周期长，需要进行科学精确测算。如美国社会保险信托基金要进行长达75年的精算评估，评估结果每年向社会公布，说明未来社会保险信托基金运行状况。

四、我国建立社会保险基金预算的基本情况

（一）编制社会保险基金预算的必要性和紧迫性

党中央、国务院高度重视编制社会保险基金预算。根据十四届三中全会通过的《中共中央关于建立社会主义市场经济体制若干问题的决定》和《预算法实施条例》规定的"各级政府预算按照复式预算编制，分为政府公共预算、国有资本经营预算、社会保障预算和其他预算"的要求，1996年，财政部开始积极研究建立社会保障预算问题。2009年5月，胡锦涛总书记在十七届中央政治局第十三次集体学习时的讲话中指出，要研究建立社会保障基金预决算制度，强化预算约束，形成稳定的基金来源渠道，提高保障能力和水平。《国务院批转发展改革委关于2009年深化经济体制改革工作意见的通知》也指出，要"加快推进财税体制改革，建立有利于科学发展的财税体制，深化预算制度改革，研究起草国有资本经营预算条例，试行社会保险预算制度，实现政府公共预算、国有资本经营预算、政府性基金预算和社会保障预算有机衔接"。在全国范围内建立社会保险基金预算制度已迫在眉睫。

从社会保险事业自身发展需要看，建立社会保险基金预算也十分迫切。近年来，随着我国经济社会发展，社会保险制度逐步

完善，覆盖面不断扩大，社会保险基金规模越来越大，基本养老、基本医疗、工伤、失业、生育等5项社会保险基金滚存结余已从1998年的876亿元发展壮大为2010年的21438亿元，各级财政对基金的补贴逐步增加到2010年的1900亿元。但是，规模如此庞大的社会保险基金在预算外实行收支两条线管理，只是实行规范预算管理的过渡形式，社会保险基金收支缺乏有效的计划性和约束力。因此，迫切需要建立社会保险基金预算，将其纳入政府预算管理，以更好地接受人大、政府有关部门和社会各界的监督，增强社会保险基金管理的法制化和规范化程度，提高社会保险基金运作管理的透明度，完善社会保险基金使用的调控和约束机制，提高基金使用效率。

从实践看，部分地区在编制社会保障预算和社会保险基金预算方面进行了一些有益探索，先后形成了以湖北省枝江市等为代表的一揽子社会保障预算模式、以河北省为代表的板块式社会保障预算模式、以广东、福建等省为代表的社会保险基金预算模式等多种社会保险基金预算模式。目前，北京、河北、山西、浙江、安徽、湖北、新疆等不少省份陆续建立了社会保险基金预算制度。部分地区编制社会保险基金预算的实践，为加强社会保险基金管理提供了有益的经验，也为全国社会保险基金预算编制提供了参考依据。

（二）2010年和2011年试编社会保险基金预算的基本情况

为加强社会保险基金管理，规范社会保险基金收支行为，明确政府责任，确保基金安全完整，2010年1月，国务院下发了关于试行社会保险基金预算的意见，在全国范围内建立起规范统一的社会保险基金预算制度，从2010年起试编全国社会保险基金预算。

2010年试编社会保险基金预算的工作重点在于"编制"。为有效推动试编工作,财政部、人力资源社会保障部明确规定了2010年社会保险基金预算编制范围、编制方法、编制程序、报送时间以及工作要求等。各地根据本地实际情况,明确工作程序,细化编制内容,完善基础管理,较好地完成了本地区社会保险基金预算编制工作。财政部、人力资源社会保障部联合对2010年社会保险基金预算进行审核汇总后,向国务院上报了关于2010年全国社会保险基金预算的报告。汇总情况表明,社会保险基金预算与经济社会发展水平和社会保险制度运行情况基本吻合。

2011年是试编基金预算的第二年。在2010年试编的基础上,财政部会同人力资源社会保障部,继续完善基金预算编制。大幅度提前编报时间。继续扩大编报范围,2011年纳入基金预算编制范围的由五项社会保险基金扩大为七项,将新型农村社会养老保险基金、城镇居民基本医疗保险基金纳入预算编制范围。研究完善编报方法、规范编报流程,并着力推进基金预算编制与执行的衔接等各项工作。

汇总情况表明,2011年纳入社会保险基金预算编报范围的7项社会保险基金总收入预算19562亿元,比上年决算数增长10.1%,总支出预算16814亿元,比上年增长22.6%。

在社会保险基金预算汇总编报中,也存在一些较为突出的问题:一是社会保险基金预算编报的科学性合理性有待增强。部分地区社会保险基金收入预算偏低,支出预算偏高,社会保险基金支出增幅远高于收入增幅,一定程度上削弱了社会保险基金预算的计划性和约束力。二是社会保险基金预算编报时间仍需提前。2011年要求各地于1月底上报基金预算电子数据,编报时间仍相对较晚。三是社会保险基金预算编报范围需进一步扩大。2011年社会保险基金预算编报范围虽有所扩大,但仍有其他条件成熟的社会保险基金未纳入社会保险基金预算编报范围。

第二节 社会保险基金预算管理的主要内容

一、社会保险基金预算编制的基本原则

对社会保险基金筹集和使用实行预算管理，可以增强政府宏观调控能力，强化社会保险基金的管理和监督，保证社会保险基金安全完整，提高社会保险基金运行效益，促进社会保险制度可持续发展。社会保险基金预算遵循以下基本原则：

（一）依法建立、规范统一

社会保险基金预算依据国家法律法规建立，严格执行国家社会保险政策，按照规定范围、程序、方法和内容编制。国家法律法规既包括《社会保险法》等社会保险方面的法律法规，也包括《预算法》等预算管理方面的法律法规。同时，编制年度社会保险基金预算时，还要充分考虑国家有关社会保险制度改革的方针、政策和规章制度的变化，并在社会保险基金预算管理过程中正确体现政策意图。

（二）统筹编制、明确责任

社会保险基金预算按统筹地区编制执行，统筹地区根据预算管理方式，明确本地区各级政府及相关部门责任。目前各项社会保险统筹层次不同，有省级统筹的，但更多是市级统筹甚至是县级统筹的，只有统筹层次所在地政府及其相关部门，才是编制、审批和执行本地社会保险基金预算的主体。但在一些实行了省级统筹的地区，也可根据本地实际情况，采用分级管理的方式，明确辖区内各级政府及相关部门的责任。

(三）专项基金、专款专用

社会保险基金预算严格按照有关法律法规规定的收支内容、标准和范围，专款专用。一方面，按国家有关规定，按时、足额地筹集各项社会保险基金收入；另一方面，根据社会保险统筹范围，按照国家规定的项目、标准安排基金支出，专项用于保障对象的社会保险待遇，除了这种特定用途外，任何地区、部门、单位和个人均不得挤占或挪作他用。

(四）相对独立、有机衔接

在政府预算体系中，社会保险基金预算单独编报，与公共财政预算和国有资本经营预算相对独立、有机衔接。社会保险基金不能用于平衡公共财政预算，公共财政预算可根据情况需要补助社会保险基金，并在公共财政预算中以"对社会保险的补助支出"单独列示，可以明晰地反映公共财政对社会保险的贡献程度。同时，根据《国务院关于试行国有资本经营预算的意见》的规定，国有资本经营预算收入在必要时可部分用于社会保障等项支出。

(五）收支平衡、留有结余

社会保险基金遵循自求平衡的原则，在一般情况下应坚持收支平衡，适当留有结余，原则上不打赤字。基金结余除留足根据财政和人力资源社会保障部门商定的、最高不超过国家规定预留的支付费用外（养老保险基金结余留足两个月，其他基金根据国家有关规定并结合当地实际情况确定），全部用于购买国家发行的特种定向债券或其他种类国家债券，任何地区、部门、单位和个人不得动用结余资金进行其他任何形式的直接或间接投资。

二、社会保险基金预算编制的范围和方法

按规定各项社会保险基金必须分账核算、专款专用，因此，

各项社会保险基金预算按险种分别编制。由于目前企业职工基本养老保险、城镇职工基本医疗保险、工伤保险、失业保险、生育保险等五个险种制度相对成熟，因此，在社会保险基金预算试编第一年，本着先易后难的原则，社会保险基金预算的范围只包括上述五个险种。2010年，又将城镇居民基本医疗保险基金、新型农村合作医疗保险基金纳入基金预算编制范围。根据国家法律法规建立的其他社会保险基金条件成熟时，也应尽快纳入社会保险基金预算管理。

社会保险基金预算的编制采用科学、规范的方法。编制前，应做好各项准备工作：一是全面分析本年度预算执行情况，找出存在的问题及其原因，剔除一次性不可比因素，为编制下年度预算提供可靠依据；二是核实和预测各项基本数据，包括核实本年度和预测下年度应参保的单位、人员、征缴比例、开支标准以及可能出现的大额支出等数据，使社会保险基金预算的编制建立在准确可靠的基础上。在具体编制时，分险种从收入和支出两方面编制和汇总各项社会保险基金预算。

社会保险基金收入预算的编制综合考虑统筹地区上年度基金预算执行情况、本年度经济社会发展水平预测以及社会保险工作计划等因素，包括社会保险参保人数、缴费人数、缴费工资基数等。统筹地区政府根据社会保险基金收支、财政收支等情况，合理安排本级财政对社会保险基金的补助支出。社会保险基金支出预算的编制综合考虑统筹地区本年度享受社会保险待遇人数变动、经济社会发展状况、社会保险政策调整及社会保险待遇标准变动等因素。社会保险待遇支出预算根据上年度享受社会保险待遇对象存量、上年度人均享受社会保险待遇水平等因素确定，同时考虑本年度变动情况；社会保险非待遇支出预算要严格执行社会保险政策和管理制度规定。

三、社会保险基金预算编制及管理的程序

从横向看,财政部门、人力资源社会保障部门及其所属的社会保险经办机构、税务机关等按照职责分工,参与社会保险基金预算的编制及管理有关工作。从纵向看,按照社会保险相关事权的划分,各项社会保险基金预算首先由统筹地区相关部门负责编制,并报请同级政府对本级基金预算进行审批后,由本级相关单位执行;在统筹地区编制本级基金预算后,层层向上级报送,上级主管部门除编制本级基金预算并报同级政府审批外,还要同时报送本行政区域内汇总基金预算。

社会保险基金预算编制及管理的程序具体如下:

(一)编制和审批

统筹地区社会保险基金预算草案由社会保险经办机构编制,经本级人力资源社会保障部门审核汇总,财政部门审核后,由财政和人力资源社会保障部门联合报本级政府审批。

统筹地区财政和人力资源社会保障部门将社会保险基金预算草案报本级政府审批后,报上一级财政和人力资源社会保障部门。省级财政和人力资源社会保障部门将本省(区、市)社会保险基金预算草案报本级政府后,报财政部及人力资源和社会保障部。

全国社会保险基金预算草案由人力资源和社会保障部汇总编制,财政部审核后,由财政部及人力资源和社会保障部联合向国务院报告。待条件成熟后,由国务院适时向全国人大报告。

(二)执行

社会保险基金预算草案经统筹地区政府批准后,由财政和人力资源社会保障部门批复,社会保险经办机构具体执行。社会保险经办机构应严格按照批准的预算和规定的程序执行,并定期向

本级人力资源社会保障和财政部门报告。

（三）调整

社会保险基金预算不得随意调整。在执行中确因特殊情况需要增加支出或减少收入，应当编制社会保险基金预算调整方案。社会保险基金预算调整由统筹地区社会保险经办机构提出调整方案，经人力资源社会保障部门审核汇总，财政部门审核后，由财政和人力资源社会保障部门联合报本级政府批准。

（四）决算

年度终了，统筹地区社会保险经办机构应按有关规定编制年度社会保险基金决算草案，经人力资源社会保障部门审核汇总、财政部门审核后，由财政和人力资源社会保障部门联合报本级政府审批。

统筹地区财政和人力资源社会保障部门将社会保险基金决算草案报本级政府审批后，报上一级财政和人力资源社会保障部门。省级财政和人力资源社会保障部门将本省（区、市）社会保险基金决算草案报本级政府后，报财政部及人力资源和社会保障部。

全国社会保险基金决算草案由人力资源和社会保障部汇总编制，财政部审核后，由财政部及人力资源和社会保障部联合向国务院报告。

（五）实行税务征收地区社会保险基金预算的编制、审批和执行程序

由于全国部分地区实行社会保险费由税务机关征收，相应的，这些地区社会保险基金收入预算的编制、执行和调整也会略有不同。在预算编制环节，相应险种的社会保险基金收入预算草案由社会保险经办机构会同税务机关编制；在预算批复执行环节，社会保险基金收入预算批复给税务机关和社会保险经办机

构，税务机关严格按照批准的预算和规定的程序执行，并定期向本级财政和人力资源社会保障部门报告；在预算调整环节，社会保险费收入预算调整方案由社会保险经办机构会同税务机关提出。

第三节　收入预算编制及管理

一、社会保险基金收入预算编制内容和方法

目前，社会保险基金预算收入项目包括企业职工基本养老保险基金、城镇职工基本医疗保险基金、失业保险基金、工伤保险基金、生育保险基金、城镇居民基本医疗保险基金和新型农村社会养老保险基金。这七项基金均包括社会保险费收入、财政补贴收入、利息收入、转移收入、上级补助收入、下级上解收入、其他收入等细项。其中，转移收入是指参保人由异地调入本地参保而转入的社会保险基金收入。

社会保险费收入根据参保人数、缴费人数、参保职工工资基数、缴费比例及各项社会保险扩面征缴工作任务等因素综合分析计算；财政补贴收入根据上年财政对各项社会保险基金的补贴金额，剔除不可比因素后，加上本级财政当年新增财政补贴分析计算；利息收入根据预算年度各项社会保险基金存入银行和购买国债，或进行委托投资等取得的利息收入分析计算；转移收入根据上年各项社会保险基金转移收入实际发生数分析计算；上级补助收入根据上年上级拨入的各项社会保险基金补助实际数分析计算；下级上解收入根据上年下级上解的各项社会保险基金调剂收入实际数分析计算。

二、社会保险基金收入预算管理

（一）社会保险费收入管理

社会保险费收入是社会保险基金收入的主要部分，《社会保险费征缴暂行条例》明确规定，缴费单位、缴费个人应当按时足额缴纳社会保险费，征缴的社会保险费必须专款专用，任何单位和个人不得挤占、挪用。

1. 征收机关。按照《社会保险费征缴暂行条例》的规定，社会保险费实行三项社会保险费集中、统一征收，征收机构由省（自治区、直辖市）政府规定，可以由税务机关征收，也可以由原劳动保障行政部门按照国务院规定设立的社会保险经办机构征收。目前，全国有河北、内蒙古、辽宁、黑龙江、江苏、浙江（宁波）、安徽、福建（厦门）、湖北、湖南、广东、海南、重庆、云南、陕西、甘肃、青海、宁夏等18个省份由地税部门负责征收全部或部分社会保险费，其中，内蒙古、辽宁、江苏、浙江（宁波）、湖北、广东、海南、云南、甘肃、宁夏等10个省份全部由地税部门负责征收，湖南省由地税部门负责征收外资企业和个体工商户基本养老保险费。此外，四川省绵阳市也由税务机关征收社会保险费。就险种而言，有些地区已经实行了五险合征，有些仍实行不同的险种分别由不同的社会保险经办机构征收。2010年10月28日颁布的《社会保险法》规定，社会保险费实行统一征收，实施步骤和具体办法由国务院规定。

2. 覆盖范围及缴费比例。各项社会保险的覆盖范围和缴费比例各不相同。企业职工基本养老保险的覆盖范围为城镇各类企业及其职工、个体工商户和灵活就业人员，企业缴费比例一般不得超过企业工资总额的20%，个人缴费比例为本人缴费工资的8%，个体工商户和灵活就业人员按当地上年度在岗职工平均工资的 20% 缴纳。城镇职工基本医疗保险覆盖城镇所有单位及其职工，单位缴费比例控制在职工工资总额的 6% 左右，职工缴费比例为本人工资收入的 2%。失业保险的覆盖范围为城镇各类企业事业单位及其职工，单位缴费比例为本单位工资总额的 2%，职工缴费比例为本人工资的 1%。工伤保险的覆盖范围为各类企业及其职工、有雇工的个体工商户及其雇工，工伤保险费由用人单位缴纳，缴费比例由国家根据不同行业的工伤风险程度确定行业的差别费率，并根据工伤保险费使用、工伤发生率等情况在每个行业内确定若干费率档次。生育保险的覆盖范围和缴费比例没有全国统一的规定，各地试点办法不同，覆盖范围一般为城镇企业及其职工，生育保险费由企业缴纳，缴费比例由当地政府根据计划内生育人数和生育津贴、生育医疗费等项费用确定，并可根据费用支出情况适时调整，但最高不得超过工资总额的 1%。

3. 缴费方法。社会保险费实行缴费申报制度，即缴费单位和没有缴费单位的缴费个人，必须在每月规定的期限内，携带缴费申报规定的资料，到社会保险经办机构申报应缴纳的社会保险费数额，社会保险经办机构核定后，将缴费申报情况提供给相应的征收机构。缴费单位和缴费个人在其缴费申报经核准后的 3 日内，以货币形式全额缴纳社会保险费。缴费方式主要有三种：一是缴费单位填写社会保险费专用缴款书，自行到开户银行足额缴纳；二是缴费单位填写社会保险费专用缴款书，自带支票或现金到征收机关足额缴纳；三是征收机构开出托收凭证，从缴费单位约定的委托银行划款。缴费个人应该缴纳的社会保险费，由所在单位从其工资中代扣代缴。无雇工的个体工商户、未在用人单位参加社会保险的非全日制从业人员以及其他灵活就业人员，可以直接向征收机构缴纳社会保险费。

（二）财政补贴收入管理

财政补贴收入是社会保险基金出现支付不足时政府给予的补贴，是政府直接支持社会保险事业的重要体现。根据社会保险的事权划分，政府对社会保险的补贴应由同级财政提供。目前，中央财政通过转移支付，对财政确有困难的中西部地区和老工业基地的养老保险基金缺口予以补助；分配时采取因素分配法，充分考虑各地基金缺口情况、财政困难程度、赡养率、工作成效（包括地方财政努力程度、征缴收入增长、实际缴费人数、人均缴费基数、基金清理拖欠、社会化管理）等各种因素确定。1998—2009年，全国财政用于企业职工基本养老保险的补助资金达到8513亿元，其中中央财政7027亿元。城镇职工基本医疗保险、失业保险、工伤保险和生育保险的财政补贴均由地方各级财政负担。

上级财政对下级的社会保险补贴通过国库系统下拨，在补贴给社会保险基金时，上级财政拨付的补贴与本级财政安排的补贴由本级国库一并划入同级财政专户，财政部门出具"专户缴拨凭证"，并加盖专用印章后转社会保险经办机构同时记账。

（三）利息收入管理

利息收入是社会保险基金购买国债或存入银行获得的利息收入，包括国债利息收入、财政专户存款利息收入、收入户和支出户存款利息收入等。在辽宁省、吉林省、黑龙江省等做实基本养老保险个人账户地区，还包括委托投资收益。目前，各项社会保险的计息政策尚无统一规定，同一险种存储在不同环节、不同账户中的计账利息也不相同。具体情况是：

基本养老保险基金利息收入。《关于对养老保险基金活期存款实行优惠利率的通知》、《财政部、劳动部、中国人民银行、国家税务总局〈关于印发企业职工基本养老保险基金实行收支两条线管理暂行规定〉的通知》规定，存入社会保险经办机构收入户、支出户的基本养老保险基金,按 3 个月整存整取定期存款利率计息,社会保障基金财政专户资金,按照同期居民银行存款利率计息。《中国人民银行关于商业银行办理养老保险个人账户基金人民币协议存款的通知》规定,现已完成或正在进行全省(自治区、直辖市)养老保险个人账户基金改革试点的地区养老保险个人账户基金按协议存款计息,协议存款最低起存年限为 5 年期(不含 5 年)以上。

失业保险基金利息收入。《失业保险条例》规定,存入银行和按照国家规定购买国债的失业保险基金,分别按照城乡居民同期存款利率和国债利息计息。

基本医疗保险基金利息收入。《国务院关于建立城镇职工基本医疗保险制度的决定》规定,当年筹集的基金部分,按活期存款利率计息;上年结转的基金本息,按 3 个月期整存整取银行存款利率计息;存入社会保障财政专户的沉淀资金,比照 3 年期零存整取储蓄存款利率计息,并不低于该档次利率水平。

工伤保险基金、生育保险基金、城镇居民基本医疗保险基金、新型农村社会养老保险基金利息收入目前尚无统一具体规定,正在抓紧研究制定。

(四)转移收入管理

由于社会保险基金在同一统筹范围内是统一调剂使用的,因此,当参保人在同一统筹地区调动工作时,不办理社会保险基金的转移。但是,在跨统筹区域调动时,基本养老保险和基本医疗保险个人账户的全部存储额由调出地社会保险经办机构向调入地社会保险经办机构划转,调入地社会保险经办机构为其建立相应的个人账户。就失业保险而言,单位成建制跨统筹地区转移或个人跨统筹地区流动的,其失业保险关系随之转移,但失业保险基金是否转移，《失业保险条例》对此未作统一规定，各地可根据实际情况做出具体规定。

第四节 支出预算编制及管理

一、社会保险基金支出预算的内容

（一）企业职工基本养老保险基金支出预算

企业职工基本养老保险基金支出预算主要包括基本养老金支出、医疗补助金支出、丧葬抚恤补助支出、转移支出、补助下级支出、上解上级支出、其他支出等。

基本养老金支出是指用于参加基本养老保险的离退休人员、退职人员的养老待遇支出，包括基础性养老金支出、个人账户养老金支出、过渡性养老金支出等。医疗补助金支出是指支付给未参加医疗保险统筹、已纳入基本养老保险基金开支范围的离休、退休、退职人员，按照规定准予报销的医疗费用。丧葬抚恤补助支出是指用于已经纳入基本养老保险基金支出范围的离休、退休、退职人员死亡丧葬的补助费用，及由其供养直系亲属的抚恤和生活补助费用支出。转移支出是指因养老保险对象跨统筹地区流动而转出的个人账户基本养老保险基金支出。补助下级支出是指上级养老保险经办机构拨付给下级养老保险经办机构的补贴和调剂支出。上解上级支出是指下级养老保险经办机构上解上级养老保险经办机构的调剂支出。其他支出是指除上述项目外，经国务院批准、财政部门核准开支的其他非养老保险待遇性质的支出。

（二）城镇职工基本医疗保险基金支出预算

城镇职工基本医疗保险基金支出预算主要包括基本医疗保险

待遇支出、转移支出、补助下级支出、上解上级支出、其他支出等。

基本医疗保险待遇支出包括社会统筹医疗保险待遇支出和个人账户医疗保险待遇支出，其中，社会统筹医疗保险待遇支出是指按规定由统筹医疗基金支付的医疗费支出，个人账户医疗保险待遇支出是指按规定由个人账户基金支付的医疗费支出。转移支出是指因医疗保险对象跨统筹地区流动而转出的个人账户医疗保险基金支出。补助下级支出是指上级医疗保险经办机构拨付给下级医疗保险经办机构的补贴和调剂支出。上解上级支出是指下级医疗保险经办机构上解上级医疗保险经办机构的调剂支出。其他支出是指除上述项目外，经国务院批准、财政部门核准开支的其他非医疗保险待遇性质的支出。

（三）失业保险基金支出预算

失业保险基金支出预算主要包括失业保险金支出、医疗补助金支出、丧葬抚恤补助支出、职业培训和职业介绍补贴支出、其他费用支出、转移支出、补助下级支出、上解上级支出、其他支出等。

失业保险金支出是指支付给失业人员在失业期间的基本生活费用。医疗补助金支出是按规定支付给失业人员在领取失业保险金期间的医疗费用。丧葬抚恤补助支出是指按规定支付给在领取失业保险金期间死亡的失业人员的丧葬补助费用，以及由其供养直系亲属的抚恤金。职业培训和职业介绍补贴支出是指支付给失业人员在领取失业保险金期间接受职业培训、职业介绍的补贴支出。其他费用支出包括农民合同制工人一次性生活补助金及国家规定的其他用于失业人员待遇的支出。转移支出是指失业保险对象跨统筹地区流动而划出的失业保险基金支出。补助下级支出是指上级失业保险经办机构拨付给下级失业保险经办机构的补贴和调剂支出。上解上级支出是指下级失业保险经办机构上解上级失业保险经办机构的调剂支出。其他支出是指除上述项目外，经国务院批准、财政部门核准开支的与失业保险有关的非待遇性质的支出。

（四）工伤保险基金支出预算

工伤保险基金支出预算主要包括工伤保险待遇支出、劳动能力鉴定费支出、转移支出、补助下级支出、上解上级支出、其他支出等。

工伤保险待遇支出指支付给参加工伤保险且发生工伤事故的职工的医疗救治和经济补偿支出。劳动能力鉴定费支出是指进行劳动功能障碍程度和生活自理障碍程度的等级鉴定时发生的支出。转移支出是指因工伤保险对象跨统筹地区流动而转出的基金支出。补助下级支出是指上级工伤保险经办机构拨付给下级工伤保险经办机构的补贴和调剂支出。上解上级支出是指下级工伤保险经办机构上解上级工伤保险经办机构的调剂支出。其他支出是指除上述项目外，经国务院批准、财政部门核准开支的其他非工伤保险待遇性质的支出。

（五）生育保险基金支出预算

生育保险基金支出预算主要包括生育保险待遇支出、转移支出、补助下级支出、上解上级支出、其他支出等。

生育保险待遇支出是指按规定支付参保生育妇女的生育保险待遇支出，包括生活津贴和医疗费补贴等。转移支出是指因生育保险对象跨统筹地区流动而转出的生育保险基金支出。补助下级支出是指上级生育保险经办机构拨付给下级生育保险经办机构的补贴和调剂支出。上解上级支出是指下级生育保险经办机构上解上级生育保险经办机构的调剂支出。其他支出是指除上述项目外，经国务院批准、财政部门核准开支的其他非生育保险待遇性质的支出。

(六) 城镇居民基本医疗保险基金支出预算

城镇居民基本医疗保险基金支出预算主要包括基本医疗保险待遇支出、补助下级支出、上解上级支出、其他支出等。其中，基本医疗保险待遇支出是指用于参保居民的住院和门诊大病的医疗支出。

(七) 新型农村社会养老保险基金支出预算

新型农村社会养老保险基金支出预算主要包括养老金待遇支出、转移支出、补助下级支出、上解上级支出、其他支出等。其中，养老金待遇支出是指按规定支付给参保农村居民的养老保险待遇支出，包括基础养老金和个人账户养老金。基础养老金是指政府规定计发标准、并由各级财政为符合待遇领取条件的参保农村居民全额予以补助的养老金待遇。个人账户养老金是指参保农村居民达到养老保险待遇领取条件时，按照其个人账户金额储存额除以计发月数计算，支付给参保农村居民的养老金待遇，以及参保人死亡时一次性支付其合法继承人除政府补贴外的个人账户资金余额。

二、社会保险基金支出预算编制的具体方法

(一) 社会保险待遇支出

在企业职工基本养老保险基金支出预算中，基本养老保险金支出根据预算年度期末离退休人数、期末养老金支出水平、政策性调整养老金待遇等因素分析计算。医疗补助金支出和丧葬抚恤补助支出根据上年实际发生数分析计算。

在城镇职工基本医疗保险基金支出预算中，基本医疗保险统筹基金支出根据诊疗人次、诊疗费用等因素及上年实际发生数综合分析计算；医疗保险个人账户基金根据上年度实际发生数分析

计算。

在失业保险基金支出预算中，失业保险金支出根据上年度领取失业保险金累计人数和预算年度领取失业保险金人员、人均支出标准等变化因素分析计算。医疗补助金支出和丧葬抚恤补助支出根据上年实际发生数分析计算。

在工伤保险基金支出预算中，工伤保险待遇支出根据一次性伤残补助金、伤残津贴、生活护理费、辅助器具按照配置费、丧葬补助金、供养亲属抚恤金、一次性工亡补助金、工伤医疗及康复费用支出等因素及上年实际发生数分析计算。劳动能力鉴定支出根据工伤调查、工伤认定、劳动能力鉴定等因素及上年实际发生数分析计算。

在生育保险基金支出预算中，生育保险待遇支出根据上年实际发生数分析计算。

在城镇居民基本医疗保险基金支出预算中，基本医疗保险待遇支出根据上年实际发生数分析计算。

在新型农村社会养老保险基金支出预算中，基本养老金支出根据领取基本养老金的人数、基本养老金水平、政策性调整养老金待遇等因素分析计算。

（二）转移支出

转移支出结合上年度实际情况进行分析计算。

（三）上解下拨支出

上解上级支出根据上年本级上解上级的社会保险基金实际数分析计算。补助下级支出根据上年本级拨付下级的社会保险基金实际数分析计算。

（四）其他支出

其他支出根据预算年度实际需要，报经同级财政部门核准开支的其他非社会保险待遇性质的支出数计算。

三、社会保险基金支出预算的管理

（一）基本养老金支出的管理

《国务院关于建立统一的企业职工基本养老保险制度的决定》（国发〔1997〕26号）和《国务院关于完善企业职工基本养老保险制度的决定》（国发〔2005〕38号）规定了养老金的计发办法采取"老人老办法、新人新办法"，即不同时期的离退休人员采取不同的养老金计发办法：一是国发〔2005〕38号实施前已经离退休的人员（通常称为"老人"），其养老金的计发按国家原来的规定发给养老金，同时执行养老金调整办法；二是国发〔1997〕26号实施前参加工作，国发〔2005〕38号实施后退休的人员（通常称为"中人"），其养老金的计发是在发给基础养老金和个人账户养老金的基础上，再确定和增发过渡性养老金；三是国发〔1997〕26号实施后参加工作退休人员（通常称为"新人"），退休后发给基本养老金，基本养老金由基础养老金和个人账户养老金组成。

基础养老金和个人账户养老金支付给"新人"和"中人"，其中基础养老金月标准以当地上年度在岗职工月平均工资和本人指数化月平均缴费工资的平均值为基数，缴费每满1年发给1%；个人账户养老金月标准为个人账户储存额除以计发月数，计发月数根据职工退休时城镇人口平均预期寿命、本人退休年龄、利息等因素确定。过渡性养老金支出支付给"中人"，是为了保证新老办法平稳衔接、待遇水平基本平衡而给予的调节金、补贴等方面的基本养老金支出；离休金、退休金、退职金补贴支出是支付给"老人"的基本生活费用和各种生活补贴、物价补贴等支出。

在支付基本养老金时，分两个步骤：一是社会保险经办机构根据财政部门核定的基金年度预算及月份收支计划，按月填写财政部门统一印发的"用款申请书"，并注明支出项目、金额，加盖本单位用款专用章，在规定的时间内报送同级财政部门。二是财政部门对社会保险经办机构报送的"用款申请书"及时进行审核，审核无误后在规定的时间内将资金从财政专户拨到社会保险经办机构的支出户，对社会保险经办机构报送的不符合规定的凭证和用款手续，财政部门有权拒绝受理，同时，还可以要求社会保险经办机构重新填报"用款申请书"。

目前，基本养老金已基本全面实现了社会化发放，即社会保险经办机构通过银行、邮局以及依托社区和中介服务机构，向符合享受基本养老保险待遇的离退休人员发放基本养老金。

（二）失业保险金支出的管理

失业保险金支出是支付给失业人员在失业期间的基本生活费用，这是失业保险基金支出的主要部分。支出的范围和标准主要是根据失业人员失业前在企业连续工作时间及企业缴费年限来确定的，《失业保险条例》对此做出了具体规定：失业人员失业前所在单位和本人按照规定累计缴费时间满 1 年不足 5 年的，领取失业保险金的期限最长为 12 个月；累计缴费时间满 5 年不足 10 年的，领取失业保险金的期限最长为 18 个月；累计缴费时间 10 年以上的，领取失业保险金的期限最长为 24 个月。重新就业后，再次失业的，缴费时间重新计算，领取失业保险金的期限可以与前次失业应领取而尚未领取的失业保险金的期限合并计算，但是最长不得超过 24 个月。失业保险金的标准，按照低于当地最低工资标准、高于城市居民最低生活保障标准的水平，由各省、自治区、直辖市政府确定。

失业保险金的支付方式主要有两种，一是由社会保险经办机构直接发放，即由失业人员凭有效证件直接到社会保险经办机构领取；二是委托银行发放，即由失业人员凭有效证件到社会保险经办机构指定的银行领取。

（三）基本医疗保险待遇支出的管理

按《国务院关于建立城镇职工基本医疗保险制度的决定》规定，基本医疗保险待遇支出包括社会统筹医疗保险待遇支出和个人账户医疗保险待遇支出。社会统筹医疗保险待遇支出是指按规定在统筹医疗基金支付范围以内，起付标准以上、最高支付限额以下，由统筹医疗基金支付的医疗费支出。一般情况下，大病、住院的费用由统筹基金支付；起付线以下、最高支付限额以上的医疗费用不允许在统筹基金中开支。个人账户医疗保险待遇支出是按规定由个人账户医疗基金开支的医疗费支出。一般情况下，小额医疗费用或日常门诊费用由个人账户基金支付。

统筹基金和个人账户要划定各自的支付范围，分别核算，不得互相挤占。统筹基金的起付标准原则上控制在当地职工年平均工资的10%左右，最高支付限额控制在当地职工年平均工资的6倍左右，起付标准以下的医疗费用，从个人账户中支付或由个人自付，起付标准以上、最高支付限额以下的医疗费用，主要从统筹基金中支付，个人也要负担一定比例。

基本医疗保险待遇的支付方式较为复杂，主要有四种方式：

一是按服务项目付费。指对医疗服务过程中的每一服务项目制定价格，参保人在享受医疗服务时，逐一对服务项目付费或计费，然后由医疗保险经办机构向参保人或定点医疗机构依照规定按比例偿付发生的医疗费用。它属于"后付型"类型。

二是按服务单元付费。指将医疗服务的过程按照一个特定的参数划分为相同的部分，每一个部分成为一个服务单元（如一个门诊人次、一个住院人次和一个住院床位）。医疗机构根据历史资料及其他因素制定出平均服务单元费用标准，然后由医疗保险经办机构根据医疗机构的服务单元量向医疗机构进行偿付的方式。

三是按人头付费。指医疗保险经办机构每月或每年按医院和医生服务的人数和规定的收费定额预付给服务提供方一笔固定的费用，在此期间，供方提供服务合同规定范围内的一切医疗服务，不再收费。

四是按病种付费。指根据国际疾病分级法，将住院病人疾病按诊断、年龄、性别、出院转归等分为若干组，每组又根据疾病的轻重程度及有无合并症、并发症分为几级，对每一组不同级别，都制定相应的偿付费用标准，按这种费用标准对该组某级疾病的治疗全过程一次性向医疗机构偿付。

实践当中，一般都是几种支付方式混合搭配使用。

（四）转移支出的管理

转移支出是参保人由本地调往异地参保而转出的社会保险基金支出。与转移收入相同，由于社会保险基金在同一统筹范围内是统一调剂使用的，因此，当参保人在同一统筹地区调动工作时，不办理社会保险基金的转移。但是，在跨统筹区域调动时，基本养老保险和基本医疗保险个人账户的全部存储额由调出地社会保险经办机构向调入地社会保险经办机构划转，调入地社会保险经办机构为其建立相应的个人账户。就失业保险而言，单位成建制跨统筹地区转移或个人跨统筹地区流动的，其失业保险关系随之转移，但失业保险基金是否转移，《失业保险条例》未做统一规定，各地可根据实际情况做出具体规定。

第五节 加强社会保险基金预算管理的措施

"十二五"规划纲要提出，要"坚持把保障和改善民生作为加快转变经济发展方式的根本出发点和落脚点"，其中就包括健全覆盖城乡居民的社会保障体系。社会保险是社会保障的重要内容，而社会保险制度运行的成功与否与健全有效的资金管理、稳定可靠的资金来源、严格规范的待遇支出紧密相关。如何进一步加强社会保险基金预算管理，管好用好社会保险基金，是"十二五"时期财政部门面临的一个重大课题。今后一个时期，在总结试编社会保险基金预算经验的基础上，要以提高基金预算编制水平为龙头，以加强基金预算执行管理为抓手，以健全信息化管理为基础，进一步完善管理制度，规范工作程序，推进社会保险基金预算科学化精细化管理。

一是提高基金预算编制水平。提前基金预算编报时间。逐步将编报时间提前，做到基金预算编报时间与公共财政预算同步。逐步扩大基金预算编报范围。本着积极稳妥的原则，研究逐步将《社会保险法》规范的各项社会保险基金，全部纳入社会保险基金预算管理。完善基金预算编制方法。增强社会保险基金预算编制的科学性和准确性。

二是加强基金预算执行管理。研究制定加强执行管理的绩效考评办法，密切跟踪各地基金预算执行情况，对于预算编制与预算执行差异较大的地区，应要求其按规定予以调整。

三是加强社会保险基金预算的管理基础工作。以修订基金财务制度为重点，不断完善社会保险基金管理的制度建设。建立健全有利于社会保险基金财务可持续发展的机制体制，如完善基金收付管理机制，规范开户银行选择认定，统一计息办法，加强基金投资管理等。建立和完善社会保险基金预算信息管理系统，实现地方各级财政部门、人力资源社会保障部门和社会保险经办机构等部门预算编制、审批、执行、调整、决算编报的规范化和科学化管理。不断推进社会保险精算工作，继续开展精算研究和试点推广,并逐步将精算工作日常化、规范化、制度化,指导各地以建立年度精算报告制度为契机,积极推进包括统计分析、监测预警、预测分析、风险评估和精算在内的多层次宏观决策系统建设,将社会保险基金运行分析从以事后评估为主逐步转向事前预警、实时监控与事后评估相结合,为合理编制社会保险基金年度预算提供数据支撑。

四是努力增强基金预算透明度。在试编社会保险基金预算期间,鼓励地方根据本地实际适时向本级人大报告社会保险基金预算,逐步编制全国社会保险基金预算。同时,探索建立社会保险基金预算信息披露制度,接受社会监督。

五是进一步提高统筹层次,适当提高保障水平,将基金结余保持在合理规模内。坚持安全第一的审慎原则,在完善法规、严格监管的前提下,适当拓宽基本养老保险基金投资渠道,实现保值增值。

第九章 预算执行管理

第一节 预算执行管理概述

一、预算执行管理的概念和意义

预算执行管理,是指财政部门依据国家法律法规等有关规定,对预算收支执行全过程进行计划、组织、实施和监督等一系列管理活动。在预算执行管理活动中,预算部门(单位)是预算执行的主体,负责本部门(单位)的预算执行,并对预算执行结果负责;财政部门负责对预算部门(单位)的预算执行实施管理和监督,保障预算执行规范、安全、有效。

预算执行管理是财政管理的重要组成部分,是确保预算规范有效实施的关键环节,关系到党和国家政策的贯彻落实,关系到财政职能的发挥和财政资金使用效益的提高。第一,加强预算执行管理是贯彻落实党和国家政策的必然要求。预算编制体现了党和国家的大政方针,预算执行则是具体贯彻落实这些方针政策的过程。只有通过加强预算执行管理,切实提高执行力,才能更及时、更安全、更有效地落实党和国家的各项方针政策。第二,加强预算执行管理是有效发挥财政职能作用的客观需要。为发挥财政在资源配置、收入分配和稳定经济等方面的职能作用,需要综合运用税收、公共投资、补贴、转移支付等财政政策工具。而这些财政政策工具的使用,最终都会体现在财政收入和支出预算的执行上。必须切实加强预算执行管理,规范预算收支执行,提高预算资金使用效率和效益，保障财政职能作用的充分发挥。第三，加强预算执行管理是推进财政科学化精细化管理的重要内容。通过全面深化国库集中收付、政府采购等预算管理制度改革，加强预算执行监测分析，着力创新预算执行管理机制，健全预算执行管理手段和监控机制，有利于提高财政资金使用效益，使财政管理水平迈上新台阶。

二、预算执行管理的主要内容

预算执行管理贯穿财政资金运行的全过程，包括收入收缴管理、支出支付管理、国库现金管理、政府采购管理、决算管理等五个重要环节，以及建立在此基础上的预算执行分析与预测等诸多方面。

（一）收入收缴管理

收入收缴管理是预算执行管理的关键环节，是财政收入顺利完成的重要保障，也是规范行政执法的有力手段。收入收缴管理包括税收收入收缴管理和非税收入收缴管理两个方面。其中，税收收入收缴管理主要是通过实行财税库银税收收入电子缴库横向联网，及时、准确掌握税收收入征缴、入库、退库、更正、免抵调等信息，规范税收收入收缴行为。非税收入收缴管理主要是通过推行非税收入收缴管理制度改革，改变执收单位通过过渡性账户层层上缴非税收入的做法，采取直接缴库和集中汇缴的方式，将财政收入直接缴入国库单一账户体系。

（二）支出支付管理

支出支付管理是预算执行管理的核心环节，对于规范预算支出行为、加强单位财务管理、提高财政资金使用效率等具有十分重要的意义。支出支付管理的重点，是推行国库集中支付制度改革，即改变过去层层转拨财政资金的拨付方式，通过实行财政直接支付和财政授权支付，将财政资金通过国库单一账户体系直接支付到最终收款人或用款单位，并在此基础上建立财政国库动态监控机制，对每一笔支付交易进行实时动态监控，提高支出执行效率和透明度，确保资金使用安全。同时，加强预算支出均衡性管理，促使各部门和单位科学、合理、均衡地安排和使用财政资金。

（三）国库现金管理

国库现金管理，是指财政部门代表政府在确保国库支付需要和国库现金安全的前提下，有效管理国库现金以降低筹资成本和获取投资收益的一系列财政管理活动。国库现金管理是公共财政制度的重要组成部分，也是现代国库管理的基本特征，在发达市场经济国家普遍实行。目前，我国国库现金管理工作主要采取两种相对安全的操作方式，即商业银行定期存款和买回国债，以提高国库资金使用效益。

（四）政府采购管理

政府采购管理是加强财政支出监督管理的重要内容和手段，有利于提高财政资金的使用效率，促进源头治腐，并实现国家宏观调控意图。通过制定统一规范的政府采购方式和程序，实行集中采购、分散采购相结合的采购模式和"管采分离"的管理体制，以及综合监管、专业监管和行业监管相结合的监管体系，对政府采购行为进行管理。

（五）决算管理

决算管理是反映预算执行结果以及国家方针政策执行情况的重要手段，是分析研究和调整完善国家财政经济决策的参考依据。决算管理包括财政总决算管理和部门决算管理两个方面。其中，财政总决算管理是指在清理年终收支、办理年终结算的基础上，按照规定的格式、程序和方法组织编制财政总决算，真实、准确、及时地反映政府收支情况。部门决算管理是指以日常会计核算为基础，按要求编制部门决算，以综合反映本部门和单位财务收支状况和各项资金管理状况以及人员、机构等信息。

在加强与规范预算执行各环节管理的基础上，强化预算执行分析与预测也是提高预算执行管理水平的重要方面。其主要内容包括预算执行基础数据管理、预算执行分析报告和预算执行专题调研报告，通过归纳总结预算收支执行的特点和规律，准确把握经济财政运行状况和预测下一步走势。

第二节　加强预算执行分析与预测

一、预算执行分析与预测的概念和意义

预算执行情况是财政部门贯彻落实党和国家方针政策情况的综合反映。对预算执行情况进行分析与预测，主要是总结财政预算收支规律和特点，把握经济财政运行状况和预测下一步走势，及时发现预算管理中的新情况、新问题，有针对性地提出完善相关政策措施的意见和建议，为科学决策和提升管理水平提供参考依据。

二、预算执行分析与预测的主要内容

（一）预算执行基础数据管理

预算执行基础数据管理是加强财政管理基础工作的重要内容之一，也是做好预算执行分析的基础和前提。预算执行基础数据主要来源于国家金库日（旬、月、年）报表、财政总预算会计报表、相关部门统计报表等，涉及面广，类别多，信息量大，口径关系复杂。必须在建立完备的数据编报统计制度的基础上，以

现代化的信息系统为技术支撑，并按决策管理的实际需求，对大量庞杂的信息进行加工整理，形成各类执行情况报表，如一般预算收支报表、政府性基金预算收支报表等，为预算执行分析与预测提供基础。

基础数据管理应遵循以下原则：一是确保数据准确。各项收支数据均应严格按照我国《预算法》、《财政总预算会计制度》等规定编列、汇总，做到账表一致，表表相符，口径关系清晰规范，不得估列代编。二是确保数据报送及时。各时段的执行数据信息，应在第一时间内完成加工整理，并按有关规定及时汇总编报，以尽早了解情况、发现问题、把握走势。三是着力体现精细化。基础数据的采集管理应尽可能全面详细地反映财政预算各科目、各时点的执行情况，以便更加深入地对相关问题进行剖析。

（二）预算执行分析报告

预算执行分析报告是预算执行分析与预测工作的核心内容，主要包括：客观反映党和国家方针政策以及相关财税改革措施等的落实情况，分析政策性因素以及对财政预算收支的影响；结合宏观经济运行情况，对财政收支相关项目增减变化的原因及与主要经济指标的对应关系进行量化分析；分级次、分区域、跨年度对比分析主要预算收入和支出项目的完成情况，总结预算执行的规律和特点；采用科学的预测方法和工具，对下一步财政收支形势进行预计。分析与预测情况的主要载体是定期上报的预算执行情况分析报告，主要有旬度报告、月度报告和年终报告等。

编报预算执行分析报告需要注意以下几点：一是把握分析报告的时效性。经济财政运行的国际国内环境日趋复杂多变，及时归纳总结并报告各时点预算执行总体情况和特点，是发挥执行分析服务科学决策参考职能的基本要求。二是注重拓展分析广度和深度。经济决定财政，财政又反作用于经济。执行分析需要从二者之间的互动关系入手，多维度、宽视角地研究确定各阶段分析的主线、主题和重点，不能流于表面或以点代面，更不能片面揣度或自证自说。三是突出前瞻性。在跟踪监测主要收支项目增减变化的基础上，敏锐捕捉预算执行中反映出的苗头性趋势性问题，加强滚动预计和测算，以准确把握经济财政运行走势，并提出相应的政策预案或建议。

（三）预算执行专题调研报告

预算执行分析报告属于常规性报告，内容相对固定，加上时效性很强，对一些预算执行中的重点和难点问题，很难第一时间在常规分析报告中做到深入、透彻，往往需要进行专题研究，作为预算执行常规分析的补充。因此，预算执行专题调研是预算执行分析工作的延伸，是在分析范围上的进一步拓展和在研究深度上的进一步挖掘。

预算执行专题调研需要注意以下几点：一是科学选题。预算执行专题调研的内容相对宽泛，因此必须突出重点，抓住主要问题，如对经济财政运行产生关键性影响的重大财经问题，财政宏观调控政策和财税改革的实施情况和实际效果等，都是预算执行专题调研中的重要内容。二是注重调研方式方法。针对地区性、区域性和全国性等不同层次的研究内容，可以采取单独调研、成立联合调研组等形式进行调研。调研要尽可能深入基层，努力获取第一手资料，注重加强与其他部门和相关地区的沟通配合，拓宽信息来源渠道，还要参考借鉴各方面的研究成果和运用先进的研究手段，提高研究分析水平。三是加强组织领导。和常规性分析相比，专题调研工作内容形式相对灵活，更需要加强组织领导。上级部门可以通过下发通知，明确调研主题和具体要求等方式，组织指导下级财政部门积极开展专题调研工作。

三、加强预算执行分析与预测的措施

预算执行分析与预测要在巩固现有成果和分析水平的基础上,结合形势发展变化,不断创新工作内容,努力提升分析水平,更好地发挥预算执行分析服务科学决策的职能作用。一是进一步夯实工作基础。结合政府收支分类科目改革、财税库银横向联网等工作的进展情况,不断改进执行信息基础报表设计,丰富基础数据信息量,建立完善与有关经济部门和财政系统内部的信息沟通和协作机制,扩大信息来源渠道。二是继续拓展执行分析的深度和广度。加强对经济财政运行的综合分析和监测,提高对经济财政形势发展的总体把握能力,促进预算执行分析成果更多地向实际政策建议转化。三是进一步提高预算执行预测水平。深入研究经济发展和财政运行的内在联系,研究开发以数据库系统为基础的预测数理模型,实现定性判断和定量预测的有机结合,着力构建严密科学的分析预测体系。四是继续完善专题调研工作机制。推进预算执行专题调研工作系统化、规范化、制度化,紧密结合财政发展改革中的重大课题确定调研重点,围绕主题科学制订短期和中长期调研计划,为加强财政管理、充分发挥财政职能作用提供政策建议。

第三节 提高预算支出执行均衡性和效率

一、预算支出执行均衡性和效率的概念

预算支出执行均衡性,是指政府各部门根据已批准的预算,结合本部门的事业发展规划和项目实施进度,科学、合理、均衡地安排和使用财政资金。预算支出执行均衡是一个相对状态,提

高预算支出执行均衡性要兼顾资金使用效益,不能盲目、片面地追求均衡。预算支出执行效率,是指预算支出执行的有效性,包括两个方面:一是预算执行工作本身的有效性,即管理和组织支出执行工作的行政效率;二是预算执行产生结果的有效性,即预算执行结果是否有利于提高资源配置的效率。提高预算支出执行均衡性和效率,有利于党和国家宏观调控政策的贯彻落实,有利于提升政府的公共管理和公共服务水平,有利于促进财政职能作用的发挥。

二、提高预算支出执行均衡性和效率取得初步成效

近年来,全国财政系统按照科学化精细化管理的要求,根据实际贯彻落实和创新,不断强化预算执行管理。加强收入形势监测分析,支持税务、海关等部门加强税收征管,严格非税收入管理,努力做到依法征收、应收尽收,促进财政收入稳定增长。强化部门的预算支出执行主体责任,加强分析和动态监控,建立预算支出执行情况定期分析、通报、约谈、提醒等制度。严格用款计划管理,基本支出在批复的预算内按照均衡原则核批,项目支出结合项目实施进度核批,建立完善项目支出资金预拨制度,促进项目支出进度均衡化。加快转移支付资金拨付进度,中央补助地方专项转移支付资金国库集中支付改革范围逐步扩大。切实推进预算支出绩效评价,中央财政预算执行动态监控机制不断健全,地方财政预算执行动态监控体系建设加快。国库集中收付、政府采购等制度改革继续深化。

从近几年执行结果看,通过强化预算执行管理,预算执行的均衡性和效率不断提高。2008年12月和2009年12月全国财政支出占全年支出的比例分别为27.6%、26.3%。2010年12月全国财政支出占全年支出的比重,进一步下降到20.1%。财政支

出较好地体现了党和国家各项方针政策，有力地促进了经济社会又好又快发展。

从历年预算执行情况看，财政支出进度均呈"前低后高"走势，第一季度各月支出进度较慢，第二、第三季度逐步回升，第四季度则进一步加快，12月支出占全年财政支出的比例稍高一些。原因主要有以下几个方面：一是项目支出中一般只有延续性项目按一定比例预拨部分资金，新增项目大都是在预算批复下达后才开始支出，这样就使一些资金延后支出。二是由于项目单位从启动规划设计、可行性研究、招投标等管理程序到具体实施有一个过程，前期准备阶段资金需求量小，实施阶段资金需求则明显增大，相应的资金支付也是前少后多。三是据实结算和以收定支的项目在12月支出较多。四是一些项目预算因政策调整、组织实施方面的原因，需延后执行或结转下年使用，等等。

按照现行财政国库管理制度，各预算单位请领财政预算资金都要严格按财政预算、项目进度、有关合同和规定程序办理，并接受财政部门的实时监控。预算单位违反预算规定、不符合支付条件的开支，财政国库不予支付，也不允许将预算资金转到单位自有资金账户。各预算单位年度预算中，除项目已完成或因故终止、撤销等特殊情况外，年终未执行完的预算指标，按规定程序审核、报批后，结转下年使用。结转下年使用资金在使用前一直保留在国库，并没有拨付到各预算单位的资金账户。也就是说，虽然年底财政支出数量相对较多，但并不是违反预算管理规定的"突击花钱"。

三、提高预算执行均衡性和效率的措施

今后一个时期，要在继续细化预算编制的基础上，采取切实有效的措施加强预算执行管理，不断提高预算执行的均衡性和效

率。

加强财政收入管理。加强对经济运行的跟踪监测,认真分析经济运行变化对财政收入的影响。建立健全财政与税务、海关等部门沟通协调的工作机制,支持税务、海关等部门依法征收,应收尽收。推进财税库银税收收入电子缴库横向联网工作,提高税款入库速度,实现税收收入信息共享。加强非税收入管理。按照"正税清费"原则,清理取消不合理、不合法的非税收入项目,建立规范的非税收入体系。加强财政票据管理和使用,充分发挥财政票据"以票控费、认票促收"的基础性作用。全面实施政府非税收入国库集中收缴,取消执收单位过渡性账户,把所有政府非税收入统一纳入国库单一账户体系管理。严格控制税费减免,清理到期的税收减免政策,坚决制止越权减免税。

建立健全预算支出责任制度。发挥预算单位加强预算支出执行管理的主动性和积极性。督促部门制定预算执行的量化目标计划,将责任落实到项目主管单位、具体执行单位和负责人。中央财政将完善预算支出执行通报机制,地方财政也要加强对本级部门和下级财政预算执行情况的督导,形成一级抓一级、上级带下级、层层抓落实的工作格局,督促加快预算执行进度。

加快转移支付执行进度。对需要按项目拨付的专项转移支付资金,中央财政在提前通知时就布置相关项目申报工作,省级财政要会同有关部门完善项目库建设,提前一年做好项目准备并申报,同时,督促市县财政部门比照办理,力争做到资金一旦下达,及时拨付使用。地方财政部门要及时将上级财政下达的转移支付分解下达到本级主管部门和下级财政部门,并尽快下达本级财政安排的一般性转移支付和专项转移支付。

改进超收收入使用办法。超收收入除按照法律法规和财政体制规定增加当年支出,以及用于削减财政赤字、特殊一次性支出等必要支出外，原则上不再安排当年支出，转入预算稳定调节基金，在以后年度经过预算再安排使用，以提高预算执行的规范性，也有利于减少当年结转支出。

加强国库资金调度管理。确保基本支出预算按序时进度、项目支出预算按项目进度拨付资金。根据实际情况核定省以下尤其是县级财政的国库资金调度比例，尽可能通过留抵方式将资金留在基层财政，减少解缴和拨付的资金规模，保障基层财政预算支出的资金需要。在保持预算支出进度均衡性的同时，坚决防止超预算、超进度拨款，避免简单的库款搬家和一拨了之。

完善以收定支和据实结算项目支出方式。对于以收定支项目，要协调收入均衡入库，及时安排支出。对于据实结算等特殊项目，采取先下达后清算或分季下达的办法，避免年终集中列支，提高预算执行的均衡性。

第四节　深化国库集中收付制度改革

一、国库集中收付制度改革的意义

国库集中收付制度是市场经济国家普遍采用的现代财政国库管理制度。这项制度的核心，是通过国库单一账户体系，对财政资金实行集中收缴和集中支付，并对国库存款余额进行运营管理。2001年，经国务院批准，我国正式开始实施财政国库管理制度改革。改革的主要做法是，通过设立国库单一账户体系，建立国库集中收付运行机制，财政资金缴拨由"中转"变为"直达"，财政收入及时进入国库单一账户体系，财政资金支付按照规范程序，直接支付到供货商或最终用款单位，取消支付中间环节，使财政资金在未支付到收款人之前一直保存在国库。

21 世纪初开始实施的国库集中收付制度改革，是对我国原有财政国库管理制度进行的根本性变革，被经合组织（OECD）称为一场"财政革命"。改革的全面实施，从根本上改变了传统的财政资金运行机制，实现了预算执行管理手段和监控机制的历史性跨越。

一是财政国库管理理念发生根本性转变。改革前，我国的国库仅指国家金库，负责办理国家预算的收入和支出。改革后，我国建立的现代国库，更加注重管理，强调对预算执行全过程进行规范管理和有效监控；更加注重绩效，强调按照市场经济的基本原则和市场经济体制下财政职能的内在要求，不断丰富和完善国库管理功能体系；更加注重服务，服务于财政宏观调控职能的发挥，服务于预算单位的管理需求等。

二是财政资金运行调控能力显著提升。改革前，财政收入长时间滞留在各级执收单位的过渡存款账户，财政支出以拨作支，资金大量沉淀在各级预算单位银行账户，财政库款则经常"捉襟见肘"，资金运行调控能力薄弱，财政政策执行与宏观调控功能受到很大制约。改革后，通过建立国库单一账户体系，财政资金由过去各单位分散管理转变为财政部门统一管理，财政资金调度能力发生根本改观，对各项重大支出的保障能力大大增强。

三是财政资金运行效率和使用效益明显提高。改革前，财政资金分散缴拨，运行效率低，使用效益差。改革后，财政资金运行由"层层转"变为"直通车"，各类财政收入通过国库集中收缴方式直接缴入国库或财政专户，各类财政支出通过财政直接支付或财政授权支付方式，直接支付到最终收款人或用款单位，大幅提高了财政资金的运行效率。同时，在确保财政资金安全运行和支付需要前提下，对留存在国库中的间歇性闲置资金实施国库现金管理，提高了财政资金使用效益。

四是财政资金运行信息反馈的速度和质量有了根本性提高。改革前,财政资金拨付预算单位后,财政部门需要的有关信息只能采取基层单位人工编制、层层汇总上报的方式获取,真实性、准确性和及时性很难保证。改革后,建立了新型预算执行信息生成机制,依托国库单一账户体系和现代化管理信息系统,基层预算单位每一笔收缴和支付交易信息,均可通过现代化管理信息系统自动生成,并及时传输到财政部门,财政收支运行信息的真实性、准确性和时效性有了机制保障,财政政策的制定与实施有了更为及时、可靠的信息支撑。

五是财政资金运行安全得到切实保障。改革后,通过建立预算执行动态监控机制,实现了财政部门对预算执行全过程的实时、明细、智能监控,每一笔预算资金的支付时间、金额、收款人账号、用途等30多项信息,全部纳入实时动态监控范围。通过对疑点信息实时智能化预警,确保了违规问题能够得到及时纠正。随着新机制纠偏、规范和警示作用的日益显现,单位违规情况明显下降。

二、国库单一账户体系建设

(一)国库单一账户体系的概念和意义

国库单一账户体系,是用于管理、控制财政资金收支运行的一系列账户的统称。国库单一账户体系一般由国库单一账户和功能性分类账户组成。其中,国库单一账户是进行财政资金日常收支管理的主账户,所有预算收入的归集和预算支出的支付一般都通过该账户进行。功能性分类账户按资金用途和管理需要设置,主要分为三类:一是财政部门自身或为预算单位开设的用于国库集中收付业务的账户,一般实行零余额管理;二是财政部门为实施国库现金管理而开设的资本性账户;三是因特殊政策和管理需要而开设的专用账户。

账户是资金运行的载体，建立国库单一账户体系是实施国库集中收付制度改革的核心和基础。国库单一账户体系的建立，使财政性资金的收支都能够在账户体系内运行，为预算执行管理、监控和信息反馈提供了机制保障。

（二）国库单一账户体系建设的主要内容

国库单一账户体系建设，是指改变过去多重分散设置银行账户的做法，通过设立国库单一账户、零余额账户、财政专户、特设专户，逐步将各类财政资金纳入其中管理。

国库单一账户体系包括：（1）国库单一账户。由财政部门在中国人民银行开设，用于记录、核算和反映纳入预算管理的所有财政收入和支出活动。（2）零余额账户。包括财政部门零余额账户、预算单位零余额账户和财政汇缴零余额账户。财政部门零余额账户用于财政直接支付和与国库单一账户清算，预算单位零余额账户用于财政授权支付和与国库单一账户清算，财政汇缴零余额账户用于非税收入收缴和与国库单一账户或财政专户清算，它们的日终余额都为零。（3）财政专户。由财政部门在商业银行等金融机构开设，主要用于管理核算具有特定用途和特殊管理需要的资金，如外汇资金、粮食风险基金、教育收费等。（4）特设专户。由财政部门为一些特殊转移性资金的用款单位在商业银行开设，主要用于用款单位接收、使用、核算转移性资金。开设此类账户，既有利于满足用款单位资金使用和管理需要，也有利于财政部门监督管理。

（三）健全国库单一账户体系的主要措施

我国虽然已经建立起了国库单一账户体系，但仍需继续完善，如专门用于国库现金管理的资本性账户还没有设立，有些地方财政专户管理不够规范，等等。这些问题都需要通过进一步健全账户体系设置、完善监控手段、加强规范管理等措施加以解决。一是抓紧研究设立资本性账户。在国库单一账户体系中设立资本性账户用于国库现金管理是国际通行做法，目前我国已经开始实施国库现金管理，应当借鉴国际经验，尽快研究设立资本性账户。在研究确定国库单一账户最低库底余额的基础上，通过资本性账户对暂时性闲置资金进行安全有效的市场化运作，以进一步增加财政资金收益。二是加强预算单位银行账户管理。进一步清理预算单位银行账户，完善账户日常审批管理制度和年检制度，强化监控和监督检查，严格控制预算单位银行账户设置。三是规范财政专户管理。加大清理整顿地方财政专户的力度，进一步规范财政专户开立、变更、撤销等审批管理程序，建立公开公平的财政专户开户银行选择方式，实现财政专户管理的规范、统一、高效、精简。

三、国库集中收缴制度改革

（一）国库集中收缴制度改革的意义

国库集中收缴制度改革，从非税收入看，就是改变执收单位通过收入过渡性账户层层上缴财政收入的做法，转为采取直接缴库和集中汇缴的方式，将财政收入直接缴入国库单一账户体系；从税收收入看，主要是指实施财税库银税收收入电子缴税横向联网，即财政部门、税务机关、人民银行国库、商业银行利用信息网络技术，通过电子网络系统办理税收收入征缴入库等业务，税款直接缴入国库，实现税款征缴信息共享。

国库集中收缴制度改革，创新了财政收入收缴管理方式，对于提高资金运行效率和透明度、加强财政收入监管、提高政府公共服务能力等都具有十分重要的作用。

从非税收入收缴制度改革看：一是有利于规范执收单位的收

缴行为。按照新的收缴程序，执收单位开具《非税收入一般缴款书》后，缴款人持缴款书到银行缴款，解决了原缴款程序下存在的执收单位占压、挪用、坐收坐支非税收入等问题，保证了缴款环节的规范性。二是有利于提高资金的运转效率。由财政部门为执收单位设立财政汇缴专户并实行日终零余额管理，可以加快资金的入库速度，提高财政资金的运转效率。三是有利于提高资金运行透明度。在新的收入收缴管理模式下，主管部门和执收单位可以及时掌握本部门本单位的收入情况，财政部门可以通过先进的收缴流程设计和信息管理系统，实现对政府非税收入的来源、规模、结构等变化进行有效监管和科学分析。

从税收收入收缴制度改革看：一是有利于增强财税库公共服务能力。实施财税库银税收收入电子缴税横向联网后，纳税人可以更加快捷方便地办理缴税业务，并实时获取完税信息，财税库部门提供公共服务的能力显著提升。二是有利于税款及时足额入库。以信息网络系统为依托，建立起各环节相互制约、科学合理的电子缴库流程体系，提高了税款征缴入库效率。三是有利于加强税收征管。通过横向联网，提高了税款缴库活动的透明度，加强了对税款征收缴库全过程的监督，保证税款征缴入库的规范性、安全性。四是有利于为宏观决策提供支持。政府相关部门可以更加及时准确地掌握完整、明细的税收信息，为研究制定宏观调控政策提供决策参考。

（二）国库集中收缴制度改革的主要内容及进展情况

一是取消执收单位收入过渡性账户，由财政部门在代理银行为执收单位开设财政汇缴专户，该账户只能用于财政资金的收入收缴，不得用于执收单位的支出。财政汇缴专户实行零余额管理，每日营业终了，由代理银行通过资金汇划清算系统将缴入财政汇缴专户的资金划转到财政专户，或直接缴入国库单一账户。

二是规范收入收缴程序，实行直接缴库和集中汇缴。直接缴库，就是缴款人通过开户银行将财政收入缴入国库单一账户体系；集中汇缴，就是执收单位将所收取收入汇总后，直接缴入国库单一账户体系。三是使用统一、规范化的执收票据。使用缴款凭证和收款收据合一、具有收缴双重功能的非税收入一般缴款书。四是实行非税收入收缴动态监控管理。运用现代信息技术手段，自动监控每一笔收入收缴信息，实现对执收单位收缴行为和代理银行代理业务情况的动态监控。我国2002年开始推行非税收入收缴管理改革。截至2010年年底，已有70多个中央部门实施了这项改革。地方结合本地实际，实施了各具特色的非税收入收缴管理改革，到2010年年底，绝大多数省份的省本级、300多个地市、2300多个县（区），超过25万个执收单位实施了非税收入收缴管理改革。

实施财税库银税收收入电子缴税横向联网的主要内容：一是实行电子缴库。主要采取划缴入库方式，即人民银行国库根据税务机关发送的电子缴款书，通知纳税人开户银行从纳税人账户划缴税款，直接缴入国库单一账户。不具备划缴入库条件的，采取自缴入库方式，即纳税人持纸质税收收入缴款书以现金或转账方式自行办理缴税，或者由税务机关汇总办理缴税；人民银行国库将收到的纸质税收收入缴款书与电子缴款书信息比对核销无误后，办理税款入库。二是建立健全信息共享机制。财政部门、税务机关、人民银行国库三方通过横向联网系统，按规定程序自动交换信息，实现对电子缴库信息、国库报表信息以及其他信息的共享。三是建立财税库银税收收入电子缴库横向联网系统。利用现代信息网络技术，采取三方横向联网方式，在财政部门、税务机关、人民银行国库间建立横向联网系统。2007年，我国财税库银税收收入电子缴库横向联网工作正式启动，截至2010年年底，所有省份基本都实行了电子缴税横向联网。2010年，通过横向联网系统办理业务8500多万笔，总金额18000多亿元。从试点情况来看，横向联网运行良好，纳税人可以足不出户享受7×24小时全天候的纳税服务，不需再到纳税大厅排队缴税，税款缴纳可以在数秒内完成，并直接从纳税人账户划入国库，征缴过程透明，征缴信息实现共享。

（三）深化国库集中收缴制度改革的主要措施

我国国库集中收缴制度改革在取得明显成效的同时，也面临改革进展不平衡、收缴模式不统一、信息化水平差别较大、收缴管理水平尚待提高等问题。今后一个时期，应在继续加大改革推进力度的同时，着力研究解决存在的突出问题，进一步提高巩固和发展改革成效。一是全面推进和深化非税收入收缴管理改革。扩大改革范围，深化改革级次，2012年年底前将改革推进到所有执收单位和所有非税收入项目。健全政府非税收入收缴管理制度体系，为深化改革提供有力的制度保障。根据非税收入收缴管理改革不断深化的需要，结合信息网络发展和银行结算手段更新等，不断优化收缴流程，研究电子化缴款方式，提高收缴效率。进一步完善非税收入统计分析报告制度。加强非税收入收缴监管。二是进一步完善财税库银税收收入电子缴库横向联网运行机制。研究建立财税部门信息交换统一框架。加强对税收收入明细数据的分析利用，逐步建立起有深度、有广度、有维度的税收收入分析报告制度，不断提高预算执行分析预测水平。推进关税横向联网，通过建立财政、海关、人民银行、商业银行之间的联网系统，实行关税收入电子缴库，实现财政与海关之间的信息共享。

四、国库集中支付制度改革

(一) 国库集中支付制度改革的概念和意义

国库集中支付制度改革，是指改变预算单位层层转拨财政资金的做法，转为实行财政直接支付和财政授权支付，将财政资金从国库单一账户体系直接支付到商品劳务供应者或用款单位。实施国库集中支付制度改革，是推动我国财政从功能型向管理型转变的重大举措。一是有利于提高资金运行效率和使用效益。财政资金集中支付避免了中间环节的层层滞留，大幅度提高了运行效率，所有未支付到供应商和最终用款单位的资金余额都由财政部门持有和掌握，为提高财政资金运行效率提供了必要条件。二是有利于提高预算支出执行透明度。通过运用现代信息网络技术，财政部门可以实时掌握每一笔支付交易详细记录，动态监控财政资金支付活动的全过程。同时，信息生成机制的变化，能够大大提高预算执行信息的完整性、及时性和准确性，为财政运行管理和宏观经济分析提供及时可靠的信息。三是有利于提高预算单位的财务管理水平。实施国库集中支付制度，促使预算单位转变"重分配、轻管理"的传统财务管理理念，进一步加强财务管理和会计核算，提高财务管理水平。

(二) 国库集中支付制度改革的主要内容及进展情况

一是开设财政零余额账户和预算单位零余额账户。两类账户都实行日终零余额管理，并直接与国库单一账户清算，即先由代理银行支付资金，每日终了再由代理银行向国库单一账户要款清算。二是实行财政直接支付和财政授权支付。财政直接支付，是指财政部门开具支付令，通过国库单一账户体系，直接将财政资金支付到商品和劳务供应者或最终用款单位账户。财政授权支付，是指预算单位根据财政授权，自行开具支付令，通过国库单一账户体系将资金支付到收款人账户。2001年，国库集中支付制度改革正式启动。截至2010年年底，中央171家预算部门及所属12500多个基层预算单位，全国36个省份的省本级、320多个地市、2500多个县（区）、超过35万个基层预算单位实施了国库集中支付制度改革。在各级财政对同级预算单位实行国库集中支付制度改革的基础上，2006年以农村义务教育经费保障机制改革为契机，积极探索建立了上下级政府之间专项转移支付资金国库集中支付运行机制。截至2010年年底，农村义务教育经费保障机制改革、新型农村合作医疗补助、"普九"化债等9项中央财政专项转移支付资金已实行国库集中支付，初步实现了上下级政府之间的财政资金支付直达和动态监控。为了规范和减少预算单位的现金支付，2007年开始大力推行公务卡改革，对公务消费由公务卡取代现金支付结算，利用"刷卡支付、消费有痕"的特点，使公务消费置于阳光之下，财政部门能够掌握所有通过公务卡支付报销的明细信息，并可通过监控系统实时监控。截至2010年年底，绝大部分中央部门及所属4000多个中央基层预算单位、35个省本级及部分市县推行了这项改革，全国公务卡发卡数量累计超过644万张。

（三）深化国库集中支付制度改革的主要措施

尽管国库集中支付制度改革取得了显著成效，但还存在改革进展不平衡、运行机制不完善、一些地方做法不规范等问题，需要通过进一步深化改革加以解决。一是加大国库集中支付制度改革推进力度，着力推进特殊部门、特殊单位、特殊资金的改革。督促地方扩大改革覆盖面，加大县级改革推进力度，完成会计集中核算向国库集中支付制度转轨。2012年底前要将改革覆盖到各级政府及所属预算单位。二是扩大专项转移支付资金国库集中支付改革范围，将具备条件的中央财政专项转移支付资金全部纳入国库单一账户体系管理。完善专项转移支付资金国库集中支付制度办法，建立专项转移支付资金运行管理新机制。三是加快推广公务卡制度，推行公务卡强制结算目录制度，进一步扩大用卡范围，全面建立公务支出监管新机制。同时，改善市场受理环境，为改革顺利推进提供保障。加强公务卡风险管理。

五、预算执行动态监控体系建设

（一）预算执行动态监控的概念

预算执行动态监控，是指以财政国库动态监控系统为手段，以国库单一账户体系为基础，通过内控管理和外部监督，动态监控财政资金支付全过程，防控财政资金支付风险，促进财政资金安全、规范和有效使用而进行的财政国库监督管理活动。建立健全预算执行动态监控体系，既是加强预算执行管理的重要内容，也是深化国库集中支付改革、建立现代财政国库管理制度的有效保障。

（二）预算执行动态监控体系建设的主要内容及进展情况

一是建立财政国库动态监控系统。2003年8月，财政部建成财政国库动态监控系统，利用现代网络技术手段，实时接收财政资金直接支付信息和授权支付信息，同时集中预算指标、用款计划、银行账户管理等数据，利用系统软件进行自动预警和信息分析。2006年7月，将补助地方的农村义务教育经费保障机制改革专项资金纳入动态监控管理范围，初步实现了对中央财政专项转移支付资金的动态监控。截至2010年年底，系统监控范围已扩展到农业保险保费、"普九"化债、新型农村合作医疗及家电下乡补贴等多项专项转移支付资金。

二是规范预算执行动态监控管理。为提高监控效率，逐步建立了实时监控、核查处理、整改反馈和跟踪问效等动态监控基本管理流程。通过建立监控核查信息报告制度和通报制度,将监控核查信息反馈到有关方面,形成预算执行监控信息互动机制,及时沟通解决财政资金支付使用中出现的问题。

三是加快建立覆盖各级财政的预算执行动态监控体系。为加大预算执行动态监控体系建设的指导和督促力度,2009 年 6 月,财政部印发了《关于加快建立地方预算执行动态监控机制的指导意见》,对动态监控运作机制、技术保障、内控管理、报告制度等方面做了具体规定。截至 2010 年年底,多数省(自治区、直辖市)基本建立了预算执行动态监控机制,并取得较好成效。

(三)完善预算执行动态监控体系建设的主要措施

一是加大信息化建设力度,创新监控手段和技术实现形式,建立国库集中支付违规操作预警核查平台,全面提高预算执行动态监控水平。二是加大中央财政专项转移支付资金国库集中支付动态监控力度,逐步实现权责合理、监控有力的政府间转移支付资金监控机制。三是督导加快地方预算执行动态监控机制建设,采取各项保障措施,争取 2012 年全面建立起预警高效、反馈迅速、纠偏及时、控制有力的覆盖各级财政的预算执行动态监控体系。

六、国库现金管理

国库现金管理,是指财政部门代表政府在确保国库支付需要和国库现金安全前提下,有效管理国库现金以降低筹资成本和获取投资收益的管理活动。

2005 年,经国务院批准,现阶段国库现金管理实施商业银行定期存款和买回国债两种操作方式,待条件成熟后再开展国债回购和逆回购等方式。2006年6月财政部与人民银行联合发布了《中央国库现金管理暂行办法》，明确了相关职责分工，建立了协调机制，我国国库现金管理正式进入实施阶段。截至2010年年底，共实施了32次国库现金管理操作，其中，商业银行定期存款操作30次，买回国债操作2次；商业银行定期存款操作于2008年首次实现3个月期定期存款年度内滚动操作，2009年开始基本形成了月度连续操作机制。国库现金管理进一步提高了国库资金使用效益，并逐渐成为金融机构资产负债管理的有效手段和方式，促进了金融市场的发展和完善。

按照公共财政要求，今后要逐步建立起资金安全、制度规范、操作透明、机制顺畅的现代国库现金管理制度体系。对于中央国库现金管理，一是增加商业银行定期存款操作规模和频率，丰富期限品种。在已开展商业银行定期存款、买回国债基础上，研究适时启动国债回购和逆回购、货币市场拆借等投资方式。二是选择时机发行国库现金管理券并建立相关的运行机制，健全中央国库现金管理短期融资方式，进一步加强国库现金管理与债务管理的协调配合。三是稳定中央财政在人民银行的库款余额，实现国库现金管理操作与货币政策公开市场业务操作的分离。对于地方国库现金管理，地方财政部门要根据权责一致的原则，加强与有关部门的协调沟通，并制定地方国库现金管理制度办法，明确业务内容、操作要求及安全规定，建立地方财政部门与人民银行地方分支机构共同参与、分工协作的地方国库现金管理运行机制。同时，中央财政、人民银行应加强对地方国库现金管理的指导和监督。

第五节　推进政府采购制度改革

一、政府采购制度改革的意义和内容

(一) 政府采购制度改革的概念

政府采购制度改革，是指按照统一规范的政府采购方式和程序，实行集中采购、分散采购相结合的采购模式和"管采分离"的管理体制，建立综合监管、专业监管和行业监管相结合的监管体系，构建科学的政府采购工作机制，规范政府采购行为。

政府采购制度，作为市场经济条件下政府加强财政支出管理的一项基本制度，不仅有利于节约财政支出，而且有利于从源头上防范抑制腐败。20世纪90年代中期以前，我国一直没有建立规范采购行为的制度体系，由各预算单位根据各自的实际情况自行、随意采购。这种传统的采购方法粗放低效，使数额巨大的国家财政支出化整为零，不能形成规模效应，而且容易脱离财政监督，造成预算资金使用效益不高。同时，采购活动中存在的暗箱操作和腐败现象也严重损害了党和政府的形象。为适应建立社会主义市场经济体制和公共财政体系的要求，提高财政资金的使用效益和财政支出的透明度，促进反腐倡廉建设，在借鉴国外通行做法和制度规范的基础上，我国从1996年开始推行政府采购制度试点，财政部于1999年4月制定发布了《政府采购管理暂行办法》，将政府采购制度作为加强财政支出管理的三大改革举措之一重点推进。2003年1月1日，《中华人民共和国政府采购法》（以下简称《政府采购法》）正式颁布，标志着我国政府采购步入了法制化管理的全面实施阶段。随着改革的不断深化，政府采购制度在宏观调控方面的作用也越来越突出。

（二）政府采购制度改革的主要内容

政府采购被誉为"阳光下的交易"，其核心是将公开竞争机制引入财政支出管理中，按照公开、公平和公正原则开展采购活动。按照《政府采购法》规定，我国政府采购制度的主要内容包括采购范围、采购模式、采购机制、监督制约机制、政策功能等方面。

（1）界定政府采购范围。各级国家机关、事业单位和团体组织使用财政性资金采购集中采购目录以内或者采购限额标准以上的货物、工程和服务的行为适用政府采购法。

（2）实行集中采购和分散采购相结合的采购模式。政府集中采购的范围是通用商品，纳入集中采购目录的政府采购项目，必须委托集中采购机构代理采购。其他采购项目，达到限额标准的，由采购单位分散采购。

（3）建立政府采购运行机制。一是实行管理职能与执行职能分离的管理体制，各级财政部门是政府采购监督管理部门，各级政府设立的集中采购机构作为代理机构独立设置，接受单位委托开展业务。二是建立公开有效竞争机制。政府采购法律制度、招标信息和采购结果、投诉处理决定和司法决定必须公开。在公开招标、邀请招标、竞争性谈判、询价和单一来源等五种采购方式中，公开招标是主要采购方式。三是严密采购程序。明确了从政府采购预算编制、信息公告、采购方式确定、采购活动的组织、专家的确定、标书的评审、合同的签订、验收到采购资金支付等整个采购环节的程序性规定。

（4）构建监督制约机制。政府采购制度从财政、专业和社会三个层次建立监督制约机制。财政部门是政府采购监督管理部门，依法对整个采购环节实施监督管理。监察部门监督国家公职人员的采购行为，审计部门对财政性资金的使用情况及政府采购制度的执行情况进行审计。同时，任何单位和个人对政府采购活动中的违法违规行为，有权向财政部门或其他有关部门控告和检举。

（5）发挥政策功能。政府采购需要发挥两方面的政策职能：一是政府采购应当有助于实现国家的经济和社会发展政策目标，包括节约资源与保护环境，扶持不发达地区和少数民族地区，促进中小企业发展等。二是政府采购应当按照国际惯例和国内有关法律规定，采购本国货物、工程和服务，支持本国产业和企业发展。

二、采购人管理

采购人，是指各级国家机关、事业单位和团体组织。采购人管理，是财政部门依法对采购人的政府采购行为进行的监督管理活动。在政府采购活动中，采购人具有双重属性：一方面是市场交易中平等的市场主体，具有民事行为能力和法人资格，独立享有民事权利和承担民事责任。另一方面又体现着国家意志和社会公共意志，其采购决策不仅决定了规模巨大的政府采购资金的投向，还会对私人消费起到引导和示范作用，影响到国家的产业发展。

采购人管理的主要内容：一是预算和计划管理。按照《政府采购法》的规定，采购人应当将政府采购的项目及资金预算在部门预算中列出。凡使用财政性资金进行的政府采购都应编制政府采购预算，提高预算编制的完整性和科学性。为便于财政部门调度资金，发挥政府采购的规模效应，在政府采购实践中，许多地方财政部门要求采购人编制政府采购实施计划，对采购项目及其采购方式、资金来源、支付方式进行审核或备案管理。二是采购执行管理。采购人应当对属于政府采购范围的采购项目做到应采尽采，纳入集中采购目录的政府采购项目，必须委托集中采购机构代理采购。采购人采购达到公开招标数额标准的货物或者服务的，应当采用公开招标方式采购。因特殊情况需要采用公开招标以外其他采购方式的，采购人应当在采购活动开始前，按照有关规定将变更政府采购方式申请报财政部门审批。采购人在确定采购需求时，应当自觉执行采购本国产品、节能产品等政府采购政策，如需采购进口产品，应当在采购活动开始前报财政部门审核。采购人确定中标供应商后，必须在规定时间内与中标供应商签订政府采购合同。三是信息管理。采购人或其委托的采购代理机构应当按照法律规章制度的要求，将有关政府采购信息和招标结果在财政部门指定的政府采购信息发布媒体上向社会公开发布，做到信息发布及时、内容规范统一、渠道相对集中，以增加政府采购的透明度，接受社会各界的监督。

三、供应商管理

供应商是指向采购人提供货物、工程或者服务的法人、其他组织或者自然人。作为政府采购市场的供方，供应商是政府采购的当事人之一。财政部门依法对供应商实行资格管理，即参加政府采购活动的供应商，必须具备法定的基本条件，包括独立承担民事责任的能力，良好的商业信誉和健全的财务会计制度，履行合同必需的设备和专业技术能力，履行依法缴纳税收和社会保障资金的良好记录，参加政府采购活动前3年内在经营活动中没有重大违法记录等，以保证政府采购的质量和效率，维护政府采购市场秩序，发挥政府采购的示范和导向作用。

供应商管理的主要内容：一是资格审查及违规处罚管理。《政府采购法》及有关制度规定对供应商参与政府采购活动提出了明确的要求，参加政府采购活动的供应商应当遵守政府采购制度规定和公平竞争交易规则，诚实守信，不得以不正当手段谋取利益，不得损害国家利益、社会公共利益和他人的合法权益。采购人可以要求参加政府采购的供应商提供有关资质证明和业绩证明文件，按照《政府采购法》规定的供应商条件和采购项目对供应商的特定要求，对供应商的资格进行审查。供应商在采购活动中有违法违规行为的，依法列入不良行为记录名单，在1—3年内禁止参加政府采购活动，还可以并处罚款和没收违法所得；情节严重的，由工商行政管理机关吊销营业执照；构成犯罪的，依法追究刑事责任。以上处罚措施，旨在促使供应商在政府采购活动中公平竞争、诚信履约。二是供应商投诉管理。为充分发挥供应商对政府采购活动的监督作用，维护供应商的合法权益，《政府采购法》设立了供应商投诉制度，即供应商对政府采购活动事项有疑问的，可以向采购单位提出询问；供应商认为采购文件、采购过程和中标、成交结果使自己权益受到损害的，可以在规定时间内向采购单位提出质疑；供应商对质疑结果不满意的，可以向财政部门提出投诉，对投诉处理结果不服的，还可以申请行政复议或者向人民法院提起行政诉讼。2004年，财政部出台了《政府采购供应商投诉处理办法》，对供应商投诉的提起与受理、处理与决定、相关方的法律责任等做出了明确具体的规定，进一步规范了供应商投诉及财政部门受理投诉的行为。供应商投诉处理机制的完善，使供应商的监督日益成为采购活动中最直接、最有效的监督途径之一，保障了政府采购活动规范有序进行。

四、代理机构管理

政府采购代理机构，是《政府采购法》规定的政府采购活动的当事人之一，包括政府依法设立的集中采购机构和经认定资格的其他采购代理机构。财政部门要对采购代理机构实施考核、代理机构人员培训、监督检查等措施，以推动政府采购代理机构不断向规范化、专业化方向发展。

代理机构管理的主要内容：一是集中采购机构管理。集中采购机构，是指设区的市、自治州以上人民政府按照《政府采购法》第十六条和第六十条的规定，根据本级政府采购项目组织集中采购的需要独立设置的非营利事业法人。关于集中采购机构的业务范围，我国目前实行的是法定强制委托，即纳入集中采购目录的项目，采购单位必须委托集中采购机构代为采购。同时，为防止集中采购机构滥用职权，《政府采购法》对集中采购机构提出了采购价格低于市场平均价格、采购效率更高、采购质量优良和服务良好等更为严格的管理要求，促使集中采购机构认真履行职责，不断提高业务素质、操作技能、采购效率和服务意识。二是社会代理机构管理。社会代理机构从事政府采购代理业务，必须依法取得省级以上人民政府财政部门认定的政府采购代理机构资格。我国目前实行的是自愿委托，即达到采购限额标准以上集中采购目录以外的项目，采购单位既可以委托给集中采购机构代理采购，也可以委托社会中介机构代理采购。为了进一步规范政府采购代理机构资格认定和加强政府采购代理机构资格管理，2010年，财政部对2005年出台的《政府采购代理机构资格认定办法》进行了修改完善，对代理机构的认定标准、认定程序和要求等做出了更为细化明确的规定。截至2010年年底，全国社会代理机构的数量为2600多个，其中甲级代理机构600多家。代理机构数量的增加，形成了更为充分的竞争环境，有力地推动了政府采购代理机构进一步规范采购行为，不断提高服务意识和服务水平。

五、评审专家管理

政府采购评审专家,是指符合政府采购有关规定条件和要求,以独立身份从事和参加政府采购有关评审工作的人员。政府采购评审专家管理,就是财政部门对评审专家的资格、评审行为等进行监督和规范,以加强对政府采购评审活动的管理,提高政府采购工作质量。我国在政府采购制度设计中,引入了评审专家制度,要求政府采购评审专家按照公平、公正、客观、审慎的原则和采购文件的规定,独立进行评审,并对自己的评审意见承担法律责任。评审专家不是《政府采购法》规定的当事人,但其是政府采购活动的重要参与人,其工作质量直接关系到采购活动的效果。

根据《政府采购评审专家管理办法》,评审专家管理的内容主要包括资格管理和违规处罚等。一是评审专家资格管理。评审专家资格由财政部门管理,采取公开征集、推荐与自我推荐相结合的方式确定。建立政府采购专家库是专家资格管理的重要内容,自2004年起,财政部开始建立"中央单位政府采购专家库",许多地方财政部门按照"统一条件,分级管理、资源共享、随机选取、管用分离"的专家库建设管理要求,分别建立了省、市、县各级专家库,实现了评审专家管理与使用分离和资源共享,有效地保障了政府采购评审工作质量。二是评审专家处罚管理。考虑到评审专家在政府采购活动中的重要地位,为防止其利用权力谋取私利,财政部门要对评审专家倾向性评标、违反有关廉洁自律规定收受供应商财物等违规行为进行处罚,包括通报批评、列入不良行为记录名单、取消资格等,促使评审专家公正评标、审慎评标和廉洁评标。此外,逐步建立评审专家的岗前培训、后续教育、考核评价以及增补与优胜劣汰机制,促进专家评审制度在实践中更好地得到落实。

六、政府采购对外谈判和国际交流

建立与国际惯例接轨的政府采购制度,并开放政府采购市场,是中国改革开放的必然要求。财政部在政府采购制度改革过程中,妥善把握政府采购市场开放进程,不断拓宽国际交流合作领域。

(一)履行承诺,按时启动加入《政府采购协议》谈判

《政府采购协议》(GPA)是世界贸易组织(WTO)的一项诸边协议,旨在促进参加方开放政府采购市场,从而扩大国际贸易。GPA由WTO成员自愿签署,目前有14个成员方41个国家和地区。

我国在2001年加入WTO时承诺,在成为WTO成员后,尽快启动加入GPA谈判。国务院决定,加入GPA谈判工作由财政部负责,有关部门配合。2007年12月28日,我国政府启动了加入GPA谈判,并提交了中国开放政府采购市场范围的初步出价清单。2008年,向WTO提交了《中国政府关于审议清单问题的答复》(又称《中国政府采购国情报告》);2009年提交了中国加入GPA修改出价路线图;2010年7月又提交了加入GPA修改出价清单。其间,财政部会同有关部门积极与参加方开展谈判,2008年以来10次组团赴日内瓦谈判,并与美国和欧盟在日内瓦之外分别举行了多次双边磋商。

(二)统筹兼顾,认真做好双边和自贸区框架下政府采购议题磋商

近几年来,澳大利亚、新西兰、智利、韩国等国家和地区在与我国开展自由贸易区谈判时,都要求将政府采购纳入谈判领域,签署双边政府采购协定。财政部根据我国对外经贸总体政

策,统筹考虑政府采购市场开放谈判,制订了在自贸区框架下政府采购议题谈判的总体立场,确立了自贸区框架下政府采购磋商和谈判的指导思想。

与此同时,财政部针对中美战略与经济对话、中美商贸联委会、中美投资协定、中欧经贸高层对话等双边机制中有关政府采购议题,积极参与谈判和磋商。

(三)加强国际交流,推动我国政府采购制度改革

为做好政府采购市场开放谈判的准备工作,财政部先后在政府采购领域与欧盟建立了对话机制,与美国建立了技术性磋商机制,参加了亚太经济合作组织(APEC)政府采购专家组关于政府采购非约束性原则执行情况审议,参与了联合国贸易法委员会专家组对联合国采购示范法修订工作,参加了世界银行、亚洲开发银行等国际组织有关政府采购培训、研讨活动,加强与有关国家的沟通,及时掌握国际上政府采购制度和改革最新进展,为我国政府采购对外谈判争取理解和支持,并为我国政府采购制度改革提供借鉴。

第六节 加强决算管理

一、财政总决算管理

财政总决算是各级政府依照法律法规和法定程序编制、经同级人民代表大会常务委员会审查批准的全面反映各级政府年度预算收支执行结果的综合报告。财政总决算管理,就是财政部门在组织年终清理、核实预算收支的基础上,按照规定的格式、程序和方法组织编制财政总决算,以真实、准确和及时地反映政府收支情况。加强财政总决算管理,能够客观反映政府收入的来源、

性质和规模，以及政府活动的不同功能和政策目标，进而全面地反映党和国家方针政策的执行情况，为进一步分析研究和调整完善国家宏观经济政策、改进财政管理提供参考依据。

财政总决算管理政策性强、涉及面广，各个环节需加强协调配合，按照"真实、准确、完整、及时"的原则，认真细致地完成各项工作任务。

（1）前期准备。一是拟定和下达决算编报办法。为确保各级财政决算编制顺利进行，财政部每年第四季度都要发布中央和地方决算编报办法，部署编制决算草案的原则、要求、方法和报送期限以及财政结算等具体问题处理办法，作为编制财政决算的指导性文件。二是修订和颁发统一的报表格式。报表格式是编制财政决算的载体，财政收支的所有数据主要反映在表格上。制定报表格式既要有利于总结预算执行情况，也要适应预算管理需要，还要保证财政决算的统一编制。三是组织年终收支清理工作。年终清理是划清预算年度、核实预算收支、保证决算完整编制的重要条件。各级财政部门会同国家金库、收入征收机关及预算单位将决算收支数字核对一致，保证决算数据真实可靠，为完整准确地编制决算打好基础。

（2）决算编报。每一预算年度终了，即进入决算编制阶段。各级财政根据总预算会计制度进行财政收入和财政支出核算。财政收入一般以预算年度内缴入本级国库的数额为准，财政支出按照本级财政总预算会计账面支出数列报。地方各级财政部门按照财政部的统一要求，自下而上，逐级审核、汇总和编制决算报表，并报送上一级财政部门备案。财政部根据中央财政收支情况，编制中央财政决算；审核、汇总各省（自治区、直辖市）报送的各地区财政决算，编制地方财政总决算。国家财政决算根据中央财政决算和地方财政总决算汇编。

(3) 审查和批准。财政部编制中央决算草案,报国务院审定后,由国务院提请全国人民代表大会常务委员会审查和批准。县级以上地方各级政府财政部门编制本级决算草案,报本级政府审定后,由本级政府提请本级人民代表大会常务委员会审查和批准。

(4) 决算数据公布。在全国人大常委会批准上年中央财政决算后,财政部通过官方网站发布上年财政收入和财政支出决算数。更加明细的年度决算信息,以及历年国家财政收支情况等通过《中国财政年鉴》、《中国统计年鉴》发布。

为进一步提高财政总决算管理水平,要根据健全政府预算体系进展情况,适时设计和完善相应的政府收支决算报表体系,全面反映政府预算体系总体及各部分决算等情况。适应财政管理工作新形势和新要求,建立健全预决算相互反映、相互促进的机制。着力抓好决算基础工作建设,逐步使财政决算成为推进财政科学化精细化管理的重要支撑。

二、部门决算管理

部门决算,是全面反映各部门和单位年度预算执行情况及财务状况的综合财务报告,包括单位预算执行情况、资产负债情况、专项资金使用情况、非税收入征缴情况以及单位基本情况等。部门决算管理,是财政部门和预算单位所进行的部门决算布置、培训、编报、审核、批复以及决算数据分析利用等一系列财政财务管理活动。列入部门预算编制范围的各部门和单位,要根据国家有关法律法规、会计制度及财政部门编审要求,在日常会计核算基础上编制部门决算,用于综合反映本部门和单位财务收支状况和各项资金管理状况以及人员、机构等信息。部门决算是各级政府做出宏观决策、制定公共政策、进行公共管理的重要参考依据，也是政府外部利益相关者了解各部门和单位财务状况、衡量政府绩效、评价政府受托责任履行情况的重要信息来源。加强部门决算管理，全面、真实地反映各部门（单位）年度预算执行情况，以及财务、会计、资产、人员和机构等方面的基础信息，有利于促进部门（单位）预算和财务会计工作的科学化、规范化，提高财政资金的使用效益。

目前，部门决算管理已经形成以各级财政部门为主导，以同级主管部门为依托，以基层预算单位为基础，自上而下逐级布置、培训，自下而上逐级编报、审核的部门决算编报组织体系。在这个体系中，各级财政部门通过本级主管部门实施对本级各单位的部门决算管理，包括培训、审核、汇总、分析和上报等。

部门决算编审管理主要包括以下几个环节：一是部门决算编制准备。财政部根据当年法律法规以及规章制度，特别是预算、财务、会计和资产等方面制度办法变动情况，在充分征求意见基础上，设计部门决算报表，并开发或调整部门决算软件。二是部门决算工作布置。财政部门向各部门提出部门决算编审工作要求，具体讲解部门决算填报、分析报告撰写和软件操作等内容。部门再向所属单位逐级布置、培训部门决算工作。三是部门决算编审。基层预算单位编制本单位部门决算并逐级报送给主管部门，经主管部门审核汇总后报送给财政部门。财政部门对部门报送的部门决算进行审核，出具审核意见。部门根据财政部门的审核意见对部门决算进行调整后，参加财政部门组织的决算会审，并根据会审意见调整部门决算报表。决算草案经人大批准后，财政部门批复部门决算。四是财政部门整理汇总部门决算数据并进行分析利用。

为进一步加强部门决算管理，建立健全部门决算与部门预算相互反映、相互促进的机制，充分发挥部门决算在财政财务管理中的作用，要重点推进以下几项工作：一是加强部门决算制度建设。结合中央部门和各地部门决算工作实际，研究制定部门决算报告制度，完善决算组织管理。二是规范部门决算工作程序。明确有关方面在部门决算工作中的责任、权利以及工作质量和时限要求，理顺决算工作内部和外部工作关系。三是提高部门决算信息化水平。根据部门决算报表调整情况和用户反馈意见，不断改进和完善部门决算报表软件。做好部门决算审核查询系统开发工作，实现部门决算网上审核和批复，提高部门决算工作效率。四是加强部门决算数据分析利用。拓展部门决算分析思路，创新分析方法，提高决算数据分析利用水平。结合财政财务管理重点难点问题，开展专题研究，提出相关工作建议。五是开展部门决算核查。在不断加大部门决算审核力度基础上，有重点地选择部分单位开展决算核查，保证部门决算质量。六是完善向全国人大报送部门决算草案工作机制，稳步推进部门决算信息公开。

第十章 预算绩效管理

第一节 预算绩效管理概述

一、预算绩效管理的概念和意义

绩效是指包括个人、组织、政府等在内的绩效主体努力和投入及其产出的合理性、有效性，即行为及其结果和效果。绩效是一个综合性概念，不仅包括对过程的衡量，还包括对结果的衡量，甚至包括对提供方主观努力程度和接受方满足程度的衡量。政府绩效是指政府及其部门履行自身职责的行为及其产出结果和社会经济影响。它既包括政府"产出"的绩效，即政府提供公共服务和进行社会管理的绩效表现，又包括政府"过程"的绩效，即政府在行使职能过程中的绩效表现。

政府绩效管理作为一种全新的政府管理模式和评价改进政府绩效的实用性管理工具，通过构建政府部门战略绩效管理模式，包括政府部门职能和战略的确定、绩效目标体系设计、绩效信息收集、绩效评价、绩效改进等各方面内容，使政府部门的职能、战略与绩效管理相连接，以促进政府部门绩效的持续改进和不断提升。

预算绩效管理是指利用预算绩效信息设定统一的绩效目标，合理配置财政资源，安排优先顺序，以帮助管理者改进预算编制和执行，并且报告预算执行结果与预算目标符合程度的过程。预算绩效管理不是一个单一的行为过程，而是由阐明评价的要求与任务、确定评价目的和可量化的目标、建立各种评价标准、根据评价标准进行绩效评价、比较绩效结果与目标、分析与报告绩效结果、运用绩效评价结果改善预算管理等多个环节所组成的不断循环的综合过程。

预算绩效管理一般包括五个构成要素：绩效计划、绩效实施、绩效评价、绩效反馈和绩效评价结果运用。财政支出绩效评价是预算绩效管理的中心环节，财政支出绩效评价的结果表明预算单位选择的战略或者行动的结果是什么，它是一种管理工具。预算绩效管理是一种由财政支出绩效评价手段支持的管理理念和管理机制，它为绩效评价提供评价内容和对象，并在绩效评价的基础上利用绩效评价的结果对预算的分配进行决策和改进。

党中央、国务院高度重视预算绩效管理工作，多次提出要完善预算制度，提高财政资金使用效益和政府工作效率。党的十六届三中全会提出"建立预算绩效评价体系"，党的十七届二中全会、五中全会先后提出"推行政府绩效管理和行政问责制度"和"完善政府绩效评估制度"。胡锦涛总书记在中央政治局第十八次集体学习时指出，要把改革开放和社会主义现代化建设不断推向前进，就必须深化财税体制改革，完善公共财政体系，提高财政管理绩效。温家宝总理在国务院第二次廉政工作会议上强调，要推进行政问责制度和绩效管理制度。十一届全国人大四次会议关于预算审查结果报告中提出，要加强预算支出绩效考核。2011年3月10日，国务院批准成立由监察部牵头的政府绩效管理工作部际联席会议，负责指导和推动政府绩效管理工作。

加强预算绩效管理是落实科学发展观的必然要求。在财政管理工作中落实科学发展观，就是要体现执政为民的理念，科学合理地配置资源，把有限的资金用好，切实发挥财政资金的使用效益，让广大人民群众满意，做到发展为了人民，发展成果由人民共享。政府预算管理只有充分注重绩效,预算支出只有产生实实在在的社会经济效益,才能更好地发挥公共财政职能作用,保障和改善民生,促进社会主义和谐社会建设。加强预算绩效管理的根本目的就是改进预算管理,优化财政资源配置,改变长期以来财政资金管理使用中存在的"重收入轻支出、重分配轻管理、重数量轻质量"问题,提高公共产品和公共服务的质量,提高财政资金使用效益。

加强预算绩效管理是建设高效、责任政府的重要内容。首先,加强预算绩效管理有利于推动政府职能转变,提高管理效率。预算绩效管理强调政府提供公共服务的质量和成本,关注财政资金的使用效益,其内容实际上已超出了公共支出管理本身,涵盖了整个政府管理的范畴。加强预算绩效管理能极大地促进解决政府职能交叉、权责脱节等问题,推动提高政府行政管理效率。其次,加强预算绩效管理有利于增强政府的责任意识,提升公共服务的质量。在以结果为导向的绩效管理中,每年的财政支出要与取得的产出或成效挂钩,上一年的表现会影响下一年的预算安排。地方、部门和单位申请预算时必须依据其职责,设定具体的绩效目标,准确计算达到目标所需的资金,力求避免浪费。"谁支出谁负责"的基本原则,使预算资金的申请变得谨慎,从而增强责任意识。同时,预算绩效管理强调把公众作为"顾客",要求政府的一切活动都要从满足"顾客"需求出发,加强预算绩效管理,可以强化政府为公众服务的观念,提升政府对公共资源使用结果的关注度,使政府行为变得更加务实、有效,有利于提高政府的决策、管理和服务水平。

加强预算绩效管理是提高财政管理水平的迫切需要。经过十几年的探索和实践,部门预算、国库集中收付、政府采购、非税收入管理等领域改革取得长足进展,财政管理水平不断提高。但是预算编制时产出和效益目标不够明确，预算执行进度较慢、效率较低，预算执行结束后缺乏科学问效等，也制约了财政管理水平的进一步提高。同时，随着财政收支规模的不断扩大，社会各界在要求了解财政资金具体使用方向和内容的同时，也希望能够知晓财政资金的实际产出和使用效益情况。加强预算绩效管理，在预算管理各个环节融入绩效理念，实现预算编制、执行、监督、绩效评价的有机统一，建立完善的预算绩效管理机制，必将大大提高财政管理水平。

二、预算绩效目标管理

预算绩效管理实践中，需要对绩效目标尽可能进行定量表述，对绩效结果进行衡量。通常采用"4E"标准，即经济（Economy）、效率（Efficiency）、效益（Effectiveness）和公平（Equity）。经济标准是指以尽可能最低的成本购买或提供特定的数量和质量的公共产品和服务。效率标准是指用能够满足特定要求的最少的资源提供一定数量和质量的公共产品和服务。效益标准是指保障产出最终实现政策目标及预期效果，得到期望的社会效果和公众满意程度。公平标准是指保障接受服务的团体或个人都受到公平的待遇，需要特别照顾的弱势群体能够享受到更多的服务。

绩效目标包括以下主要内容：一是预期提供的公共产品和服务，包括产品和服务的数量目标、质量目标、时效目标、成本目标以及服务对象满意度目标；二是达到预期提供的公共产品和服务所必需的资源；三是支出的预期效果，包括经济效益、社会效益、环境效益和可持续影响等；四是衡量或评估每一项目活动的相关产出、服务水平和结果的考核指标。

确定的绩效目标应当符合以下要求：一是指向明确。绩效目标要符合国民经济和社会发展规划、部门职能及事业发展规划，并与相应的财政支出范围、方向、效果紧密相关。二是具体细化。绩效目标应当从数量、质量、成本和时效等方面进行细化，尽量进行定量表述，不能以量化形式表述的，可以采用定性的分级分档形式表述。三是合理可行。制定绩效目标要经过科学预测和调查研究，目标要符合客观实际。

三、预算绩效评价体系

包括财政部门在内的各预算部门，是绩效评价的主体。部门（单位）负责组织实施本部门（单位）的绩效评价工作；财政部门负责绩效评价工作的建章立制、指导监督，并可根据需要对部门（单位）支出实施评价和再评价。

绩效评价的对象包括部门（单位）预算管理的财政性资金和上级政府对下级政府的转移支付资金。

绩效评价的基本内容包括：一是财政资金使用情况，财务管理状况，资产的配置、使用、处置及其收益管理情况；二是为加强管理所制定的相关制度以及采取的措施等；三是绩效目标的实现程度，包括是否达到预期产出和效果等；四是需要评价的其他内容。

绩效评价遵循以下基本原则：一是科学规范。绩效评价应当注重财政支出的经济性、效率性和有效性，严格执行规定的程序，采用定量分析与定性分析相结合的方法。二是公正公开。绩效评价应当客观、公正，标准统一、资料可靠，依法公开并接受监督。三是分级分类。绩效评价由各级财政部门、部门（单位）根据评价对象的特点分类组织实施。四是绩效相关。绩效评价应当针对具体支出及其产出绩效进行，评价结果应清晰反映支出和产出绩效之间的紧密对应关系。

绩效评价的主要依据包括：国家相关法律、法规和规章制度；各级政府制定的国民经济与社会发展规划和方针政策；财政部门制定的绩效评价管理制度及工作规范；部门（单位）职能职责、中长期发展规划及年度工作计划；相关行业政策、行业标准及专业技术规范；部门（单位）预算申报的相关材料、依法批复的部门（单位）预算；地方申请专项转移支付资金的相关资料；部门（单位）年度决算报告；审计部门对预算执行情况的年度审计报告。

绩效评价方法主要有成本效益分析法、比较法、因素分析法、最低成本法、公众评判法等。成本效益分析法是指将一定时期内的支出与效益进行对比分析以评价绩效目标实现程度，适用于成本、效益都能准确计量的项目绩效评价。比较法是指通过对绩效目标与实施效果、历史与当期情况、不同部门和地区同类支出的比较，综合分析绩效目标实现程度。因素分析法是指通过综合分析影响绩效目标实现、实施效果的内外部因素，评价绩效目标实现程度。最低成本法是指对效益确定却不易计量的多个同类对象的实施成本进行比较，评价绩效目标实现程度，适用于公共管理与服务、社会保障、文化、教育等领域支出的绩效评价。公众评判法是指通过专家评估、公众问卷及抽样调查等对财政支出效果进行评判，评价绩效目标实现程度。绩效评价方法的选用应当坚持定量优先、简便有效的原则。根据评价对象的具体情况，可采用一种或多种方法进行绩效评价。

绩效评价指标是指衡量绩效目标实现程度的考核工具。绩效评价指标分为共性指标和个性指标。共性指标是适用于所有部门的指标，主要包括预算执行情况，财务管理状况，资产配置、使用、处置及其收益管理情况以及社会效益、经济效益等衡量绩效目标完成程度的指标。个性指标是针对部门和行业特点确定的适用于不同部门的指标。在确定绩效评价指标时遵循以下原则：一是相关性。绩效评价指标应当与绩效目标有直接的联系，能够正确反映目标的实现程度。二是重要性。应当优先使用最具部门（单位）或行业代表性、最能反映评价要求的核心指标。三是系统性。绩效评价指标的设置应当将定量指标与定性指标相结合，系统反映财政支出所产生的社会效益、经济效益和可持续影响等。四是经济性。绩效评价指标设计应当通俗易懂、简便易行，数据的获得应考虑现实条件和可操作性，符合成本效益原则。

财政部门和预算部门（单位）负责做好绩效评价的组织实施工作。其中：财政部门负责制定绩效评价规章制度，指导和检查各部门（单位）的绩效评价工作，并根据需要对部门（单位）支出绩效实施评价和再评价；预算部门（单位）负责组织实施本部门（单位）的绩效评价工作。财政部门或部门（单位）实施绩效评价的工作程序：一是设定绩效目标。部门（单位）编制支出预算时，应当设定绩效目标。二是确定被评价的部门（单位）或项目。三是撰写绩效报告。预算年度终了或跨年度重大项目实施一定阶段时，部门（单位）应当分析绩效目标完成情况，撰写绩效报告。四是完成绩效评价。评价部门根据被评价部门（单位）的绩效报告，对其绩效目标的完成情况进行绩效评价，撰写绩效评价报告，并报送财政部门备案。五是绩效评价结果反馈和应用。

财政部门可以对部门（单位）实施的财政支出绩效评价结果实施再评价。再评价的工作程序是：一是确定被评价的部门（单位）及项目；二是确定再评价的指标、标准和方法；三是具体组织或委托中介机构进行再评价，撰写再评价报告；四是绩效评价结果反馈及应用。

绩效报告包括以下主要内容：一是基本概况，包括部门

（单位）职能、事业发展规划、预决算情况、项目立项依据等；二是绩效目标及其设立依据和调整情况；三是总结预算年度内目标完成情况；四是对照绩效目标评价所取得的业绩；五是分析说明未完成项目目标及其原因；六是下一步改进工作的意见及建议。

评价部门根据被评价部门（单位）的绩效报告，对其绩效目标的完成情况进行绩效评价，撰写绩效评价报告。绩效评价报告包括以下主要内容：绩效评价指标体系和评价标准；为实现绩效目标所采取的主要措施；绩效目标的实现程度；存在问题及原因分析；评价结论及建议。

绩效评价结果采取评分与评级相结合的形式，具体分值和等级可根据不同评价内容设定。财政部门和部门（单位）及时整理、归纳、分析绩效评价结果，将评价结果及时反馈被评价部门（单位），作为改进预算管理和安排以后年度预算的重要依据。评价结果较好的，可采取适当方式在一定范围内予以表扬；评价结果未达到规定标准的，可在一定范围内予以通报并责令其限期整改，也可相应减少其以后年度预算。绩效评价结果按照政府信息公开有关规定在一定范围内公开。

第二节　我国预算绩效管理实践

近年来，在党中央、国务院的领导下，在财政部的统一部署下，中央和地方财政部门以绩效评价为核心，开展了预算绩效管理的实践探索。绩效评价的规章制度不断完善，工作程序不断规范，绩效评价范围不断拓展，中央财政和地方财政纳入绩效评价试点的项目范围和资金规模都不断增加。通过预算绩效管理实践，在树立绩效理念、增强部门责任、提高财政决策的科学性、提高财政资金使用效益等方面取得了初步成效。

一、中央部门预算绩效管理工作进展情况

（一）管理制度不断完善，试点项目不断增加

2003年起，财政部开始加强绩效评价工作，探索提高财政资金使用效益的新途径。2005年，财政部制定了《中央部门预算支出绩效考评管理办法（试行）》，为绩效评价试点工作的开展提供了制度保证。2009年，财政部印发了《关于进一步推进中央部门预算项目支出绩效评价试点工作的通知》，进一步完善了绩效评价体系。2011年，财政部下发了《财政支出绩效评价管理暂行办法》，进一步明确了评价主体、评价对象、评价范围、评价方法、评价指标设定、评价结果应用等。2006年起，财政部开始选择部分项目开展绩效评价试点，2011年绩效评价试点范围进一步扩大到149个部门的242个项目。绝大多数中央一级部门已纳入了绩效评价试点范围。2011年还将"全国中小学校舍安全工程"等9个专项转移支付项目纳入绩效评价试点范围。

（二）中央部门预算项目支出绩效评价试点的具体做法

1. 确定绩效评价试点项目。根据财政部关于编制下年度中央部门预算的通知，中央部门提出绩效评价试点项目建议，填报项目绩效目标，并在"一上"预算时，上报财政部。财政部对部门申报的绩效目标进行审核，不符合要求的，要求部门重新上报绩效目标。审核的主要内容包括：（1）完整性审核。包括填报内容是否完整，是否有明确的绩效目标，是否有适当的、细化的绩效指标，以及相应指标内容和量化值（定量或定性描述）。（2）适当性审核。审核在既定的资金规模下，绩效目标是否过高或过低；或者要完成既定的绩效目标，资金规模是否过大或过

小。(3) 可行性审核。结合其他资金安排使用情况，综合考虑成本与效益，审核是否有必要安排该项资金。

财政部审核确认绩效评价项目，并随"一下"告知中央部门。财政部根据年初具体工作部署和部门预算"一下"控制数，可以对部门在"一上"预算中提出的绩效目标和绩效评价试点项目申报提出调整和修改的建议。

中央部门在编报"二上"预算时，按财政部要求进行绩效目标调整上报、新绩效目标申报工作，提出新的绩效评价试点项目建议。

财政部对部门"二上"预算中的绩效目标申报、绩效评价试点建议进行审核。

预算经人大审议通过后，财政部将绩效目标、绩效评价试点项目随"二下"预算一并批复中央部门。中央部门根据财政部批复文件，将绩效目标和绩效评价试点项目批复所属单位。

2. 项目实施的监控。中央部门根据预算批复的绩效目标，对项目的实施进行监控，加快预算执行，保证绩效目标的如期实现。对项目实施情况及时进行总结，对偏离绩效目标的项目及时采取措施予以纠正，对预期无效项目及时提出预算调整建议。

财政部根据预算执行情况，对偏离绩效目标项目提出纠正措施，对预期无效项目提出调整预算的建议。

3. 绩效评价前期准备。中央部门成立相应的绩效评价组织机构，负责组织本部门绩效评价工作。绩效评价组织机构下达绩效评价通知书。绩效评价通知书基本内容包括评价目的、评价内容、评价任务、评价依据、评价实施机构、评价时间和有关要求等事项。绩效评价组织机构根据评价对象的特点，确定评价工作的具体实施方式并成立绩效评价工作组，负责具体实施绩效评价工作。绩效评价工作组根据有关规定和评价对象的特点，拟定详细的评价工作方案，报经评价组织机构批准后实施。工作方案的主要内容包括：评价工作的时间安排、拟采用评价方法及评价指标和评价标准、评价依据的提供、有关工作条件等。

4. 实施绩效自评和绩效评价。项目实施单位按要求对试点项目开展绩效自评，及时撰写并向主管部门和财政部提交绩效报告。

中央部门组织实施绩效评价。具体包括以下工作：（1）资料收集和初审。根据评价工作的需要和要求，全面收集基础信息资料，进行分类整理、审查和分析。基础资料包括被评价预算单位的基本概况、财政资金使用情况、绩效报告等。（2）现场考查。根据具体情况到现场勘察、询查，核实所掌握的有关信息资料。（3）综合评价。根据工作方案确定的评价指标体系、评价标准和评价方法，依据所收集的基础资料，对评价对象的绩效情况进行全面的定量、定性分析和综合评价，形成评价结论。（4）撰写报告。根据被评价预算单位的绩效报告及相关资料，对其绩效目标的实现程度进行绩效考核，撰写绩效评价报告。（5）提交报告。在规定时间内将绩效评价报告提交财政部。（6）及时总结。进行绩效评价工作总结，将工作背景、时间地点、基本情况、遇到的问题及工作建议等形成书面材料，连同绩效评价报告一并上报财政部。

5. 绩效评价结果应用。财政部对部门提交的绩效评价报告的内容完整性、评价指标体系的科学性、评价结论的合理性、问题分析的全面性、建议的可行性等进行审核，提出绩效评价结果应用建议，改进预算管理和绩效评价工作的意见等，反馈给中央部门，作为改进预算执行、编制部门预算的重要参考依据。

中央部门根据绩效评价结果和相关建议，落实整改意见，加强预算管理，改进预算执行，合理编制部门预算。

6. 绩效再评价。财政部可以根据部门绩效评价实施情况，对部门绩效评价试点项目进行再评价，形成绩效评价报告，反馈中央部门。

二、地方财政推进预算绩效管理的探索

（一）健全管理机构

为切实推动绩效管理工作的开展，截至 2010 年年底，河北、江苏、浙江等 14 个省份建立了专门的绩效评价工作机构。为进一步适应绩效管理工作的需要，其中，江苏、云南、河北、浙江成立了"绩效管理处"。其他大多数地区绩效管理工作由预算处牵头，下设相关科室，配备专人负责。各地强化绩效管理职能，充实人员配备，加强业务培训，为开展财政绩效管理工作奠定了坚实基础。

（二）重视制度建设

广东、浙江、江苏、云南等省通过出台财政支出绩效评价试行办法等多个文件，将绩效管理理念贯穿到预算编制、执行等各个环节以及专项资金管理全过程，建立了综合性规章制度、专项管理制度、业务操作规范等绩效评价工作制度，逐步形成了绩效管理制度体系，有力保障了绩效管理改革规范、有序地推进。同时，加强对辖区内市、县开展绩效评价工作的指导，推动各级财政全面开展绩效评价工作。

（三）扩大评价范围

截至 2010 年年底，全国绝大部分地方均开展了评价试点，围绕财政管理的重点领域，以项目支出评价为突破口，积极借助人大、政协及有关专家和中介机构的力量，采取了上下联动、分类实施等多种组织方式实施评价，评价范围逐年扩大、资金总量逐年增加。

一是扩大项目支出评价范围。四川省2010年按照项目分布类别、部门、区域大体均衡的原则,从中选择80个项目进行绩效评价,涉及省级财政资金60亿元,占当年省级财政专项资金总额的20%左右。新疆维吾尔自治区从2008年起对500元以上的项目进行绩效评价,2009年自治区本级共完成500万元以上绩效评价项目370个,评价资金总额384亿元。

二是探索部门整体支出评价。四川省2010年全面启动部门预算绩效评价试点,并选择建设厅、商务厅、旅游局、中医局、畜牧局等五个部门进行部门预算支出绩效评价,重点对预算编制质量、预算执行时效、项目资金分配、重点项目绩效等四大类指标进行评价。另外浙江省组织和指导省卫生厅对疾病预防控制中心和卫生监督所实施整体支出绩效评价试点,为单位整体评价积累了一定的经验。

三是探索转移支付评价。云南省2009年对各地转移支付实施综合绩效评价的基础上,进一步细化了评价办法,实行专家评价和量化评测相结合的评价机制,并首次尝试对全省14个县2008年度均衡性转移支付进行专家评价。湖北省2010年将范围扩大到省级专项转移支付资金,对"农村能源建设"和"法律援助项目"进行预算绩效管理试点。安徽省对21个老区县(市、区)的70个2008年度革命老区专项转移支付资金项目进行了绩效评价,涉及资金达17215万元。

四是探索财税政策评价。浙江省杭州市联动开展了财税扶持企业政策的评价,以问卷调查为重点,对2009年杭州市消费券项目进行评价;嘉兴市开展了对政府投资项目资金管理办法实施效果的评价,提出了对《资金管理办法》的9条修改建议;上虞市及部分县也开展了对财政政策项目评价工作的有益尝试。

(四)省级带动市县

浙江省对各市、县（市、区）财政局及从事绩效评价工作的人员进行考核，主要考核绩效评价工作领导重视、机构设置和人员落实、配套制度制定、评价工作实施、评价资料及信息报送、调查研究、评价结果应用、合理化建议等情况，评选出一定数额的先进单位与个人进行奖励。截至 2010 年 3 月底，江苏省省辖市都成立了独立的绩效评价机构，51 个县（县级市）中，有 13 个县（县级市）建立了独立的财政绩效评价机构，6 个县（县级市）的财政绩效机构与其他部门合署办公。云南省把州市财政部门的制度建设列为省财政考核奖励的内容之一，截至 2010 年年底，全省 16 个州市中有昆明、红河等 11 个州市相继出台了财政绩效评价暂行办法或实施细则。全省 16 个州市财政局都已成立绩效评价科，129 个县财政局中有 40 多个县财政局成立绩效评价股。安徽省实行"两手抓"，即"一手抓省级项目实施，一手抓市县试点"，2009 年正式启动市县预算支出绩效评价工作，2010 年试点市县范围已扩大到所有市级和二分之一的县级。

（五）完善信息系统

广东省研究开发了包括项目数据库、绩效评价指标库、专家库及专家复审平台"三库一平台"的财政支出绩效管理系统，实行绩效评价项目信息化管理。江苏省初步建立了绩效评价指标库、专家库、第三方评价中介库和财政绩效管理系统，并基本实现了与预算管理系统、部门预算编报系统和财政专项资金管理系统的对接。

（六）探索结果应用机制

一是通报或公开评价结果。云南省组织开展并完成了中央和省委、省政府确定、社会关注度高、关系民生和资金数额较大的 15 个财政支出项目进行绩效评价，将评价结果向被评价项目单位进行了通报，向省委、省人大、省政府等部门作了汇报，并通过省政府政务公开信息网将绩效评价结果向社会公布。浙江省的结果公开机制为：评价结果财政部门内部共享，作为以后年度部门预算的重要依据；评价工作情况向同级人民政府报告，也可向同级人大报告；对社会关注度高、影响力大的民生项目支出绩效情况，在上报同级人民政府批准后，可通过新闻媒介等形式向社会公开，接受社会公众的监督。北京市的做法是：将绩效评价结果报告市政府、市人大财经委；将绩效评价结果上传政府决策支持网及财政综合办公平台，市政府领导通过政府决策支持网查看预算部门（单位）历年评价项目的具体情况、评价结果、存在问题等内容；将绩效评价结果在全市行政事业单位范围内公开通报，同时抄送区县财政部门。

二是应用于财政专项资金的竞争性分配。广东省在不改变现行专项资金的分配格局和省级主管部门对财政专项资金的分配权管理权的前提下，对可选择资金分配结果、不固定使用对象的专项资金，明确使用范围及预期绩效目标，通过招投标或专家评审等方式，选择最能实现专项资金绩效目标、使用效益最高或实现成本最低的项目。

三是应用于行政问责。云南省昆明市2009年出台了《关于印发深化财政综合改革创新财政管理制度若干意见及五个配套实施办法的通知》，明确规定"故意错报、漏报、虚报、瞒报评价材料，绩效评价弄虚作假，或绩效评价结果与绩效目标严重背离的要进行行政问责"，将财政绩效评价纳入行政问责的范围。深圳市制定了《深圳市人民政府部门行政首长财经责任问责暂行办法》，将"财政责任问责"内容作为政府绩效评估体系中"执行力建设"的评估事项，规范各部门财经责任、提高财政资金使用效益。

三、开展预算绩效管理取得一定成效

总的看,近年来我国开展预算绩效管理取得了一定成效,主要表现在:

绩效理念初步树立。通过绩效评价,各级政府、部门初步树立了"使用财政资金要进行评价,必须讲究效益",以绩效为目标、以结果为导向的财政支出绩效理念,开始重视财政支出绩效问题,并把绩效评价工作列入重要议事日程。"重分配轻管理、重使用轻效益"的现象有所遏制。

部门(单位)的责任意识增强。通过设定绩效目标,部门(单位)清楚地了解实施项目所要取得的政治效果、社会效益和经济效益,其职能和目标得到了进一步明确,部门(单位)自我约束意识及责任意识明显提高。同时,对财政支出绩效的评判,以及绩效评价结果的公开和应用,促进了部门(单位)不断完善内部管理,自觉加强资金管理和监督,提高理财水平。

财政资金使用效益有所提高。对财政支出实施绩效评价,将部门预算与部门发展规划和年度工作计划有机结合起来,并进行跟踪问效,一方面促进优化财政支出结构,合理分配财政资源,促使部门预算编制更加科学规范,使有限的财政资金发挥最大效益,另一方面促使预算单位积极采取措施,想方设法合理高效使用财政资金,减少了财政支出的随意性和盲目性。

促进了高效、透明政府的建设。通过实施绩效评价,将评价结果在部门内部或面向公众公开,强化了部门内部监督,提高了财政资金的安全性、规范性和有效性。同时,绩效评价作为政府绩效管理的核心内容,将政府部门的活动置于公众监督之下,提高了公众对政府的信任程度,有力促进了高效、透明政府的建设。

尽管推进预算绩效管理取得了一定成效，但由于实践时间短，加之理论研究方面的不足，我国预算绩效管理还有很多不完善的地方。主要表现为：重产出、重结果的绩效管理理念尚未完全深入人心；制度建设覆盖面还不够广、缺乏长效机制和统一规划；财政支出绩效评价试点面偏小、范围偏窄、资金量不大，大部分市、县层面的绩效评价工作尚未开展；绩效评价机制不健全，评价指标体系不完善，评价方法相对单一，试点项目缺乏事前绩效目标的设定，大多是事后评价；绩效评价的质量有待提高，评价结果还没有得到很好的应用等。这些问题的存在，很大程度上影响了预算绩效管理向纵深拓展，必须在今后工作中重点予以解决。

第三节 推进预算绩效管理的措施

根据党中央、全国人大、国务院关于预算绩效管理的要求，针对存在的问题，推进预算绩效管理要全面贯彻党的十七大、十七届五中全会精神，以邓小平理论和"三个代表"重要思想为指导，深入贯彻落实科学发展观，借鉴市场经济国家预算绩效管理的成功经验，围绕完善公共财政体制机制和强化部门支出责任这根主线，遵循统筹规划、分级管理、因地制宜、重点突破原则，逐步建立以绩效目标的实现为导向，以绩效评价为手段，以结果应用为保障，以改进预算管理、优化资源配置、控制节约成本、提高公共产品质量和公共服务水平为目的，覆盖所有财政性资金，贯穿预算编制、执行、监督全过程的具有中国特色的预算绩效管理体系。具体措施是：

（一）提高思想认识，强化绩效理念

推进预算绩效管理，要转变思想观念，强化责任和效率意识。公共财政资金是纳税人缴纳的资金，不仅要取之于民，用之于民，还要有效地用之于民。不仅要让人民知道政府花了多少钱，办了什么事，还要让人民知道政府花钱的效益；不仅要让人民知道花钱的效益，还要让人民满意政府花钱的效果。这样才能真正实现绩效理念，达到加强预算绩效管理的目的。加强预算绩效管理，是贯彻党中央、国务院重要指示精神，落实全国人大有关决议的重要体现，是顺应社会各界、公众强烈呼声的必然趋势，是加强财政管理科学化精细化的重要内容，是提高财政资金使用效益、缓解财政收支矛盾的有效手段。要把预算绩效管理作为一项重要工作来抓，加强理论研究，提高思想认识，扩大舆论宣传，充分利用文件、理论研讨、业务培训等多种方式提高预算绩效管理理念，利用报纸、杂志等媒体宣传预算绩效管理的成功经验和典型做法，变"要我评价"为"我要评价"，尽快让预算绩效理念深入人心，形成讲绩效、重绩效的良好社会风气。

（二）建立健全制度，夯实管理基础

推进预算绩效管理，要强化制度法规建设，以制度管人、管事，以制度管绩效，做到有法可依、有法必依，实现依法理财、为民服务。切实加强预算绩效管理制度建设，在新修订的《预算法》中增加加强预算绩效管理、讲求预算绩效方面的内容，在《预算法实施条例》中对预算绩效管理的责任主体、评价对象、评价方式、指标体系、管理程序等进行明确，提高绩效管理法律层级。适应新的管理要求，进一步建立完善各地区、各部门有关预算绩效管理方面的制度和办法。加强预算绩效管理组织机构和队伍建设，充分利用现代化信息管理技术，推进预算绩效管理信息平台建设，为管理提供组织和信息技术支撑。继续深化部门预算、国有资产管理、国库集中收付、政府采购管理等相关制度改革。增强预算及其绩效的公开透明，促使预算编制和实施者更加负责,努力提高公共产品和公共服务的质量。

(三)创新体制机制,完善管理流程

推进预算绩效管理,要创新管理机制,将绩效理念融入预算管理全过程,使之与预算编制、执行、监督一起成为预算管理的有机组成部分。研究完善预算绩效管理工作流程,逐步建立"预算编制有目标、预算执行有监控、项目完成有评价、评价结果有反馈、反馈的结果要运用"的预算绩效管理模式,做到一环套一环,环环紧扣。加强绩效目标设立的管理,建立和完善项目绩效目标申报、审核、批复机制。部门申报预算原则上都要填报绩效目标,用明确、清晰、可衡量的绩效目标和绩效指标体现项目预期提供的公共产品、公共服务的数量和质量,产出和结果,制定切实可操作的绩效实施计划。财政部门要加强绩效目标审核,绩效目标不符合要求的要进行调整,符合要求后方可进入预算管理的下一步流程。加强预算执行中的绩效监控,强化督促检查,及时掌握项目绩效目标的实现情况、项目实施进程和资金支出进度,绩效目标出现偏差的要及时采取措施进行修正,预期无绩效的项目要取消,预期不能完成目标的项目要调减预算。加强支出绩效评价,项目完成后,要进行自评,并编写绩效报告;纳入绩效评价试点的项目,进行绩效评价后还要编写绩效评价报告,全面客观公正地评价资金使用绩效。以部门为主体进行绩效评价试点的项目,财政部门可以进行再评价。抓好绩效评价结果的反馈,加强绩效评价结果的应用,研究建立评价结果与预算管理有机结合机制。

(四)扩大试点范围,规范试点项目

推进预算绩效管理,对财政资金使用效益、效果、运行效率进行客观公正的绩效评价是核心环节。一是进一步扩大绩效评价试点范围。不断增加进行绩效评价的部门数量和项目数量,纳入绩效评价试点的资金总量占财政支出的比例每年要有所提高，纳入绩效评价试点的部门项目支出占本部门支出的比例每年要有所提高。2012年，原则上所有的地区（包括省、市、县）和中央部门都要进行预算支出绩效评价试点，横向到边，纵向到底。二是合理确定绩效评价试点项目。对试点项目进行认真筛选，重点评价重要的民生项目，社会公众普遍关心的重大或重点项目，与部门职能密切相关、具有较大经济社会影响的重大或重点项目。三是创新评价模式。认真总结成功经验，互相学习和借鉴，针对不同类型、不同领域、不同行业项目资金的特点，按照先易后难、简便有效的原则，建立科学的评价指标和评价方法，绩效评价指标要尽量全面和完整。选择评价对象时，既可以对项目支出进行绩效评价试点，也可以对基本支出和部门整体进行绩效评价，有条件的地方和部门还可以开展综合评价试点。逐步扩大上级对下级转移支付的绩效评价试点。四是合理确定评价主体。根据项目特点、实际需要，分别确定。既可由部门为主体组织，也可由财政部门统一组织。重大、重点项目可借助专家、中介机构的力量。

（五）拓展结果应用，增强绩效约束

推进预算绩效管理，绩效评价结果的应用是关键，它直接关系到绩效管理工作的进程和方向。采取有效措施保障绩效评价结果的应用，通过结果应用，促进部门改善预算管理，优化资源配置，提高政府行政效率和公信力。研究绩效评价结果在政府及其部门行政决策中的作用，将评价结果作为政府及其部门履责目标实现情况的重要反映，引入到政府决策过程中。建立绩效评价结果反馈机制，对绩效评价过程中发现的问题，要及时反馈给被评价部门和单位，作为其改进预算管理、提高公共产品质量和公共服务水平的重要依据。研究绩效评价结果与预算安排有机结合机制，绩效评价结果好的，予以表扬或继续支持；绩效评价发现问题、未达到绩效目标或评价结果较差的，予以通报批评，并责令其限期整改。不进行整改或整改不到位的，应当根据情况调整项目或相应调减项目预算，直至取消该项财政支出。逐步建立绩效问责制度，充分体现财政资金使用主体责任，形成"谁干事谁花钱、谁花钱谁担责"的机制。研究建立绩效评价结果公开机制，加强沟通，认真倾听社会各界的呼声，吸纳合理意见，不断改进预算绩效管理工作。

第十一章 政府性债务管理

政府性债务是以货币或其他经济资源偿还的各种负债,是政府机关、事业单位、企业或其他经济组织,以政府名义向国内外或境内外承借或担保,政府负有直接或间接偿还责任的债务。在我国,政府性债务主要包括国债、地方政府性债务、政府主权债券、外国政府贷款和国际金融组织贷款。

第一节 国债管理

国债管理是指财政部代表中央政府制定并执行中央政府债务总量、结构(包括品种结构和期限结构)管理计划或战略的过程,目标是在中长期的时间范围内,尽可能以最低的筹资成本和市场风险,确保中央政府筹资及支付需求得到及时满足。规范透明、合理稳健的国债管理制度对于保障中央政府筹资及支付需求,发挥财政宏观调控职能,促进国债市场持续稳定健康发展具有重要作用。从工作流程上看,我国国债管理制度主要包括国债余额管理制度、国债计划管理制度、国债发行管理制度和国债市场管理制度。

一、国债余额管理

国债余额是指中央政府历年财政预算收支差额之和,我国国债余额包括中央政府历年财政预算赤字和盈余相互冲抵后的赤字累积额以及经全国人大常委会批准发行的特别国债累积额,是中央政府必须偿还的国债价值总额。国债余额管理是指每年全国人大及其常委会为当年年末国债余额规定一个限额指标，当年中央政府可在该限额指标内自行确定国债品种结构、期限结构和发债节奏。经全国人民代表大会常务委员会批准，我国从2006年开始采用国债余额管理方式管理国债规模。

我国国债余额管理制度主要包括以下内容：（1）在每年向全国人大作预算报告时，报告当年年度预算赤字和年末国债余额限额，全国人大予以审批。（2）在年度预算执行中，如出现特殊情况需要增加年度预算赤字或发行特别国债，由国务院提请全国人大常委会审议批准，相应追加年末国债余额限额。（3）当年年末国债余额不得突破年末国债余额限额。（4）国债借新还旧部分由国务院授权财政部自行运作，财政部每半年向全国人大有关专门委员会书面报告一次国债发行兑付等情况。（5）在每年第一季度中央预算批准前，财政部在该季度到期国债还本数额以内合理安排国债发行数额。

2010年年末我国国债余额为67548.11亿元，包括记账式国债余额42620.68亿元，储蓄国债余额8865.01亿元，特别国债余额15502.28亿元和主权外债余额560.14亿元，控制在全国人大批准的年末国债余额限额71208.35亿元以内。实行国债余额管理制度，有利于客观全面地反映国债规模及其变化情况，有利于合理安排国债期限结构，促进国债市场持续稳定健康发展，也有利于提高国债管理透明度，将国债负担状况控制在可承受的范围内，保证财政可持续发展。

二、国债计划管理

国债计划管理是指每年在全国人大批准的当年年末国债余额限额以内，财政部对当年国债发行币种结构、品种结构、期限结构、各种国债每期发行额、全年发行次数、发行利率控制上限等国债发行活动实行计划管理的有关制度。从时间长短角度划分，目前，我国国债管理计划包括年度国债管理计划和季度国债管理计划；从国债品种角度划分，国债管理计划包括储蓄国债管理计划和记账式国债管理计划。一般来说，储蓄国债和记账式国债管理计划同时出现在年度和季度国债管理计划当中。

(一) 年度国债管理计划

年度国债管理计划包括关键期限记账式国债年度发行时间表和全年国债发行计划。自2003年以来，每年年初财政部都会公布当年记账式国债关键期限品种和发行日期。提前公布关键期限记账式国债发行时间表并定期滚动发行的目的，是提高国债管理政策透明度，逐步建立一条较为稳定可靠的国债收益率曲线。每年3月份，在全国人大批准中央财政预算赤字和年末国债余额限额以后，财政部根据当年国债预算筹资额和国债市场发展需要制定国债发行计划草案，报请国务院审批。年度国债发行计划主要包括国债预算筹资额、国债品种结构、期限结构及其发行额、发行利率控制上限、大致发行日期等内容。在制订年度发行计划时，财政部召开国债筹资咨询会议，听取国债市场重要参与者对于年度国债发行品种、期限、节奏、时间安排等内容的意见和建议。

(二) 季度国债管理计划

季度国债管理计划通常是以年度国债发行计划和关键期限记账式国债年度发行时间表为依据，财政部通过定期召开国债筹资策略会议，充分听取国债管理资深专家和国债市场重要参与者的意见，制订并提前对外发布的有关国债发行品种、期限、招标日期或发行日期等内容的发行计划。每季度国债发行计划通常在上一季度末对外发布。每期国债发行额通常提前一个星期在发债通知中对外发布。

三、国债发行管理

国债发行管理是指落实国债发行计划、组织国债发行的管理制度。从国债品种角度划分，目前我国国债发行制度包括储蓄国债发行制度和记账式国债发行制度。从组织形式看，我国国债发行活动依托国债承销团成员（主要包括商业银行、保险公司和证券公司等）组织实施。2010年共发行国债70次，其中储蓄国债10次，记账式国债60次；共发行国债17751.59亿元，其中储蓄国债3196.28亿元，记账式国债14555.31亿元。

（一）储蓄国债发行制度

储蓄国债是指财政部主要面向广大居民个人发行、不可流通转让但是可以提前兑付、期限通常为1年、2年、3年、5年的国债品种。储蓄国债采取由商业银行组成的40家国债承销团成员按照承销包销方式主要面向居民个人发行。储蓄国债发行利率由财政部参照居民储蓄定期存款利率确定，其利率水平略微高于居民储蓄定期存款利率。按照国债债权记录手段划分，储蓄国债可以分为以纸质记账手段为特征的凭证式储蓄国债和以电子记账手段为特征的电子式储蓄国债。与凭证式储蓄国债相比，电子式储蓄国债强化了对账户系统的监督管理，可以有效防范代销银行超发国债的风险。储蓄国债发行制度规定，凭证式储蓄国债为零息国债，即到期一次性偿还本金和利息，电子式储蓄国债为附息国债，即按年支付利息、到期偿还本金。

（二）记账式国债发行制度

记账式国债是指财政部面向全社会各类投资者发行的、可以上市和流通转让的、期限结构丰富并以电子记账手段记录债权的国债品种。按照期限长短划分，记账式国债分为短期国债（期限1年以内，不含1年）、中期国债（期限1年至10年，不含10年）和长期国债（期限10年及以上）。按照利息依附方式划分，记账式国债分为贴现国债和附息国债，其中贴现国债是指期限在1年以内的短期国债，期限主要为91天、182天和273天；附息国债包括关键期限国债和非关键期限国债，其中关键期限包括1年、3年、5年、7年和10年，非关键期限主要包括15年、20年、30年、50年等超长期限。

记账式国债发行制度规定，短期国债和1年期国债为零息国债，1年以上期限的中长期国债为附息国债，附息国债中的中期国债每年付息一次、长期国债半年付息一次。记账式国债发行利率或价格是财政部面向由商业银行、保险公司和证券公司等机构组成的60家记账式国债承销团成员采取招标方式确定，招标种类包括单一利率或价格招标、多种利率或价格招标、混合利率或价格招标等三种。记账式贴现国债发行采取多种价格招标方式，记账式附息国债招标发行采取混合利率招标方式。

四、国债市场管理

国债市场是指记账式国债发行和交易的场所，包括一级市场和二级市场，其中一级市场是指发行市场，二级市场是指流通市场或交易市场。国债市场管理是指建立健全国债市场法律制度、基础设施及培育投资者群体等方面的管理制度，包括一级市场管理和二级市场管理。

（一）国债一级市场管理

国债发行方式主要包括承购包销和公开招标两种，参与者主要包括财政部和国债承销团成员。目前，我国记账式国债发行主要通过公开招标方式将国债销售给国债承销团成员。记账式贴现国债采取多种价格招标方式发行，即全场加权平均中标价格为国债发行价格，中标机构按各自中标价格承销；背离全场加权平均投标价格一定数量的标位视为无效投标。记账式附息国债采取混合利率招标方式发行，即全场加权平均中标利率为票面利率，低于或等于票面利率标位，按面值承销；高于票面利率一定数量以内的标位，按各中标利率与票面利率折算的价格承销；高于票面利率一定数量以上的标位，全部落标；背离全场加权平均投标利率一定数量的标位视为无效投标。

（二）国债二级市场管理

我国国债二级市场包括交易所国债市场和银行间国债市场，市场参与者包括国债承销团成员和其他各类投资者。交易所国债市场包括上海证券交易所国债市场和深圳证券交易所国债市场，除商业银行以外的所有投资者均可参与。银行间国债市场由国债批发市场和国债柜台零售市场组成，其中银行间国债批发市场是国债交易和托管的主要场所，市场参与者包括各类金融机构，柜台零售市场参与者包括个人和非金融机构。我国国债交易方式包括现券交易、回购交易和远期交易等。2010年我国国债市场交易总额为372781.62亿元，其中银行间国债市场交易额为303306.64亿元，交易所国债市场交易额为69474.98亿元。从国债交易方式看，现券交易额为78368.7亿元，回购交易额为294166.58亿元，远期交易额为246.34亿元。2010年国债现券交易额占可流通国债余额的比例即换手率为1.31。

第二节 地方政府性债务管理

改革开放以来，随着工业化、城镇化进程的加快，地方建设性融资需求快速增长。随着外债转贷、国债转贷等方式对地方政府债务融资的突破，以及《公路法》对地方公路交通类债务的认可等，地方政府客观上已经存在债务。我国地方政府负有偿还责任的债务最早发生在 1979 年，有 8 个县区当年举借了政府负有偿还责任的债务。此后，各地开始陆续举债，其中：省级政府（含计划单列市，下同）举借负有偿还责任或担保责任的债务的起始年集中在 1981 年至 1985 年，这一期间有 28 个省级政府开始举债；市级和县级政府举借债务的起始年集中在 1986 年至 1996 年，这一期间共有 293 个市级和 2054 个县级政府开始举借债务。至 1996 年年底，全国所有省级政府、392 个市级政府中的 353 个（占 90.05%）和 2779 个县级政府中的 2405 个（占 86.54%）都举借了债务。

据审计署审计，截至 2010 年年底，全国地方政府性债务余额 107174.91 亿元。从偿债责任看，政府负有偿还责任的债务 67109.51 亿元，占 62.62%；政府负有担保责任的或有债务 23369.74 亿元，占 21.80%；政府可能承担一定救助责任的其他相关债务 16695.66 亿元，占 15.58%。从政府层级看，省级、市级和县级政府性债务余额分别为 32111.94 亿元、46632.06 亿元和 28430.91 亿元，分别占 29.96%、43.51% 和 26.53%。从区域分布看，东部 11 个省（直辖市）和 5 个计划单列市政府性债务余额 53208.39 亿元，占 49.65%；中部 8 个省政府性债务余额为 24716.35 亿元，占 23.06%；西部 12 个省（自治区、直辖市）政府性债务余额 29250.17 亿元，占 27.29%。从举借主体看，2010 年年底地方政府性债务余额中，融资平台公司、政府部门和机构举借的分别为 49710.68 亿元和 24975.59 亿元，占比共计 69.69%。从借款来源看，2010 年年底地方政府性债务余额中，银行贷款为 84679.99 亿元，占 79.01%。

地方政府通过举债融资，促进了地方经济社会发展，对应对两次金融危机发挥了积极作用。但与此同时，也出现了一些亟须高度关注的问题，主要是融资平台公司举债融资规模迅速膨胀，运作不够规范；一些地方政府违规或变相提供担保，偿债风险日益加大；部分银行业金融机构风险意识薄弱，对融资平台公司信贷管理缺失等。党中央、国务院对加强地方政府性债务管理高度重视，要求抓紧研究完善规范融资平台公司等地方政府性债务管理的政策措施，切实防范风险。近年来，按照党中央、国务院要求，财政部会同有关部门，积极加强地方政府性债务管理，取得了阶段性成效。

一、加强地方政府融资平台公司管理

党中央、国务院一直高度重视地方政府融资平台公司管理。按照中央要求，财政部对规范地方政府及其融资平台公司的举债和担保承诺行为等问题进行了认真研究，并会同国家发展改革委、人民银行、银监会等部门，提出了加强地方政府性债务管理的措施建议。2010年6月10日，国务院下发《关于加强地方政府融资平台公司管理有关问题的通知》，对加强地方政府融资平台公司等地方政府性债务管理工作进行全面部署，建立了规范地方政府性债务管理的基本制度框架。按照这一文件精神，主要做好以下工作：一是清理核实并妥善处理融资平台公司债务。对地方政府融资平台公司债务，区分不同情况，分别进行清理核实，做到底数清楚；妥善处理对原计划由融资平台公司承担融资的在建项目后续资金保障问题，切实防止出现"半拉子"工程，避免造成损失浪费；明确存量债务偿还责任，不得单方面改变原有债权债务关系，防范道德风险。二是清理规范融资平台公司。对已经设立的融资平台公司，分类清理规范；新设立融资平台公司的，必须严格依照有关法律法规办理。三是加强融资平台公司的融资管理和银行业金融机构等的放贷管理。融资平台公司融资和担保要严格执行相关规定,融资项目必须符合有关政策要求,融资资金要严格按照规定用途使用;银行业金融机构等要严格规范对融资平台公司放贷管理,切实加强还本付息现金流缺失等各种风险识别和风险管理。四是坚决制止地方政府违规担保承诺行为。地方政府在出资范围内对融资平台公司承担有限责任,实现融资平台公司债务风险内部化;严禁地方政府违反《担保法》等相关规定为各种融资行为提供直接或变相担保。同时,要求各地区、各部门加强组织领导和指导监督,抓紧制订实施方案,认真抓好落实,对清理规范后仍然违反规定的要依法依规严肃处理。

《关于加强地方政府融资平台公司管理有关问题的通知》下发后,财政部会同发展改革委、人民银行、银监会研究制定了实施细则等相关配套文件,建立了部际协调机制,开展了调查研究,全面部署并督促地方开展清理核实工作。按照中央统一部署,各省(区、市)人民政府全面清理核实融资平台公司债务,初步摸清债务底数,并采取有效措施,规范管理平台公司,取得了阶段性成效。清理规范后,平台公司融资规模迅速膨胀的势头得到有效遏制,保留的平台公司正在按照市场化原则规范运行,逐步实现债务风险内部化。银行业金融机构等对平台公司的信贷管理更加规范,政府违规担保承诺行为基本得到制止。

二、化解基层政府债务

20世纪90年代以来,我国在农村推行普及九年义务教育制度,并由此产生了相当数额的债务。在总结重庆等地试点经验的基础上,2007年12月,国务院决定,在内蒙古等14个省区以省为单位开展清理化解"普九"债务试点。为推动"普九"化债工作顺利开展,中央财政建立化债激励机制,对地方予以适当补助，补助总额达到 300 亿元。

化解农村义务教育债务作为我国处理基层政府性债务的首次尝试，具有重要的政策导向作用。为此，中央明确提出：化解地方政府性债务，不能转嫁地方政府的偿债责任；中央对地方的支持不能与各地实际发生的债务额挂钩，既不让过度举债者"占便宜"，也不让少借债和已还债者"吃亏"。按照这一指导思想，财政部制发了《化解农村义务教育"普九"债务试点补助办法》，明确对各试点地区化解农村义务教育奖励资金额，根据各试点地区农村义务教育阶段学生数、学校数、成本差异系数和困难程度系数计算确定，并据此测算了对各地的奖励资金数额，从制度上防止地方政府出于利益驱动，盲目举债，扩大债务规模，增加财政风险。之后的化解停征工商"两费"及解决工商系统历史遗留债务、化解其他农村义务教育债务、化解其他乡村公益性债务等工作，中央财政补助资金也是按照这一指导思想进行分配的。从实践情况来看，上述做法既缓解了地方政府尤其是基层政府的化债压力，也树立了正确的政策导向，有利于防范和化解地方债务风险。

三、中央财政代理发行地方政府债券

为应对国际金融危机，实施好积极的财政政策，增强地方安排配套资金和扩大政府投资的能力，经国务院同意，2009—2011年，中央财政每年代理发行 2000 亿元地方政府债券。为确保债券顺利发行和分配使用好债券资金，财政部制定了预算管理、发行兑付、会计核算等一系列制度办法，并督促地方严格按照政策规定，合理分配债券资金规模，科学确定债券项目，最大限度地提高债券资金的使用效益。地方政府债券资金主要安排用于中央投资地方配套的公益性建设项目和其他难以吸引社会投资的公益

性建设项目，严格控制安排用于能够通过市场化行为筹资的投资项目，不得安排用于经常性支出。地方政府债券收支纳入政府财政预算，报同级人大审查批准，并严格按照预算规定的用途使用，任何部门和单位不得截留、挤占和挪用。使用地方政府债券资金的部门和单位要自觉接受纪检监察部门、审计部门的监督检查，凡有弄虚作假等违法违规行为的，按照《财政违法行为处罚处分条例》追究责任。为确保债券到期按时偿还，维护政府信誉，地方政府债券由财政部代办还本付息。从实际情况看，地方政府债券资金增强了地方安排配套资金和扩大政府公共投资的能力，促进了中央扩大内需政策目标的实现，同时，也是建立地方政府举债"明渠"的破冰之举，有利于从源头上减少地方政府无序举债，降低和防范财政潜在风险。

按照国务院的统一部署，财政部将继续会同有关部门，抓紧研究建立地方政府债务规模管理和风险预警机制，将地方政府债务收支纳入预算管理，逐步形成与社会主义市场经济体制相适应、管理规范、运行高效的地方政府举债融资机制。

第三节　政府主权信用和境外发行主权债券管理

一、政府主权信用管理有关情况

主权信用评级是信用评级机构对一国政府作为债务人履行偿债责任的信用意愿与信用能力的评判。主权信用评级，除了要对一个国家国内生产总值增长趋势、对外贸易、国际收支、外汇储备、外债总量及结构、财政收支、政策实施等影响国家偿还能力的因素进行分析外，还要对金融体制改革、国企改革、社会保障体制改革所造成的财政负担进行分析,最后进行综合评级。目前国际上涉及主权信用评级业务的主要是标准普尔、穆迪、惠誉三大评级机构。

(一)"十一五"期间我国主权信用评级稳步提升

"十一五"期间,财政部高度重视、积极开展主权信用评级工作。在我国经济总体向好、财政实力持续壮大的推动下,主权信用评级连续提升,标准普尔、穆迪、惠誉等3大国际知名评级机构对我国的主权信用评级分别从 A-、A2、A 提升到 AA-、Aa3、A+(详见表 11-1),在发展中国家中名列前茅。

表 11-1　　　　"十一五"期间 3 大评级机构对我国主权
信用评级变动情况

机　　构	2005 年底		2010 年底	
	评级	展望	评级	展望
标准普尔	A-	正面	AA-	稳定
穆迪	A2	稳定	Aa3	正面
惠誉	A	稳定	A+	稳定

注:穆迪的 A2 和 Aa3 相当于标准普尔和惠誉的 A 和 AA-。

(二)主权信用评级提升具有积极意义

主权信用评级是一国偿还债务能力的直观体现,与国家综合实力特别是政府财力、经济社会稳定程度等方面密切相关。主权信用评级的提升,表明评级机构对我国改革开放和经济社会发展的成果做出了正面评价,有助于增进国际社会和资本市场对我国的正面了解,提升我国的国际地位和影响力。

同时,主权信用评级的提升也有助于降低我国政府和企业的融资成本。主权信用评级体现的是对一国政府债务违约风险的评价,评级越高,该国政府在国际资本市场上的融资成本就越低。一般来说,评级提升一个等级将使发行体的融资成本降低 50—

100个基点。而且，一国主权信用评级的提升还可通过主权债券的基准作用降低该国企业及其海外分支机构的境外融资成本，包括中资金融机构的国际直接和间接融资活动都可从中受益，从而更好地支持我国企业发展和国民经济建设，为国内企业"走出去"创造有利条件。

(三) 主权信用评级工作展望

2008年以来爆发的国际金融危机为我国主权信用评级提升提供了良好机遇。一方面，在党中央、国务院的正确领导下，我国为应对国际金融危机，全面实施并不断丰富完善应对国际金融危机冲击的一揽子计划和政策措施，促进经济保持平稳较快发展，我国在金融危机中的表现显著优于世界大部分国家。另一方面，信用评级机构受到广泛质疑，为推动我国主权信用评级工作提供了良好契机。

下一步，将双管齐下，继续稳步推动提升我国主权信用评级。一方面，提高主权信用评级工作的针对性，结合国际信用评级监管改革进展和评级机构的侧重点，认真研究制定我国主权信用评级工作的战略规划和目标，改善信息披露机制和部门协调配合机制，有效加强与评级机构之间的沟通，推动对评级机构主动提升评级。另一方面，加强对主权信用评级方法的研究，推动主权信用评级标准改革，大力培育本土信用评级机构，提高国内评级机构的市场竞争力和国际话语权。

二、境外发行主权债券和管理情况

(一) 境外发行主权债券情况

我国主权外债包括国际金融组织贷款、外国政府贷款以及境外发行政府债券三种形式。截至2010年年底，我国累计借入主权外债1310.44亿美元，债务余额715.79亿美元。其中：世界银行、亚洲开发银行等国际金融组织贷款余额337.33亿美元；日本、德国、法国、西班牙、科威特等国家和区域性金融机构贷款余额320.84亿美元；由财政部代表中华人民共和国政府在全球资本市场累计发行本外币主权债券共计30笔，按发行时汇率折算，共折合129.82亿美元。目前，已偿还债券17笔，未到期债券13笔，余额合57.62亿美元。

2005年以来，受我国外贸顺差居高不下、外汇储备面临较大增长压力等因素影响，财政部没有在境外发行过外币债券。2009年、2010年为支持香港社会经济繁荣稳定和巩固国际金融中心的地位，财政部分两次在香港发行了共140亿元人民币国债，丰富了香港人民币市场品种，加深了内地与香港的财政金融合作，体现了中央政府对香港经济社会繁荣发展的支持。

（二）境外发行主权债券工作展望

随着我国综合国力不断增强和外汇储备规模持续扩大，发行主权债券的融资功能已相对减弱，但作为参与国际市场的重要渠道和手段之一，境外发行主权债券仍有积极意义。一是可通过发债过程中的路演、会议等方式，向国际社会展示我国经济建设成就和改革开放成果，增强对国际资本市场的影响力和吸引力。二是通过持续发行主权债券建立外债收益率曲线，为国内机构在国际资本市场上融资提供基准，可降低其融资成本，支持我国企业"走出去"。三是在市场对我国债券需求比较旺盛的背景下，通过主权外币债券发行的理想定价，可借助市场声音验证并促进合理的主权信用提级。此外，发行主权外币债券获得的外汇资金不结汇，直接用于偿还到期外债本息，对外汇储备规模的影响不大，也不会增加流动性压力。

下一步，在香港人民币国债成功发行的基础上，将积极探索主权人民币债券离岸发行机制，逐步优化发行环境，丰富发行品种，使之在建立基准和活跃市场等方面真正发挥作用，有力地支持人民币离岸市场的发展。同时，研究探索在国际资本市场上发行适量主权外币债券，通过市场对我国主权外币债券的良好反应，推动主权信用评级的提升，实现主权信用评级提升和主权外币债券发行的良性互动。

第四节　外国政府贷款管理

外国政府贷款作为一种主权债务，是国家信用的重要组成部分，具体是指外国政府或政府性金融机构向发展中国家提供的长期优惠性贷款。这是一种政府间发展援助资金，其赠与成分一般在25%以上（所谓赠与成分是用以表明贷款优惠程度的指标，通过与商业贷款条件相比较而计算得出）。改革开放以来，外国政府贷款是我国利用外资的重要方式之一，为支持改革开放、促进经济社会持续健康发展发挥了积极作用。

一、外国政府贷款管理的基本情况

（一）我国利用外国政府贷款概况

我国自 1979 年开始利用外国政府贷款。30 多年来，先后与日本、德国、法国、西班牙、科威特、北欧投资银行等 26 个国家和政府性金融机构开展了贷款合作。截至 2010 年年底，我国累计利用外国政府贷款资金生效金额 690 亿美元，实际提款 593 亿美元，贷款余额约 321 亿美元。

在利用外国政府贷款初期，贷款资金主要用于交通、能源、工业和基础设施建设等领域。20 世纪 90 年代后期以来，贷款资金更多地投向环保、节能、医疗、教育、"三农"和城建等领域，并向中西部地区倾斜。截至 2010 年年底，不同领域使用贷款的比例为：基础设施占63.8%，工业占10.83%，环境保护占10.43%，医疗占3.41%，教育占2.28%，农业占1.63%，其他约占7.62%。贷款项目覆盖了除台湾以外的所有省份，中西部地区项目占全部项目的比重超过了60%。

30多年来，我国利用外国政府贷款在支持经济建设和社会发展、改善人民生活水平、加强对外财经合作等方面取得了积极成效。主要表现在：一是有效弥补了改革开放初期国内建设资金和外汇"双缺口"，缓解了能源和原材料缺乏、基础设施落后对经济建设的制约，有力地支持了我国经济建设和社会发展。二是利用贷款建设了一批铁路、港口、机场、公路、通信、电站、水利等重大基础设施项目，以及城市供水、供气、污水和垃圾处理、医疗卫生和教育等社会效益显著的公用事业项目。三是引进了先进设备和技术，提高了国内产业的装备水平，增强了竞争力和出口创汇能力，引进了先进的管理方法和经验，培养了一批技术和管理人才，逐步形成与国际接轨的项目管理规范和体系，很多先进做法已在国内投资项目中被广泛采用。四是以政府贷款合作为平台，与贷款国之间营造了互利双赢的良好合作氛围，加强了我国对外财经交流合作，促进巩固和发展了双边友好关系。

（二）管理体制沿革

1998年以前，外国政府贷款管理职能主要由原对外贸易经济合作部（以下简称"外经贸部"）承担。外经贸部的工作职责主要是对外提出贷款申请、谈判签约、沟通联络等事宜，至于贷款的项目实施、还本付息等具体管理工作则由各行业主管部门分别承担。20世纪90年代初，部分项目出现对外拖欠债务等问题，对我国的对外信誉和国际形象造成一定影响。为理顺主权外债管理体制，加强对外国政府贷款的管理，1998年国务院机构改革时，外国政府贷款管理工作被划转至财政部。

1998年机构改革后，财政部被明确为外国政府贷款的归口管理部门，外国政府贷款工作开始由侧重贷款举借向举借与管理并重转变，管理逐渐覆盖了贷款资金的借、用、还全过程。针对外国政府贷款管理中存在的问题，财政部主要开展了以下工作：一是全面清理拖欠项目。根据不同情况，提出了相应的解决办法并制定了配套政策，逐步解决了外国政府贷款拖欠款问题。二是建立起以明确并落实债务责任为重要特征的管理制度和管理体系，基本避免了对外拖欠问题的发生，维护了我国政府主权信誉。三是出台一系列规定和办法，逐步规范了外国政府贷款项目的申报审批、谈判签约、转贷采购和债务清偿等工作，明确了项目单位、转贷银行及各级财政部门等有关机构的职责。四是定期开展各种形式的业务培训，提高了各有关单位管理外国政府贷款的能力和水平。经过多年努力，外国政府贷款管理工作逐步走向制度化、程序化和规范化。

（三）外国政府贷款的业务流程

外国政府贷款管理是财政管理的重要内容，与其他财政性业务相比，外国政府贷款工作有着鲜明的特点，其管理链条较长、环节较多，并涉及国内外多个单位或部门。外国政府贷款业务流程主要包括：

1. 申报和审批。外国政府贷款的申请与使用以具体项目为载体。项目单位根据自身需要并结合地方经济发展规划编制项目建议书和可行性研究报告，按照规定程序报发展改革委立项审批。对符合条件的项目，国家发展改革委列入外国政府贷款备选项目规划。对于列入备选规划的项目，财政部根据地方财政部门的申请、具体国别贷款要求和既定的标准进行审核，将符合条件的项目列入备选项目清单，并适时向国外贷款机构提交。

2. 谈判和签约。对于中方提出的项目，外方需要进行实地或案头评估。在评估通过后，财政部与外方就贷款事务进行谈判磋商、签署政府间协议并办理生效事宜。之后，根据国内借款人委托，由财政部授权指定的转贷银行与外方银行商签银行间金融协议，同时转贷银行与借款人签署转贷协议。

3. 采购和实施。原则上所有使用贷款资金进行的采购都必须采取公开招标的方式进行。项目单位通过竞争性招标选定采购代理机构。采购代理机构按照项目的实际需要，协助项目单位完成标书编制、招标评标、签署合同、验货安装等工作。部分国别贷款要求标书编制、中标商选定、商务合同签署均需经国外贷款机构批准。项目单位按照项目计划和商务合同进行土建施工、设备安装、人员培训等工作，并按照规定的程序向国外贷款机构提款支付。

4. 还款和评价。转贷银行负责办理项目提款和还款手续，进行账务处理和债务统计，并受财政部委托承担部分管理职能。债务人应按时足额向转贷银行偿还到期本息，转贷银行将收到的款项及时对外偿还。项目竣工后，项目单位要确保项目运营良好、发挥预期效益，国外贷款机构和中方管理部门通常对项目进行后评估或绩效评价。

二、推进外国政府贷款管理取得明显进展

近年来，财政部认真贯彻落实国务院指示精神，在积极开展对外合作、努力筹措国外优惠资金支持经济社会发展的同时，不断完善涵盖借、用、还全过程的外国政府贷款管理制度体系，努力推进外国政府贷款管理的科学化精细化，服务于我国经济社会发展。

(一)完善外国政府贷款管理制度体系,强化借、用、还全过程管理

外国政府贷款业务划转财政部后,财政部认真梳理贷款管理的各项业务流程和操作环节,积极主动地建章立制,逐步形成了较完整的外国政府贷款管理制度体系。近年来,针对贷款工作中出现的新形势和新情况,财政部对原有的规章制度进行了补充完善,陆续出台了一系列新的制度办法。目前,外国政府贷款的规章制度已涵盖借、用、还各个环节,初步形成了四个层次、各有侧重、相互衔接的完整体系:

第一层次是《国际金融组织和外国政府贷款赠款管理办法》,对贷款管理的主要工作做了统领性的原则规定。

第二层次是《外国政府贷款管理规定》,在操作层面上对贷款管理的各个环节做出了综合性规定。

第三层次是针对立项申报、转贷、采购、绩效评价、还贷准备金、风险管理等具体核心业务环节制定的具体管理办法,主要有《外国政府贷款转贷管理办法》、《外国政府贷款采购工作管理办法》、《外国政府贷款绩效评价暂行办法》、《国际金融组织和外国政府贷款还贷准备金管理暂行办法》、《财政部外债风险管理暂行办法》和《地方政府外债风险管理暂行办法》等。

第四层次是针对部分有特殊要求的具体国别和特殊问题制定的管理性文件,如《日元贷款人才培养项目工作规程》、《美国进出口银行主权担保融资管理暂行办法》、《关于进一步加强外国政府贷款提前还款资金再转贷管理的规定》等。

通过建立完善外国政府贷款管理制度体系,确保了贷款工作流程中的每个环节都有章可循,使每个相关机构的职责更加明确清晰,为外国政府贷款工作的有效开展提供了有力的制度保障。

(二)加强贷款筹借管理,稳定贷款规模

财政部积极开展对外合作，不断加强与国外机构的良好合作关系，定期开展高层互访和工作层面磋商，努力争取对我更加有利的贷款条件和尽可能多的优惠资金，有力地支持了改革开放和经济建设。

随着我国经济的持续快速发展和综合国力的不断增强，一些发达国家向我国提供外国政府贷款优惠资金的意愿有所降低，日本、加拿大、瑞士、韩国等国逐渐缩减乃至取消了对华援助贷款。2008年国际金融危机爆发后，我国筹措国外优惠资金的难度加大。面对复杂多变的国际国内经济形势，财政部按照"积极、合理、有效"利用外资的方针，在继续与外国政府或机构保持良好合作关系的同时，积极开拓新的贷款来源，与欧佩克国际发展基金、美国进出口银行、法国开发署等机构建立了合作关系，扩大了与波兰、意大利和德国复兴开发银行的合作，稳定了贷款规模，配合了积极财政政策的实施，有力地支持了国内经济社会发展。

（三）强化贷款使用管理，积极探索贷款合作新方式

按照科学发展观的要求，根据国家区域和产业发展政策，外国政府贷款资金优先投向"三农"、教育、医疗、扶贫、节能减排、新能源开发、环境保护等领域，贷款资金的使用更加体现公共财政的要求，发挥政府资金在提供公共产品、保障民生、转变经济发展方式上的积极作用。同时，贷款安排进一步向中西部地区倾斜，积极促进地区间平衡协调发展。

在利用国外优惠资金的同时，十分注重借鉴发达国家在有关领域和项目管理方面的先进理念和经验，充分利用外国专家的专业知识。通过各种渠道加强人员培训，不断提高我国有关领域及政府性投资项目的管理水平。此外，十分注重对贷款国经济形势和政策的跟踪与研究，积极宣传和推广工作中的先进经验，实现

了引资和引智同步进行。

结合我国经济社会发展的新需要，不断探索外国政府贷款合作的新机制。目前，财政部已经与德国、法国等国家开展了中小企业信贷、"绿色"中间信贷、能效和可再生能源信贷等新的合作模式，取得了积极的效果。新的合作模式既帮助中小企业破解融资难题，又促进国内银行创建"绿色融资"新机制；既积极支持国内节能减排、应对气候变化，又大力推进经济结构调整、转变发展方式，在多方面起到了良好的示范效应。

（四）加强贷款偿还管理，完善还款机制

近年来，财政部进一步加强债务偿还管理。对外明确还款的直接责任人，确保按时足额还本付息；对内明晰债务责任，完善还款机制，确保各方履行义务。具体措施包括：

一是指定转贷银行对确保对外还款负直接责任。无论国内借款人还款情况如何，转贷银行都必须按时足额对外还本付息，维护国家信誉。当国内债务人发生拖欠时，转贷银行应自动代垫本息及费用并对外支付，确保不对外发生拖欠。

二是依据债务责任将项目分为三个类别。第一类项目由省级财政部门作为借款人并承担还款责任；第二类项目由项目单位作为借款人并承担还款责任，省级财政部门作为担保人；第三类项目由项目单位作为债务人并承担还款责任，省级财政部门不提供还款保证。据此，在外国政府贷款项目流程的起始阶段，各有关机构所应履行的债务或担保责任就得到了明确。

三是对还款拖欠的地方实施财政扣款。对于第一类和第二类项目拖欠导致的对外垫款，中央财政对地方实施财政扣款，然后悉数回补转贷银行；对于第三类项目拖欠导致的对外垫款，则由转贷银行继续向债务人追偿。

四是建立偿债准备金制度。使用外国政府贷款的省级财政部门负责设立并管理本地区贷款的还贷准备金,专项用于贷款到期债务的周转性垫付。还贷准备金来源包括财政预算资金、提前回收的贷款资金、转贷利差收入、专用账户利息收入、还贷准备金的增值部分等,要求规模至少满足未来一年内到期贷款债务的周转垫付需要,并不低于本地区贷款债务余额的5%。

(五)科学评价贷款项目绩效,努力提高贷款资金使用效益

贷款项目竣工后,国外贷款机构通常需对项目的绩效进行评价,评价结论同时向中方提供,这一过程称为项目的后评价。近年来,财政部和各级项目管理部门积极主动地参与后评价工作,充分利用外方评估结论,提升项目管理水平。这些后评价的结果表明,我国的贷款项目绩效显著,资金管理规范,项目实施管理水平较高。如在2007年日本国际协力银行对21个国家的46个日元贷款项目进行的后评价中,我国的6个项目全部取得了综合评分A级的好成绩,我国是唯一一个全部项目均获最高评分的国家。

与此同时,为进一步提高贷款管理的效能,财政部根据国内实际情况,并借鉴经济合作与发展组织(OECD)的发展评估经验,独立地开展了对贷款项目的绩效评价,并制定了《外国政府贷款绩效评价暂行办法》。具体做法是在对贷款项目资料综合分析的基础上,根据相关性(项目选择与国家宏观政策和地方发展需求的一致程度)、效率(项目审批、建设和运营效率)、效果(项目预期目标的实现程度和实际产生的效果)、可持续性(项目技术、管理和财务的可持续性)和影响(项目的示范效应及对经济、社会、环境的影响)五类评价准则及若干具体指标的得分,对贷款项目个体和某一地区项目整体两个层面进行评价,得出优、良、中、差四个绩效评价等级。财政部决定在自2008年4月开始三年内完成对所有已竣工投产且尚未对外偿清

的外国政府贷款项目的绩效评价工作。2008年和2009年，财政部分别组织了对822个和725个贷款项目的绩效评价，评价结论为"优"和"良"的项目均达到82%以上，公共领域的项目效果更好。对于贷款项目绩效评价的结果，财政部组织专家编写了《外国政府贷款项目绩效评价案例集》，绩效评价的做法和经验介绍和推广。

（六）规范外债风险管理，利用信息化手段夯实政府外债基础工作

为规避政府外债面临的市场利率、汇率等风险，财政部制定了《财政部外债风险管理暂行办法》，据此建立了财政部外债风险管理工作协调机制。为了加强地方政府外债风险管理，财政部出台了《地方政府外债风险管理暂行办法》，从管理原则和操作流程等方面，对地方财政部门和项目单位开展政府外债风险管理进行了规范，规避了操作风险，同时逐步加强了对地方外债风险管理工作的指导和监督。

贷款项目和资金的信息管理是外国政府贷款管理的重要基础。为进一步加强相关管理基础工作，财政部正在积极开发政府外债统计监测预警管理信息系统，将外国政府贷款业务的申报、审批、转贷、采购、偿还等各个环节纳入系统管理，从而实现对贷款项目和资金债务的数据统计、申报审批、信息传递和还本付息的信息化管理。截至2010年年底，系统第一期的开发已经完成，并已经在江苏等6省区开展系统试运行工作，并将结合试运行情况进一步完善，为全国推广夯实基础。

三、加强外国政府贷款管理的基本思路

适应新的形势，积极稳妥开展对外合作，筹措优惠资金支持国内各项事业发展；针对管理中的不足和薄弱环节，进一步完善

贷款管理制度体系，夯实贷款管理的基础；探索外国政府贷款合作的新形式；加强外债风险的监测和研究，防控外债风险；不断推进贷款的科学化精细化管理，充分发挥外国政府贷款促进经济社会发展的积极作用。

一是以我为主，科学把握贷款合作的规模和节奏。本着"以我为主、互惠互利"的原则，以我国经济社会发展需要为出发点，科学制定利用外国政府贷款的政策，合理规划利用贷款的规模。针对发达国家减少对华援助贷款规模、贷款条件趋于硬化等挑战，积极稳妥地与国外贷款机构开展合作，合理有效地利用优惠资金支持国内经济社会各项事业发展。

二是引导投向，服务经济社会发展大局。按照科学发展观的要求，结合加快转变经济发展方式的需要，进一步利用优惠资金重点支持"三农"、环境保护、节能减排、社会发展等领域，优先支持中西部地区经济社会发展，切实提高资金使用效益，进一步体现外国政府贷款在转变经济发展方式、促进地区协调发展、调整产业结构等方面的积极作用。

三是开拓创新，不断探索外国政府贷款合作新方式。立足国内宏观调控的需要，结合国外贷款机构的政策变化，不断探索贷款合作的新方式，在应对气候变化、节能减排、低碳经济等双方共同关注的领域进一步加强合作，注重借鉴吸收国外先进理念和成熟机制，提高国内相关领域的管理水平，达到引资和引智同步进行的目的。

四是多措并举，进一步完善管理制度体系。会同有关部门加强申报立项审核，进一步提高项目前期工作的科学性。更加注重贷款实施和资金使用，继续推进以结果为导向的贷款项目绩效评价工作，全面提升项目质量和效益。进一步强化监督检查机制，研究出台外国政府贷款监督检查办法，督促规章制度有效落实，不断提高贷款的科学化精细化管理。

五是加强管理,科学防范债务风险。继续完善外国政府贷款统计监测预警信息系统,加强数据统计和指标监测,进一步研究地方外债合理规模,严格控制地方脱离偿还能力过度举债,强化对地方政府外债风险管理的指导,促进地方政府科学合理地申请使用外国政府贷款,有效防范债务风险,更好地促进当地经济社会健康发展。

第五节 国际金融组织贷款管理

我国与国际金融组织的合作是伴随着改革开放而展开的。1980年,中国改革开放的总设计师邓小平在京会见了时任世界银行(以下简称世行)行长麦克纳马拉先生,掀开了中国与世行合作的历史篇章。同年,中国加入了国际农业发展基金(以下简称农发基金);1986年3月,中国正式加入亚洲开发银行(以下简称亚行);1996年,中国与欧洲投资银行开始建立业务关系。30年来,中国与国际金融组织的合作关系不断发展,逐步建立起以贷款合作、知识合作以及国际发展合作为主要内容的全方位合作关系,取得了巨大成绩。

贷款合作一直是中国与国际金融组织合作的重要基础。国际金融组织贷款是政府主权外债,由各级财政部门承担贷款担保或最终还款责任,具有准公共资金的性质。加强国际金融组织贷款管理,充分发挥贷款资金效益,是财政部门的一项重要职责。

一、我国利用国际金融组织贷款概况

截至2010年年底,我国利用国际金融组织贷款承诺额累计达771.41亿美元。其中,世行贷款501.67亿美元,亚行贷款

232.78亿美元，农发基金贷款6.75亿美元，欧洲投资银行及联合融资贷款30.21亿美元，支持建设了500多个项目，涵盖农业、扶贫、教育、卫生、交通、能源、城建环保等领域，覆盖我国几乎所有省、自治区、直辖市。

贷款合作作为我国与国际金融组织合作的最基本形式，在引资、减贫和促进区域协调发展三个方面取得了明显进展。一是积极引进资金、先进技术和理念。改革开放初期至20世纪90年代中期，我国年度利用世行、亚行等国际金融组织贷款达到40亿美元左右，在一定程度上弥补了我国经济建设资金和公共财政资金投入的不足。同时还引进了大量国际先进技术与设备、先进的管理理念和规范化的运作机制，提高了我国的生产技术和经营管理水平，有力地促进了经济发展。二是促进我国减贫事业发展。我国先后利用世行、亚行、农发基金等国际金融组织数十亿美元贷款支持建设了一大批农业、基础教育和农村卫生项目，使项目区成千上万群众脱贫致富，同时还与国际金融组织合作实施了一批以减贫为主要目标的贷款项目，如利用世行贷款7.87亿美元，先后实施了西南扶贫、秦巴扶贫等五个扶贫项目，示范推广了多部门、跨年度综合性开发扶贫模式，使51个贫困县的800万贫困人口直接受益。三是务实推动我国区域及经济社会协调发展。国际金融组织贷款项目积极配合西部大开发、振兴东北等老工业基地、促进中部地区崛起和东部地区率先发展战略的实施，为支持我国区域协调发展发挥了积极作用。同时，重点支持农业、交通、城建、环保、教育、卫生以及节能减排等我国经济社会发展薄弱环节和优先领域，取得了积极成效。

二、国际金融组织贷款管理的主要内容

（一）制定与国际金融组织合作伙伴战略和贷款规划

中国与国际金融组织的贷款合作，首先是通过制定《国别伙伴战略》来确定今后一段时间的总体合作目标，并通过拟定3年滚动规划，组织具体贷款项目实施。《国别伙伴战略》是各国际金融组织在中国业务规划构成的纲领性文件，也是指导各国际金融组织开展贷款规划的工具。每一期《国别伙伴战略》时间为3年（亚行）或5年（世行、农发基金），是各国际金融机构在与中国政府职能部门密切磋商合作基础上制定的。3年滚动规划是根据国家中长期发展规划和有关地区及部门所提项目建议，制定出我国未来3年利用国际金融组织贷款的初步计划，并与各国际金融组织进行磋商，根据磋商结果报国务院审批后执行。3年滚动规划保证了准备成熟的项目能够及时得到贷款支持。

（二）项目前期准备管理

项目前期准备主要包括项目选定、准备和评估。项目选定一般由中方根据项目选定标准及方法来确定和提出贷款项目，提交国际金融组织初步调查确认后列入贷款规划。在选定项目时，要收集、准备相关资料，从技术上、经济上进行综合分析，并在认真筛选的基础上，编制项目文件。项目选定后，进入项目准备阶段。此阶段主要包括制定项目可行性研究、项目环境评价、移民安置计划、社会影响评估等。项目评估的任务是对项目前一阶段的准备工作及项目本身各个方面进行全面细致的审核，为今后项目实施和项目评价奠定基础，主要包括技术、组织机构、经济、财务方面的评估等。

（三）项目实施管理

国际金融组织贷款项目经各国际金融组织执董会批准并经

中国政府授权代表签字后即正式生效，开始进入项目实施阶段。项目实施管理的主要内容包括项目招标采购、贷款资金支付、配套资金提供、技术援助与培训计划执行、机构能力建设和项目监督等。项目实施的各项内容及其具体操作都必须符合项目评估、可行性研究报告、贷款文件和国际金融组织有关文件的规定。对于执行中的项目，各国际金融组织通过对项目执行情况进行监测监督，及时发现存在的问题，并采取措施予以纠正，确保项目顺利实施。

（四）项目竣工后管理

各国际金融组织贷款项目实施周期一般为5—8年不等，待项目工程全部竣工，贷款资金使用完毕，账户随之关闭，项目的实施阶段正式结束，进入项目竣工后管理。国际金融组织项目竣工后管理主要包括项目总结评价、项目形成的资产移交及管理、项目债权债务核算及还本付息、项目可持续运营等。

（五）项目财务债务管理

项目财务债务管理是项目全过程管理的重要组成部分，也是项目管理的基础工作，贯穿从项目准备到还本付息的各个阶段。在项目准备阶段，主要包括从财务及资金等方面对项目出具可行性研究报告和评估报告，确保项目财务可行，债务可控；在项目实施阶段，主要包括招标采购、资金支付回补、会计核算、编制和合并会计报表等；在项目后期，主要包括核算债权债务关系、项目资产登记、回收贷款本金并按时对外还本付息等。

（六）项目绩效管理

国际金融组织项目绩效管理主要由绩效目标设定、实施监测、绩效评价以及评价结果应用等组成。绩效目标设定是项目立项过程中设定项目预期实现产出和达到的状态；实施监测是对项目实施过程实行监测管理，及时发现并纠正项目执行中存在的问题，确保项目按照既定目标实施；绩效评价是按照严格的程序、采取客观独立的态度、运用科学的方法考察并衡量项目的实施情况和实施成果，对项目中的经验教训进行总结；评价结果应用是将绩效评价的结果运用于项目管理的各个方面，推进信息共享，规范新上项目立项选择，指导制定贷款规划等。

三、加强国际金融组织贷款管理的具体做法

多年来，财政部按照"统一领导、归口管理、分工合作、各司其职"的原则，坚持以资金、财务和债务为主线，积极与国内各相关部门、地方各级财政部门协调配合，为保证国际金融组织贷款项目资金"借得来、用得好、还得起"发挥了重要作用。

（一）主动服务国内经济社会发展大局

在与国际金融组织合作过程中，我国一贯坚持"以我为主，为我所用"的方针，自始至终将服务国家发展战略作为与国际金融组织合作的立足点和出发点。近年来，我们按照国家关于"西部大开发"、"振兴东北等老工业基地"、"实现中部地区崛起"等战略部署，利用与国际金融组织合作战略和贷款项目滚动规划磋商，积极调整国际金融组织贷款资金投向，重点向中西部地区倾斜，将70%以上的贷款用于支持中西部地区发展。

（二）不断加强贷款管理制度建设

财政部始终高度重视国际金融组织贷款项目法规制度建设，一直将制度建设作为不断提高管理水平的重要抓手。2000年以来，先后出台了涉及国际金融组织贷款管理工作的规章制度40多项。2006年，财政部发布了《国际金融组织和外国政府贷赠款管理办法》，进一步规范了国际金融组织贷款项目的全过程管理，成为国际金融组织项目管理的纲领性文件。

近几年来，根据项目管理中存在的问题和不足，结合审计部门提出的审计意见和建议，财政部进一步加大了制度建设力度，制定发布了《政府外债清偿管理暂行规定》、《财政部管理的国际金融组织贷款还贷准备金管理暂行办法》、《关于进一步加强国际金融组织贷款项目前期工作的若干意见》等规章制度，为财政部门规范参与项目前期准备、规范项目运行、提高项目管理绩效打下了坚实的制度基础。

（三）狠抓项目前期管理

国际金融组织贷款项目的前期工作主要包括项目评审和立项审批。贷款项目评审是项目前期准备的关键环节。财政部制定了《财政部门参与国际金融组织贷款项目前期准备工作指导意见》，颁发了《财政部关于印发〈关于进一步加强国际金融组织贷款项目前期工作的若干意见〉的通知》，进一步强化了财政部门在项目前期立项审批、项目可行性研究、资金、财务、债务等方面的全过程参与和管理职能，有利于提高国际金融组织贷款资金效益。

（四）加强在建项目监督检查

在国际金融组织贷款项目执行过程中，确保项目按照预先设计的目标顺利实施，是做好项目管理的关键。多年来，各级财政部门充分发挥项目管理部门的职能作用，加强与相关方面的沟通协调，重点对项目实施过程中的配套资金落实情况、招标采购、移民安置、贷款资金拨付和财务管理等各方面进行监督检查，不断改进项目管理，保证项目的规范管理和顺利实施。

近年来，财政部在完善项目管理规章制度、提高项目单位机构能力建设的基础上，联合国际金融组织加强对在建项目的专项检查。2008年，财政部在全国范围内选择了28个在建的交通项目，开展专项检查。2009年9月召开国际金融组织贷款项目专项检查整改汇报会，对整改工作做了全面部署，推动建立项目监督检查长效机制。

（五）加强贷款债务管理

近几年来，财政部不断采取措施提升债务管理水平，切实保证国际金融组织贷款债务的及时偿还。一是不断加强债务管理的制度建设，先后修订发布了一系列加强债务管理的制度和办法；二是按照"谁借款、谁受益、谁承担债务"的原则，狠抓债务责任落实，并逐级签署转贷协议，不留隐患；三是加强债务风险管理和控制，积极开发政府外债统计监测预警系统，努力实现新形势下政府外债管理的信息化；四是建立国际金融组织贷款还贷准备金制度，确保各级政府债务安全；五是积极回收到期债务，采取预算扣款等多种措施，清理拖欠债务；六是以国家政策为依据，根据地方和项目的实际情况，认真研究解决部分项目债务偿还困难问题，适当减免由于国家政策调整或受重大自然灾害影响的部分项目债务。

（六）加强贷款项目资金财务管理基础工作

财政部一贯重视国际金融组织贷款项目资金、财务、会计等基础工作。2009年，财政部下发了《关于进一步加强国际金融组织贷款债务统计工作的通知》，建立与省级财政部门的定期对账机制，督促各地重视财务会计等基础数据工作，加强国际金融组织项目数据信息的定期更新和完善，为做好项目管理打下基础。同时，为推进财务会计基础工作的信息化建设，作为金财工程的一部分，财政部正在开发完善"政府外债统计监测预警管理系统"，并将于2011年年底实现全国联网，逐步建立各级财政部门联动的政府外债统计监测预警体系，实现中央与地方债务数据的实时更新和即时下达。

（七）有序推进贷款项目绩效评价

一是坚持制度先行。初步形成了以《国际金融组织贷款项目绩效评价管理暂行办法》为基础、《国际金融组织贷款项目绩效评价操作指南》为核心的制度框架体系。二是注重能力建设。从2007年初开始，实施"上海国际发展评价培训项目"，积极推动将亚太财经发展中心建成世行独立评价局绩效评价东亚中心，进一步加强绩效评价人员队伍建设。三是有序开展评价实践。2009年，组织开展了国际金融组织项目绩效评价试点工作，涵盖能源、交通、城建、环保、农业、教育等领域的项目；2010年，在全国开展了国际金融组织在建项目和完工农业项目绩效评价工作。四是推进评价结果应用。逐步建立财政部与国际金融组织、财政部与各有关部委、财政部门内部的信息共享机制，试行国际金融组织贷款项目绩效评价结果通报制度，强化结果运用，为政府决策服务。

（八）加强贷款管理机构能力建设

近年来，财政部有针对性地组织开展了包括绩效评价、世行及亚行贷款新政策、世行及亚行贷款及技援项目准备与项目执行管理、亚行技援项目经验交流研讨、欧洲投资银行、农发基金贷款项目财务管理等业务培训班，一大批地方财政部门和项目单位的人员得到培训。通过加强业务培训，提高了相关人员的项目管理能力，增进了不同项目管理机构之间的经验交流，提升了项目管理机构的执行和实施能力，对国际金融组织项目的顺利实施发挥了重要作用。

四、强化国际金融组织贷款管理的思路

中国与国际金融组织的贷款合作将继续以科学发展观为指导，加强务实合作，实现互利共赢，逐步实现"三个转变"：一是从重贷款数量向重贷款质量与效益转变。国际金融组织贷款在

投向上更加突出重点，内容上更加注重创新，管理上更加科学精细，评价上更加注重绩效，确保国际金融组织贷款质量明显提高。二是从重贷款筹借向重贷款使用与偿还转变。进一步提高国际金融组织贷款项目债务管理水平，完善债务偿还机制，保证国际金融组织贷款"借得来，用得好，还得起"。三是从重资金引进向资金与智力引进并重转变。利用国际金融组织的知识优势，使其有重点有针对性地为我国经济社会发展提供政策建议。充分吸收国外先进的治理理念，推进国内体制机制改革创新，提升项目示范效应和推广作用。

第十二章 财政监督管理

第一节 财政监督概述

一、财政监督的概念

财政监督是指财政部门为保障国家财政管理的有序和有效，依法对财政运行相关主体的财政财务行为所实施的监控、检查、稽核、制裁、督促和反映等活动的总称。它是确保财政职能正常发挥的重要手段，是财政工作的重要组成部分。

财政监督主体是财政部门及其派出机构。财政监督客体是财政运行中的相关主体，既包括党政机关、事业单位、社会团体，也包括国有及国有控股企业、民营企业；既包括本级财政管理的相关主体，也包括循着本级财政的政策流、资金流和信息流延伸到下级财政管理的相关主体。

财政监督内容主要包括财政收入监督、财政支出监督、会计监督、金融监督、资产监督、财政内部监督、财政绩效监督等。其中：财政收入监督主要是指对财政税收收入和非税收入的监督。财政支出监督主要包括部门预算、国库集中支付、政府采购和转移支付等，以及专项支出的监督。会计监督主要指财政部门依照全国人民代表大会颁布的《会计法》、《注册会计师法》等法律法规对行政事业单位和企业的财务会计活动的合法性、真实性，以及对经济鉴证类社会中介机构执业质量的监督。金融监督主要是指财政部门所开展的金融监督，主要包括对金融企业实施的财务监督、对金融国有资产实施的资产监督、对政策性金融业务和政府外债实施的监督、制定并实施财政金融政策等。资产监督主要是指财政部门为了规范行政事业单位资产管理行为，对行政事业单位国有资产管理各个环节进行的监督、控制、检查等活动。财政内部监督主要是指财政部门内部专职监督机构对财政部门内部各职能机构全面履行职责、内部控制运行等情况，以及对所属单位的财务收支、内部管理等方面的监督检查。财政绩效监督主要是指财政部门以提高财政资金分配与使用绩效为目的，在有效开展财政支出资金合规性监督的基础上，按照绩效管理的要求，运用科学的监督标准和分析方法，对财政支出行为过程及其结果进行客观、公正的评价与监督的活动。

财政监督方式方法主要包括"监控、检查、稽核、制裁、督促和反映"。"监控"一般应用于财政管理和监督的事前环节和事中环节，主要是指对财政资金申领、拨付和使用过程的控制，以保证其财政行为按照既定轨迹运行；"检查"是财政监督机构的主要工作方式，在检查过程中一般都伴有调查的职能；"稽核"也是财政管理和监督事前环节及事中环节经常使用的工作方式；"制裁"是指依据法规对相关行为进行的处理处罚，主要由财政监督机构实施，也包括预算管理机构、会计管理机构和国库管理机构对违规行为的惩处；"督促"既是一个落实过程，又是一个纠偏过程；"反映"主要是指真实传递、反馈相关信息，政府活动通过财政收支活动渗透到社会再生产的各个环节，联系着社会经济各个领域，财政管理活动在同外界的经济、行政联系中也产生大量信息，财政监督通过日常监管、专项检查或专题调查，对这些信息进行甄别分析，揭示真实情况。

二、财政监督机构与职责

财政监督机构是指财政部门专司财政监督职责的机构。财政业务管理机构主要包括预算管理机构、会计管理机构和国库管理机构。财政监督机构和财政业务管理机构必须加强协调、密切配合,切实履行财政监督职责,确保实现财政监督目标。

我国的财政监督机构分为中央财政监督机构与地方财政监督机构。中央财政监督机构主要包括财政部监督检查局和财政部驻各地财政监察专员办事处。地方财政监督机构主要包括省、市、县等各级财政部门设立的财政监督机构。

财政部监督检查局的职责是:拟订财政监督检查的政策和制度;监督检查财税法规、政策的执行情况,监督检查会计信息质量和注册会计师执业质量,依法查处违法违规行为;检查反映财政收支管理中的重大问题,提出加强财政管理的政策建议;负责财政部的内部监督检查;指导财政监察专员办事处业务工作等。

财政部驻各地财政监察专员办事处的职责是:监督检查有关部门和单位执行国家财税政策、法规的情况;反映中央财政收支管理中的重大问题;提出加强中央财政管理的相关建议;实施中央财政收入监管,查处应征不征、越权减免、违规退付或调整中央预算收入等问题;开展中央预算收入对账、分析;征收、监缴中央财政非税收入;办理收入退库事项的审查审批;实施中央财政支出监管;办理国库管理制度改革中有关试点资金的支付审核、中央财政直接拨付资金的支付审核、有关单位申请中央财政专项补贴(补助资金)的事前审核等事项;监督检查中央财政支出资金的管理使用情况;开展中央二级以下预算单位银行账户监管和财务监管工作;监督检查驻地二级以下预算单位及有关企业的会计信息质量;监督检查有关会计师事务所及其注册会计师的执业质量；监督检查驻地中央级金融单位国有资产管理及会计核算等情况。

地方财政监督机构的职责是：代表本级财政部门监督检查本级和下级政府所属的部门、单位的预算执行情况，并对发现的违法违纪行为提出处理意见；监督检查本级和下级政府所属的部门、社会团体、企事业单位的财务收支，以及执行财税法规政策、财务和会计制度的情况，并对其违反财经法纪法规的行为和案件进行处理；监督检查社会经济中介机构执行财税法规、政策和财务及会计制度的情况，并对其违法违纪行为进行处理；受理违反财税法规、政策和财务会计制度的举报事宜，办理对坚持执行财经纪律人员进行打击报复的重点案件；研究确定财政监督检查的工作规划与强化财政监督检查的措施，提出完善财税法规、政策以及财务会计制度的意见或建议；对本级政府的国有资产进行监督；根据授权办理其他有关监督检查的事项；配合有关部门开展财政法制的宣传教育等。

财政业务管理机构承担的监督职责主要包括：对财政部门颁布的财税法令、政策和财务会计制度的执行情况进行监督；对本级政府各部门及下一级政府预算、决算草案的真实性、准确性和合法性进行审查稽核，并根据政府授权对下级政府预算执行情况进行监督；对本级政府各部门及其所属各单位的预算执行情况进行监督；对本级预算收入征收部门的收入征收情况和本级国库办理预算收入的收纳、划分及留解情况进行监督；对本级预算支出资金的拨付、使用和效益情况进行监督；组织制定国库管理制度、国库集中收付制度，指导和监督国库业务；负责制定政府采购制度并监督管理；对社会审计机构在执业活动中的公正性、合法性进行监督；对预算单位银行账户开立使用情况进行监督；对会计管理情况进行监督，等等。

三、财政监督与其他监督行为的关系

在我国,财政监督与人大预算监督、审计监督、行政监察和其他政府部门经济监督等共同构成了层次清晰、相互补充、不可替代、具有中国特色的经济监督体系。

财政监督与人大预算监督的关系。人大预算监督是最高权力机关的监督,是指人民代表大会及其常委会依据《宪法》以及国家相关法律法规,对政府及其财政部门执行国家有关财经政策和法律法规情况,预算编制、执行情况实施的监督。与人大预算监督相比,财政监督是一种基础性、更低层次、具体性的监督。

财政监督与审计监督的关系。审计监督是指国家审计机关依据《审计法》,对被审计单位的财政财务收支及其经济活动的真实性、合法性和效益性进行检查、评价的一种监督活动。财政监督与审计监督二者联系密切,却又区别明显。财政监督是财政管理的组成部分,监督寓于管理之中,通过监督加强管理。审计监督主要涉及财政收支或财务收支,财政监督比审计监督范围更广。

财政监督与行政监察的关系。财政监督与行政监察既各有分工、各司其职,又相互促进、互为补充。

财政监督与其他政府部门经济监督的关系。财政监督与税务监督、国有资产监管、金融监管等其他政府部门经济监督各有职责分工,共同履行经济调节、市场监管等重要政府职能,构成政府经济监督体系。在实际履责过程中,财政监督与税务监督、国有资产监督、金融监督在监督对象、内容、手段和目标等方面,既各有侧重又互相补充、互相促进。

第二节　财政监督方式方法与基本规范

一、财政监督方式方法

财政监督方式是财政部门围绕财政监督目的和完成财政监督任务所形成的各种专门的工作形态，是财政监督活动中公认的思想方法、行为路径与程序的集合，主要包括监督目的、资源配置、具体工作开展及其结果利用等。财政监督方法是财政部门及其工作人员在财政监督过程中，为完成财政监督工作任务，对监督检查对象涉及的有关信息进行搜集、加工和利用而采取的各种手段的总称。在实际工作中，财政部门及其工作人员可根据具体的工作目标和要求，选择恰当的监督方法，从而提高监督质量和成效。

财政监督方式，按照监督的实施地点可分为现场监督和非现场监督；按照监管项目的特征可分为日常监督和专项检查；按照财政管理事项发生、发展和终结的不同阶段，可分为事前监督、事中监控和事后检查；按照监督的目的可分为合规监督和绩效监督；按照监督的组织形式可分为独立检查和联合检查。

财政监督方法主要有审核、审批、监控、监缴、对账、分析、调查、检查、监盘、观察、查询、函证、分析性复核等。其中：审核是指财政部门及其派出机构按照法律法规等规定，对有关单位的会计和业务资料的真实性、完整性、合规性进行审阅、核实与查对。目前，中央财政监督机构开展审核事项主要包括部门预算审核、国库集中支付审核和专项资金审核等。审批是指财政部门及其派出机构在审核基础上所进行的批复业务。目前，中央财政监督机构开展的审批事项主要包括财政收入退付的审核审批、账户审批和年检等内容。监控是财政部门及其派出机构按照法律法规等规定，对预算编制、执行和财政管理中的某些重要事项进行监督控制，确保财政资金分配合理、使用安全，并达到预期目的。监缴是指财政部门及其派出机构根据财政管理的要求，对应缴预算的政府性基金、行政事业性收费收入和罚没收入等非税收入的缴库或汇缴财政专户情况就地进行监督。对账是指财政部门对税收收入征收部门、预算支出部门和人民银行国库等部门开展按月收入和支出核对。分析是指财政部门及其派出机构为加强财政收支监管，通过对本级财政收支数据及其相关经济指标等进行比较分析、查明原因、寻找解决途径。调查是指财政部门围绕财政管理和财政检查中暴露的难点、热点和重点问题，有针对性地进行了解和考察。检查是指财政监督检查人员对会计记录和其他书面文件的准确性、可靠性、真实性所进行的审阅、核对与测试等活动。监盘是财政监督检查人员现场监督被检查单位对实物资产、现金及有价证券等实施盘点，并进行适当抽查。盘点是验证账实是否相符的一种重要方法，有突击盘点和通知盘点两种方式。观察是财政监督检查人员对被检查单位的经营场所、实物资产和有关业务活动及其内部控制执行情况等所进行的实地察看。查询是指财政监督检查人员对有关人员进行的书面或口头询问。函证是财政监督检查人员为印证被检查单位会计记录所载事项而向第三者发函询证，获取和评价检查证据的活动，可分为积极函证和消极函证。分析性复核是财政监督检查人员对被检查单位重要的比率或趋势进行的分析，包括调查异常变动以及这些重要比率或趋势与预期数额的差异。

二、财政监督基本程序

财政监督程序是财政部门实施财政监督活动、办理财政监督事项时所必须遵循的工作顺序和操作规程。由于财政监督以审核审批、专项检查和专题调查等不同的方式方法实施，因此，财政监督程序也有所不同，具体可以分为审核审批程序、专题调查程序和财政检查程序三类。

审核审批程序是财政部门根据国家财经法规对财政事项进行审理核定或批准的工作步骤。一般包括受理、初审、复核、审批和办结五个阶段。

专题调查程序是财政部门为实施财政监督与管理，对财政事项进行调查研究的工作步骤，一般包括拟订调查计划或方案、实施调查和完成调查报告三个阶段。

财政检查程序是财政部门及其工作人员实施财政检查工作所必须履行的步骤和规程。一般包括准备阶段、实施阶段和终结报告三个阶段。

第一，准备阶段。准备阶段是指财政部门根据财政监督检查计划的安排而决定派出检查组开始，到下发财政检查通知书为止的这一段时间。具体需要做到：（1）确定检查项目或选择被检查人；（2）组成检查组；（3）查前调查；（4）检查的总体安排；（5）下达财政检查通知书。

财政部门实施财政检查，一般应于3个工作日前向被检查人送达财政检查通知书，但实施财政检查的3个工作日前向被检查人送达检查通知书对检查工作有不利影响时，经财政部门负责人批准，检查通知书可在实施财政检查前适当时间下达。财政部门在发送财政检查通知书时，应附送达回证。送达回证应写明送达人、受送达人、收件人等。送达人是指财政部门；受送达人是指被检查单位、有关单位和个人；收件人是指收到检查通知书，并在送达回证上签字或盖章的人；代收人代收的，由代收人在收件人栏内签名或者盖章，并注明与收件人的关系。被检查人收到财政检查通知书后，填好文书送达回证，送（寄）财政部门。直接送达的，以被检查单位在回执上注明的签收日期为送达日期；邮寄送达的，以回执上注明的收件日期为送达日期。

第二，实施阶段。实施阶段是财政检查人员按照财政检查工作方案的要求，通过检查会计凭证、会计账簿、会计报表，查阅与检查事项有关的文件、资料，检查现金、实物、有价证券，向有关单位和个人调查等方式进行检查，并取得证明材料，即开展检查与取证的过程。财政检查的实施阶段是整个财政检查程序的关键阶段。财政检查实施阶段的主要工作是：（1）检查进点。通过召开进点碰头会，听取被检查单位负责人及有关职能部门对单位情况的介绍，共同协商提供必要工作支持等事项，并采用适当方式，使被检查单位职工了解财政检查的目的与内容，以取得其支持和协助。（2）实施检查。实施阶段的主要工作是对有关的会计资料和其他资料进行检查，并核实相关问题。（3）收集证据或相关资料。财政检查组根据检查的需要，可进行必要的资料收集工作。（4）工作底稿的编制和复核。财政检查工作底稿是指财政检查人员在检查中对被检查人基本情况、与检查结论或者被检查人违法违规行为有关事项的记录和相关证明材料。为证明工作底稿所反映的事实，可以添加附件。财政检查工作底稿附件应当有提供者的签名或盖章。未取得提供者签名或者盖章的材料，检查人员应当注明原因。

第三，终结阶段。终结阶段是财政检查人员在开展财政检查时经过准备阶段和实施阶段后，对被检查人的会计报表、收支项目及其他有关经济活动检查结果的资料进行筛选、归类、分析和整理，做出综合评价，最后向财政部门提交检查报告的过程。财政检查终结阶段应做的主要工作是：（1）撰写《财政检查情况》，征求被查单位意见。（2）撰写检查报告。（3）复核检查报告。

　　复核人一般应在 10 日内提出复核意见，并出具复核意见书。复核意见书主要包括以下内容：复核时间、复核的范围和内容、复核依据、复核结论；复核机构负责人或复核专门人员签字。复核意见书应由复核机构负责人或复核专门人员签字。复核意见书应当归入检查档案，连同财政检查报告以及其他有关材料一并退回。检查组认为复核意见正确的，应当按复核意见处理。检查组与复核人意见存在重大分歧的，经协商仍不能取得一致的，报财政部门负责人裁决。必要时，财政部门应当责成检查组进一步核实、补正有关情况和材料或者另行派出检查组重新实施财政检查。

　　在撰写检查报告和复核报告之后，按照有关规定及时下发处理决定，履行告知程序，并根据需要进行跟踪回访。

三、财政监督质量控制

　　财政监督质量是指财政监督工作的优劣程度，也是财政监督目标的有效实现程度，在很大程度上决定着财政部门的监督风险、执法形象和监管成效。

（一）财政监督质量控制的含义和方法

　　财政监督质量控制是财政监督管理部门围绕财政管理目标，按照财政监督程序和规范，建立和实施的一系列控制政策和控制程序。它有以下几个方面的含义：第一，质量控制是针对财政监督管理机构和财政监督机构；第二，质量控制的目的是为保证监督质量符合财政管理的要求，实现财政管理目标；第三，质量合格与否的衡量标准是财政监督规则、程序和相关具体规范；第四，质量控制体系是由控制政策和控制程序组成。控制政策是财政监督管理机构制定的管理模式，控制程序是具体实施财政监督的机构采取的具体的措施和方法。不同的质量控制政策，必须实施不同的质量控制程序。

财政监督质量控制方法，按照财政管理内控制度的组成部分划分，可分为授权批准控制、不相容职务相互分离控制、计划和程序控制、风险控制、内部报告控制和时效控制；按照实施程序划分，可分为预先控制、现场控制和成果控制；按照范围大小划分，可分为全面质量控制和单项质量控制；按照执行主体划分，可分为内部质量控制和外部质量控制。

（二）财政监督质量控制机制

财政监督质量控制是控制财政监督全过程、提高工作质量、确保实现监督目标的重要手段，也是一项系统工程。

明确财政监督质量控制目标。按照"立足当前、着眼长远、循序渐进"的方针，一方面，从加强管理入手，着力加强队伍建设、完善制度、规范程序、细化标准等基础性工作建设，逐步建立健全财政监督质量控制体系；另一方面，从强化控制入手，建立涵盖事前、事中和事后全过程的项目质量控制机制，发挥财政监督工作事前有目标、事中有控制、事后有评价的整体成效。

制定财政监督工作标准和规范。标准是检查与衡量工作质量及其结果的统一规范。加强质量控制，离不开一定的衡量标准和工作规范，必须设立衡量质量的标准或原则。财政监督的质量控制标准可以分为财政监督检查质量标准和财政监督日常监督质量标准。

分类实施财政监督质量控制。财政监督质量控制应注重分类，将全面质量控制和单项质量控制有机结合。当前，财政监督全面质量控制重点是日常监督质量控制和专项监督检查的各项基础规范，单项质量控制重点是专项检查质量控制。全面质量控制是指为了全面保证财政监督工作质量而采用的各种方法和措施，它覆盖了财政监督的全部领域和全过程。主要内容包括：机构和人员的相对独立性；人员素质和专业技能；指导和监督；复核与审理；考评和奖惩。单项监督质量控制主要针对专项检查，而专项检查具有专项、单一、时效性强等特点，因此，结合监督的特点，其质量控制围绕工作委派、指导和监督、复核和审理展开。

第三节 财政监督的主要内容

一、财政收入监督

财政收入监督是指财政部门为保证财税政策的全面落实和财政收入的及时完整，依法对财政收入征缴、退付、留解、划分等行为进行的监察和督促活动。财政收入监督通过建立收入监控保障机制，对收入征缴、入库、划分、留解、退付等信息进行监测和分析，督促税收征管部门和非税收入征缴部门履行职责，实现应收尽收、应缴尽缴，保证财政收入的完整性、真实性和及时性，确保财税政策落实和税政统一。从财政收入的构成来看，财政收入监督可分为税收收入监督和非税收入监督。

税收收入监督。对税收征管质量和税收法规政策执行情况的监督内容包括四个方面：一是对地方政府及有关部门和单位执行国家财税法规、政策、制度情况的监督；二是对税收征收机关征收管理质量进行监督；三是对国家金库机构收纳、划分、退付、留解税收收入情况进行监督；四是对重大税收项目或重点行业、重点企业的纳税情况进行专项核查等。

税收收入监督又分为日常监督和专项检查两类。其中，日常监督是指根据税制改革、重大税收政策调整情况，在掌握税收征管第一手资料的基础上，利用调查、审核、审批、监缴、对账、检查等多种手段，开展税收收入日常监督。具体措施包括以下内容：收集监督信息；开展日常监督；进行收入监督分析；建立沟通协作机制；开展收入退库审核。专项检查是指依据《预算法》、《税收征管法》等相关法律、法规的规定，针对收入政策和财政管理中的重要问题开展税收收入专项检查，主要包括以下内容：对收入征管质量情况进行监督；对重大财税政策和财税改革的执行情况进行检查；对欠税情况进行监督。重点监控违规退库、越权批准缓征等情况；对财政管理中的一些热点问题进行深入的调查分析和研究。

非税收入监督的范围主要涉及国有资源（资产）有偿使用收入、国有资本经营收入、行政事业性收费、罚没收入、以政府名义接受的捐赠收入以及政府财政资金产生的利息收入等非税收入项目。财政部门对非税收入的监督主要由财政监督机构通过直接征收、就地监缴和专项检查等三种方式实施。非税收入监督的主要措施：一是建立健全非税收入分级监督管理体系，明确监督责任、程序、手段和考核办法；二是搭建非税收入管理信息平台，实现非税收入监督工作经常化、规范化、制度化；三是加强对非税收入收缴账户体系监控；四是加强财政票据监督，以票控收、以票管收，强化源头控制效力。

二、财政支出监督

财政支出监督是指财政部门为保证财政分配活动正常进行，依法对国家机关、企事业单位、社会团体和其他经济组织或个人涉及财政支出的安全性、合规性和有效性进行的监察和督促活动。财政支出监督的目标是保证财政支出资金的安全、合规和有效使用，最大程度地发挥财政支出资金的使用效益，确保财政支出政策的有效落实。

财政支出监督坚持以下原则：一是保证全面，围绕财政资金支出的运行链条进行事前、事中、事后相结合的全过程监督；二是关注资金流向，解决财政支出中存在的资源配置无效或低效的问题；三是突出重点，加强对关乎国计民生等财政重点支出资金的监督；四是注重效益，实施绩效评价，最大程度地发挥财政支出资金的使用效益。

财政支出监督的主要内容有：

一是部门预算监督。部门预算监督是财政部门在预算管理过程中依照国家有关法律法规对政府各部门预算收支活动进行的审查、稽核和检查，包括对预算编制、预算执行、预算调整和决算过程的监督。对部门预算的编制、审核和批复过程进行监督，从审查部门预算编制着手，以预算编制的公平、透明、规范和高效为目标，注重预算编制的合法性、合规性，避免和及时纠正预算编制出现的失误。

二是国库集中支付监督。国库集中支付监督是对国库资金的拨付、使用及支出的全过程进行的监督。国库集中支付监督的内容主要包括：对国库单一账户体系的监督；对财政资金的支付、使用和管理的监督；对财政国库支付执行机构的监督；对财政国库支付执行机构的监督。

三是政府采购监督。政府采购监督是对政府采购法律法规的执行程度，采购项目的立项、招标，采购合同的有效性及其履行情况，采购资金的拨付，采购商品实际使用及效果评价等诸多环节的全过程、全方位的约束和监督，这一约束和监督过程也是对采购人员采购行为的监督。具体内容包括采购资金使用合理性的监督、采购方式合法性的监督、采购过程合规性的监督、采购过程透明性的监督、采购结果绩效性的监督。

四是转移支付监督。转移支付监督是对转移支付资金管理、使用和转移支付制度执行等情况进行的监督。就一般性转移支付监督而言，主要包括以下内容：核实基础数据；监督转移支付资金管理使用情况；监督转移支付制度执行情况。

五是专项支出监督。对专项支出的监督，以财政资金的及时到位、安全完整、专款专用和充分发挥效益为重点。具体包括专项支出的项目立项监督、预算编制监督、分配和拨付监督、使用监督、财务监督、绩效监督、监督的信息反馈。

三、会计监督

会计监督是财政监督的重要组成部分。开展会计监督，是《会计法》、《注册会计师法》赋予财政部门的重要职责，是财政部门履行宏观调控、市场监督、公共服务和社会管理等政府职能的必然要求。《会计法》、《注册会计师法》和《财政部门实施会计监督办法》等法律规章，对会计监督的主体、权限等有关问题做出了明确规定。按照《会计法》的规定，必须建立由单位内部会计监督、社会会计监督和国家会计监督三部分构成的会计监督体系。

（一）会计信息质量检查

会计信息是会计主体按照法律法规和国家统一会计制度规定提供的一种标准语言文字信息，是经过加工或者处理后的会计数据，其质量的优劣直接关系到会计信息使用者决策的正确与否。

根据会计信息质量检查的实践，会计信息质量检查的主要内容包括以下几个方面。第一，按照《会计法》、《财政部门实施会计监督办法》的相关规定，财政部门主要对各单位的会计基础工作和单位会计行为实施监督检查监督各单位是否依法设置会计账簿；第二，监督各单位的会计资料是否真实、完整；第三，监督各单位的会计核算是否符合法定要求；第四，监督各单位从事会计工作的人员是否具备从业资格。

会计信息质量检查的组织实施主要内容有：第一，明确检查范围重点；第二，选择检查单位名单；第三，确定检查组织方式；第四，规定检查工作时间；第五，提出检查工作要求，包括工作质量的要求、加强交流的要求、处理处罚的要求、结果汇总的要求，会计信息质量检查结果一般要对基本情况、检查情况和处理处罚情况进行汇总；第六，出具检验结果并发布公告。

(二) 注册会计师行业行政监督

伴随社会主义市场经济的健康发展和资本市场的逐步壮大，中国注册会计师行业已经取得了长足进步，在国民经济中发挥了重要作用，已成为维护市场经济秩序的一支重要力量。1994年颁布实施《注册会计师法》，标志着注册会计师行业法制化建设迈出了重要一步。1995年，第一批中国独立审计准则发布实施，注册会计师执业规范体系逐步形成。1999年，注册会计师行业进行了会计师事务所的体制改革，实现了脱钩改制。2006年2月15日，财政部发布了48项注册会计师执业准则，标志着适应我国市场经济发展要求、与国际惯例趋同的注册会计师执业准则体系正式建立。我国对注册会计师行业实行法律规范、政府监督、行业自律的管理体制。

注册会计师行业行政监督组织实施措施主要有：明确职责分工；科学选取检查对象；确定检查方式；准确把握注册会计师的执业特点；强化日常监督；进行走访约谈和现场调查；积极探索质量评价。

(三) 加强会计监督的措施

随着近年来行政监督和综合治理力度的逐步加大，财政部门在打击会计造假行为和整顿会计市场秩序等方面取得了明显的成效，但仍然存在诸多问题，如会计信息失真的形势依然严峻；监督对象点多面广与监督力量薄弱之间的矛盾依然突出；相关法律法规的滞后制约了会计监督的手段和力度。

加强会计监督的措施主要有：首先，加大会计信息质量检查力度；其次，确保新准则得到有效贯彻实施；再次，进一步加强注册会计师行业行政监督。同时要加强有关职能部门之间的协同配合，进行长期的综合治理。财政部门要进一步加强与税务、审计、证券监督、金融监督和国有资产监督等部门的协作配合；财政部门内部的财政监督机构、会计管理机构以及注册会计师协会等要进一步加强协同配合；专员办与地方财政部门要进一步加强协作配合；充分发挥市县一级财政部门的作用，加强基层会计监督工作，进一步提高监督队伍的专业素质和业务水平，形成"部、省、市、县"四级联动的会计监督体系，扩大会计监督工作的覆盖面和影响力。

四、金融监督

（一）金融监督的概念和意义

金融监督是与我国国情相适应的、具有中国特色的财政监督职能之一。目前，我国财政部门、人民银行、银监会、证监会、保监会等多个行政部门承担着金融监管职责，形成了财政部制定和实施财政财务政策，人民银行制定和实施货币政策为主，银行业、保险业、证券业分业经营，银监会、证监会、保监会分业监管的金融管理体制。根据国务院有关规定，财政部门金融监管的主要任务是：承担财政政策及货币政策协调配合的研究工作；承担金融企业国有资产管理的有关工作；拟定金融企业财务管理制度，管理政策性金融业务；承担政府外债的有关管理工作；拟定政策性出口信用保险政策，拟定社会保障基金投资管理办法等。

加强金融监督对强化财政管理、防范财政风险有着特殊而重要的意义：一是规范金融企业财务管理，提高金融企业经济效益；二是确保国有金融资产安全，促进国有金融资产保值增值；三是服务国家宏观调控目标，促进社会经济发展；四是促进金融业健康发展，防范金融风险和财政风险。

金融监督的内容主要包括：对金融企业实施的财务监督，对金融国有资产实施的资产监督，对政策性金融业务和政府外债实施的监督，制定并实施财政金融政策等。这里所指的金融企业包括银行、信托投资公司、保险公司、证券公司、农村信用合作社、财务公司、金融资产管理公司、邮政储蓄银行和金融租赁公司等。

金融监督的指导原则是"立足现有职能，实施分类监管，强化监督检查，推进分析评价，服务财政管理，防范金融风险"。

（二）金融企业财务和资产监督

金融企业财务监督是指财政部门为规范金融企业财务行为，促进金融企业发展、防范金融企业财务风险，制定相关财务规章制度、指导并监督金融企业执行财务规章制度情况等一系列活动的总称。金融企业财务监督内容主要包括会计信息监督、金融企业内控制度监督、资金筹集监督、财务风险监督、财务评价、财税政策执行情况监督。监督方法包括开展财务检查、专项检查、专项调研、分析评价。对金融企业违反财务管理规定的，财政部门责令其限期改正，或予以通报批评。

金融企业资产是指金融企业由过去的交易或者事项所形成、由金融企业拥有或者控制、预期会给金融企业带来经济利益的资源，包括流动资产、贷款、长期投资、固定资产、无形资产和其他资产等。我国的金融资产，从行业构成看，银行类企业资产占绝对主体地位；从所有制性质看，国有金融资产占绝对主体地位;从行政级次看,中央级金融企业资产占绝对主体地位。我国对金融企业国有资产管理按照统一政策、分级管理的原则,由县级以上(含县级)财政部门负责。国有金融资产监督内容有:国有金融资产的基础管理监督;国有金融资产评估、转让、处置监督;金融企业国有资本保值增值监督;抵债资产监督;呆账核销监督;固定资产监督。财政部门对金融资产监督的方法主要包括日常监管与专项检查两类。今后一个时期,财政部门加强国有金融资产监管的重点是推动建立健全国有金融资产管理体制,积极探索国有金融资产经营管理有效方式,维护金融稳定和安全,促进金融业健康发展。

(三)政策性金融监督

政策性金融是政府为间接干预经济、弥补"市场失灵",以特殊政策配置金融资源的方式。政策性金融在国家财政的支持下,体现政府意图,直接为经济社会发展服务。我国政策性金融的功能作用主要体现在处置国有银行政策性不良资产和政策性信贷、出口信用保险等领域。我国的政策性金融机构包括政策性银行、出口信用保险公司、资产管理公司。

政策性金融监督主要包括政策性金融机构的资产财务监督、政策性金融业务监督等。其中:政策性银行监督主要内容包括资产财务监督、政策性业务监督;资产管理公司监督主要内容包括资产财务监督、资产处置监督;金融政策执行情况的监督,如对种植业、养殖业保险保费补贴、小额担保贷款财政贴息等政策执行情况和补贴资金进行监督检查。监督方法具体包括日常监管、专项检查、调查分析。

(四)国际金融组织和外国政府贷款的监督

为客观、公正、科学地评价外国政府贷款项目的实施效果与影响,进一步规范和加强外国政府贷款管理工作,促进外国政府贷款项目管理效能的提高和可持续能力的增强，近年来财政部研究制定了《外国政府贷款项目绩效评价暂行办法》、《国际金融组织贷款项目绩效评价管理暂行办法》等规定，对国际金融组织和外国政府贷款项目的绩效评价原则、内容等做出了明确规定，并逐步建立了一套比较完善的绩效评价体系。

五、财政内部监督

财政内部监督是财政部门的一种自身监督和对财政部门内部权力运行的制约措施，是财政部门惩治和预防腐败体系的重要组成部分，与财政外部监督、财政内部控制既有区别，又相互联系。财政内部监督具有管理控制性、工作经常性、职能双重性、方式灵活性等特征。随着财政管理的不断加强和财税制度改革的不断深化，财政内部监督在保障国家财税政策贯彻落实，促进财政部门依法理财、科学管理以及促进财政部门廉政建设等方面发挥着越来越重要的作用。

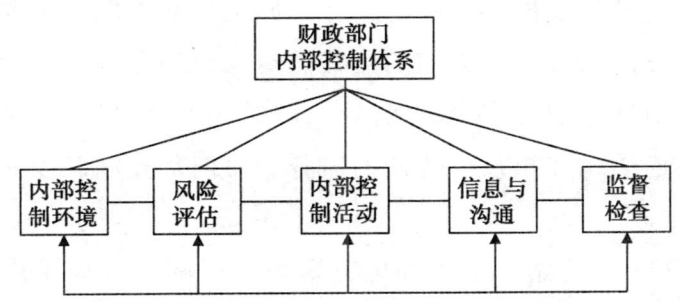

图 12 - 1　财政部门内部控制体系框架

财政内部监督内容包括财政管理情况的监督、内部控制运行机制的监督以及财政机关本部门及其所属单位的监督（见图 12 - 1）。

财政管理情况的监督。财政内部监督专职机构对财政业务管理机构履行财政管理职责情况进行监督,是财政内部监督的重要内容。具体包括对预算编制的监督、对预算执行的监督、对财政决算的监督、对其他财政审批管理事项的监督。

内部控制机制运行情况的监督。财政内部监督专职机构应对财政部门内部控制机制的内部控制环境、风险评估、内部控制活动、信息与沟通各要素及内部控制的整体情况进行持续性监督检查或专项监督检查,向财政部门管理层报告并提出有针对性的改进措施。具体而言,对财政部门内部控制运行的监督主要有以下四个方面的内容:一是评价财政部门内部控制环境状况,促进内部控制环境的改善;二是监督财政部门内部风险管理,强化财政管理风险的识别和防范;三是监督财政部门内部信息和沟通情况,保证信息对称和沟通顺畅;四是监督财政部门内部控制活动的有序运行,提高财政内部机构运行效率。

财政机关本部门及所属单位的监督。重点监督财政机关本部门的部门预算编制与执行情况,财政机关及所属单位财务收支核算、资产管理以及内部控制与会计基础工作等情况。主要包括对预算及决算的监督、对收入的监督、对支出的监督、对资产管理的监督、对往来款项核算的监督、对结余与专用基金管理的监督、对政府采购和招投标管理的监督、对内部控制制度落实情况的监督。

从1999年开始,中央和地方财政部门陆续开展了内部监督工作,财政内部监督相关制度不断完善、方式不断创新、成效不断扩大。为适应财政管理新形势的需要,必须把强化内部管理和内部控制作为财政内部监督的工作重心,逐步实现从单纯检查型监督向控制型监督的转变,实现对财政运行全过程的监督。具体应做到:第一,建立财政内部全过程、全方位监督机制;第二,建立健全对财政部门内部控制的监督评价机制;第三,建立健全财政内部监督制度体系;第四,加强财政内部监督信息化建设;第五,充分利用财政内部监督成果;第六,健全财政内部监督激励机制和责任追究制度;第七,树立全面监督理念,强化财政内部监督机构队伍建设。

第四节 建立健全财政监督机制

一、财政监督机制建设的背景

财政监督机制建设的过程是一个适应形势、不断探索、与时俱进和创新发展的过程。新中国成立以来,我国财政监督工作经历了数次变革。1994 年分税制改革以来,尤其是 1998 年财务、税收、物价"三大检查"结束之后,为适应财政职能的转变,财政监督的方式从集中性、突击式的"大检查"逐步向日常性监督过渡,财政监督的范围逐步转向财政管理的各个方面,财政监督机制建设也不断发展,逐步改变了财政监督业务不稳定、监督检查方式单一的传统财政监督工作机制。2000 年,财政部提出了建立事前审核、事中监控和事后检查相结合,内、外监督相结合的财政监督机制,探索建立财政预算、执行和监督相互分离、相互制衡和相互协调的财政运行机制及系统、全面、有效的动态监控体系,构建权责明确、运行高效和监管互动的良性工作机制。2005 年,财政部根据财政改革和管理实际,遵循财政监督工作规律,提出了以建立稳定长效的财政监督工作机制为突破口,实现财政监督与财政管理的高度融合,最大程度地发挥财政监督促进财政发展改革的职能作用的新要求,明确了财政监督机制建设的目标、原则、内容和保障措施及发展方向,财政监督机制建设的基本框架基本形成。2008 年,财政部要求进一步增强战略意识，落实"三个贯穿"，建立健全预算编制、执行和监督相互协调、相互制衡的新机制，即坚持将财政监督工作贯穿于财政中心工作大局之中，做到切实为大局服务，促进经济社会又好又快发展；坚持将财政监督工作贯穿于财政管理体制、机制建设和改革的总体设计之中，围绕财政资金的安全性、规范性和有效性，从制度上实现财政权力运行监督制约机制，强化严肃财经纪律的源头治理；坚持将财政监督工作贯穿于财政管理工作全过程之中，强化事前、事中、事后监督，逐步实现对财政资金运行全过程的动态监控，促进财政管理水平不断提高。2010年，为充分发挥财政监督在推进财政科学化精细化管理的重要作用，财政部正式开始着力建立健全覆盖所有政府性资金和财政运行全过程的监督机制。

二、财政监督机制建设的目标、原则和措施

财政监督机制建设的目标是建立健全覆盖所有政府性资金和财政运行全过程的监督机制。具体包括四项子目标：建立预算编制、执行和监督相互分离、相互制衡和相互协调的财政运行机制；建立贯穿于财政收支活动全过程、体现管理特色的财政监督运行机制；建立依托财政监督手段，强化分析预警、跟踪监督和问责问效的财政安全保障机制；建立权责一致、协调运行、良性互动、体现效能的财政监督内部工作机制。

财政监督机制建设是一项系统工程，涉及财政管理的各个环节，对于加强财政监督具有重要作用，需要统筹考虑、周密安排。具体应遵循以下原则：一是突出重点原则；二是注重规范原则；三是权责统一原则；四是逐步推进原则。

财政监督机制建设，需要以下四个方面的保障措施：一是创新财政监督理念，为财政监督机制建设提供思想基础；二是加强

财政制度建设，为财政监督机制建设提供制度保障；三是加强财政信息技术建设，为财政监督机制建设提供技术支持；四是加强组织协调，为财政监督机制建设提供组织保障。

三、财政监督机制建设的内容拓展

进一步加强财政监督基础工作和基层建设，推动建立健全覆盖所有政府性资金和财政运行全过程的监督机制。

（一）推进财政监督机制建设

财政监督是财政部门内设业务机构的共同职责。财政部门业务管理机构特别是预算管理机构和财政监督机构要加强日常业务的监督管理，建立完善与部门和预算单位沟通顺畅的工作机制，形成管理合力。具体应做到：一是进一步明确财政监督机构与预算管理机构的监督职责，严格落实职责分工。财政监督机构负责拟订财政监督制度，牵头拟定并组织实施年度监督计划，并对预算管理机构履行日常监督职责进行再监督。预算管理机构要向财政监督机构抄送文件，开放必要的数据端口，支持配合财政监督机构开展专项监督检查、落实处理处罚决定；根据财政监督机构的意见，完善政策，加强管理，将其作为预算安排的参考依据，并及时反馈成果利用情况。二是探索将近年来有益经验和成功做法上升为财政监督法规制度，切实将财政监督贯穿于财政中心工作大局之中，贯穿于财政管理体制、机制建设和改革总体设计之中，贯穿于财政管理运行全过程之中，推动建立健全监督机制。

（二）提升财政监督科学化水平

一是通过组织开展扩内需促增长政策落实监督检查、抗震救灾资金物资监督检查等工作，针对中央应对外部形势变化、重大突发事件所采取的各项决策部署实施跟踪监督，不断总结经验，逐步建立起科学有序的财政监督应急机制，以更好更快地保障中央重大决策落实到位。二是选择关系经济社会发展和民众切身利益的重大项目，精心研究监督检查计划并认真组织实施，确保各项惠民政策落到实处，推动建立改善民生的长效机制，发挥好财政监督的宏观效应、规模效应、震动效应、规范效应和管理效应。三是建立完善财政监督信息披露和公告制度，将监督结果与预算编制和资金分配挂钩，并向中央部门和地方通报或向社会公告。四是加大重大违法违纪案件的公开力度，落实案件移送制度，强化执行处理处罚决定和落实整改意见的反馈制度。五是进一步完善上下联动监督工作机制，密切中央财政与地方财政、专员办与地方财政之间的财政监督工作关系，逐步扩大统一部署、统一实施、统一处理的监管项目和内容，加强工作配合，形成监督合力。特别是实行乡财县管、省直管县财政管理方式的省市，探索因地制宜地创新组织模式，突出监督重点，探索建立行之有效的财政监督工作机制，不断提高财政监督科学化水平。

（三）推进中央基层预算单位综合监管

中央基层预算单位数量多、管理级次多、预算支出及资产总量大，中央本级预算安排的资金以及形成的资产主要由中央基层预算单位使用和占用，其财政管理状况直接影响财政管理水平的提升。一是严格遵循突出重点、统筹兼顾、先行试点、分步实施的原则，扎实做好制度性和操作性的基础工作，在不改变中央部门管理权限、不扩大专员办行政审批范围、不增加基层预算单位负担的前提下，逐步构建与财政部机构设置特点相适应的"分级管理、权责明确、规范透明、相互制衡、运转高效"的中央基层单位综合财政监管机制，尽快实现对中央基层预算单位财政监管的全覆盖。二是通过推进综合监管，强化专员办现有部门预算编制审查、财政直接支付审核、银行账户审批、非税收入征收监缴、预算执行监督的职责，进一步明确专员办对驻地中央基层预算单位的监管地位，建立专员办对中央基层预算单位的横向监管机制，实现财政监督纵横联动。三是加强专员办与部内业务司的信息沟通反馈，确保部内业务司及时掌握财政管理中存在的问题，有效利用专员办监管成果为业务司加强管理提供支持，形成专员办与业务司之间协调配合、紧密衔接的立体监管体系。有条件的地方财政部门，特别是监督力量雄厚或有派出机构的，可以积极探索开展对本级基层预算单位的综合监管。

（四）建立健全县乡财政监管机制

县乡财政部门处在财政资金管理和政策执行的"终端"环节，具有贴近一线、掌握资金使用管理第一手情况的优势，其工作的参与程度、管理水平的高低直接关系财政政策执行效果，直接关系财政资金运行的安全、规范和有效。具体包括以下内容：一是通过加强培训，完善联系点制度，加强新闻宣传引导，促进县乡财政监督机构进一步更新观念、创新思路、健全机制，因地制宜地探索工作的新形式、新方法，将更多的精力转移到对财政资金的监管上，加强对财政资金管理使用的就地监督。二是深入基层开展调研和督促指导，重点关注县乡财政监督机构的职能调整、机构设置、制度建设和基础管理等情况，推动充实完善县乡监督机构职能。通过组织召开专题研讨和座谈会，进行有针对性的分类指导，研究解决县乡财政监督工作的共性和个性问题。三是探索建立"上下联动、部门互通"的信息沟通机制，充分发挥乡镇财政直接面向农村、熟悉基层情况、便于收集基础数据的优势，强化信息反馈，为加强财政管理、完善财政政策、实现科学决策提供真实可靠的数据支撑。

（五）完善财政部门内控机制

2010年，《财政部门内部监督检查办法》正式颁布实施，首次明确了内部监督工作主要领导负责制。今后一个时期，完善财政部门内控机制要从以下几方面着手：一是提高内部监督的覆盖面，不断加大内部监督力度，把预算管理机构制定政策的科学性、执行政策的规范性、内部管理的完善性等作为内部监督的重点。二是提升内部监督层次，逐步实现从检查型监督向控制型监督转变，加强对财政资金分配有效性的评价监督。充分利用内部监督成果，加大对违规行为的制约和威慑力度。研究建立内部监督检查工作考核制度，将内部监督检查结果作为财政部门内部各单位评选先进和干部考核、任用的重要参考依据。三是建立完善内部监督与管理制度，坚持以制度管人管事，注重改进内部监督的方式方法，注意防止和化解内部监督中的矛盾和困难，形成稳定长效的内控机制。将内部监督和外部审计相结合，以外促内，通过督促整改，进一步建立健全预算编制、执行和监督相互协调、相互制衡的机制。

（六）加强财政监督基础工作

财政监督基础工作涉及财政监督业务的各个环节，覆盖财政监督的方方面面，既是财政监督的重要内容，也是开展财政监督工作的基石，直接影响业务工作的持续性和效率。一是高度重视基础数据的收集整理，建立完善基础数据库，逐步实现对被监管单位基础数据的动态管理。二是充分利用"金财工程"应用支撑平台，做到预算编制、执行和监督各业务主体间的信息沟通便捷、信息实时共享。三是着力强化基于平台的财政监督业务应用，通过建立财政监督信息库，开发财政监督专用监控软件等措施，不断建立健全实时动态的网络监控预警机制，及时发现、纠正财政运行中存在的问题。四是借鉴先进做法，主动作为，通过增加编制、升格机构、高配干部、提升素质，多管齐下，进一步增强财政监督机构力量，以适应新形势对财政监督机构和人员提出的更高要求。

第五节 增强预算透明度

财政预算公开是财政政务公开的一项重要内容，推进财政预算公开是发展社会主义政治文明、构建和谐社会的必然要求，是进一步加强社会监督、促进依法理财民主理财的重要举措，是实现财政管理科学化精细化的有力保障。各级财政部门按照公共财政的方向和"阳光财政"的要求，积极推进财政预算公开，深入推进预算透明。

一、预算透明的内涵及其主要内容

预算反映着政府活动的方向和范围，是政府职能的体现，是财政收支计划的安排。预算透明是指政府向公众公开政府预算机构和职能、预算政策目标、公共支出信息、财政预算安排程度和财政预测信息等。通俗地讲，就是让反映政府活动、体现政府职能的预算收支公开可见，让公众看得到、看得懂、看得清。

透明就是公开，预算信息公开即是指公众获得的预算信息应是全面的、真实的，不仅是指预算制度的公开，更是实体程序上的公开，应涵盖预算编制、预算执行、预算报告各个环节。对此，可将预算透明简单地概括为"一、二、三"，即一个本质，本质是信息公开；二个保证，保证信息全面、保证信息真实；三个环节，从预算编制、预算执行到预算报告的公开。

预算透明是一个渐近的过程，确立一个切合实际的预算透明目标，对于推进预算透明工作具有重要的现实和指导意义。结合我国国情和预算实践，可以将我国预算透明的目标界定为：在构建社会主义和谐社会的框架下，以政务公开为指导，以政府收支分类改革为契机，以深化预算管理改革为方向，促进预算编制，强化预算执行，不断规范和细化面向人大的预算报告制度，逐步建立面向社会公众的预算信息披露制度，做到预算信息规范、全面、及时地公开，最终实现预算在财政部门透明、政府透明、人大透明以至全社会透明。其中，规范、全面、及时是预算透明的根本要求。规范的要求是指预算公开的内容、公开的形式、公开的时间、公开的程度都应该有制度上的规范。全面的要求是指预算公开的信息既包括公共预算收支，也包括政府性基金预算、国有资本经营预算收支，是政府全部收支状况的反映；披露的信息既要能反映即期的财政运行状况，又要能反映未来的财政运行趋势；既要能反映现实的预算收支状况，又要能反映潜在的财政风险，以满足社会公众的知情权作为基本的标准。及时的要求是指提交预算、批准预算、公布预算应在一定时限内，以满足预算信息的时限性要求。

根据预算信息公开的受众对象对预算信息的理解和要求，预算透明涵盖的内容应包括：一是预算管理制度、预算分配政策、预算编制程序、预算支出标准、收入预测及预算机构和职能、预算责任；二是预算调整情况、预算执行差异，并做出详细的文字说明和解释；三是社会公众关心的专项支出和重点支出，并进行详细说明；四是反映政府资产和负债的政府财务报告，并对或有负债和税式支出以及潜在的财政风险进行可持续性评估。

此外，公开的预算报表应包括政府所有收支。除按支出功能分类、支出经济分类进行公开外，还应按部门（机构）分类进行公开。公开的形式为滚动预算形式。

二、充分认识预算透明的重要意义

预算透明是推进社会主义民主政治发展的重要举措。党的十六届六中全会提出，要"深化政务公开，依法保障公民的知情权、参与权、表达权、监督权"。规范预算透明工作,有助于保障公民的上述权力,特别是保障公民的知情权和监督权,从而更好地引导公民参政议政,是发展社会主义民主政治的重要举措。

预算透明是完善公共财政体系的重要内容。公共财政取之于民、用之于民。预算收支过程应让社会公众及其代表了解和监督。预算公开和透明反映了公共财政的要求,体现了公共财政的本质。通过预算透明公开,有助于公众了解政府的执政业绩和政策意图,引导公众的心理预期;有助于公众了解财政的真实状况,增进公众对政府的理解和信任,从而在政府和公众之间建立良性互动关系。

预算透明是提高财政资金有效性的有效方式。预算的内容和程序公开透明,使广大公民对政府预算资金的来龙去脉、收支政策及效果一目了然,有利于加强对政府资金运行的全方位监督,避免预算资金分配的随意性,减少资金被随意挤占挪用的情况,对财政资金损失浪费问题可以起到很好的遏制作用,从而确保在合规性的前提下提高资金的有效性,也有利于防止腐败、促进廉政建设。

三、预算透明的国际经验

随着世界范围内预算管理的深入发展,预算透明的理念正日渐成为一种国际共识,各国根据自身的不同情况,在提高预算透明度方面采取了积极的措施,取得了较好的成效,有一些经验值得学习借鉴。

(一) 预算透明的法律基础完备

预算透明度高的国家有一个共同的特点,就是财政预算法律制度完善,不仅在预算编制、执行、报告、监督等各环节有明确的法律规定,大部分国家还专门制定了预算透明的单项法律或对预算透明做出了明确规定。比如美国、法国等国，通过宪法和一系列独立法来确保预算透明度的实现。英国、澳大利亚等国，直接制定了预算透明的特定法律，严格规定了政府公布其预算及资产管理状况的义务。瑞典等国虽然没有制定专门法，但预算透明作为财政立法的一条基本原则，在公共财政和预算管理等法规的相关条款中都有体现，按照这一原则，不公开是作为特例存在的。

（二）政府权责清晰，预算细化

发达市场经济国家大都遵循了国际货币基金组织财政透明度良好行为准则的要求，认为提高预算透明度的一个重要前提是"角色与责任应明确无误"，即在政府内部，政府部门之间、各级政府之间，必须权责清晰；同时，政府部门与其他公共部门、其他经济成分之间，必须边界明确。在此基础上，预算应尽可能细化、科学，预算的执行、监测和报告应有清晰的程序。如法国，在预算中各项支出都附有详细说明，具体到每一笔支出的最小项目。

（三）推进预算公开，扩大公民参与

预算公开是预算透明度最核心的体现。发达市场经济国家都把推进预算公开、扩大公民参与作为提高预算透明度的重要衡量指标。由于各国的国家制度、预算法律、管理方式等不尽一致，各国预算报告公开的内容与方式等方面存在较大差异，大多数国家向公众公开了财政预算报告、年度财政政策、半年经济报告以及全年经济报告等。此外，各国都在大力促进公民参与预算，如美国有公众听政会、公民调查和公民咨询委员会等。

四、我国预算透明工作进展情况

（一）中央财政预算透明工作不断深化

2007年政府收支分类改革的实施，有助于直观、清晰地反映政府各项职能,为进一步提高预算透明度提供了强有力的技术工具。近年来,中央财政向全国人大报送的中央财政预算不断细化。财政部先后制定了《财政部机关政府信息公开实施暂行办法》、《财政部政府信息公开指南》等多项规章制度,组织编制了《政府信息公开目录》,升级和改造了政府门户网站,并将财政体制、预算管理制度、相关政策规章、经全国人大批准通过的预算报告以及2003—2008年的全国财政收支决算表等在财政部门户网站上主动进行了公开。2008年9月开始,主动公开了月度财政收支执行情况。2009年3月20日,在全国人大审议通过中央财政预算后第一时间向社会公开了中央财政收入预算表、中央财政支出预算表、中央本级支出预算表、中央对地方税收返还和转移支付预算表等4张报表。2010年,中央财政预算主动公开的范围进一步扩大,向社会公开了报送全国人大审议通过的中央财政预算12张表格,涵盖了政府性基金预算和国有资本经营预算。同时,预算公开的内容更加细化。2010年中央本级支出预算细化为23类123款,比2009年增加了82款内容。中央财政预算有关数据及编制情况说明也同时向社会公开,力求使人民群众更好地了解预算中体现的党和国家的方针政策、支持重点和政策导向。

(二)中央部门预算透明工作取得积极进展

随着部门预算改革的逐步深入,报送人大审议的部门预算的范围逐年扩大,报送内容不断细化。2000年,所有中央一级预算单位开始试编部门预算,4个部门的部门预算报送全国人大审议,2010年部门预算报送全国人大审议的部门增加到98个,基本涵盖了所有非涉密的中央部门,预算信息也进一步细化,大多数支出已细化到款级科目。

2008年初,财政部、审计署联合下发了《关于2008年部门预算内部公开试点的通知》，选择了科技部、监察部、卫生部等11个部门进行了部门预算内部公开试点，将部门预算通过张贴、查阅等形式在单位内部进行公开。随着预算公开工作的进一步深入，又下发了《关于做好部门预算信息公开工作的通知》，明确规定不再进行部门预算内部公开试点，中央各部门作为部门预算编制和执行的责任主体，应按照《政府信息公开条例》的相关规定，具体承担和做好本部门预算公开工作。从2010年3月下旬开始，国土资源部、财政部、科技部、住房和城乡建设部等部委陆续公布了本部门年度收支预算总表和财政拨款支出预算表，有的部门还公开了报表的文字说明、部门基本情况及其他内容。中央部门基本上都采取了政府门户网站公开的形式，一些部门还同时通过行业或系统内的报刊进行公开。

（三）中央财政转移支付透明工作力度加大

除部分涉密及敏感的专项资金外，绝大部分专项转移支付资金都制订了资金管理办法，明确了资金分配的原则、标准或因素，以及管理方式、要求等，并通过财政部门户网站等形式进行了公开。一些专项转移支付资金除了公开制度文件、分配标准和结果外，还公开了执行情况和资金效益，如用彩票公益金安排的青少年校外活动场所建设项目、2008年北京奥运会项目，以及农业综合开发资金等。一般转移支付资金的管理办法也及时通过财政部门户网站进行了公开。

（四）地方财政预算透明工作稳步推进

为指导和推进地方财政向本级人大报告预算工作，财政部2005年印发了《地方政府向本级人大报告预、决算草案和预算执行情况的指导性意见》，规范了地方财政部门向同级人大报送预算的报告种类及格式。此后，财政部先后印发了《财政部关于进一步推进地方财政部门政务公开工作的意见》、《财政部关于进一步推进财政预算信息公开的指导意见》，明确了推进地方财政部门预算信息公开工作的指导思想和原则，对政府预算、部门预算、预算执行、财政转移支付等信息的公开提出了明确要求。各地在细化预算编制、规范预算管理，夯实预算透明的基础上，规范预算报送和审查工作，报送各级人大审查的内容不断细化，上报人大审查的部门预算覆盖面不断扩大。

地方财政部门结合本地实际，普遍向社会公开了财政体制、预算程序、预算政策等预算制度和预决算报告、有关预算数据等。截至2010年年底，36个省（自治区、直辖市、计划单列市）均向社会公开了财政预算，内容涉及财政预决算报告和相关收支报表、月（季）度财政收支执行情况等。地方财政预算公开的主要方式基本以政府门户网站为主，并采取政府公告、统计年鉴、报刊、广播、电视、新闻发布会、档案馆等多种形式扩大公开的受众范围。

五、进一步推进预算透明的思路

我国在推进预算透明的过程中，还存在一些需要改革和完善的问题，主要表现为：系统的可操作的法律制度尚未建立，各地预算公开的范围、内容以及详细程度存在很大差异；与预算透明相关的预算管理改革没有完全到位，预算管理不能适应预算透明的要求。今后一个时期，应按照统筹安排、积极稳妥、循序渐进的原则，分步骤、分层次、分内容，重点突破、协调推进，最终实现预算的完全公开透明。

健全法律法规，加强预算公开的法制建设。在《预算法》修订中明确预算公开的原则及责任，增强预算公开的权威性；对《政府信息公开条例》作进一步细化，增强可操作性；配合有关方面抓紧修订完善《保密法》及相关保密规定，减少预算公开的法律障碍。

深化预算管理制度改革，夯实预算公开的基础。健全预算体系，提高预算公开的完整性；完善政府收支分类科目，进一步细化预算编制，丰富预算公开的内容；深化部门预算改革，加强预算支出标准体系建设，促进部门支出标准化、规范化；硬化预算约束，严格预算执行，加强绩效考评，保证预算公开的效果。

推进重大民生支出公开，加大预算公开力度。按照"学有所教、劳有所得、病有所医、老有所养、住有所居"的要求，加大教育、医疗卫生、社会保障和就业、保障性住房、"三农"等社会比较关注的支出项目公开力度，切实保障民众的知情权和参与权。

加强对财政知识的普及宣传，增强预算公开的解读。利用多种方式普及相关预算知识，做好预算信息的解读说明工作，使预算公开口径统一、通俗易懂；同时，积极引导舆论，制订预算公开舆情应急预案，及时应对和化解公众质疑，使预算公开与社会公众形成良性互动。

健全预算公开工作机制，保证预算平稳有序公开。推动行政决策、预算决策民主化、科学化，巩固预算公开根本；加强信息公开主管部门及保密部门的沟通，及时协调涉密信息和敏感信息的处理；健全预算公开激励约束机制，完善监督体系，强化监督手段，强化预算公开考核。

第十三章 财政管理基础工作

第一节 财政管理基础工作概述

财政管理基础工作是为实现财政管理目标提供基础资料、基础标准、基本手段等相关工作的统称，包括基本数据信息、支出标准、项目库、收支科目体系、基础制度等内容，是推进财政科学化精细化管理的重要支撑。

加强财政管理基础工作是充分发挥财政职能作用的重要保证。在社会主义市场经济条件下，财政具有稳定经济、资源配置、收入分配、监督管理等职能作用，是促进科学发展和社会和谐的物质基础、体制保障、政策工具和监管手段。管理基础工作，覆盖财政运行的方方面面，既是制定财政政策和编制财政预算的重要依据，又是实施财政政策和执行财政预算的重要支撑。各项管理基础工作是否扎实，直接关系各项财政政策的科学制定和有效落实，关系预算编制的水平和执行的效率。

加强财政管理基础工作是财政为国理财、为民服务的必然要求。胡锦涛总书记在主持中共中央政治局第十八次集体学习时强调，要坚持以人为本，始终把实现好、维护好、发展好最广大人民根本利益作为财税工作的出发点和落脚点，教育引导广大财税干部职工特别是领导干部全面提高思想政治素质、业务能力、职业道德，做到为国理财、为民服务，让人民共享改革发展成果。随着科学发展观的深入贯彻落实和社会主义和谐社会建设步伐不断加快，财政支持教育、就业、社会保障、医疗卫生、住房保障等方面的民生政策越来越多，财政部门的服务对象和范围由过去主要面向部门和企业，扩展到现在面向全社会、面向千家万户；由主要涉及经济领域扩展到经济社会生活各个领域。管理基础工作直接关系到各项惠民财政政策的有效落实，加强管理基础工作，有利于更好保障各项惠民财政政策的落实，更好地践行为国理财、为民服务的财政工作宗旨。

加强财政管理基础工作是不断提高财政科学化精细化管理水平的迫切需要。财政管理基础工作涉及财政管理各个环节，覆盖财政管理的方方面面，是财政管理的基石，直接影响财政管理的持续性和效率。基础不牢，地动山摇。全面推进财政科学化精细化管理，进一步提高财政管理水平，重点在基础。

近年来，财政管理基础工作取得明显进展。中央部门人员数据库建设不断加强，人员编制管理与预算管理相互制约的工作机制逐步健全。行政事业单位国有资产管理不断强化。基本支出定员定额标准体系继续完善，试点范围不断扩大，实物费用定额试点扎实推进。项目支出定额标准体系建设加快，扎实开展部分通用定额标准的修订和制订工作，启动一批专用定额标准建设项目。加强项目库建设，开展项目清理工作，建立重大项目支出事前评审机制。企业会计准则体系运行平稳，企业内部控制规范体系基本建成。企业财务制度、审计准则、资产评估准则和行业监管体系继续完善。事业单位会计改革稳步推进。但财政管理活动中仍存在政府收支科目体系尚需完善、基础数据收集整理工作亟待强化、支出标准体系和项目库不够健全等问题，迫切需要通过加强财政管理基础工作加以解决。

第二节 完善政府收支分类科目体系

政府收支分类，即对政府的收入和支出项目进行的类别和层次划分，以全面、准确、清晰地反映政府收支活动。目前，我国政府收支分类科目由财政部统一设置，是各级政府编制预算、组织预算执行以及各预算单位进行会计明细核算的重要依据和工具。

一、政府收支分类改革的背景

2006年以前，我国实行的政府收支分类（即政府预算收支科目，以下简称老科目）方法，是计划经济时期参照原苏联财政管理模式确定的。随着社会主义市场经济体制的完善、公共财政管理框架的逐步确立，以及部门预算、国库集中收付、政府采购等预算管理制度改革的不断深化，老科目体系的弊端也越来越明显。主要表现在：

与市场经济体制下的政府职能转变不相适应。随着我国社会主义市场经济体制的逐步建立完善，政府职能发生了很大转变，政府的社会管理和公共服务职能不断加强，财政收支结构也发生了很大变化，老科目已不能适应新的需要。例如，老科目中的基本建设支出、企业挖潜改造支出、科技三项费用、流动资金等，是按照过去政府代替市场配置资源的思路设计的，不能体现政府职能转变和财政管理实际。

难以清晰反映政府职能活动。在社会主义市场经济条件下，政府的职能主要是经济调节、市场监管、社会管理和公共服务。政府预算必须反映政府履行职能的情况，并接受公共监督。但老科目主要是按"经费"性质进行分类的，把各项支出划分为行政费、事业费、基建费等。这种分类方法使政府究竟办了什么事在科目上看不出来，很多政府的重点支出如农业、教育、科技等都分散在各类科目中，无法形成一个完整的概念。

不能适应财政管理科学化精细化的要求。按照国际通行做法，政府支出分类体系包括功能分类和经济分类，其中经济分类是对各项具体支出进行剖析和核算，如办小学的钱究竟是发了工资，还是买了设备、盖了校舍。老科目中支出目级科目就属于支出经济分类性质，但它涵盖的范围偏窄，财政预算中大多数资本性项目支出，以及用于转移支付和债务等方面的支出都没有经济分类科目反映。另外，老科目中目级科目也不够细化、规范和完整。这些对细化预算编制、加强预算单位财务会计核算等都形成一定制约。

与国民经济核算体系和国际通行做法不相适应，既不利于财政经济分析与决策，也不利于国际比较与交流。由于货币信贷统计核算科目以及国民经济核算体系均按国际通行标准作了调整，而政府预算收支科目体系一直未作相应改革，财政部门和国家统计部门每年要作大量的口径调整和数据转换工作。尽管如此，仍难以保证数据的准确性以及与其他国家之间的可比性。

为解决上述问题，财政部从1999年底开始启动政府收支分类改革准备工作，认真研究了政府收支分类的国际经验，结合建立完善公共财政体系对科目体系的新要求，按照"公开透明、符合国情、便于操作"的原则，在各有关方面的积极支持和配合下，经过反复修改和完善，形成了《政府收支分类改革方案》。经国务院批准，2007年1月1日起全面实施政府收支分类改革。

二、政府收支分类改革的主要内容

政府收支分类改革的指导思想是：适应社会主义市场经济条件下转变政府职能、建立健全公共财政体系的总体要求，逐步形成一套既适合我国国情又符合国际通行做法、规范合理的政府收支分类体系，为进一步深化财政改革、提高预算透明度、强化财政监督创造有利条件。

改革遵循四项原则：一是要有利于公共财政体系的建立；二是要有利于预算的公正、公开、细化、透明；三是要有利于加强财政经济分析与决策；四是要有利于国际比较与交流。

改革主要内容包括以下三个方面：

第一，对政府收入进行统一分类，全面、规范、细致地反映政府各项收入的来源和性质。从分类方法上看，新的收入分类将政府收入划分为税收收入、社会保险基金收入、非税收入、贷款回收本金收入、债务收入以及转移性收入六类。从分类结构上看，改革以后分设类、款、项、目四级（如税收收入—消费税—国内消费税—国有企业消费税），比老科目多了一个层次。四级科目逐级细化，以满足不同层次的管理需求。

第二，建立新的政府支出功能分类体系，更加清晰地反映政府各项职能活动。根据政府管理和部门预算的要求，统一按支出功能设置类、款、项三级科目（如教育—普通教育—小学教育）。类级科目综合反映政府职能活动，具体包括一般公共服务、外交、国防、公共安全、教育、科学技术、文化体育与传媒、社会保障和就业、社会保险基金支出、医疗卫生、环境保护、城乡社区事务、农林水事务、交通运输等；款级科目反映为完成某项政府职能所进行的某一方面的工作，如"教育"类下的"普通教育"；项级科目反映为完成某一方面的工作所发生的具体支出事项，如"农林水事务"类"水利"款下的"抗旱"、"水土保持"等。新的支出功能科目能够比较清楚地反映政府支出的内容和方向，便于人大审查监督。

第三，建立新型的支出经济分类体系，全面、规范、明细反映政府各项支出的具体用途。按照简便、实用的原则，支出经济分类科目设类、款两级（如工资福利支出—基本工资）。类级科目包括工资福利支出、商品和服务支出、对个人和家庭的补助、对企事业单位的补贴、转移性支出、赠与、债务利息支出、债务还本支出、基本建设支出、其他资本性支出、贷款转贷及产权参股、其他支出。款级科目是对类级科目的细化，主要体现部门预算编制和单位财务管理等有关方面的具体要求。如资本性支出进一步细分为房屋建筑物购建、专用设备购置、大型修缮等。全面、明细的支出经济分类是政府预算管理、部门财务管理以及政府统计分析的重要手段。

考虑到政府收支分类改革涉及面广，情况复杂，为确保改革平稳推进，财政部、国家税务总局、中国人民银行等部门采取了以下配套措施：一是暂时实行四个不变，即不改变预算平衡口径；不改变政府性基金、预算外资金和社会保险基金的管理方式；不改变向各级人大报送预算的口径和范围；不改变现行预算编制管理权限和程序。二是为保证政策的延续性并方便操作，改革后在安排教育、农业等法定支出预算时，仍按原口径进行考核。三是各地区、各部门可根据现行预算管理的有关要求合理选用支出经济分类科目，全国暂不作统一要求。四是实施政府收支分类改革后，财政总预算会计制度、行政事业单位会计制度、国有建设单位会计制度以及行政事业单位财务制度、基本建设财务制度等由财政部统一作相应调整。各地区、各部门可在职责范围内根据实际管理需要对其他相关制度作适当修订。

三、政府收支分类改革取得的成效

2007年政府收支分类改革，是新中国成立以来我国财政分类统计体系最大的一次调整，也是继1994年分税制改革、2000年部门预算改革以来我国预算管理制度的又一次重大变革。新的政府收支分类有效克服了原政府预算收支分类的弊端，基本实现了"体系完整、反映全面、分类明细、口径可比、便于操作"等改革目标，充分体现了国际通行做法与国内实际的有机结合以及市场经济条件下建立健全我国公共财政制度的总体要求。

改革成效主要体现在以下几个方面：一是形成了统一、规范的收支分类体系，使政府收支反映更为完整、更为准确，并为实行全口径预算管理创造了十分有利的条件。通过统一的收支科目体系，我们不仅可以得到全口径政府收支概念，而且可对财政收入占GDP的比重以及教育、科技、农业、社会保障等重点支出占全部政府支出的比重等有一个清晰的判断，从而为准确把握宏观调控力度、合理配置财政资源、不断优化财政支出结构提供科学依据。二是新的支出功能分类和支出经济分类可清晰反映政府各项职能活动以及各项支出的具体用途，使政府预算更加透明、预算监督更加有力。新的支出分类客观上促进政府预算编制的出发点由便于管理向便于监督转变，体现了政府预算必须公开、公正、透明的基本要求。三是新的政府收支分类体系实现了与国际财政统计口径的有效衔接，有利于进行宏观经济分析决策与国际比较交流。改革后我国政府收支分类科目设置明显细化，为进一步加强财政政策分析创造了有利条件。新的政府收支分类除包含全部预算收支外，还按国际通行做法，纳入了具有"准财政资金"性质的社会保险基金收支，从而实现了与国际通行政府全部收支口径的总体衔接。四是新的政府收支分类体系和财政信息管理系统相配合，可实现对财政运行过程的全面实时监控，促进我国财政管理更加科学、精细。

四、政府收支分类科目体系的进一步完善

根据经济社会的发展和财政工作的实际，按照加强预算管理的需要，2007年实施新的政府收支分类以来，财政部每年都会针对科目体系应用中遇到的新情况新问题，对科目进行适时适度地调整。主要调整的内容：一是增设汶川地震灾后恢复重建支出科目。为加强对汶川地震灾后重建资金（基金）筹集、分配和使用的监督管理，分别在公共财政预算、政府性基金预算、国有资本经营预算的收支科目中单独设置了汶川地震灾后恢复重建收支相关科目，集中反映汶川地震灾后重建资金（基金）收支情况。二是取消全部预算外资金收支科目。按照全国人大和国务院要求，自2011年1月1日起，中央和地方财政部门全部预算外收入纳入预算管理。据此，删除了原科目中所有预算外收支科目，修改有关科目的使用说明，同时根据不同资金项目纳入预算后的管理方式，增设相应的公共财政预算、政府性基金预算和财政专户管理的收支科目，准确反映纳入预算后的收支情况。三是调整科目以理顺公共财政预算与政府性基金预算、国有资本经营预算的关系。随着政府性基金预算制度的不断完善、国有资本经营预算的逐步确立，按照建立完善政府预算体系的要求将国有股减持收入、铁路资产变现收入等以收定支、支出用途确定的项目，分别从公共财政预算调整到国有资本经营预算、政府性基金预算管理，相应调整收支科目。四是根据预算管理需要，对收支科目进行调整完善。为加强预算编制和执行管理，支出功能分类"类"级科目由17类增加至25类；清理规范政府性基金收支科

目，取消已失去收入来源、不能适应市场经济和公共财政管理体制要求以及违规设立的政府性基金收支科目，对保留的每一项基金均设置单独的款级科目；调整经济分类科目，以准确反映公务接待、因公出国（境）、公务用车购置及运行等经费开支情况。

今后一个时期，将在保持现行科目体系总体框架基本不变的前提下，根据经济社会发展需要，按照财政科学化精细化管理要求，调整、优化和完善相关科目，既体现公共财政要求，又满足实际需要。

第三节 支出标准体系建设

支出标准体系，是指为保证科学合理分配财政预算资金而建立的审核部门预算支出的政策依据和测算标准，包括基本支出标准体系和项目支出标准体系。加强支出标准体系建设，有利于增强预算资金分配的规范性、科学性、公平性，提高财政资金使用效益，控制行政成本。

一、基本支出标准体系建设

基本支出是保证政府各部门正常运转的物质基础。基本支出标准体系根据国家有关方针政策、财务制度和经济发展状况制定，是部门基本支出预算编制的重要依据。

（一）基本支出定额标准的构成及制定方法

为满足基本支出预算以定员定额为主的管理需要，财政部根据基本支出的性质，以政府收支分类科目的支出经济分类款级科目为基础，进行适当归并，确定了基本支出的 21 个定额项目，并将其划分为人员经费和日常公用经费两部分。人员经费定额共有 8 个具体项目，分别为：基本工资、津补贴及奖金、社会保障缴费、离退休费、助学金、医疗费、住房补贴和其他人员经费，在支出经济分类科目中体现为"工资福利支出"和"对个人和家庭的补助"两部分。日常公用经费定额共有13个具体项目，分别是：办公及印刷费、水电费、邮电费、取暖费、物业管理费、交通费、差旅费、日常维修费、会议费、专用材料费、一般购置费（包括一般办公设备购置费、一般专用设备购置费、一般交通工具购置费、一般装备购置费等）、福利费和其他公用经费，在支出经济分类科目中体现为"商品和服务支出"和"其他资本性支出"等。

基本支出定额标准的制定主要通过以下程序：首先是搜集基础数据，主要包括单位的收入、支出情况及人员、资产、业务性质、工作任务等，一般以单位各年度财务决算数据为依据，同时参考专项调查收集的有关数据资料。其次是分析整理，使收集的数据资料在范围、内容上与定额标准一致，确保各项数据资料准确并在测算口径上具有可比性。最后是测算各类单位的基准定额，在基准定额的基础上，兼顾公平和现状，确定同类单位的分档定额标准，最终确定各单位所应执行的具体定额标准。具体操作中，人员经费根据国家对基本工资、规范津贴补贴、社会保障等方面的规定测算，日常公用经费根据单位承担的职能、行业和业务特点，结合单位规格、管理级次、所处地域等因素，制定分类分档的定额标准。

（二）基本支出标准体系建设进展情况

实施部门预算改革以来，在中央部门的大力配合下，财政部积极推进基本支出定员定额管理工作，不断扩大试点范围，改进测算方法，完善定额标准，基本支出定员定额标准体系的基本框架初步建立。

基本支出定员定额试点范围逐步扩大。2001年，财政部首先在农业部、科技部等 10 个行政单位开展基本支出定员定额试点。近年来，在将全部行政单位纳入试点的基础上，逐步将公益性职能较强、支出水平较低的参照公务员法管理单位和事业单位纳入试点范围。目前，定员定额试点范围已扩大到 97 个行政单位、119 个参照公务员法管理单位和 142 个事业单位。

定员定额标准逐步完善。结合经济发展状况、物价水平变动和政策调整等因素，适时对基本支出定额标准进行调整。同时，不断完善定员定额标准体系，在建立完善行政单位定额标准体系的基础上，探索建立体现不同事业单位特点的分类分档定额标准体系，不断提高保障能力。

实物费用定额试点稳步推进。为提高行政事业单位基本支出预算编制的准确性，促进资产管理与预算管理相结合，推动节约型政府建设，2004 年，财政部选择了审计署等 5 个部门，率先对行政机关用房和机动车辆进行实物费用定额试点。截至 2010 年，试点部门扩大至 23 个。在试点方式上，初期实物费用预算编制采取"虚转"方式，即仍按定员定额的方式核定部门基本支出公用经费，只是在部门公用经费规模内再核定实物费用控制规模，由各单位在执行中单独核算。2010 年，结合历年试点情况，进一步完善了实物费用定额标准，将日常公用经费定额项目划分为人员定额和实物费用定额两部分，改进了基本支出预算测算方法，按照人员定额和实物定额相结合的方式核定公用经费规模，实现了实物费用预算编制的"实转"。

建立了人员基础信息数据库。为解决部门基础信息不完整、不系统的问题，2008 年，财政部充分整合、利用已有信息和网络资源，建立了以机构、人员、工资信息等为主要内容的中央部门基础信息数据库，进一步夯实了基本支出预算测算的基础，为基本支出预算编制提供了有力的数据支撑。从编制 2010 年部门预算开始，试点单位基本支出全部通过基础信息数据库进行测算。

通过近些年的探索，基本支出定员定额管理取得了一些成效，基本支出预算分配的公平性、合理性不断增强，部门正常运转和履行基本职能需要的经费保障力度不断加大，部门资产管理的意识也逐步提高，为建立健全人员定额和实物定额相结合的基本支出标准体系积累了经验。同时，基本支出定额管理中还存在一些突出问题亟待解决。主要是：受事业单位改革和收入分配制度改革进程的影响，规范津补贴工作仍未完成，绩效工资政策尚未出台，行政单位和参照公务员法管理单位的人员经费定额还不够完整，事业单位定额标准制定也缺少合理依据；参照公务员法管理单位和事业单位基本支出水平差距较大、经费来源渠道复杂，难以对各类参照公务员法管理单位、事业单位基本支出的范围和标准等进行全面审核；办公用房、公务用车等资产配置标准尚不完善，部门资产占用水平差别较大，资产信息质量不高，实物费用定额试点工作短期内很难全面推开。

（三）推进基本支出标准体系建设的措施

今后一个时期，在充分总结经验的基础上，将重点推进以下工作：一是继续扩大定员定额试点范围。结合事业单位改革情况，重点研究尚未纳入试点的参照公务员法管理单位和公益性职能较强的事业单位的扩大试点工作，提高基本支出定员定额试点的覆盖面。二是不断调整完善定员定额标准。随着经济发展、物价变动和国家政策的变化，对现有的定额标准进行调整完善。结合事业单位的特点，继续完善事业单位分类分档定额标准体系。三是继续稳步推进实物费用定额试点。在总结近年来实物费用定额试点经验的基础上，进一步扩大试点范围，适时完善实物资产配置标准和实物费用定额标准，不断优化公用经费定额项目，逐步建立完善人员定额和实物定额相结合的基本支出标准体系。

二、项目支出定额标准体系建设

（一）开展项目支出定额标准体系建设的重要性和必要性

项目支出定额标准体系是由各类项目定额标准组成的相互联系、相互补充的有机整体。推进项目支出定额标准体系建设，对于加强项目支出管理、深化部门预算改革具有十分重要的意义。

首先，项目支出定额标准体系建设是推进预算科学化精细化管理的基础。在对项目支出的特点和规律进行深入分析的基础上，运用科学的方法和手段建立各种标准，能够极大地提高预算管理的规范性和预算编制的准确性，促进项目支出管理全过程的科学化和精细化，不仅有利于节约财政资金，也可提高资金的使用效益。其次，项目支出定额标准体系建设是推进预算分配公平、公正的客观要求。项目支出定额标准通过为预算分配设定统一的依据，不仅可以保证预算分配有法可依、有据可查，实现预算分配的公平、公正，而且可以避免预算分配的随意性，真正从源头上预防腐败。最后，项目支出定额标准体系建设是实现预算管理公开、透明的有效途径。随着我国民主法制建设进程的加快，社会各界不仅关注预算分配的结果，也越来越关注预算分配的过程和依据。开展项目支出标准化建设，制定科学合理、统一规范的项目支出定额标准体系，并以适当方式向社会公开，有利于社会各界了解预算分配依据、分配过程和分配结果。

（二）项目支出定额标准体系的建设目标和主要任务

近些年来，从预算管理实际出发，财政部制定了一些各部门通用的支出定额标准，如《中央国家机关会议费管理办法》、《中央国家机关和事业单位差旅费管理办法》等。同时，财政部还积极会同各部门制定了众多针对具体支出项目的财务管理办法。一些中央部门从加强预算管理出发，也出台了不少部门内部使用的支出定额标准。如水利部目前已制定出《水利工程维修养护定额标准》、《水文业务经费定额标准》等支出标准。但总的看，目前开展的支出定额标准制定工作还是零星的，没有形成体系和规模，具体体现在以下几个方面：一是项目支出标准体系建设工作缺乏总体规划，基本上是各自为政。二是已制定的支出标准数量少、覆盖面窄。三是支出标准尺度不一，有失公平。四是支出定额标准制定的职责不清，同类型项目的支出定额标准，有的由财政部制定，有的由财政部和中央部门共同制定，有的则是中央部门自行制定。五是已制定的支出定额标准，有的在实际工作中没有得到有效应用，支出标准与预算编制"两张皮"，直接影响了预算分配的公平、公正。

为解决上述问题，财政部明确提出要加快推进支出定额标准体系建设，实现从零星的支出定额标准建设到全面的支出定额标准体系建设的转变。2009年底，财政部印发了《中央本级项目支出定额标准体系建设实施方案》，进一步明确了项目支出定额标准体系建设的目标、主要任务等。

今后一个时期项目支出定额标准体系建设的目标是，到2020年基本建立起与公共财政相适应的内容完整、结构优化、定额科学、程序规范、修订及时的中央本级项目定额标准体系，形成项目定额标准的有效运行机制和监督评价机制，提高财政预算管理的科学化、精细化水平。主要任务包括研制项目支出定额标准体系、研制预算项目分类标准体系、研制资产管理标准体系、推进部门业务标准化工作、建立完善项目支出定额标准管理规范、建设项目支出定额标准管理信息系统等六个方面。

一是研制项目支出定额标准体系。这是项目支出定额标准体系建设的核心。最终形成财政部标准和部门内部标准相补充、通用定额标准和专用定额标准相结合的定额标准体系,为预算申报、审核和安排提供依据。首先,标准体系建设离不开通用定额标准。预算编制要公平公正,这就要求不同的预算项目要有统一的分配依据。但不同的预算项目主要对应于不同的部门职能活动,项目与项目之间很难比较,只有将项目细化为不同的具体用途,开支标准才能进行比较,这就产生了针对具体用途制定开支标准的需要,也就是产生了对通用定额标准的需求。其次,标准体系建设离不开专用定额标准。正如前面提到的,通用定额标准主要对应于具体用途,而预算项目主要对应于部门的职能活动,编制项目预算时,理论上讲可根据通用定额标准逐项核算。但由于预算编制的时效性,具体工作中需要对通用定额标准进一步进行加工和整合,形成与部门职能活动相对应的专用定额标准。因此,专用定额标准主要解决了标准的适用性问题。再次,标准体系建设离不开部门内部标准。财政部标准是"粗线条"的,仅有财政部标准是不够的。部门有必要根据实际情况,将定额标准细化,提高预算管理的科学化精细化水平,促进健全部门内控制度。

二是研制预算项目分类标准体系。项目定额标准是项目支出预算编报、审核和安排的基础,而项目管理的形式、内容和项目分类等,又是项目支出定额标准管理的基础。把项目分类标准单独作为一项建设内容,主要是考虑:一方面,现有项目个数太多,中央本级预算项目个数已达7万多个,针对现有预算项目一一制定支出标准既不现实也不合理,客观上需要对现有项目按一定的分类标准进行归集和整合。另一方面,现有的分类标准不能满足需要。按照项目的重要性程度,将项目分为国务院已研究确定项目、经常性专项业务费项目、跨年度支出项目和其他项目四类,其侧重点在于项目的排序,即预算安排上的优先顺序、轻重缓急。因此，实施方案将项目分类标准体系建设作为项目支出定额标准体系建设的一个重要组成部分。

根据项目的基本属性将项目细分为相互补充又涵盖全面的类别，是制定通用定额标准体系的前提条件。根据各部门核心职能活动对预算支出项目进行归集或细化，确保预算项目分类标准体系的稳定性，是制定专用定额标准体系的前提条件。

三是研制资产管理标准体系。业务工作离不开资产作支撑，业务经费很大一部分都用于资产的购建或维护。由于资产管理相对独立，有必要将资产管理标准体系建设单独作为项目定额标准体系建设的组成部分，尽快研制资产管理相关标准，形成与部门履行职能相适应的资产配置标准体系、资产更新和报废标准体系和资产耗费标准体系，为各项支出标准的制定提供依据。

四是推进部门业务标准化工作。通过规范化、标准化部门业务工作，增强预算项目内容的稳定性，是提高项目定额标准体系、特别是专用定额标准稳定性的关键。

五是建立完善项目支出定额标准管理规范。项目定额标准管理规范是开展项目支出定额管理的制度基础。项目定额标准体系建设工作是一项系统工程，为保证相关工作稳妥、有序开展，有必要出台一系列的规范性文件，具体指导项目定额标准管理工作，包括项目定额标准实施方案、管理办法、实施细则等。

六是建设项目支出定额标准管理信息系统。信息系统是开展项目定额标准管理的技术基础。通过信息系统将项目定额标准管理的各个模块有机衔接，有利于优化工作程序、减少工作量，提高管理效率，更好地促进定额标准体系建设工作的开展。为此，有必要建设项目定额标准管理信息系统，推进定额标准信息的资源共享，满足预算编制、审核等管理的需要。

（三）推进项目支出定额标准体系建设的思路

项目支出标准体系建设是一个复杂的系统工程，也是一项长期的工作。结合中央本级项目支出定额标准建设现状，借鉴地方财政部门开展这项工作的经验，进一步推进项目支出定额标准体系建设，需重点做好以下工作：

统筹规划、分步实施。在统筹考虑各方面因素的基础上，制定项目支出定额标准体系建设规划，确保项目定额标准与基本支出定额标准之间的相互衔接，确保财政部标准和部门内部标准之间的相互衔接，确保通用定额标准和专用定额标准之间的相互衔接，发挥标准体系的整体功能。综合考虑各部门业务规模、预算级次、职能活动、管理水平等情况，合理划分定额标准体系建设步骤，分步实施。这项工作大致分三个阶段来完成：第一阶段是顶层设计及试点阶段，主要任务是设计项目支出定额标准体系建设总体框架，明确标准体系建设重点任务，发布项目支出定额标准管理办法等规范性文件，开展试点等。第二阶段是全面推进阶段，主要任务是全面推开定额标准研制工作，初步形成覆盖面较广的定额标准体系。第三阶段是完善提高阶段，主要任务是集成定额标准体系各项建设任务的成果，形成全面系统、布局合理的中央本级项目支出定额标准体系，实现对中央本级项目支出定额标准体系的闭环管理和动态优化。

明确职责，分工合作。明确定额标准体系建设中的职责分工，充分发挥各方的积极性，加强协调合作，相互积极配合，加强政策衔接、信息沟通和经验交流，形成合力，确保定额标准体系建设的有序、高效和整体推进。项目支出定额标准体系建设实行"统一领导，分工负责"的管理体制，由财政部统一领导，财政部和中央部门分工负责。具体而言，通用定额标准由财政部负责制定并发布，专用定额标准一般由部门具体承担制定任务，报财政部批准后，由财政部和相关部门联合发布。

突出重点，基础优先。为使定额标准体系建设工作早日见效，在夯实基础工作的前提下，要优先研制一批关键环节的重要标准并实际使用，在实践中不断完善。首先，优先启动通用定额标准建设。通用定额标准具有普遍适用性、相对稳定性和引导示范性的特点，是整个支出标准体系的基础，也是制定专用定额标准和部门内部标准的依据，因此将其作为标准体系建设的第一要务。其次，大力推进部门内部标准建设。条件成熟时，部门内部标准可逐步上升为财政部标准。在部门业务标准化工作有待加强的情况下，慎重推进专用定额标准制定工作。最后，积极推进项目分类标准等基础工作。加强资产管理标准、项目分类标准等的建设工作，推进部门业务工作的规范化、标准化，加强对预算项目的归并和整合等。

第四节 项目库建设

一、项目库的概念

项目库是对项目进行规范化、程序化管理的数据库系统。通常，项目预算都应通过项目库，经过申报、论证、审核等环节后纳入部门预算。加强项目库建设，有利于对项目资金安排和项目建设实施有效管理，更好地发挥项目作用，提高财政资金使用效益。目前，从中央本级的实际操作看，项目库分为中央部门项目库和财政部项目库。中央部门项目库，由中央部门按照项目支出预算管理的要求，结合本部门特点，对所属单位申报的项目进行筛选排序后设立。中央部门项目库可按照预算管理级次分层设立，也可根据项目管理需要，针对某一类项目设立分库。财政部项目库，由财政部根据项目支出预算管理的需要，结合财力可能，对中央部门所报项目进行筛选排序后设立。财政部项目库又区分为部门预算管理司和总预算两个层次。

二、项目库管理的基本原则和方式

项目库管理遵循统一规划、分级管理的原则。统一规划，是指由财政部统一制定中央部门项目库管理的规章制度、项目申报文本，统一设计计算机应用软件。分级管理，是指中央各部门和财政部分别按照规定对各自设立的项目库实行管理。中央部门以下预算单位设立的项目库原则上由设立单位管理。

中央部门项目库实行开放式管理，部门所属单位可随时向中央部门申报项目预算，中央部门在日常管理中可对所属单位申报的项目进行筛选、排序，在编制部门年度预算时统一向财政部申请项目预算。

三、项目库管理的主要内容

中央部门项目库的日常管理主要包括项目库维护、项目的审核入库、项目文本及其填报、项目排序、项目报送等内容。

项目库维护。财政部和中央部门都应定期对项目库进行维护，根据部门预算管理的统一要求，对信息系统内的项目基础信息、项目文本、项目相关标识、系统功能等进行维护，保证项目库的正常运行。

项目的审核入库。对纳入项目库的备选项目，预算单位要按相关规定进行审核，申报的项目应同时具备以下条件：符合国家有关方针政策；符合财政资金支持的方向和财政资金供给的范围；属于本部门履行行政职能和事业发展需要；符合本单位行政工作或事业发展需要，与本单位有效行使职能、提高单位管理水平或改善单位办公条件密切相关；有明确的项目目标、组织实施计划和科学合理的项目预算，并经过充分的研究和论证。

项目文本及其填报。纳入项目库的申报项目应填报申报文本，项目申报文本由项目申报书、项目可行性报告（编写提纲）和项目评审报告三部分组成。中央部门编制年度预算时，应按照财政部规定，填写项目申报书并附相关材料。国家发展改革委等有预算分配权的部门通过财政拨款安排的基本建设项目和科学技术项目，按照有关规定进行申报。新增项目中预算数额较大或者专业技术复杂的项目，除上报项目申报书外，还应当填报项目的可行性报告、项目评审报告。延续项目中项目计划及项目预算没有变化的，可以不再填写项目的可行性报告和项目评审报告；延续项目中项目计划及项目预算发生较大变化的，应当重新填写项目可行性报告和项目评审报告。中央部门应当按照财政部规定的时间报送项目申报材料，项目申报材料的内容必须真实、准确、完整。

项目排序。项目库中的项目应当按照轻重缓急进行合理排序，并实行滚动管理。其中："前三类支出项目"（包括国务院已研究确定项目、经常性专项业务费项目、跨年度支出项目）中的延续项目予以优先排序；其他项目按照项目的轻重缓急、择优遴选后进行排序。排序方式上，中央部门对申报的项目按照政府收支分类科目功能分类的类（款）级科目在项目库中进行分类排序；财政部对中央部门申报的项目按照政府收支分类科目功能分类的类（款）级科目在项目库中分部门进行排序。

项目报送。预算单位申报项目，应按照预算管理级次逐级申报，不得越级上报。上级单位对下级单位申报的项目进行严格遴选、论证或评审后，将符合条件的项目纳入本部门项目库。中央部门应根据年度部门预算编制要求，对已纳入本部门项目库中的项目择优排序后统一向财政部申报项目支出预算。

四、项目清理

为进一步规范项目支出预算管理，逐步实现中央部门和财政部项目库中项目的滚动管理，按照中央部门预算编制规程有关要求，每年年度预算批复后，中央部门和财政部都要对中央部门预算已批复的项目进行清理。

项目清理的目的是合理确定部门预算已批复项目的类别，提出列入下一年度预算的"前三类支出项目"和打捆项目，初步测算需在下一年度预算中继续安排的"前三类支出项目"预算建议数，实现项目库中项目的滚动管理。项目清理的范围包括中央部门年度预算已批复的项目。

项目清理的程序是：（1）每年预算批复后，财政部统一组织中央部门开展项目清理工作，明确项目清理的要求并向中央部门发放项目清理软盘。（2）中央部门根据项目清理的要求，严格按照规定的范围、标准，对所有当年预算已经批复项目进行清理，填写"部门预算项目清理表"，并在规定的时间内，将清理结果以书面形式报财政部。（3）财政部对中央部门报送的项目清理结果进行审核，提出项目清理类别建议、下年度预算编制中使用的打捆项目建议以及预算建议数，并制作分部门项目数据盘，及时下发各中央部门，作为部门报送下一年度项目支出预算的基础。

项目清理的具体要求：一是准确划分项目类别。在项目清理过程中，各部门要严格执行有关规定，不得自行改变项目清理的范围和标准；要严格按照项目类别划分标准确定年度预算已批复项目的类别，不得擅自调整；要根据项目清理结果，严格按照规定的口径认真填写部门预算项目清理表。二是加强对"前三类支出项目"的管理。在项目清理工作中,要严格控制"前三类支出项目",其中,国务院已研究确定项目和跨年度支出项目,要提供项目立项依据(党中央、国务院文件,财政部批复文件)、项目总投资、项目执行期限、项目分年度预算等;对于经常性专项业务费项目,确实不能提供立项依据的,要说明理由,并详细说明项目的支出范围。三是根据部门预算批复情况,将"前三类支出项目"分为延续项目和一次性支出项目。对一次性项目和执行年限到期的延续项目予以清除,对到期后需继续安排预算的项目,视同其他项目类的新增项目,按照规定程序重新申报;对延续项目,要严格按照立项时核定的分年度预算逐年编报。编报延续项目预算时,项目的名称、编码、项目的使用方向不得变动,如发生变动,视同其他项目类的新增项目,按照规定程序重新申报。

五、项目库建设进展情况

近年来,财政部推进项目库建设和管理工作取得了一定成效。项目滚动管理稳步推进;建立了项目清理的激励机制,鼓励中央部门加大对"前三类"项目的清理力度,优化项目支出结构;加大项目整合力度,提高了项目设置的规范性、合理性;继续细化项目预算编制,部门代编预算逐步减少;修订完善程序软件,优化系统功能,为项目库管理提供必要的技术支持。中央部门也在积极推动本部门的项目库建设和管理工作,一些中央部门专门制定了本部门的项目库管理办法,对部门项目库管理的相关程序、职责和要求等作了进一步的细化;一些中央部门建立了分类项目库,对基本建设项目等进行单独管理;一些部门依托财政部统一研发的"中央部门预算编制软件",根据部门自身管理需要开发了配套的项目库管理软件。经过多年建设,在财政部和中央部门的共同推动下，目前中央部门预算管理中已基本形成一个包括中央部门项目库和财政部项目库在内的，规划统一、层次明晰、与预算衔接紧密的项目库管理体系。

尽管项目库管理取得积极进展，但工作中也存在一些突出问题，主要是：一些部门对项目库的日常管理、项目的长期滚动、项目的合理性和科学性等不够重视，制约了项目库作用的发挥；一些部门对进入项目库的项目未按照相关要求进行细致深入的审核，项目的评审、论证等前期工作不到位；项目的设立参差不齐，随意性较大，部分延续性项目的名称和内容在年度间频繁调整，增加了项目审核和滚动管理的难度；项目的计划性不够，滚动管理比较困难。

六、加强项目库建设的措施

全面提高财政预算管理的科学化精细化水平，加强和完善项目库建设是一个必不可少的基础环节。今后一个时期加强项目库建设的措施：一是完善项目库管理的制度体系，针对项目库管理中存在的问题，通过完善制度予以规范，包括：明确项目设立的层次和标准、细化部门项目库管理程序和职责、突出项目的审核责任等。二是健全项目库管理的运行机制，完善中央部门项目审核、申报的程序框架，建立中央部门项目库与财政部项目库的实时或定期信息交换、反馈机制，保证中央部门和财政部门之间能及时了解项目储备、项目需求、项目审核情况，为年度项目预算编制和滚动管理奠定基础。三是推进项目的滚动管理，改革以年度项目清理为基础的滚动管理方式，在优化项目分类的基础上，探索多年度项目预算编制及项目滚动管理的新方式。四是升级相关软件和程序，进一步优化软件系统的信息交换以及与项目审核、申报、滚动管理等流程相关的功能，为项目库管理提供更好的技术支持。

第五节 政府会计改革

一、政府会计改革的内涵和意义

政府会计，是指政府采用一定的确认、计量和报告方法，核算反映政府资金和资源在其范围内运动的过程和结果，最终以财务报告的形式全面系统地反映政府财务状况、财务管理业绩、资金运行情况、预算执行结果，以及政府受托责任等信息。

从国际上看，政府会计改革的基本做法是，政府不仅要通过收付实现制预算会计制度核算年度预算收支，还要通过以权责发生制为基础的政府财务会计制度（即类似采用企业会计原则和方法，确认、计量资产和负债，以及编制资产负债表、运营业绩表等复杂的财务会计处理过程）核算政府各组成部门及政府整体所有的资产和负债情况，并以此编制政府年度财务报告，全面报告政府责任和履行责任的能力。从 20 世纪 80 年代开始，英国、美国、澳大利亚等发达市场经济国家在政府会计领域进行了重大改革，加强了公共财政管理，提高了政府透明度和公共服务水平。

我国现行政府会计管理实行以收付实现制为基础的预算会计体系，尚未建立以权责发生制为基础的政府财务会计体系。单纯实行预算会计，仅能够核算反映政府年度预算收支情况，无法完整反映政府拥有的资源、政府各类债务、政府运营成本和费用，对政府的财政资源和财政责任不能进行科学有效的会计记录、分析评价和报告披露。因此，实施政府会计改革，在完善预算会计制度的基础上，建立以权责发生制为基础的政府财务会计体系，不仅有利于加强政府财政财务管理，提高财政透明度，实现财政管理的科学化精细化，也有利于有效防范财政风险，实现财政可持续发展，增强财政宏观调控能力。

二、我国政府会计改革进展情况

近年来，财政部围绕政府会计改革进行了深入研究，取得了积极进展。一是研究分析国际上政府会计改革的做法与经验。通过举办研讨会、咨询会等形式，邀请外国专家来华介绍外国政府会计改革的基本做法、经验及面临的问题。有选择地对有关国家的政府会计管理与改革情况进行考察和学习，详细了解掌握世界主要国家政府会计管理与改革的基本情况，以及国际公共部门会计准则的制定情况。先后研究翻译出版了《国际公共部门会计文告手册》等，现已成为国内研究政府会计、借鉴外国政府会计改革经验、掌握国际政府会计改革动态重要的参考资料。二是积极参与国际公共部门会计准则制定。从2007年起，我国成为国际公共部门会计准则委员会（IPSASB）委员国，参与制定委员会的发展战略计划、公共部门会计概念框架，以及社会福利、金融工具、借款费用、无形资产、主体合并、现金产出资产减值、雇员福利、文化遗产类资产、外部援助、公共私营机构合作等具体的会计准则。我国在国际公共部门会计领域的话语权不断提高，对世界各国政府会计改革的经验有了更深入的认识。三是深入开展政府会计改革专题研究。组织政府会计领域的专家、学者开展了一系列专题研究，主要有：政府会计基本问题研究，政府会计适用主体范围研究，政府会计核算基础比较研究，政府会计标准体系问题研究，政府财务报告问题研究，我国现行预算会计和政府会计比较研究，政府债务问题研究，政府资产确认问题研究，清产核资问题研究等，为下一步实施政府会计改革做了较充分的前期研究准备。

在研究分析国外政府会计改革做法与经验，开展政府会计专题研究，深入分析我国预算会计制度的现状及存在问题，以及全面排查我国实行政府会计改革面临的难点问题的基础上，研究完成了《我国政府会计改革战略框架研究报告》，初步提出我国政府会计改革战略框架的总体思路、具体实施步骤及相关配套措施。

三、我国政府会计改革展望

政府会计改革是一项艰巨复杂的系统工程。今后一个时期，要按照"总体规划，先易后难，重点突破，逐步推进"的思路，分阶段、分步骤、分重点，循序渐进地进行。重点做好以下工作：

研究制定政府会计改革方案。从我国实际情况出发，借鉴国际经验，制定科学合理可行的政府会计改革方案，明确政府会计改革的必要性、指导思想和原则、主要内容、配套措施和实施步骤等，全面规划、指导推进政府会计改革工作。

试编权责发生制政府财务报告。在继续采用收付实现制进行日常会计核算的基础上，探索试编权责发生制政府综合财务报告和权责发生制政府部门财务报告，并逐步扩大试点范围，以更加真实、完整地反映政府和政府部门财务状况、运营情况等。

研究建立政府财务报告制度。在吸收我国现行财政决算和部门决算编报经验做法的基础上，研究建立政府财务报告制度。一是结合事业单位改革进展情况，明确政府财务报告主体范围。二是规定政府财务报告基本框架，构建政府资产负债表、运营业绩表、现金流量表等政府财务报表体系。三是明确政府财务报告应披露的资产负债项目，全面反映政府财务状况。四是规定政府财务报告编制程序，保证编制工作有序开展。

研究制定政府财务会计制度和准则。一是研究制定以权责发生制为基础的政府财务会计制度，规范政府资金运动和资源使用引起的政府资产、负债、收入、费用等政府财务报表要素变动的会计处理，规定各类要素的确认条件、计量方法和报告要求。二是研究制定政府会计准则，明确政府会计目标、主体、信息质量特征、核算基础和政府会计要素定义、确认、计量、列报等原则事项，以及一些政策性较强、技术比较复杂的政府特殊业务事项的会计处理标准。

做好政府会计改革相关配套工作。一是加快政府会计人才培养。加强对预算会计从业人员进行政府会计业务培训。研究建立政府会计从业人员职业化管理方式，推行资格考试认证制度。引导和促进高等院校开设政府会计相关专业，培养政府会计领域人才。二是建立政府会计管理信息系统。建立政府会计核算系统，分别记录、生成权责发生制基础的会计账目和收付实现制基础的会计账目。建立政府财务报告系统，处理和生成权责发生制基础的政府财务报告。政府会计管理信息系统与财政收支总分类账系统、国库集中收付系统实现对接。

第十四章 国有资产管理

与财政管理相关的国有资产管理对象，包括行政事业单位国有资产和经营性国有资产两大部分，其中经营性国有资产又可分为非金融企业国有资产和金融企业国有资产。国有资产管理的不断加强，使政府资产管理和政府资金管理有机衔接起来。本章主要介绍行政事业单位国有资产和金融企业国有资产管理相关内容。

第一节 行政事业单位国有资产管理

一、行政事业单位国有资产管理基本情况

行政事业单位国有资产（以下简称"行政事业资产"），是指行政事业单位占有、使用的，依法确认为国家所有，能以货币计量的各种经济资源的总称，是政府履行职能的重要物质基础，是国有资产管理的重要组成部分。行政事业资产包括行政事业单位使用国家财政性资金形成的资产、国家划拨给行政事业单位的资产、行政事业单位按照国家规定运用国有资产组织收入形成的资产，以及接受捐赠和其他经法律确认为国家所有的资产，其表现形式有固定资产、流动资产、无形资产和对外投资等。作为财政管理的重要环节，全面规范和加强行政事业资产管理，对于提高行政事业单位的履职能力、完善公共财政体系、优化政府资源配置、实现资产占有公平、提高资产使用效率和加强党风廉政建

设，都具有十分重要的意义。

1998年以来，行政事业资产总量呈现快速增长的趋势，截至2010年年底，全国行政事业资产总额119681.4亿元，扣除负债后净资产总额为77635.1亿元。从资产类型看，流动资产47714.9亿元，占39.90%；固定资产净值59229亿元，占49.50%；对外投资2546.5亿元，占2.10%；无形资产513亿元，占0.40%；其他资产9678亿元，占8.10%（见图14-1、图14-2）。

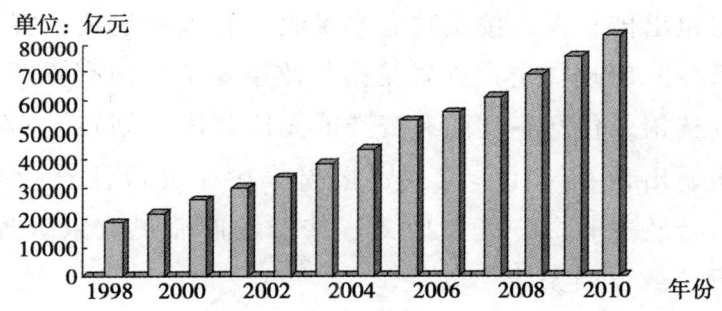

图14-1　1998—2010年全国行政事业资产总量（净资产）

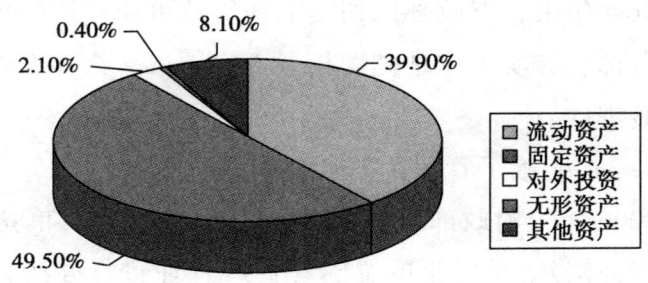

图14-2　2010年年底全国行政事业资产构成

行政事业资产管理的主要内容包括资产配置、使用、处置等。资产配置是指财政部门、主管部门、行政事业单位等根据行政事业单位履行职能的需要，按照国家有关法律、法规和规章制度规定的程序，通过购置或调剂等方式为行政事业单位配备资产的行为。行政事业单位购置纳入政府采购范围的资产，依法实施政府采购。资产使用包括资产自用、对外投资和出租、出借等。行政事业单位应建立健全国有资产使用管理制度，规范使用行为，做好使用管理工作，充分发挥国有资产的使用效益，保障国有资产的安全完整，防止国有资产使用中的不当损失和浪费。行政单位不得用国有资产对外担保，不得以任何形式用占有、使用的国有资产举办经济实体。行政事业资产出租出借收入，按照政府非税收入管理的规定，实行"收支两条线"管理。资产处置是指行政事业单位国有资产产权的转移及核销，包括各类国有资产的无偿调拨（划转）、对外捐赠、出售、出让、转让、置换、报损报废、货币性资产损失核销等。行政事业资产处置收入，按照政府非税收入管理的规定，实行"收支两条线"管理。

二、行政事业资产管理取得明显进展

近些年来，财政部门切实加强行政事业资产管理，不断强化工作目标、夯实工作基础、拓展工作领域、充实工作内容，取得了明显进展。

（一）明确了管理原则

2006年，财政部以部令形式颁布了《行政单位国有资产管理暂行办法》、《事业单位国有资产管理暂行办法》（以下简称"两个部令"），明确了行政事业资产管理的原则，即坚持资产管理与预算管理相结合的原则，推行实物费用定额制度，促进事业资产整合与共享共用，实现资产管理和预算管理的紧密统一；坚持所有权和使用权相分离的原则；坚持资产管理与财务管理、实物管理与价值管理相结合的原则。

(二）完善了管理体制

1998 年，根据第九届全国人民代表大会第一次会议批准的国务院机构改革方案，原国家国有资产管理局撤销，其相应的行政事业资产管理职能划归财政部。为切实履行管理职能，适应财政发展改革的需要，2004 年，财政部成立了行政资产处和事业资产处，负责制定行政事业资产管理的政策、制度并组织开展具体管理工作。2006 年财政部颁布两个部令，对行政事业资产管理体制做出具体规定。

2008 年《国务院办公厅关于印发财政部主要职责内设机构和人员编制规定的通知》进一步明确，"财政部负责制定行政事业单位国有资产管理规章制度，并负责组织实施和监督检查"。截至 2010 年 9 月，全国各省（自治区、直辖市、计划单列市）已经全部明确了由财政部门负责行政事业资产管理工作。其中绝大部分地方和中央部门都成立了专门的资产管理机构，明确了负责资产管理的工作人员。"国家统一所有，政府分级监管，单位占有、使用"的管理体制，以及与此相适应的"财政部门—主管部门—行政事业单位"的行政事业资产管理模式，在全国范围内基本建立。

（三）健全了管理制度

根据两个部令有关原则，财政部进一步健全行政事业资产管理制度体系，先后出台了《行政事业单位资产清查暂行办法》、《行政事业单位资产核实暂行办法》、《全国人大行政单位国有资产管理暂行实施办法》、《全国政协行政单位国有资产管理暂行实施办法》、《驻外机构国有资产管理暂行实施办法》、《中央垂直管理系统行政单位国有资产管理暂行实施办法》、《中央级事业单位国有资产管理暂行办法》、《中央级事业单位国有资产使用管理暂行办法》、《中央行政单位国有资产处置收入和出租出借收入管理暂行办法》、《中央级事业单位国有资产处置管理暂行办法》等专项管理制度。同时，财政部指导中央相关部门和各地制定了所属行政事业资产管理办法，各所属行政事业单位也相继完善了内部国有资产管理制度，初步构建起了行政事业资产管理制度体系。

（四）夯实了管理基础

一是开展资产清查。根据《国务院关于编制2007年中央预算和地方预算的通知》要求，2006年12月至2007年10月，财政部在全国范围内组织开展了行政事业资产清查工作，各级财政部门委托社会中介机构和财政部驻各地财政监察专员办事处开展专项审计，摸清了全国行政事业资产底数。二是加强队伍建设。财政部门通过召开会议、组织培训等多种方式，搭建起了业务学习和交流平台，提高了行政事业资产管理干部人员的业务素质。

（五）创新了管理理念

一是确立了资产管理与预算管理、财务管理相结合的理念。从2007年部门决算开始，决算报表中增加了"资产情况表"和"国有资产收益情况表"。从2009年起，根据资产存量情况、配置标准、行业平均占有水平和资产共享共用情况等因素，对新增资产配置进行专项审核，并在批复部门预算时予以批复；从2010年起，将中央行政事业单位的国有资产处置收入和中央行政单位的国有资产出租出借收入纳入预算，实行"收支两条线"管理，初步形成了资产管理部门与预算管理部门协调配合的行政事业资产管理机制。二是树立了资源整合共享的理念。严格资产配置管理工作，对符合调剂、共享条件的行政事业资产，探索建立共享、共用机制，提高使用效率。三是增强了资产绩效管理意识。研究探索将国有资产占有、使用情况的评价结果，作为财政部门安排行政事业单位预算的参考依据，建立资产管理与预算管理相结合的激励约束机制。

（六）转变了管理方式

一是不断提高资产管理的信息化水平。作为"金财工程"的重要内容，开发并全面推行行政事业资产管理信息系统。信息系统以资产清查结果为初始数据，通过实时录入增减变动情况，建立起行政事业资产动态数据库，为预算管理、绩效评价和资产优化配置等提供决策支持。二是修订完成国标《固定资产分类与代码》，并在全国范围内颁布实施。三是建立行政事业资产统计报告制度。要求行政事业单位按统一格式，对占有、使用的资产状况定期做出报告，便于主管部门和财政部门及时掌握行政事业资产的增减变动和使用情况等。

（七）加强了收入管理

一是组织开展了行政单位经营性资产专项调查，研究确定了加强中央行政单位国有资产收入管理问题的思路，会同监察部等五部委印发了《关于加强中央行政单位国有资产收入管理的通知》。二是制定了一系列专项管理制度，明确了中央行政事业单位国有资产收入上缴后的预算安排、缴拨款程序和资产收支预算部内工作流程等。三是组织编制国有资产收入的收支预算。将中央行政事业单位的国有资产处置收入和中央行政单位的国有资产出租出借收入纳入预算管理的规范化轨道。

三、行政事业资产管理面临的新形势新任务

"十二五"时期是行政事业资产管理工作的关键时期。从宏观层面看，行政管理体制改革进入了新的阶段，事业单位分类改革也将全面推行。在行政管理体制改革和事业单位分类改革过程中，如何加强国有资产管理、保证国有资产不流失，是行政事业资产管理面临的新课题。从各部门、各系统内部改革的层面看，

教育、科技、卫生等部门相继出台了中长期改革和发展规划纲要，对行政事业资产管理工作提出了新的要求。从财政管理角度看，作为财政管理重要环节，行政事业资产管理需要充分发挥基础性作用，促进财政管理的科学化精细化。

财税制度改革的不断深化，将带动行政事业资产管理改革的深入推进。行政事业资产家底初步摸清，各项基础工作扎实开展，管理办法和配套制度逐步完善，体制机制创新有效，行政事业资产管理队伍建设不断加强，为加强行政事业资产管理奠定了较好基础。财政科学化精细化管理全面推进，财政部门、主管部门和行政事业单位的管理意识逐渐加强，全社会对资产管理也日益关注，为加强行政事业资产管理创造了有利的环境。

尽管近些年行政事业资产管理取得了一定成绩，但行政事业资产管理工作仍然处于初级阶段，工作中还存在一些困难和突出问题：管理体制有待进一步理顺；资产管理制度体系不够完善；资产管理与预算管理有机结合的机制亟待健全；资产流失风险仍然存在；资产收益管理较为薄弱；资产管理手段相对落后；资产使用效率需进一步提高。加强行政事业资产管理，必须高度重视这些问题，采取有效措施，妥善加以解决。

四、加强行政事业资产管理的措施

当前及今后一个时期，加强行政事业资产管理工作的总体目标是：保障需求，控制增量，盘活存量，保值增值，提高效益。按照"像管理资金一样管理资产"的要求，在保障行政事业单位履行职能需要的基础上，加强对资产存量和增量的综合管理，注重提高财政资金的使用效率，逐步形成产权清晰、配置科学、使用合理、处置规范、监督公正的行政事业资产管理模式。着力开展以下工作：

(一）理顺管理体制

针对个别地方和部门行政事业资产管理"政出多门"、"职责不清"等问题，按照"国家统一所有，政府分级监管，单位占有、使用"的管理体制和"财政部门—主管部门—行政事业单位"的管理模式，进一步理顺管理体制，明确部门职责分工，健全管理机构，充实管理人员，为形成"资产配置科学、资产使用合理、资产处置规范、资产动态监管、研究有创新、监管有手段"的行政事业资产管理新局面夯实基础。

（二）完善制度体系

按照依法行政、依法理财的要求，根据两个部令精神，以增强针对性、操作性和实用性为目标，进一步完善行政事业资产管理制度体系。一是研究制定行政事业资产管理的法律法规，适时将两个部令上升为国务院条例。二是研究制定涵盖行政事业资产配置、使用、处置、收入等环节的管理办法，积极制定行政事业资产配置管理办法、产权登记办法、产权纠纷处理办法，以及统计报告制度等配套制度。三是加强组织实施管理，切实抓好各项规章制度的贯彻落实。

（三）深入推进资产管理与预算管理相结合

资产管理与预算管理相结合，是提高预算编制科学性的重要基础性工作。一是建立健全中央行政事业单位资产配置标准体系。以"先易后难、重点突破、试点先行、梯次推进"为原则，以制定通用资产配置标准为抓手，建立分层次的配置标准体系，推动行业特点突出的部门结合本行业特点，制定专用资产配置标准，逐步建立健全与公共财政要求相适应的完整、科学、规范的行政事业资产管理标准体系，为科学核定行政事业单位预算提供依据。二是加快制定中央行政事业单位资产配置管理办法，明确资产配置的原则和范围，资产配置预算编审中的职责分工、管理流程等。三是逐步扩大新增资产配置预算的编审范围，在总结经验和建立完善行政事业单位资产统计报告的基础上，逐步扩大新增资产配置预算的审核范围，按照统一政策、分级管理的原则，合理划分财政部和其他部门的审核范围与责任。四是加大监督检查力度，充分发挥审计、财政监督、财务检查等各方面的作用，加强对资产配置预算编报、执行工作的监督检查。

（四）加强资产管理信息化建设

在横向维度实现"财政部门—主管部门—行政事业单位"的动态监管，在纵向维度构建"中央—省—市—县"的信息管理平台，逐步实现资产管理制度化、操作流程规范化、资产配置标准化。一是加大资产管理信息系统的推广实施力度，完善和优化资产管理信息系统功能，及时提供业务培训和指导，研究制定考核验收制度，适时开展系统使用情况督查。二是建立单位资产管理业务网上申报审核制度，对资产卡片信息、资产有偿使用及合同数据、资产处置等业务工作，逐步实现网上管理与运行。三是加强对行政事业单位资产信息的动态管理，及时反映资产存量和增量变化，通过数据分析和过程控制，为科学、合理、完整地编制部门预算提供参考依据。

（五）健全资产管理工作机制

建立完善内部管理机制和外部协调机制，不断强化对行政事业资产的综合管理。一是完善行政事业资产运行管理机制。通过在资产配置、使用、处置等各基础环节建立管理目标和具体制度，对行政事业单位的实物管理、价值管理和财务管理进行指导、监督和审核，实现全过程动态监管。二是建立行政事业资产整合与调剂机制。通过探索建立资产共享共用机制，盘活闲置和未充分使用的资产，调剂资产余缺，减少重复购置，提高资产使用效率。三是建立资产使用绩效考核机制。研究建立行政事业资产绩效考核指标体系、评价机制、评价方法，按照职能需要、功能属性、公共服务标准、公共服务质量等，将资产占有使用情况的评价结果作为安排行政事业单位预算的参考依据。重点是加强行政事业资产对外投资等有偿使用和资产处置的绩效管理，完善资产管理与预算管理有效结合的激励约束机制。

（六）强化行政事业资产收入管理

对于行政单位国有资产处置收入及出租出借收入，实行"收支两条线"管理，在加强收入上缴监管的同时，按照相关制度规范收入的使用方向。在对事业资产处置收入实行"收支两条线"管理的同时，积极研究构建符合事业单位管理特点和履行职能需要的处置收入管理新模式。将事业单位利用国有资产对外投资、出租出借等有偿使用收入，纳入单位预算统一管理，并结合《事业单位财务规则》的修订情况以及事业单位分类改革进程明确收入的途径、方法和使用原则。

（七）加强行政事业单位所办企业国有资产管理

对行政单位所办企业，根据国家有关规定应当脱钩的要加快剥离；对事业单位所办企业以及不需脱钩的行政单位所办企业，财政部门切实履行对其产权变动、收益分配等重大事项的监管职责，按照两个部令的有关规定，以《企业国有资产法》、《物权法》、《公司法》、《企业财务通则》、《行政单位财务规则》和《事业单位财务规则》等为监管依据，以维护国有资产安全完整、实现保值增值、促进企业健康发展为目标，推动建立现代企业制度，进一步加强对所办企业财务和资产的管理。

第二节 金融企业国有资产管理

一、金融企业国有资产及管理的基本情况

金融企业国有资产主要是指国家直接或间接通过授权投资实体出资金融机构所形成的资本及其应享有的权益,表现为国家在银行、证券公司、保险公司和其他金融企业所持有的股权及其应享有的权益。随着我国经济发展和金融改革的不断深化,金融业快速发展,金融企业国有资产规模日渐庞大。加强金融企业国有资产管理,对于控制金融风险、保障国有资产保值增值、更好地为经济社会发展服务,具有十分重要的意义。

根据国务院有关文件精神,财政部对金融企业国有资产的主要职责有以下几个方面:一是履行国有金融企业出资人职责。2003年以来,随着国有金融企业股份制改革的不断深入,财政部作为中央国有金融企业的股东,按照《公司法》的规定行使股东权利,促进国有金融企业改善公司治理、转变经营机制,在一定程度上、一定范围内履行了出资人的职责。二是完善制度体系。结合国有金融企业和金融资产的特点,构建产权登记、资产评估、资产转让、资本保值增值考核等国有金融资产运转核心环节的制度体系,实现国有金融资产保值增值。三是加强基础管理。主要包括金融类企业国有资产产权登记、资产评估、资产转让、清产核资等相关工作。四是按照"统一政策、分级管理"的原则,指导地方财政部门开展地方金融企业国有资产管理相关工作,由县级以上(含县级)主管财政部门依法履行职责。

二、金融企业国有资产管理取得一定成效

近些年来,针对金融企业国有资产管理的特点,本着科学界定政府管理、出资人权利和企业管理权利界线的原则,逐步构建了产权登记、评估管理、转让管理、绩效评价、薪酬制度等方面的金融企业国有资产管理的制度体系,使金融企业国有资产管理走上了规范化、制度化轨道。

(一)落实国有金融企业股权管理责任

一是大力支持和推进重点国有金融机构改制重组。财政部在国有金融机构重组改革的关键阶段,对财务重组和税收等环节给予大力支持。同时,为优化国有金融资源配置,财政部按规定认真履行国有金融企业出资人职责,及时批复国有股权收购、转让和划转,并对引入战略投资者等环节严格把关,推动建立完善公司治理结构,促进其财务状况和经营绩效持续好转。对已完成股改的金融机构,建立较为完善的授权经营机制,防止内部人控制,并按照《金融机构派出董事管理办法》,通过向重点国有金融机构派出股权董事行使股东权利,由派出董事按照有关法律、制度规定参与企业经营方针、财务预决算、薪酬管理、并购重组等重大事项的管理。

二是维护国有金融资产的整体利益。通过对金融国有资产的转让、收购、国有股减持确认等国有股权的管理,确保国家对国有金融机构的控制力和影响力。此外,随着金融机构"走出去"的步伐加快,财政部主动发挥统筹协调作用,创造有序竞争的环境,维护国有金融资产在境外投资中的整体利益。

(二)优化国有金融资产管理模式

在加强国有金融资产流转管理的基础上,通过科学化、市场化的手段引导企业高管层按照股东意志经营企业,在确保国有金

融资产保值增值、控制风险的基础上，从经营绩效考核和规范高管薪酬两方面优化管理模式，全面提升国有金融企业效益，促进国有金融企业健康安全发展。

一是建立国有金融企业绩效评价体系。为了增强国有金融企业对国有金融资产保值增值的责任意识，强化激励约束，财政部于 2009 年出台了《金融类国有及国有控股企业绩效评价暂行办法》及实施细则，综合考虑国有金融企业盈利状况、业务增长状况、行业发展状况、资产质量状况、偿付能力状况、风险控制状况等因素，制定了一整套考核评价指标体系。在设定绩效评价指标及其权重后，依托金融企业财务决算报表统计系统，采集汇总全国 5600 多家金融企业财务基础数据，测算并公布银行、证券、保险等金融各行业绩效评价标准值。根据行业标准值，对中央管理金融企业上报的评价材料进行认真审核，遵循可追溯、可核查的原则，如实反映影响绩效评价的客观增减因素和加减分事项，客观公正地核定绩效评价结果。绩效评价注重考核金融企业发展的实绩，既强调发展速度，更注重发展质量和方式，同时将评价结果作为金融企业目标考核、结构调整、发展规划和建立完善薪酬制度、股权激励制度、年金制度等方面的重要依据，充分发挥了绩效评价的导向和激励约束作用。

二是规范中央金融企业高管薪酬。根据国务院的统一部署和财政部的职责分工，财政部出台了一系列政策措施，通过建立激励与约束并举的长效机制，推动金融企业完善公司治理结构，改进薪酬决策机制，维护国家和股东的权益，公平社会收入分配。2009 年 1 月，财政部出台了《关于金融类国有和国有控股企业负责人薪酬管理问题的通知》，要求国有金融企业合理控制负责人薪酬，避免进一步拉大与社会平均收入水平的差距。2010 年 1 月，在人力资源和社会保障部等六部委《关于规范中央企业负责人薪酬管理的指导意见》的基础上，制定了《中央金融企业负责人薪酬审核管理办法》，遵循"限额管理、依法定薪、风险挂钩"的原则，强调激励与约束相结合、责任和义务相对称、短期保障和长期激励相协调，规定金融企业高管人员基本年薪和绩效年薪的确定程序和方法，完善业绩考核和薪酬分配约束机制，明确绩效年薪延期3年以上支付。

（三）强化国有金融资产基础管理职能

国有资产产权登记、资产评估和产权转让是金融企业国有资产管理的重要环节。目前，已初步建立起适应金融行业特点的国有资产流转管理程序，使国有金融资产管理形成了完整的链条，促进了国有金融资产有序流转，也对完善国有金融企业内控机制、维护国有股东权益发挥了积极作用。

一是产权登记管理。金融企业国有资产产权登记是指财政部门代表政府对占有国有资本的金融企业的资产、负债、所有者权益等产权状况进行登记，依法确认产权归属关系的行为，这是国有金融资产流转管理链条中最基础的工作。金融企业国有资产产权登记证是国有资本的出资证明，也是企业持有并经营国有资本的法律依据。通过产权登记，不仅可以了解国有金融资产的总量和分布状况，而且与企业工商登记配合还可以起到构建国有金融资产管理"最后防护网"的作用。因此，产权登记不仅是金融企业国有出资的有效资信证明，而且是金融企业国有产权变动的动态监测机制。

二是资产评估管理。金融企业国有资产评估是指针对不同的经济行为，选用恰当的评估方法，从而准确体现某一时点上的金融企业国有资产价值，为国有金融企业改制重组、引入战略投资者、首次公开发行上市（IPO）、国有产权转让提供价值参考依据。在国有金融资产流转管理链条中，资产评估管理需要借助外部评估中介机构和专家的专业技术判断,是管理链条中技术性最强的环节。其中最重要的工作是针对不同的经济行为选择恰当的评估方法,确保特定目的下的资产评估结论不被滥用。以国有金融企业改制上市为例,重组改制一般可分为股权设置、引入战略投资者和IPO三个阶段,不同的阶段代表着不同的经济行为,每一个行为都对应着特定的评估目的,因此需要根据评估目的选择恰当的评估方法,准确、客观地反映金融企业的资产价值,防止国有资产低价转让。

三是资产转让管理。金融企业国有资产转让管理规范的是国有金融企业所持股权类资产的处置行为。在国有金融资产流转管理链条中,资产转让是市场化程度最高的环节。随着我国金融业的发展,国有金融企业对外投资、改制重组过程中的资产转让行为日益增多,但是长期以来由于缺少明确的办法,转让方式和价格的确认依据不统一,转让监管职责划分不明。为此,财政部从理清转让渠道入手,通过严格限定直接协议转让,减少行政审批程序,坚持资产转让必须进入公开市场,杜绝暗箱操作,确保转让过程公平、公正、公开,保护国有资产出资人的合法权益。按照企业产权流通性质,将国有金融企业持有的股权类资产分为非上市公司国有产权和上市公司国有股份。其中,非上市公司国有产权应在依法设立的省级以上产权交易机构进行,公开披露转让信息,征集意向受让方,并采取拍卖或招投标的形式公开竞价产生转让价格;上市公司国有股份的转让应通过依法设立的证券交易系统进行,转让方可根据转让股份的比例选择交易系统撮合和大宗交易的方式进行,转让价格为市场价格。通过这些举措可以切实加强对国有资产交易的监督管理,有效防止国有资产流失。

(四)积极指导地方财政开展地方金融企业国有资产管理

2003年,财政部印发了《关于继续做好金融类企业国有资产管理有关事项的通知》，明确了国有金融资产管理按照统一政策、分级管理的原则，由县级以上（含县级）主管财政部门依法履行职责。2006年，财政部印发了《关于做好地方金融类企业国有资产监管工作的通知》，进一步强调地方财政部门要切实履行国有金融企业资产监管职责，积极探索和完善国有金融资产监管的有效途径，规范工作程序。根据上述规定，地方各级财政部门积极开展对地方国有金融企业的监管工作，认真组织地方国有金融企业产权登记，清理核实地方国有金融资本占有和变动情况；同时，认真行使出资人职责，主动参与地方国有金融企业重组、改制和不良资产处置。

三、加强金融企业国有资产管理的思路

总体上看，我国虽然已初步建立了国有金融资产流转管理的整体框架，形成了以经营绩效评价为基础的激励约束机制，建立了以国有股权董事为核心的重大事项表决机制，但是国有金融资产管理工作仍存在着授权经营路径不够清晰、资产管理职责分散、对企业的外部约束力不够强、对经营管理层的严格制约和监督机制亟待建立等问题，国有金融资产管理工作尚待进一步加强。当前及今后一个时期，应着力抓好以下几方面工作：

（一）加强制度建设，完善国有金融资产管理制度办法

首先，完善国有金融资产管理制度体系。在相关评估、转让、绩效考核、薪酬管理等办法的基础上，按照《公司法》和《企业国有资产法》的规定，进一步研究明确履行国有金融资产出资人代表的机构和权责，理清授权经营的程序和内容。其次，细化相关规章办法。厘清一些原来办法中比较模糊的概念和容易引起理解分歧的概念，制定更加明细、更具可操作性的配套实施政策。再次，拓展国有金融资产管理的边界，从抓出口向抓入口

延伸，对国有金融企业重大投资项目进行管理，制定相应的操作指引。

（二）优化公司治理结构，强化股权董事管理

加强派出股权董事管理，完善股权董事请示、报告以及表决程序，选派具有金融、财务、资产管理专业背景的人员充实派出董事队伍。进一步提升董事会在管理层任命中的影响力，加强对经营管理层的约束，注重派出董事与国家股东的双向沟通，确保股东的知情权和决策权，促进国有金融企业建立健全内部监督管理和风险控制制度。选择了解我国国情和金融企业运行情况的外部专业人员担任独立董事，确保独立董事在任职期间有足够的时间参与企业的经营决策，增强决策的合规性和科学性。

（三）加大绩效考核评价力度，规范国有金融企业薪酬制度

进一步提高金融企业财务基础数据利用程度，提升绩效评价结果的使用价值，为国有金融企业目标考核、薪酬管理和激励约束机制提供客观、公正的依据。在中央层面，严格中央金融企业高管薪酬制度管理，研究股权激励机制，注重对基层员工的激励与约束。在地方层面，督促地方财政部门根据办法规定，因地制宜地制定本地区国有金融企业薪酬管理政策。平衡不同所有制金融企业的薪酬水平，保证金融企业有序竞争，规范收入分配秩序。

（四）统筹研究，认真规划开放条件下的国有金融资本战略布局

深入研究金融开放条件下的国有金融资本战略布局问题，在国有金融机构改制、重组和上市中统筹规划国有金融资本的进退原则、范围和程度，逐步形成金融国有资产在具体行业及地域上有进有退、在机构控制力上有强有弱、在参与形式上灵活多样的格局，确保国家在开放条件下保持对金融的控制力，维护国有资产权益。

第十五章 会计管理

会计工作是经济管理工作的重要组成部分，经济工作离不开会计，市场经济越发展，会计越重要。从宏观看，会计可以为宏观经济决策和宏观调控提供信息支持，促进经济资源的合理配置；从微观看，会计可以为企业、事业改进经营管理提供信息支持，促使其加强内部经营管理，提高经营和事业业绩。会计工作也是财政工作的基础。从财政收入角度看，会计信息为国家的税收征管提供基础数据，有利于提升税收征管效率、实现应收尽收；从财政支出角度看，会计通过核算和监管各项财政资金使用情况，有利于提高财政资金使用效率。

我国《会计法》明确规定，财政部主管全国的会计工作；县级以上地方各级人民政府财政部门管理本行政区域内的会计工作。做好会计管理工作，是各级财政部门的工作职责之一。会计管理是财政科学化精细化管理的重要内容，包括会计标准管理、会计基础工作及会计信息化管理、会计人员管理、注册会计师管理等。

第一节 会计标准管理

会计标准，即会计核算标准，是指用于规范企业、事业单位会计核算行为、对外编报财务报告的规范体系。目前我国会计标准分为企业会计标准和预算会计标准。

一、企业会计标准管理

(一) 现行企业会计标准体系

企业会计标准包括企业会计准则和企业会计制度,是企业进行核算、对外编制和提供财务报表的标准,是我国会计法规的重要组成部分,对规范我国企业会计核算行为、提高会计信息质量具有重要作用。

在新中国成立后相当长的一个时期内,我国会计标准主要采用企业会计制度的形式,具体包括20世纪80年代发布的《国营工业企业会计制度》、《中外合资经营企业会计制度》,90年代发布的《股份公司会计制度》和《企业会计制度》。以企业会计准则的形式发布会计标准是90年代开始的,1992年我国发布了第一个企业会计准则,即《企业会计准则——基本准则》,此后陆续发布了16项具体会计准则。2006年,根据我国经济形势发展需要,适应经济全球化趋势,我国加快了会计准则国际趋同的步伐,修订发布了由《企业会计准则——基本准则》和38项具体准则组成的新企业会计准则体系。

新企业会计准则体系目前主要适用于上市公司、国有大中型企业,同时鼓励其他企业提前适用进行会计核算。新会计准则体系的发布,实现了我国企业会计准则与国际财务报告的基本趋同,提升了我国企业会计信息特别是上市公司财务报表的可比性和会计信息的透明度,有利于我国进一步扩大对外开放,对于维护资本市场的稳定和健康发展发挥了积极的作用。

与此同时,我国在一定范围内还采用会计制度的形式发布企业会计准则,如目前仍在执行的《小企业会计制度》。《小企业会计制度》适用于原国家经贸委规定的小型企业的会计核算,其主要特征是简化小企业会计核算程序,更多地考虑现行税法的要求，减少小企业纳税调整的工作量，提高小企业税收征管效率。

（二）进一步推进企业会计标准改革的措施

修订完善企业会计准则体系。按照《中国企业会计准则与国际财务报告准则持续趋同路线图》的部署，根据国际会计准则委员会工作进展和国际财务报告准则的发布情况，抓紧修订现有会计准则，确定新增会计准则项目，制定新增项目会计准则，保持我国会计准则与国际财务报告准则的持续全面趋同。当前着重抓紧修订《小企业会计制度》，制定小企业会计准则或制度。

进一步加强对新会计准则体系的培训和宣传力度。加大新会计准则体系的培训力度，全面提高会计人员对会计准则的理解水平，以保证企业全面准确地执行会计准则。继续加大会计准则实施的宣传力度，充分运用各种媒体扩大会计准则的影响力，为企业全面实施企业会计准则营造良好的外部环境。

持续提升企业会计准则体系的执行力和实施效果。继续跟踪和动态把握企业执行企业会计准则和企业会计制度的情况，及时发现企业在执行会计准则和会计制度中出现的新情况和新问题，有针对性地做出准则解释或发布相关补充规定，确保会计准则和会计制度得到全面完整的实施。继续做好上市公司年报分析工作，及时掌握上市公司执行企业会计准则情况，解决执行中存在的问题。加大监督检查力度，有效治理企业执行会计准则和会计制度过程中存在的问题，不断提升会计信息质量。

积极参与国际会计准则委员会的工作，参与国际财务报告准则的修订工作。增加在国际会计准则委员会和国际财务报告准则制定中的话语权，使国际财务报告准则更多地考虑我国现实情况，推动我国会计核算中的好做法成为国际财务报告准则的内容。密切跟踪国际准则的最新变化，深入研究对中国经济及企业的影响，及时向国际会计准则委员会反馈有关意见。

二、预算会计标准管理

预算会计标准包括事业单位会计标准、行政单位会计标准以及总预算会计标准等。预算会计是各级行政机关、事业单位和其他类似组织核算、反映和监督单位预算执行及各项业务活动的专业会计，是预算会计体系的重要组成部分。改革开放以来，我国逐步形成了行政单位会计与事业单位会计两大制度体系。

现行的行政单位会计制度体系主要包括《行政单位会计制度》及相关会计核算办法和补充规定。现行的事业单位会计制度体系主要包括《事业单位会计准则》和《事业单位会计制度》、《医院会计制度》、《高等学校会计制度》、《科研事业单位会计制度》、《中小学校会计制度》、《测绘事业单位会计制度》、《地质勘查单位会计制度》等行业会计制度，《住房公积金会计核算办法》、《社会保险基金会计制度》等基金类会计制度，《国有建设单位会计制度》及其他会计制度。

预算会计体系实施以来，较好地适应了各级财政部门和行政事业单位加强预算管理和会计核算的需要，对提高我国预算会计整体管理水平起到了积极的作用。下一步，将按照财政科学化精细化管理的要求，着重推进医院、高校会计制度改革，不断深化政府会计改革，加强构建我国政府会计改革和准则体系的研究，尽快建立新型的政府会计标准。

第二节 会计信息化管理

会计信息化是指将信息技术运用于会计核算之中、提升会计信息处理能力、增加会计信息及时性的过程。我国会计信息化是从会计电算化发展起来的。财政部一直高度重视会计电算化、信息化工作,积极推动建立相关标准、完善管理制度、扶持产业发展、规范市场秩序等工作,促进了信息技术在会计工作中的广泛应用和日益普及,有效提高了单位会计工作水平和管理水平。

一、我国会计信息化管理现状

20 世纪 80 年代,财政部针对部分企业将计算机运用于会计核算,但会计软件标准不统一、市场竞争无序的情况,印发了《关于会计核算软件管理的几项规定(试行)》等文件,对各地区、各单位会计电算化试点工作起到了重要的指导和规范作用。90 年代,财政部积极支持和推动国产会计软件的开发、应用和完善,适时制定了《关于大力发展我国会计电算化事业的意见》、《会计电算化管理办法》、《会计电算化工作规范》、《商品化会计核算软件评审规则》等文件,有效促进了我国企业会计核算手段的革新和会计软件行业的发展。21 世纪初以来,顺应信息技术发展的新趋势和资本市场发展的新要求,财政部大力促进我国会计电算化向基于业务管理需要的企业资源管理系统(ERP 系统)转变,并会同有关部门制定了会计核算软件数据接口国家标准,为不同软件之间的数据交换提供技术保障。

党的十六大以来,为贯彻国家信息化战略,财政部积极推动各项会计改革与信息技术相结合,不断提升会计管理水平。2008 年 11 月,财政部会同有关部门成立了会计信息化委员会,为推进我国会计信息化建设提供了组织保障和协调机制。2009 年 4 月,财政部印发了《关于全面推进我国会计信息化工作的指导意见》,明确提出我国会计信息化工作的目标和主要任务,并就推进我国会计信息化工作做出具体安排。

二、我国会计信息化建设的发展方向

2011—2020年是我国会计信息化建设的关键时期，必须下大力气推进我国会计信息化建设。一是建立一个由政府规划管理并组织推动、企事业单位主动参与并具体实施、社会积极响应并配合支持，职责清晰、分工明确、相互促进、共同提高的会计信息化管理体系。二是构筑一个以单位提供标准化会计信息为基础，投资者、监管部门、中介机构和社会公众等方便高效利用信息的综合会计信息平台。三是形成一套包括会计信息生成、加工、储存、传输、表示、利用与控制的会计信息化标准体系。四是打造一支熟悉国际规则，掌握企业管理、信息技术和会计业务的复合型会计信息化人才队伍。五是培育一个提供软硬件产品、技术服务和咨询服务，服务质量上乘、社会声誉良好、发展前景广阔的会计信息化服务产业。

第三节 会计人员管理

一、我国会计人员管理主要内容

目前，我国会计人员管理主要包括会计从业资格管理、会计专业技术资格管理，以及会计人员继续教育管理等内容。

（一）会计从业资格管理

会计从业资格管理是会计人员的准入管理。要成为会计人员从事会计工作，首先必须具备会计从业资格。我国现行的会计从业资格管理制度由20世纪90年代会计证制度发展演变而来。根据《会计从业资格管理办法》，在国家机关、社会团体、公司、企业、事业单位和其他组织从事会计工作的人员必须取得会计从业资格，这些人员具体包括会计机构负责人（会计主管人员）、出纳、稽核、资本及基金核算、收入支出债权债务核算、工资成本费用和财务成果核算、财产物资的收发和增减核算、总账、财务会计报告编制、会计机构内会计档案管理等人员。各单位不得任用（聘用）不具备会计从业资格的人员从事会计工作。不具备会计从业资格的人员，不得从事会计工作，不得参加会计专业技术资格考试或评审以及会计专业职务的聘任。

主要管理内容有：

一是会计从业资格的取得。国家对会计从业资格实行考试制度。会计从业资格考试由省、自治区、直辖市财政部门负责组织，包括会计从业资格考试命题、考务安排以及考试考风、考纪的监督检查。考试合格者，由各省、自治区和直辖市财政部门发给会计从业资格证书。会计从业资格证书全国统一规定样式和编号，是具备会计从业资格的证明文件，在全国范围内有效。持有会计从业资格证书的人员不得涂改、转让会计从业资格证书，必须接受继续教育，提高业务素质和会计职业道德水平，其每年参加继续教育不得少于24小时。

二是会计从业资格的日常管理。会计从业资格证书实行注册登记制度。持证人员从事会计工作，应自从事会计工作之日起90日内，填写注册登记表，并持会计从业资格证书和所在单位出具的从事会计工作的证明，向单位所在地或所属部门、系统的会计从业资格管理机构办理注册登记。持证人员离开会计工作岗位超过6个月的，应填写注册登记表，并持会计从业资格证书，向原注册登记的会计从业资格管理机构备案。持证人员在同一会计从业资格管理机构管辖范围内调转工作单位，且继续从事会计工作的，应自离开原工作单位之日起90日内，填写调转登记表，持会计从业资格证书及调入单位开具的从事会计工作的证明，办理调转登记。持证人员在不同会计从业资格管理机构管辖范围调转工作单位且继续从事会计工作的,应填写调转登记表,持会计从业资格证书及时向原注册登记的会计从业资格管理机构办理调出手续;并自办理调出手续之日起90日内,持会计从业资格证书、调转登记表和调入单位开具的从事会计工作证明,向调入单位所在地区的会计从业资格管理机构办理调入手续。

(二)会计专业技术资格管理

目前,我国会计专业技术资格分为初级资格、中级资格和高级资格,实行会计专业技术资格考试制度。取得会计专业技术资格的会计人员,表明其已具备担任相应级别会计专业技术职务的任职资格。用人单位可根据工作需要和德才兼备的原则,从获得会计专业技术资格的会计人员中择优聘任。会计专业技术资格实行全国统一考试后,不再进行相应的会计专业技术职务任职资格评审工作。

取得初级资格并符合国家规定有关条件的会计人员,可根据其情况分别聘任助理会计师和会计员职务。取得中级资格并符合国家规定有关条件的会计人员,可聘任会计师职务。会计专业技术资格考试工作,由财政部、人力资源和社会保障部共同负责。财政部负责拟定考试科目、考试大纲、考试命题,编写考试用书,组织实施考试以及统一规划考前培训等有关工作。人力资源和社会保障部负责审定考试科目、考试大纲和试题,会同财政部对考试工作进行检查、监督、指导和确定合格标准。各地的考试工作,由当地财政部门、人力资源和社会保障部门共同负责。会计专业技术初级、中级资格考试合格者,由各省、自治区和直辖市人力资源和社会保障部门颁发全国统一的会计专业技术资格证书。该证书全国范围有效。会计专业技术资格实行定期登记制度。资格证书每三年登记一次。持证者应按规定到当地人力资源和社会保障部门、财政部门指定的办事机构办理登记手续，并按照财政部的有关规定，接受相应级别会计人员的继续教育。

高级会计专业技术资格即高级会计师资格，目前采用考评结合的方式进行。会计人员要评聘为高级会计师首先必须参加全国统一的高级会计师考试，考试合格后取得高级会计师评聘资格，然后由相应的高级会计师评审机构评审通过后取得高级会计师资格。目前，高级会计师实行全国统一考试，财政部负责确定考试科目、制定考试大纲和确定合格标准，对阅卷工作进行指导、监督和检查；各省、自治区和直辖市财政部门负责本地区的高级会计师资格考试考务工作。参加考试并达到国家合格标准的人员，由全国会计考办核发高级会计师资格考试成绩合格证，该证在全国范围3年内有效。另外，各地区、各中央单位也可以根据本地区、本部门会计专业人员的实际情况，在全国会计考办确定的使用标准范围内，确定当年评审有效的使用标准，并报全国会计考办备案。各地区的评审工作由各省、自治区、直辖市组织进行。中央单位的评审工作，由经人力资源和社会保障部备案、具有高级会计师职务任职资格评审权的部门组织进行；没有高级会计师职务任职资格评审权的中央单位，可委托经人力资源和社会保障部备案、具有高级会计师职务任职资格评审权的其他中央单位或所在地省级高级会计师职务任职资格评审委员会进行。

（三）会计人员继续教育管理

会计人员继续教育的目的是培养造就高素质的会计队伍。我国会计人员继续教育，按照以人为本、按需施教的要求，突出提升会计人员专业胜任能力，引导会计人员更新知识、拓展技能，提高解决实际问题的能力，全面提高会计人员整体素质。同时，突出高层次会计人才培养和提高综合能力培训，进一步改善会计队伍人才结构和知识结构。

财政部负责全国会计人员继续教育管理,具体包括:(1)制定全国会计人员继续教育规划;(2)制定全国会计人员继续教育制度;(3)制定全国会计人员继续教育大纲;(4)组织开发、评估、推荐全国会计人员继续教育重点教材;(5)组织全国高级会计人员培训和会计人员继续教育师资培训。各省、自治区、直辖市财政部门负责本地区的会计人员继续教育的组织管理。会计人员所在单位应遵循教育、考核、使用相结合的原则,支持、督促并组织本单位会计人员参加继续教育,保证学习时间,提供必要的学习条件。

根据现行规定,取得并持有会计从业资格证书的人员均必须接受继续教育。会计人员继续教育分为高级、中级、初级三个级别。会计人员继续教育的内容主要包括会计理论、政策法规、业务知识、技能训练和职业道德等。会计人员继续教育的形式以接受培训为主,在职自学是会计人员继续教育的重要补充。会计人员每年接受培训(面授)的时间累计不应少于24小时。会计人员继续教育实行登记管理,会计人员按照要求接受培训、考核合格并取得相关证明后,应在90天内持《会计人员从业资格证书》及相关证明向继续教育主管部门办理继续教育事项登记。继续教育主管部门应加强会计人员业务档案、诚信档案建设,如实记载会计人员接受继续教育的情况。

二、近年来我国会计人员管理取得明显进展

近年来,适应我国经济社会发展需要,财政部门大力推进会计人员队伍建设,会计人员管理取得明显进展。

一是会计人员管理体制初步理顺。根据我国《会计法》规定,建立了以财政部为指导、各地财政部门组织落实、相关部门协调配合的会计人员管理格局。县级以上财政部门均成立了会计

人员管理机构，形成了财政部主管全国会计工作、各地财政部门分级负责的会计人员行政管理格局，为会计人员成长搭建了完善的服务体系。

二是会计人员队伍规模不断壮大。截至2010年年底，我国会计人员已接近1400万人，其中，取得高级会计专业技术资格的会计人员11.6万人，取得初、中级会计专业技术资格的会计人员418万人。会计教育、理论工作者队伍不断壮大，所有综合类高等院校副教授职称以上会计教育工作者已超过1.3万人。与此同时，为加快培养我国国民经济发展重点领域急需的专门会计人才，财政部于2005年启动全国会计领军人才培养工程，分企业类、行政事业类、注册会计师类、学术类等四类培养选拔具有国际视野和战略思维的高素质、国际化、复合型高端会计人才。截至2010年年底，已从各行业培养选拔了730多名全国会计领军后备人才。

三是会计人员整体素质和专业能力稳步提高。经过多年的会计人员队伍建设，会计人员学历结构不断优化。通过全日制学历教育和在职教育，绝大多数会计人员具有本科以上学历，并涌现出越来越多的拥有会计硕士、博士学位的会计人员。会计人员工作领域已超越传统的记账、算账、报账范畴，不断向内部控制、投融资决策、企业并购、价值管理、战略规划、公司治理、会计信息化等高端管理领域拓展，会计职能作用得到了充分发挥。

四是会计人员成长的环境明显改善。我国《会计法》、《总会计师条例》等会计法律法规的颁布实施，为维护会计人员合法权益提供了有力保障。会计职业已成为公认的热门职业，受到社会的推崇和尊重。财政部先后5次依法组织开展了全国范围的会计人员评选表彰活动，树立了一大批当代会计楷模，有效激励了广大会计人员崇尚诚信、依法理财、锐意创新、敬业奉献。

三、未来十年会计行业人才发展规划

财政部在 2010 年 9 月制定发布了《会计行业中长期人才发展规划（2010—2020 年）》，明确了我国会计人才发展的指导方针、发展目标、主要任务、政策措施和重大工程，提出要"以打造高层次会计人才为重点，统筹推进各类别、各层级会计人才队伍建设，为经济社会健康发展提供坚实的会计人才保障"。

当前及今后一个时期，将按照科学化精细化管理的要求，落实好会计人才规划，改进人才管理体制，加强人才培养，进一步提高会计队伍素质。一是加强会计从业资格管理制度研究，不断创新会计人员从业资格管理手段，加快会计人员信息化管理平台建设；积极研究推动会计人员诚信执业有关具体措施，适时启动会计人员诚信档案建设工作。二是继续抓好会计专业技术资格考试日常管理，建立客观、公正、公平、严格的考试制度和接受社会公众监督的评审制度，重点培养选拔一批高层次和高技能人才；建立健全以道德品质、理论知识、业务能力、创造思维为核心内容的会计人才能力框架，形成科学的会计人才评价指标体系，引导和激励会计人才不断提升道德水准和专业技能；深化会计职称制度改革，完善会计职称制度体系，建立正高级会计师资格评价制度，拓宽会计人员职业发展空间。三是继续加大对各类会计领军人才的培养选拔力度，进一步完善培养选拔机制，建立健全全国会计领军人才培养考核及后续管理办法；加快会计专业学位建设，设立会计硕士（MPAcc）专业学位、高级会计硕士（EMPAcc）专业学位和会计博士（DPAcc）专业学位，形成应用型高级会计人才培养的梯次结构，努力缓解我国高素质会计人才供给不足的问题；继续推动地方人才建设步伐，逐步建立从地方到中央递进式的人才培养格局。

第四节 注册会计师管理

注册会计师是依法取得注册会计师证书，接受委托从事独立审计和会计咨询、服务的执业人员。注册会计师制度是一项重要的社会经济监督服务制度，是社会经济发展到一定阶段的产物。自18世纪初英国出现第一个注册会计师起，注册会计师制度已有近300年历史。在市场经济中，注册会计师是会计信息质量的重要鉴证者和市场经济秩序的有力维护者，也是企业提高经营管理水平的重要参谋。注册会计师独立、客观、公正地出具鉴证意见，被誉为市场经济中"不拿政府工资的经济警察"。

我国早在1918年即开始建立注册会计师制度。新中国成立后开展社会主义改造，相应取消了注册会计师制度。1980年为适应改革开放新形势的需要，我国恢复注册会计师制度。30多年来，我国注册会计师行业经过恢复重建和不断发展，取得了显著成绩。截至2010年年底，全国共有执业注册会计师达9.6万人，从业人员超过30万人，会计师事务所7400多家。注册会计师执业范围和服务对象日益拓展，执业能力和行业监管水平稳步提高，相关法律制度体系基本健全，社会影响力和国际话语权逐步增强，注册会计师行业已经成为促进经济社会健康发展不可或缺的力量。

1993年10月，全国人大常委会颁布了《中华人民共和国注册会计师法》（以下简称《注册会计师法》）。《注册会计师法》将注册会计师考试制度、注册管理制度，以及会计师事务所组织形式、独立性要求、执业准则和法律责任等以法律形式予以明确，为我国注册会计师事业的发展奠定了法律基础，也为强化注册会计师管理提供了法律依据。

根据《注册会计师法》的规定，注册会计师管理包括注册会计师考试与注册管理、会计师事务所管理、注册会计师业务管理和注册会计师行业自律管理等内容。

一、注册会计师考试与注册管理

我国实行注册会计师全国统一考试制度，要成为注册会计师必须通过注册会计师全国统一考试取得注册会计师资格。

注册会计师全国统一考试由财政部注册会计师考试委员会（以下简称财政部考委会）组织领导，下设的注册会计师考试委员会办公室具体组织实施考试工作。各省、自治区、直辖市财政部门成立地方注册会计师考试委员会（以下简称地方考委会），组织领导本地区注册会计师全国统一考试工作。地方考委会设立地方注册会计师考试委员会办公室（以下简称地方考办），组织实施本地区注册会计师全国统一考试工作。地方考办设在各省、自治区、直辖市注册会计师协会。

财政部考委会确定考试组织工作原则，制定考试工作方针、政策，审定考试大纲，确定考试命题原则，处理考试组织工作的重大问题，指导地方考委会工作。地方考委会贯彻、实施财政部考委会的决定，处理本地区考试组织工作的重大问题。

通过注册会计师全国统一考试，考试科目全科成绩合格的，可以申请办理注册会计师考试全科合格证书，并可以申请加入注册会计师协会，成为注册会计师协会的非执业会员。

根据《注册会计师法》规定，参加注册会计师全国统一考试成绩合格，并从事审计业务工作两年以上的，可以向省、自治区、直辖市注册会计师协会申请注册。省级注册会计师协会负责注册会计师的审批，受理的注册会计师协会应批准符合法律规定条件的申请人的注册，并报财政部备案。

二、会计师事务所管理

会计师事务所是注册会计师依法承办业务的机构。根据《注册会计师法》规定，我国会计师事务所一般分为合伙会计师事务所和有限责任会计师事务所两种形式。

一是合伙会计师事务所。合伙会计师事务所是由两名以上符合规定条件的合伙人，以书面协议形式，共同出资、共同执业，以各自财产对事务所的债务承担无限连带责任的会计师事务所。它的优点是，在风险的牵制和共同利益的驱动下，促使事务所提高执业质量，扩大业务规模，提高控制风险的能力。缺点是，建立一个跨地区、跨国界的大型合伙会计师事务所需要经历一个漫长的过程。在这一过程中，任何一个合伙人执业中的失误或舞弊行为，都可能给整个事务所带来较大损失。

二是有限责任会计师事务所。有限责任会计师事务所是指由注册会计师发起设立、承办注册会计师业务并承担有限责任的会计师事务所。有限责任会计师事务所以其全部资产对其债务承担责任。有限责任会计师事务所由注册会计师认购会计师事务所股份，并以其所认购股份对会计师事务所承担有限责任。它的优点是，可以通过公司制形式迅速聚集一批注册会计师，组成大型会计师事务所，承办大型业务。缺点是，降低了风险责任对执业行为的高度制约，弱化了注册会计师的个人责任。

会计师事务所的执业登记都由注册会计师行业主管机构统一负责。会计师事务所必须经过行业主管机关或注册会计师协会批准登记并由注册会计师协会予以公告。普通合伙会计师事务所经过这个程序即可开业，有限责任会计师事务所一般还应进行公司登记。

三、注册会计师业务管理

根据我国《注册会计师法》规定，注册会计师依法承办审计业务和会计咨询、会计服务业务。此外，注册会计师还可根据委托人的委托，从事审阅业务、其他鉴证业务和相关服务业务。

审计业务内容主要包括：审查企业财务报表，出具审计报告；验证企业资本，出具验资报告；办理企业合并、分立、清算事宜中的审计业务，出具有关报告；办理法律、行政法规规定的其他审计业务，出具相应的审计报告。在实际工作中，注册会计师还可根据国家法律、行政法规的规定接受委托，对某些特殊目的业务进行审计，如按照特殊编制基础编制的财务报表、财务报表的组成部分（财务报表特定项目、特定账户或特定账户的特定内容）进行审计等。

注册会计师进行上述审计业务出具的审计报告，具有法定证明效力，属于法定审计业务，注册会计师及其所在的会计师事务所对此也应承担相应的法律责任。

由于注册会计师具有良好的职业形象和较强的专业能力，这使其日益成为政府部门和社会公众信赖的专业人士。注册会计师除了承办传统审计业务，还承办审阅业务。审阅业务的目标，是注册会计师在实施审阅程序的基础上，说明是否注意到某些事项，使其相信财务报表没有按照适用的会计准则规定编制，未能在所有重大方面公允反映被审阅单位的财务状况、经营成果和现金流量。相对审计业务而言，审阅业务程序简单，保证程度有限，审阅成本也较低。

除了审计和审阅业务外，注册会计师还承办其他鉴证业务，如预测性财务信息审核、系统鉴证等，这些鉴证业务可以增强使用者的信任程度。其他相关服务包括对财务信息执行商定程序、代编财务信息、税务服务、管理咨询以及会计服务等。

四、注册会计师行业自律管理

注册会计师行业自律管理主要由中国注册会计师协会承担。根据我国《注册会计师法》，中国注册会计师协会是注册会计师行业的全国组织，接受财政部、民政部的监督和指导。省、自治区、直辖市注册会计师协会是注册会计师行业的地方组织。中国注册会计师协会的宗旨是服务、监督、管理、协调，即以诚信建设为主线，服务协会会员，监督会员执业质量、职业道德，依法实施注册会计师行业管理，协调行业内外部关系，维护社会公众利益和会员合法权益，促进行业健康发展。

中国注册会计师协会依法履行以下职责：审批和管理本会会员，指导地方注册会计师协会办理注册会计师注册；拟订注册会计师执业准则、规则，监督、检查实施情况；组织对注册会计师的任职资格、注册会计师和会计师事务所的执业情况进行年度检查；制定行业自律管理规范，对违反行业自律管理规范的行为予以惩戒；组织实施注册会计师全国统一考试；组织和推动会员培训工作；组织业务交流，开展理论研究，提供技术支持；开展注册会计师行业宣传；协调行业内外部关系，支持会员依法执业，维护会员合法权益，等等。

中国注册会计师协会的会员分为个人会员和团体会员。会员入会均须履行申请和登记手续。凡参加注册会计师全国统一考试全科合格并经申请、批准和依照原规定考核取得协会会员资格者，为中国注册会计师协会的个人会员。依法批准设立的会计师事务所，为中国注册会计师协会的团体会员。设立团体会员是因为考虑到目前我国法律规定，注册会计师必须加入会计师事务所才能接受委托承办业务。会计师事务所作为协会的团体会员，便于协会对其实施有效的监督，也便于会计师事务所向协会反映工作中的意见和建议。

五、加快注册会计师行业发展的总体思路

2009年10月国务院办公厅转发了《财政部关于加快发展我国注册会计师行业的若干意见》，明确提出了加快发展注册会计师行业的指导思想、基本原则、主要目标和具体措施，为当前及今后一个时期我国注册会计师的发展指明了方向，也为我国注册会计师行业管理提出了新的要求。

一是加快形成大中小会计师事务所协调发展的合理布局。重点扶持大型会计师事务所加快发展，大力推进特殊、普通合伙组织形式，指导会计师事务所在结构调整、兼并重组、做强做大过程中，不断完善治理结构，打造强有力的后台支持系统，实现人事、财务、业务、技术标准和信息管理等方面的实质统一。积极促进中型会计师事务所健康发展，稳步增加中型会计师事务所数量，不断提高中型会计师事务所专业服务能力和内部管理水平。科学引导小型会计师事务所规范发展，鼓励小型会计师事务所创新发展模式、服务方式和技术手段，不断挖掘市场需求，深化专项领域服务，使小型会计师事务所成为面向小规模企事业单位和广大农村提供优质服务的主体力量。

二是全面实施注册会计师行业人才战略。造就一批在业内具有较高声望、在行业"走出去"过程中能够起关键作用、承担国际化业务的复合型领军人物。进一步完善注册会计师行业领军人才培养机制，健全选拔、培养、考核和使用制度。进一步加大继续教育培训力度，着力提高行业从业人员的整体素质。积极选聘高校应届优秀毕业生和海内外优秀人才，抓好人才储备，优化队伍结构，为我国注册会计师行业发展提供人才保障。

三是严格注册会计师行业行政监管和自律约束。财政部门根据《注册会计师法》、《行政许可法》的要求和设立会计师事务所的规定，按照公开、公平、公正、便民、高效的原则，依照法定程序严格审批会计师事务所。及时跟踪了解会计师事务所有关信息和动态，监督事务所业务活动，防止出现重审批、轻监管等现象。充分发挥注册会计师协会的作用，不断提高管理和服务水平，促进行业又好又快发展。加强注册会计师协会自身组织建设，严格注册会计师注册及考试制度，大力开展继续教育，夯实行业自律基础。加强对注册会计师执业质量的自律检查和惩戒力度，建立健全行业诚信信息监控体系，不断丰富和创新行业自律手段。进一步完善执业准则体系和职业道德准则体系，促进注册会计师执业质量和诚信水平不断提高。

四是不断加强注册会计师行业诚信建设和内部治理。大力弘扬诚信为本、操守为重、坚持准则的职业风尚，深入推进行业法制教育和诚信建设。不断完善行业信用管理制度和诚信档案制度，积极探索会计师事务所信用评级制度，建立推广行业从业人员诚信宣誓制度和会计师事务所诚信公约制度。重视和推动会计师事务所不断完善内部治理，建设人合、事合、心合、志合的合伙文化。

第十六章 基层财政建设

基层建设是各级财政组织体系建设的重要组成部分，既包括县乡两级财政建设，也包括各级财政的处、科、股的建设，是推进财政科学化精细化管理的重要依靠力量和组织保障。县乡财政和财政部门内部基层单位是财政管理的重要责任主体和载体，是财政管理中最活跃的因素。"上面千条线，下面一根针。"全面推进财政科学化精细化管理，进一步提高财政管理水平，关键在基层。财政内部基层单位建设，在本书其他章节都有涉及，本章重点介绍基层财政建设的相关内容。

第一节 基层财政概述

基层财政指我国的县、乡两级财政，在国家财政体系中具有重要地位和作用。县乡财政是县域范围内贯彻落实国家财政方针政策的组织者和实施者，直接关系到地方财政乃至整个国家财政预算收支任务的完成，并在促进地方经济发展、维护社会稳定方面担负着重要职责。全国现有2800多个县（区）、4万多个乡（镇），面积占国土面积的90%以上，人口占全国总人口的70%以上。县乡公共财政收入占全国地方公共财政收入的三分之一，公共财政支出占全国地方公共财政支出的40%，县乡财政运行对整个国家财政具有举足轻重的影响。

一、基层财政的产生与发展

县乡财政作为农村基层财政机构,随着农村经济的发展而发展。新中国成立后,1950年统一了国家财政经济制度。1950—1951年,全国各地相继建立了县级财政。1953年以后,随着土地改革的完成和农业合作化运动的进行,一些地方陆续建立起了乡(镇)一级财政。1958年秋,全国范围内掀起了人民公社运动,乡(镇)政府被"政社合一"的人民公社所代替,开始实行"财政包干"的管理办法。自此,乡(镇)财政实际上已被取消,"公社财政"取而代之,并一直延续至1983年。人民公社时期是我国乡(镇)财政发展过程中的一个特殊阶段。

党的十一届三中全会后,以实行家庭联产承包责任制为核心的农村经济改革,使农村的生产经营形式发生了根本变化,并由此引发了农村收入分配制度的深刻变革,从而对农村基层组织建设也提出了新的要求。1982年修订的《宪法》明确规定,乡(镇)是我国政权体系中一级相对独立的政权组织。1983年10月21日,中共中央、国务院颁发的《关于实行政社分开,建立乡政府的通知》指出:"随着乡政府的建立,应当建立乡一级财政和相应的预决算制度。"自1984年起,全国各地普遍开展了建立乡(镇)财政的试点工作。1985年4月12日,财政部颁发了《乡(镇)财政管理试行办法》,对乡(镇)财政工作的原则、隶属关系、职责范围、资金来源和构成、支出范围管理体制和办法以及组织机构等,都做了详细明确的规定。乡(镇)财政的建设和发展开始步入正常轨道。1987年,财政部召开了全国乡(镇)财政工作座谈会,介绍交流了开展和建立乡(镇)财政的工作经验,推动了乡(镇)财政工作的深入开展。进入20世纪90年代,随着我国农村经济的快速发展和财税体制改革的日益深化,县乡财政事业进入了新的历史发展时期。1994 年实行分税制财政体制改革后,基层财政建设取得了新的明显进展。

二、基层财政的地位和作用

县乡财政作为综合性较强的经济职能部门和财政体系中的基层环节,在促进农村经济发展,巩固农村基层政权建设,推动农村各项事业进步以及完善国家财政体系等方面,均发挥了积极作用,其重要地位也日益突出。

县乡财政是国家财政体系的基础,是保障县乡政府机构有效运转、发挥县乡政府职能的物质基础、体制保障、政策工具和监管手段。从中国政府结构图中(见图 16-1),可以很直观地看出,县乡政府位于政权组织的最底层,是国家政权体系的基础,县乡财政在我国财政体系中居于基础性地位。

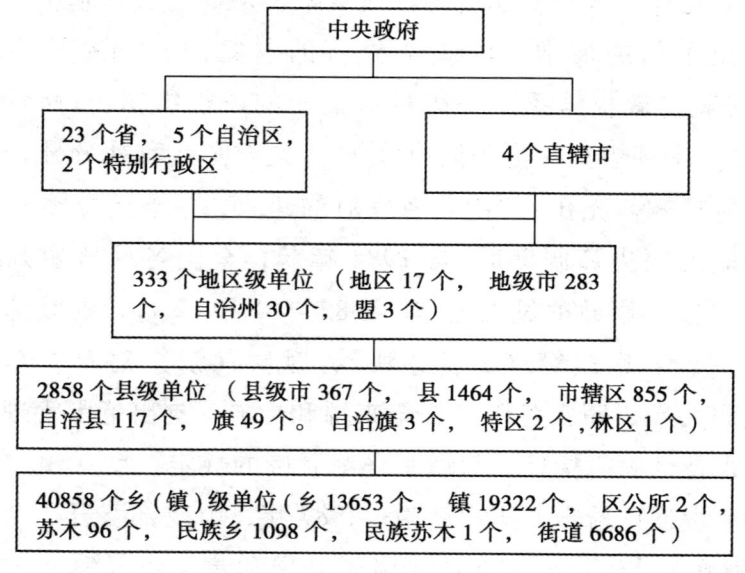

图 16-1 中国政府结构

资料来源:《中华人民共和国行政区划简册》(2010 年版)。

县乡财政是强化财政职能、提高县乡政府运行质量的重要手段。作为与农村经济关系最为密切的基层财政，县乡财政职能具有不同于其他层级财政的特点。特别是随着"乡财县管"和"省直管县"财政管理方式改革的逐步推开，县级财政在农村财政的主体地位更加突出，在县域资源配置、收入分配和经济发展方面发挥着更大的作用。农村税费改革后的乡（镇）财政工作职能也发生了新的转变，除了负责运用可支配财力保障辖区内人员工资、行政运转等基本公共服务支出外，贯彻落实各项财政惠农政策、管好用好专项资金、监督管理村级财务已成为其主要工作职责。

县乡财政为县乡两级政府行使职能提供财力保障。县乡政府作为国家设在农村的两级基层政权组织，在加强自身政权建设、发展地方经济、提供农村公共产品和服务等方面，无一不是以相应的财力作为保证的。这些财力的筹集、运用以及对资金使用情况所进行的监督等工作，都需要由县乡财政来完成。县乡政府财力通常来源于上级政府的拨款和县乡一级政府管辖范围内的经济主体等两个方面。经过30多年的改革开放，农村经济无论在规模上还是水平上均有了很大提高，县乡的积累能力也大为增强。发展县乡财政，不仅有助于调动县乡政府当家理财的积极性，也有助于缓解县乡财政的紧运行状况。

县乡财政在促进农村经济社会发展方面发挥着重要作用。县乡财政工作面向农村，直接为农村经济发展和社会事业进步服务。在新的形势下，各级政府施政目标逐步从单纯追求经济增长转变到促进经济社会协调发展，以全面提升人民群众的生活质量，构建社会主义和谐社会。在农村经济社会发展过程中，基层财政由于其特殊的地位，应该也可以发挥更加重要的作用。

三、基层财政现状

（一）相对规范的财力分配机制基本形成

1994年以来，各省对所属市、县初步实行了分税制财政管理体制，各县（市）也对乡（镇）财政管理体制进行了相应的改革。主要体现在：中央确定的分税制财政体制和具体的税收返还基数，各省逐步落实到县乡政府；进一步明确了省与下级财政固定收入及共享收入地方留成部分划分的原则和具体办法；归并了省与地、县经常性结算上解与结算补助项目，相对简化了省与地、县的结算往来。

（二）对县乡转移支付制度走向规范

分税制财政体制改革后，上级政府转移支付在县乡财政总收入中占有非常重要的地位。中央转移支付力度的加大，为地方政府扩大转移支付规模创造了有利条件。中央在增加对地方转移支付规模的同时，还加大了对县乡的直接转移支付力度。从2005年起，按照"以奖代补"的思路，建立了激励约束机制，安排150亿元对地方实施"三奖一补"政策，即对财政困难县乡政府增加县乡税收收入，以及省市级政府增加对财政困难县财力性转移支付（包括动用中央财政对省的财力性转移支付在内）给予奖励，充分调动地方各级政府缓解县乡财政困难的积极性和主动性；对县乡政府精简机构和人员给予奖励，促进县乡政府提高行政效率和降低行政成本；对产粮大县给予奖励，确保粮食安全，调动产粮大县抓好粮食生产的积极性；对以前缓解县乡财政困难工作做得好的地方给予补助，体现公平，避免"鞭打快牛"。与此同时，省市对县乡转移支付的资金规模不断扩大。按照《中央对地方过渡期转移支付办法》中所确定的转移支付的指导思想、原则、具体办法，我国的地方转移支付制度呈现日趋规范的发展态势，基本上实现了公式化、程序化、制度化。

(三) 促进了县乡政府转变理财思路

在财政包干制下，税收增量的大部分都留给地方财政，在一定程度上刺激了县乡政府发展价高利大的加工工业的积极性，从而导致经济结构趋同，地区封锁和条块分割现象十分严重。现行分税制体制将来自工业产品的增值税的大部分和消费税的全部划归中央，这在很大程度上限制了县乡盲目发展税多利大产业的倾向，为解决市场封锁和地方保护主义提供了较好的条件，引导县乡政府经济行为和投资行为合理化，促进了资源优化配置和产业结构合理调整。过去一直难以解决的争上小酒厂、小烟厂、小棉厂等重复建设状况，得到有效控制。在现行财政体制下，县乡收入的主要来源为第三产业的税种，激发了县乡政府发展第三产业的积极性。各地在财源建设上，对非国有经济、第三产业和高效农业等给予了大力支持，相应这些部门提供的财政收入大幅增加，各地收入来源开始摆脱过分依赖公有经济和第二产业的格局，出现多元化的趋势。同时，零散收入的征管得到进一步加强，随意减免税的现象得到有效控制。

(四) 预算管理制度改革进一步深化

许多县实施了国库集中收付制度和政府采购制度等改革，减少了资金缴拨的中间环节，实现了财政资金使用由"中转"变"直达"、账户管理由分散到统一，提高了预算执行的有效性和透明度。

2001年农村税费改革以来，随着中央支持"三农"政策的密集出台，基层财政特别是乡（镇）财政职能发生了显著变化：由组织收入为主的征收管理型向发放各种补贴为主的支出管理型转变；由负责本级财政收支为主的管理型向全方位拓展延伸公共服务的服务型转变；由过去单纯从事财政业务型向现在注重与其他部门工作衔接的综合协调型转变。从 2002 年起,浙江等地相继开始"乡财县管"改革试点,面向农村的一些公共财政支出实现"以县为主",巩固了农村税费改革成果,促进了社会主义新农村建设,乡(镇)财政财务收支管理逐步规范。

第二节 县乡财政建设

2008 年以来,财政部全面部署推进财政科学化精细化管理工作。加强县乡财政建设,健全基层财政部门的工作职能,更好地发挥基层财政的积极作用,是推进财政科学化精细化管理的重要内容。

一、县乡财政建设需要进一步加强

随着财政发展改革的不断深入,我国县乡财政不断发展壮大,从财力规模到收支结构都发生了显著变化,在支持政权建设和经济发展方面发挥了重要作用,但也需要进一步加强县乡财政建设,以更好地发挥其职能作用。

预算管理需要加强。县乡财政职能越位与缺位并存,财权上移、事权下移的问题较为突出,县乡财政普遍支出压力过大;县域经济的发展水平落后,缺乏主体税种,县乡财政的收入不稳定、自给率低,对非税收入依赖度较高;财政转移支付制度需进一步规范,均等化效果有待提高;债务管理制度滞后,潜在的县乡财政风险不容忽视;基层财政预算约束力不够强,预算程序不够完善。

资金监管机制亟待完善。监督管理是财政部门的重要职能之一。2008 年财政部印发《关于发挥乡(镇)财政职能作用加强财政预算管理的意见》后,各地普遍加强了涉农补贴等资金的发放管理，服务"三农"发展的职责逐步增强，并创造性地实行了"一折通"、"一卡通"、"一站式"服务等方式，将各项补贴资金直接发放到农民手中，把国家的涉农补贴、家电下乡等各项惠农政策真正落到实处。但是，由于一些体制机制障碍，以及职能转变和思想认识不到位等因素的影响，基层财政在发挥监管职能方面仍存在一些问题。对于财政部门直接分配管理、发放到农民的补贴资金，县乡（镇）财政基本起到了主渠道作用，承担起了发放终端环节的相关工作，监管责任较为明确，工作也比较到位。但是，对于部分由县级以上部门直接管理的资金，由于分别由不同部门负责，每项资金都有各自的监管要求，条块职能职责不清、界限不明，自上而下缺乏系统的监管机制，基层财政资金监管一定程度上存在"看得见的摸不着、摸得着的看不见"的情况。同时，由于大部分县级财政从事监管职能的只有2—3人，只能采取抽查的方式了解个别项目的情况，监管效果受到一定影响。县级业务主管部门同样更多从事的是资金拨付而不是具体监管。

基础工作较为薄弱。乡（镇）财政办公条件普遍较差，计算机和网络技术的应用范围有限，手工做账、送报表、打电话、发传真的沟通联系方式还很普遍，电子政务推广较慢，财政系统内部、财政与相关业务部门的网络系统兼容、适用性不平衡，一些地方财政业务网络终端还不能覆盖到基层财政。财政部门掌握的数据资料偏重于财政收支方面，基础资料不全，对行政事业单位资产管理、财政供养人员等方面的基础底数不清，存在定员定额标准体系不完善、项目支出预算粗泛等问题，无法有效满足资金发放、数据管理、监督管理等业务需要。

机构队伍建设需加强。截至2009年年底，全国共有乡（镇）财政机构（主要是财政所）34304个。各地对乡（镇）财政所管理的模式基本上有三种：一是乡（镇）政府直接管理；二是县级财政垂直管理；三是县级财政和乡（镇）政府共同管理。管理模式多样化导致上级财政对乡（镇）财政管理、指导和监督的难度加大。此外，部分地区将农经站并入财政所，业务工作上接受县财政局和农经局两个部门的领导。两个部门的工作性质差异，造成乡（镇）财政所工作矛盾和压力加大。

农村税费改革后，财政支持"三农"力度不断加大，基层财政所的工作量不是减少了，而是成倍增加。各项强农惠农政策的落实、各部门布置的涉农工作，都需要财政所参与完成，工作任务繁重。乡（镇）财政干部队伍普遍存在人员结构老化、知识结构单一、业务水平偏低、人员编制不足、新生力量匮乏等问题，难以适应新形势下财政工作的需要。

二、加强县乡财政建设的思路

随着国家对"三农"支持力度的不断加大，涉及农民的补贴种类越来越多，涉农资金规模越来越大，管理监督要求也越来越高。县乡财政肩负着落实国家惠农富民政策的重任。加强县乡财政建设，要按照科学化精细化管理的要求，夯实各项财政管理基础工作，充分发挥县乡财政监管职能，加强财政资金跟踪问效，确保涉农资金和惠农政策落到实处，努力提高财政资金的安全性和有效性。在组织收入方面，做到依法科学征收，防止跑冒滴漏，确保应收尽收，提高基层财政自我保障能力；在管理财政支出方面，全面掌握支出标准等基础性数据，加强监督管理，注重提高财政资金实效；在完善财政支持政策方面，强化为农服务意识，发挥乡（镇）接近乡村、了解乡村实际的优势，梳理目前农业农村发展中存在的短板或薄弱环节，勇于实践探索，提出切实可行的政策建议。通过完善职能、规范岗位职能体系、提高人员素质等措施，不断提高基层财政管理水平和能力。重点推进以下工作：

（一）完善预算管理，满足基层公共服务需要

健全财政预算制度，坚持量入为出、收支平衡的原则，科学合理地编制年度财政收支预算，切实保障乡（镇）党政机构行政和社会管理等基本运转的支出需要。适应统筹城乡发展的要求，加强农村基础设施建设，支持农业和农村社会事业发展，努力满足农村基本公共产品和服务需求。强化基本支出定员定额管理，严格控制预算追加，切实增强预算的约束力。规范财政预算执行，稳步推进国库集中支付制度和政府采购制度，积极探索通过政府购买等方式提供公共产品和服务。加强和规范农村收费管理，坚决取消不合法、不合理的收费，优化农村经济发展环境。切实加强乡（镇）债务管理，坚决制止发生新债。建立激励约束机制，通过奖补等方式，鼓励、引导和督促乡（镇）政府积极化解逾期债务。按照政务公开的要求，及时公开预算编制和执行、专项资金分配使用等情况，自觉接受监督。

（二）落实好各项财政惠农政策，管好用好专项资金

充分利用乡（镇）财政贴近农村、直接服务农村的优势，发挥乡（镇）财政在落实涉农补贴政策中的积极作用。乡（镇）财政要会同有关部门认真做好涉农补贴对象的申报、认定、审核和公示等工作，确保符合条件的补贴对象全部纳入政策保障范围。积极创新涉农补贴资金发放方式，将直接补贴给农民的资金纳入"一卡通"或"一折通"发放范围。积极创新为民服务方式，对居民申请办理涉农政策咨询、补贴资金发放等服务事项实行"一站式"办结，努力为农民群众提供优质、便捷、高效的服务。加强涉农财政补贴信息化管理工作，建立健全涉农财政补贴信息管理系统。

（三）加强乡（镇）财政资金监管，建立健全乡镇辖区内项目管理监督机制

2010年3月，财政部印发了《关于切实加强乡（镇）财政资金监管工作的指导意见》，明确了乡（镇）财政资金监管职责和具体要求，并提出了乡（镇）财政资金监管的工作目标。一是将所有财政资金纳入监管范围。要将各级政府安排和分配用于乡（镇）以下的各种财政资金，以及部分乡（镇）组织的集体经济收入等，包括对人员和家庭的补助性资金、支农惠农的项目建设资金、乡（镇）财政本级安排资金、上级财政部门和主管部门下达到乡（镇）的资金，全部纳入乡（镇）财政监管范围。二是提高财政资金使用绩效。做好预算执行工作，加快预算支出进度，促进资金及时足额拨付。提高资金项目的安全性，防止数据不实、虚假立项、骗取套取、挤占挪用财政资金等行为。推进资金使用的绩效评价工作，不断提高农民受益程度和满意度。

（四）建立完善乡镇财政管理指导机制，加强县级财政对乡镇财政的指导和管理

县级财政要明确乡（镇）财政的具体监管范围，量化、细化监管任务和责任。建立信息通报和反馈机制，县级财政要把上级财政或主管部门下发的项目资金文件、制度办法、监管重点和具体要求等及时下发、抄送乡（镇）财政，以便其掌握开展监管工作所必需的信息；对于乡（镇）财政在监管工作中发现的问题和情况，建立反馈渠道，逐级上报至负责资金和项目分配、管理的财政部门。上级财政要根据基层财政反馈的实际情况，调整和完善有关专项资金管理办法，逐步实现资金分配与绩效考评挂钩。推进专项资金整合工作，研究对性质相同的资金进行适当归并和统筹使用，更好地调动和发挥基层政府和部门的积极性、主动性，提高财政资金使用效益。建立财政资金监管工作日常考

核制度和激励约束机制。

（五）健全乡村财务管理制度，提高管理水平

逐步建立乡村债务动态监控制度，及时、全面地掌握乡村债务变化情况，建立健全债务控制和化债工作规章制度。乡（镇）财政既要尊重村级组织资金安排使用的自主权，也要加强对村级组织财务的管理，积极探索村账乡代管等管理方式。对上级部门补助村级组织的专项工作经费进行专账核算。加强对乡村资产的管理，建立健全乡村资产购建、验收、保管、使用、处置等管理制度，做到资产实物管理和价值管理相统一。

（六）扎实做好各项基础工作，为财政管理提供真实可靠的依据

客观全面地掌握基础数据是财政管理的重要前提，也是制定财政政策的重要参考因素。发挥基层财政直接面向农村、熟悉基层情况、便于收集整理基础数据的优势，夯实"三农"支出数据基础，自下而上开展"三农"财政投入统计工作。加强基础台账管理，规范管理流程，利用现代信息网络手段，实现网络建设"纵向到底、横向到边"，及时将基层的真实情况准确地传递到上级财政部门，形成"上下相连、部门互通"的信息沟通机制，为加强财政管理、完善财政政策提供真实可靠的数据支撑。

（七）抓好队伍建设，提高理财水平

强化县级财政对乡（镇）财政的指导和管理，大力支持乡（镇）财政所的工作。健全乡（镇）财政职能，完善机构人员管理，选择作风正派、责任心强、业务素质高的干部充实基层财政队伍，确保乡（镇）财政"职能健全、队伍不散、工作不乱"。加强基层财政人员培训工作，制定培训规划，建立健全分级培训机制。妥善解决乡（镇）财政工作人员待遇问题，提高乡（镇）财政干部的工作积极性和主动性，力争把乡（镇）财政干部队

伍打造成为财政发展改革事业的生力军、排头兵。适当提高工作经费标准，帮助改善办公条件和信息网络体系建设，确保日常工作顺利开展。推进财政部门内部基层单位建设，根据财政管理各项工作的职能和流程，科学设置工作岗位，明确界定岗位职责，确定工作衔接的节点和程序，做到分工明确、各司其职、协调配合。

第三节 基层财政改革

基层财政改革事关财政发展改革全局。近年来，随着财政改革力度的加大，基层财政在构建公共财政体系、建设民生财政、提高基本公共服务保障水平等方面既面临着财力不足的困扰，也受到相关体制、机制的制约。深化县乡财政管理体制改革，理顺省以下各级政府间财政分配关系，强化乡村财政财务精细化管理，增强县乡财力，有利于提高县乡基层政府提供公共服务的能力，缩小地区之间财力差距，促进基本公共服务均等化。

一、县级基本财力保障机制

近年来，中央财政不断加大转移支付力度，特别是 2005 年出台"三奖一补"政策后，县级财力水平明显改善，基层财政保障能力显著增强，"保工资、保运转"问题基本得到解决。但随着政府职能不断转变和公共财政体系日益健全，县乡基层政府提供的公共服务内涵和外延均发生了较大的变化。除了保障工资发放和政府运转外，县乡基层政府保障民生支出的责任和压力也越来越大。特别是随着中央出台事业单位绩效工资、医药卫生体制、政法保障机制、新农保试点等改革以及各项民生政策，部分财力较为困难的县乡政府面临较大的支出压力。

为进一步落实好中央制定的各项民生政策，促进县乡财政良性运行，2009年国务院在《关于编制2009年中央预算和地方预算的通知》中再次提出，要研究建立县级基本财力保障机制，增强基层政府提供公共服务能力，逐步实现县级财政由"保工资、保运转"向"保工资、保运转、保民生"转变，促进基本公共服务均等化。

（一）目标及原则

县级基本财力保障机制以实现县乡政府"保工资、保运转、保民生"为目标，保障基层政府实施公共管理、提供基本公共服务以及落实党中央、国务院各项民生政策的基本财力需要。基本原则是：

1. 明确责任。地方财政是建立县级基本财力保障机制的责任主体。省级财政要加强财政科学化精细化管理，完善省以下财政体制，加大对基层的财力倾斜和支持力度。市级财政要强化统筹所辖县区协调发展的责任，帮助困难县乡提高财政保障能力。县级财政要强化自我约束，科学统筹财力，规范预算管理，切实保障相关部门、乡（镇）基本运转支出和民生政策支出。中央财政加大对地方财政的指导和帮助。

2. 以奖代补。建立健全激励约束机制，根据地方工作实绩实施奖励，体现政策正确导向，形成合理预期。中央财政对县级基本财力保障较好的地区，给予激励性奖励，体现正向激励。对消化县级基本财力缺口取得成效的地区，给予保障性奖励，支持地方财政弥补财力缺口。

3. 动态调整。根据有关政策和因素的变化，动态调整县级财力保障水平，建立保障范围逐步扩大、保障标准逐步提高的动态保障机制。在保障范围和标准的制定、奖励资金安排等方面，既要保障基层政府的基本支出需要，又要切合实际，具有可操作性。

（二）主要内容

中央财政制定县级基本财力保障范围和保障标准。保障范围主要包括人员经费、公用经费、民生支出以及其他必要支出等。保障标准根据基本保障范围内各项目的筹资责任和支出标准，以及与财政支出相关的保障对象和支出成本差异，综合考虑各地区财力状况后分县测算。中央财政根据相关政策和因素变化情况，适时调整和核定县级基本财力保障范围和标准。

地方财政采取措施弥补县级基本财力缺口。县级财政要强化科学发展观念，努力发展县域经济，加强收入征管，增加财政收入，努力提高财政保障能力；要继续深化财政管理制度改革，严格控制和精简财政供养人员，优化支出结构，确保县级有关部门和乡（镇）运转的基本支出需要和民生政策的有效落实。省、市级财政要根据县级基本支出需求，统筹考虑财力状况，通过完善省以下财政体制、加大转移支付力度等措施充实县级财力，帮助其弥补基本财力缺口；省级财政要加强对县级财政预算安排和预算执行的监督管理，帮助县级财政合理安排预算，努力提高预算编制的科学性、完整性以及预算执行的严肃性。

中央财政根据工作实绩实施奖励。一是对县级财力保障较好的地区给予激励性奖励。根据各地县级基本财力保障情况，核定各地县级财力缺口额、实际缺口率和全国地方平均缺口率。将各地实际缺口率与全国地方平均缺口率相比较，实际缺口率低于平均缺口率的地区纳入奖励范围。奖励额根据各地区县级财力保障努力程度，结合财政困难程度和奖励调整系数核定。二是对地方消化县级基本财力缺口给予保障性奖励。根据各地消化县级基本财力缺口数额，结合地方财力水平和奖励调整系数，对地方弥补财力缺口工作实绩给予保障性奖励。保障性奖励采取拨付清算制度。三是对地方工作绩效给予考核奖励。根据地方上年度县级重点支出保障、上级财力下移等方面工作的努力程度和实际效果，对做得好的地区给予适当奖励。逐步将各地建立县级基本财力保障机制工作情况和乡（镇）财政管理情况纳入考核范围。对于未采取有效措施提高县级财力保障水平，财力缺口县缺口额继续扩大的地区，中央财政扣回奖补资金。

（三）完善基本财力保障机制相关措施

1. 强化地方责任。建立中央奖励与地方工作实绩挂钩的机制，根据地方消化县级基本财力缺口情况给予保障性奖励，并采取拨付清算制度。进一步理顺省以下政府间分配关系，加大省对下转移支付力度，均衡省以下财力分配。积极推进"省直管县"改革，不断完善充实改革的内容和方式。强化乡（镇）财政管理，充分发挥乡（镇）财政职能作用。

2. 明确工作步骤。为了保证奖补资金及早发挥效益，切实增强县级财政保障能力，县级基本财力保障奖励资金当年核定，当年下达，事后清算，据此制定相应工作步骤。

3. 加大约束力度。对3年后仍存在县级基本财力缺口的地区，中央财政相应扣减对该地区的均衡性转移支付或税收返还，直接用于补助财力缺口县。

4. 健全监督机制。积极探索建立地方财政运行监控和支出绩效评价体系，准确、全面地掌握财政运行情况，科学、客观地评价地方基本财力保障的能力、努力程度和工作实绩。地方各级财政部门要向本级人民代表大会或人大常委会报告中央奖励资金的使用情况，以及落实基本财力保障政策的措施与成效。中央财政对地方上报数据资料、奖励资金分配和使用情况进行专项检查，及时查处骗取、截留、挪用中央奖励资金行为。

二、"省直管县"财政管理方式

"省直管县"是指为了缓解县级财政困难,解决政府预算级次过多等问题,在现行行政体制与法律框架内,省级财政直接管理县(市)财政的一种财政管理方式。省直管县财政管理方式改革主要内容包括:

收支划分。在进一步理顺省与市、县支出责任的基础上,确定市、县财政各自的支出范围,市、县不得要求对方分担应属自身事权范围内的支出责任。按照规范的办法,合理划分省与市、县的收入范围。

转移支付。转移支付、税收返还、所得税返还等由省直接核定并补助到市、县;专项拨款补助,由各市、县直接向省级财政等有关部门申请,由省级财政部门直接下达市、县。市级财政可通过省级财政继续对县给予转移支付。

财政预决算。市、县统一按照省级财政部门有关要求,各自编制本级财政收支预算和年终决算。市级财政部门要按规定汇总市本级、所属各区及有关县预算,并报市人大常委会备案。

资金往来。建立省与市、县之间的财政资金直接往来关系,取消市与县之间日常的资金往来关系。省级财政直接确定各市、县的资金留解比例。各市、县金库按规定直接向省级金库报解财政库款。

财政结算。年终各类结算事项一律由省级财政与各市、县财政直接办理,市、县之间如有结算事项,必须通过省级财政办理。各市、县举借国际金融组织贷款、外国政府贷款、国债转贷资金等,直接向省级财政部门申请转贷及承诺偿还,未能按规定偿还的由省财政直接对市、县进行扣款。

推进"省直管县"财政管理方式改革,有利于进一步理顺省以下财政分配关系、促进县域经济发展。具体推进过程中，要遵循以下原则：坚持因地制宜、分类指导，各地要根据经济发展水平、基础设施状况等有关条件，确定改革模式、步骤和进度，不搞"一刀切"；坚持科学规范、合理有序，要按照分税制财政体制的要求，进一步理顺省以下政府间事权划分及财政分配关系，增强基层政府提供公共服务的能力；坚持积极稳妥、循序渐进，保证市县既得利益，尊重实际情况，妥善处理收支划分、基数划转等问题，确保改革的平稳过渡和顺利运行；坚持协调推进、共同发展，充分调动各方发展积极性，增强县域发展活力，提高中心城市发展能力，强化省级调控功能，推动市县共同发展。

三、"乡财县管"的管理方式

"乡财县管"是指在乡（镇）政府管理财政的法律主体地位不变，财政资金所有权和使用权不变，乡（镇）享有的债权及承担的债务不变的前提下，县级财政部门在预算编制、账户统设、集中收付、采购统办和票据统管等方面，对乡（镇）财政进行管理和监督。乡（镇）政府在县级财政部门指导下编制本级预算、决算草案和本级预算的调整方案，组织本级预算的执行。

（一）"乡财县管"的背景

乡（镇）财政是我国最基层的一级财政，在加强财政收支管理、促进我国农村经济和各项社会事业发展，巩固和加强农村基层政权建设等方面都具有重要作用。但随着形势的发展变化以及多种因素影响，乡（镇）财政运行和管理中存在财政收入职能弱化、财政支出范围逐步缩小、财政管理水平较低、债务负担较重等问题。针对乡（镇）财政存在的问题，在现行行政体制框架不变的前提下，为推动建立县乡公共财政体制框架，规范乡（镇）收支行为，防范和化解乡（镇）债务风险，维护农村基层政权和社会稳定，2003年起，安徽省在全国率先对乡（镇）财政管理方式进行改革试点，实行了"乡财县管"的管理模式。2006年《中共中央国务院关于促进中部地区崛起的若干意见》明确规定，要积极推行"乡财县管乡用"的财政管理方式改革试点。财政部《关于缓解县乡财政困难的意见》中明确要求，"对一般乡（镇），原则上都要大力推进'乡财县管'财政管理方式"。

（二）"乡财县管"主要内容

共编预算。县级财政部门按有关政策，结合财力实际，兼顾需要与可能，明确预算安排顺序和重点，提出乡（镇）财政预算安排的指导意见，报同级政府批准；乡（镇）政府根据县级财政部门的指导意见，编制本级预算草案并按程序报批。在年度预算执行中，乡（镇）政府提出的预算调整方案，需报县级财政部门审核；调整数额较大的，需向县级人民政府报告，并按法定程序履行批准手续。

账户统设。取消乡（镇）财政总预算会计，由县级财政部门代理乡（镇）财政总会计账务，核算乡（镇）各项会计业务。相应取消乡（镇）财政在各金融机构的所有账户，由县级财政部门在各乡（镇）金融机构统一开设财政账户，并结合实际设置有关结算明细账户。

集中收付。乡（镇）财政预算内外收入全部纳入县级财政管理，乡（镇）组织的预算内收入全额缴入县国库，预算外收入全额缴入县财政预算外专户，由县级财政部门根据乡（镇）收入类别和科目，分别进行核算。乡（镇）支出以乡（镇）年度预算为依据，按照先重点后一般的原则，优先保障人员工资，逐步实现工资统发。为方便乡（镇）及时用款，各地可建立公务费支出备用金制度。

采购统办。凡纳入政府集中采购目录的乡（镇）各项采购支出，由乡（镇）提出申请和计划，县级财政部门按照预算审核后，交县政府采购中心集中统一办理，采购资金由县级财政部门直接拨付供应商。

票据统管。乡（镇）使用的行政事业性收费票据，其管理权全部上收到县级财政部门，实行票款同行、以票管收，严禁坐收坐支，严禁转移和隐匿收入。

县乡联网。实现县级财政与乡（镇）财政联网，乡（镇）支出网上申请、审核、支付和查询，提高财政管理水平和工作效率。

（三）改革成效

从各地改革试点情况看，改革取得了明显成效，主要体现在以下五个方面：

规范了收入征管。通过加强对银行账户、票据使用的管理，将"票款同行"、"以票管税（费）"、"收支两条线"管理落到实处，既从源头上杜绝了乱收费、乱罚款、乱摊派等现象的发生，又有效防止了乡（镇）截留、坐收坐支以及挪用、转移和隐匿各项收入等违法乱纪行为。

加强了支出管理。公共财政支出改革进一步延伸到乡（镇），乡（镇）财政支出管理得以明显规范。通过县乡"预算共编"严格了乡（镇）财政支出的预算约束。通过统一支出范围、统一定额标准、统一财务核算制度，规范了支出行为，切实做到了支出有据可依、有证可查。通过用款计划规范了财务审批程序；通过采购统办增强了财政支出的透明度，节约了财政资金，提高了资金使用效益。

有效遏制了乡（镇）债务。实行"乡财县管"后，乡（镇）财政收支纳入县级监督管理，乡（镇）不能随意举债，有效扎住了乡（镇）新增"债务"的口子，初步遏制了债务的膨胀，为解决乡（镇）财政困难创造了条件。一些地方通过彻底清查乡（镇）债务，对乡（镇）债务实行"先刹车、后消肿"的工作思路，在财力允许的条件下逐年消化债务。

堵住了"乱进人"的口子。"乡财县管"改革后，各地严格控制乡（镇）财政供养人员，建立健全了财政供养人员信息库，实行动态管理，乡（镇）财政供养人员的工资由县（市、区）财政通过银行直接划拨到个人账户，堵住了乡（镇）"乱进人"的口子，从根本上控制了乡（镇）新增财政供养人员。乡（镇）不仅不能随意进人，还对原有的不在编人员进行了清理清退，大大减轻了乡（镇）财政负担。

乡（镇）干部工资得到全面保障。"保工资"成为乡（镇）财政支出的首位任务，乡（镇）干部工资由县（市、区）财政局直接拨入"工资专户"，由银行统一划入乡（镇）干部个人存折，有效保证了乡（镇）干部工资的正常发放，维护了乡（镇）基层政权的稳定。

四、"村账乡代理"管理办法

"村账乡代理"是指在坚持村级财务所有权、使用权、监督权、核算权不变的前提下，按照民主自愿、因地制宜的原则，将会计核算、账务处理委托乡（镇）代理服务机构管理，以乡（镇）为单位，设立农村财务代理服务中心，使村级财务的理财权和监督权分离。

村级会计委托代理服务，是规范农村集体财务管理、强化村集体经济组织会计工作、深入推进农村党风廉政建设的有效措施。中共中央办公厅、国务院办公厅《关于加强农村基层党风廉政建设的意见》指出:"在尊重农民群众意愿和民主权力的基础上,推行村级会计委托代理服务制度。"《国务院关于做好农村综合改革工作有关问题的通知》要求:"加强村级财务管理,规范村级会计代理制度等管理办法,促进村级财务监管工作经常化、规范化和制度化。"

(一) 组织管理形式及主要内容

代理服务工作实行"属地化"管理。财政部负责全国代理服务工作的统筹管理,制定全国代理服务工作指导意见,协调、督促、指导各地开展代理服务工作,并对各地开展代理服务工作的情况进行检查。省级财政部门负责本地区代理服务工作的具体落实,按照"统一领导,分级管理"的原则,制定适合本地区代理服务工作开展的具体实施办法,加强代理服务的规章制度建设,协调、督促、指导本地区开展代理服务工作,组织对本地区各乡、镇开展代理服务工作实施检查,并向上级主管部门及时汇报有关情况。

代理服务必须符合村民委员会组织法、会计法和国务院有关文件规定,遵循村民自治、村务公开、民主管理、加强监督的原则,在尊重农民群众意愿和民主权利的基础上,各代理服务机构依法与各村民委员会签订会计委托代理服务协议(以下简称委托协议)。实施代理服务后,维持村委会各项资金的所有权、使用权、审批权和收益权不变。

代理服务主要采取自愿委托管理的形式,实行村级财务与村级资金的"双委托"管理,即各代理服务机构在接受委托后,各行政村不再设会计和出纳,只配备专职或兼职的报账员,其资金由代理机构根据自愿签订的委托协议,以及会计法和村集体经济组织会计制度有关要求,进行统一管理,规范会计基础工作,实现"五个统一",即统一资金账户、统一报账时间（段）、统一报账程序、统一会计核算、统一档案管理。代理服务机构可对村级财务的管理与决策提供相关意见和建议。

代理服务工作应加强内部控制管理,科学设置工作流程和工作岗位,明确各环节、各岗位的分工和职责,实现权责一致、相互监督。主要内容是：（1）村级集体组织法定代表人。作为村级财务会计工作的负责人,对本村的会计工作和会计资料的真实性、完整性负责。（2）报账员。由通过民主选举产生的村干部兼任或由通过民主程序产生的村民担任,主要负责村级收入、支出原始凭证的收集整理,村级备用金的领取、保管和定期向代理服务机构报账。（3）村民民主理财小组。实行代理服务的行政村应通过民主程序产生村民民主理财小组,对村级收入、支出情况逐项进行审核,并提出意见。（4）代理服务机构。代理服务机构原则上由乡、镇财政部门负责组建,设总会计1人,代理会计、资金会计（出纳）若干人,由持有《会计从业资格证》的人员担任,负责发放备用金,审核报销票据,进行账务处理,汇总编制明细账、总账和月报、季报、年报,并对各村的财务档案进行归集管理。（5）实行备用金制度。实行代理服务的村级资金采取备用金领取方式进行管理。备用金的金额由各行政村村民委员会与代理机构协商决定。备用金的使用额度标准由村民会议讨论确定。实际开支时,需经村民主理财小组审核同意并加盖印鉴后,由村集体组织法定代表人审批签字；如遇重大开支和事项,还需先经过村民会议审议通过。（6）实行村级财务预决算制度。开展代理服务后,各行政村应编制村级财务预算,并经村民会议审议通过后,报代理服务机构备案,作为其当年资金开支的依据。年度终了时,代理服务机构根据该年各行政村资金实际使用情况,编制决算报告,送各行政村村民会议审议。（7）实行村级财务定期报账制度。开展代理服务后,村级财务实行村报账员向代理服务机构定期统一报账,具体报账时间由代理服务机构与各行政村村民委员会协商确定。(8) 实行村级报账审核制度。开展代理服务后,代理服务机构在受理村报账员报账时,应逐一核实有关凭证,凡符合村财务预算内容,手续、印信齐全,凭证合规的开支方可报销入账。(9) 实行村级财务会计定期公开制度。开展代理服务后,代理服务机构应定期向村民委员会提供详细、完整的村财务信息。村民委员会收到代理服务机构提供的村财务信息后,应定期在本村公开位置予以公布,包括村资产负债表、收益表、收入明细表、支出明细表等,接受村民的监督。(10) 实行村级财务会计人员定期培训制度。开展代理服务后,代理服务机构应定期对村报账员、村民民主理财小组成员、代理会计、资金会计(出纳)进行相关业务培训,对新任用(命)的村报账员和代理机构工作人员,还应进行相应的岗前培训。(11) 实行村级财务会计档案管理制度。开展代理服务后,代理服务机构应研究制订村级财务会计档案管理办法,加强对村级财务会计档案的整理和归档,对各村的财务会计档案实行分柜管理,编制档案目录,并妥善保管。(12) 实行村级财务会计定期审计制度。开展代理服务后,代理服务机构应主动接受上级部门及有关单位实施的审计监督,并公开审计结果。村民委员会换届、代理服务机构主要负责人轮换时,还应组织相应的离任审计。

(二) 保障措施

完善制度是做好村级会计委托代理服务的前提。严格执行会计法、村集体经济组织会计制度等法规制度,按照农村集体"三资"管理要求,抓紧完善相关制度,不断提高村级会计委托代理服务工作水平。建立健全村级会计委托代理服务机构岗位责任制度、操作流程制度、财务管理制度、档案管理制度、责任追究制度等，规范村级会计委托代理工作；切实加强代理资金管理，资金支取实行"双印鉴"监管，确保村级集体资金安全；财政转移支付补助的村级资金，要纳入会计委托代理机构统一管理，建账核算，严格监督使用。

规范票据管理是做好村级会计委托代理服务的基础。切实加强对村集体经济组织和村级会计委托代理机构各类票据的管理，特别要规范收支凭证和内部结算凭证等；逐步规范代理机构相关账、证、表等各类票据格式，通过会计电算化软件生成的各类凭证、账簿等，格式必须符合统一标准要求；切实规范代理机构和村集体经济组织各类票据的使用行为，严格按照会计业务流程规定操作，坚决杜绝"白条"入账等现象的发生，真正做到有据可查、运行规范。

加强队伍建设是做好村级会计委托代理服务的保障。根据工作需要，充实会计委托代理机构工作人员，提供必要的办公场所和设施。建立村级会计从业人员定期培训制度，凡从事农村集体经济组织会计工作的人员，必须接受村集体经济组织财务会计、农业承包合同管理、减轻农民负担政策、农村集体"三资"管理等业务培训。各级财政和农业部门要密切配合，安排落实好专项培训经费，加强对农村会计人员的业务指导和教育培训，不断提高其整体素质和业务能力。有条件的地方，可以聘请会计师事务所承办村级会计委托代理业务。

第十七章 财政管理信息化

第一节 财政管理信息化概述

信息化是充分利用信息技术，开发利用信息资源，促进信息交流共享，提高经济增长质量，推动经济社会发展转型的历史进程。加快信息化建设，是强化财政管理的重要手段。

一、信息化是当今世界发展的大趋势

20世纪90年代以来，信息技术不断创新，信息产业持续发展，信息网络广泛普及，信息化成为全球经济社会发展的显著特征，并逐步向一场全方位的社会变革演化。进入21世纪，信息化对经济社会发展的影响更加深刻。广泛应用、高度渗透的信息技术正孕育着新的重大突破，信息资源日益成为重要生产要素、无形资产和社会财富，信息网络更加普及并日趋融合，互联网逐渐成为思想文化信息的集散地和社会舆论的放大器。信息化与经济全球化相互交织，推动着全球产业分工深化和经济结构调整，重塑着全球经济竞争格局。发达国家信息化发展目标更加清晰，正在出现向信息社会转型的趋向；越来越多的发展中国家主动迎接信息化发展带来的新机遇，力争跟上时代潮流。全球信息化正在引发当今世界的深刻变革，重塑着世界政治、经济、社会、文化和军事发展的新格局。加快信息化发展，已经成为世界各国的共同选择。

二、信息化是推动我国经济社会发展的重要力量

党中央、国务院高度重视信息化建设。党的十五届五中全会决定,把推进国民经济和社会信息化放在优先位置,作为覆盖现代化建设全局的战略举措。2006年,党中央、国务院发布了《2006—2020年国家信息化发展战略》,确定了未来15年我国信息化发展的指导思想、战略目标、战略重点和战略行动,提出"大力推进信息化,充分发挥信息化在促进经济、政治、文化、社会和军事等领域发展的重要作用,不断提高国家信息化水平,走中国特色的信息化道路,促进我国经济社会又快又好地发展"。党的十七届五中全会又提出"加快经济社会各领域信息化,全面提高信息化水平"。

在党中央、国务院的坚强领导下,经过各地区、各部门和各方面的共同努力,我国信息化建设取得了可喜的进展。信息网络实现跨越式发展,成为支撑经济社会发展重要的基础设施。信息产业持续快速发展,对经济增长贡献度稳步上升。信息技术在国民经济和社会各领域的应用效果日渐显著。电子政务稳步展开,成为转变政府职能、提高行政效率、推进政务公开的有效手段。信息资源开发利用取得重要进展,信息安全保障工作逐步加强,信息化基础工作进一步改善。

三、财政管理信息化是提高财政管理水平的重要手段

财政管理信息化是国民经济和社会信息化的重要组成部分。全球信息化浪潮与我国国民经济和社会信息化的发展,为财政事业发展带来了难得的机遇,也给财政管理带来了严峻挑战。充分利用现代信息技术,大力推进财政管理信息化建设,不断强化管理手段,是提高财政管理水平的重要途径。

改革开放以来,我国财政实力不断壮大,财政宏观调控能力不断增强,财政管理体制改革不断向纵深拓展,以人为本的公共财政支出体系不断完善。与此同时,随着财政收支规模的迅速扩大,业务工作量快速增长,财政工作的繁重性、复杂性和艰巨性大大增加,社会各方面对更好发挥财政职能作用的期望和要求也越来越高。仅仅靠模拟手工操作和部分财政工作计算机化等传统的工作方式和方法,已经不能满足财政发展改革的现实和长远需要。必须加快财政管理信息化建设步伐,把现代信息技术积极运用到财政工作中,做到信息技术与财政业务紧密融合,通过建立统一的信息平台、统一的业务规范,实现主体业务应用系统的有效融合和信息共享,实现各级财政内部、财政与本级预算单位、上下级财政信息资源的互联互通,为推进财政科学化精细化管理、提高财政管理水平提供强有力的技术支撑,以更好地发挥财政职能作用。

财政管理信息化是指建立和完善中国财政管理信息系统。按照党中央、国务院关于加快信息化建设的部署和要求,近些年来,财政部门在推进部门预算、国库集中收付制度等预算管理制度改革的同时,借鉴其他国家政府财政管理信息系统运行模式和建设经验,结合我国财政管理的实际需要,积极开展财政管理信息化建设。从1999年下半年起,开始着手规划建立"政府财政管理信息系统"(GFMIS)。2002年初,国务院决定将规划建设的"政府财政管理信息系统"定名为"金财工程",并把"金财工程"列为国家电子政务十二个重点工程之一。"金财工程"是指利用先进的信息网络技术,以财政系统纵横向网络为支撑,以细化的部门预算为基础,以所有财政收支全部进入国库单一账户为基本模式,以预算指标、用款计划和采购订单为预算执行的主要控制机制,以出纳环节高度集中并实现国库资金的有效调度为特征，以实现财政收支全过程监管、提高财政资金使用效益为目标，建设支撑预算管理、国库支付管理和财政经济景气预测等核心业务的政府财政综合管理信息系统。

经过多年的发展，我国财政管理信息化建设已具备了一定基础。特别是近几年来，全国财政系统按照科学化精细化管理的要求，大力推进财政管理信息化建设，取得明显成效。财政业务系统应用范围逐步扩大，网络基础设施不断完善，信息应用水平不断提高，安全建设得到加强，信息化建设对财政业务工作的支撑作用进一步凸显，有力地促进了财政管理水平的提高，保证了财政职能作用的有效发挥。与此同时，财政管理信息化建设也存在一体化要求有待进一步落实、上下级财政部门信息仍不够通畅、一些财政业务数据无法通过系统自动及时获取和汇总、信息管理和应用仍待加强、信息化发展不平衡等问题。必须高度重视这些问题，采取有效措施加以解决。

第二节　财政管理信息化建设的总体要求

当前和今后一个时期，财政管理信息化建设的总体要求是：以邓小平理论、"三个代表"重要思想为指导，全面贯彻落实科学发展观，紧紧围绕财政发展改革目标，按照国家信息化发展战略，遵循信息化建设内在规律，坚持"一体化"建设的指导思想，加快财政管理信息化建设，强化信息应用，创新管理方式，为实施财政科学化精细化管理提供有力支撑，促进财政事业健康发展。

贯彻上述总体要求，应注意把握以下几方面：

一、明确总体目标

坚持统筹规划、统一标准,突出重点、分步实施,整合资源、讲求实效,加强管理、保证安全的原则,以标准和规范体系建设为基础,以建设并推广应用支撑平台为重点,以网络、安全及运行维护体系建设为保障,建成各级财政内部、财政与同级相关财政部门、上下级财政部门互联互通的一体化财政管理信息系统,全面加强各级财政部门对财政资金和资产的规范化管理,逐步实现全国预算自动汇编、收支及时汇总和决算及时生成,支撑和促进财政科学化精细化管理。

二、把握建设内容

财政管理信息化建设的主要内容是:构建一个平台,实现二级数据处理,建成三个网络,开发应用四类系统,坚持五个统一。一个平台,即开发及推广应用支撑平台,建立一个集中存储的数据库,实现本级财政信息共享、流程顺畅、工作协同,上下级财政以及财政与其他部门的信息一致。二级数据处理,即在确保信息畅通一致的前提下,实现中央财政与地方财政分级数据处理,覆盖全部财政业务、所有财政性资金,以及各级财政部门和预算单位。三个网络,即建成支撑涉密业务处理的内部涉密网,以各级财政局域网为中心、辐射到所有财政部门和预算单位、支撑财政核心业务系统运行的财政工作专网,以及面向社会公众的财政信息外网。四类系统,即开发及推广应用预算编制系统、预算执行系统、决策支持系统和行政管理系统,打造电子财政,实现财政工作的全面信息化管理。五个统一,即统一领导、统一规划、统一技术标准、统一数据运用和统一组织实施,这是实现上述"一、二、三、四"的重要基础和保证。

"十二五"时期，财政管理信息化建设内容主要包括：强化核心业务系统建设和应用，促进财政科学化精细化管理；加强应用支撑平台推广和标准规范体系建设，加快推进财政信息化一体化步伐；着力开展财政资金运行监控与收支统计分析工作，提高辅助决策支持水平；推进财政管理基础和基层财政信息化建设，促进信息化协调发展；加快行政管理信息化建设，提高行政效率和水平；完善财政信息化运行保障体系，确保财政信息安全。

三、坚持一体化要求

信息化建设是一项系统工程，涉及财政工作的方方面面，必须坚持走一体化建设之路。各自为政、分散建设、重复开发，必然导致应用系统功能交叉、兼容性差、信息不共享和资源浪费等问题，最终与信息化建设的目标背道而驰。要推进管理一体化，加强信息化建设的统一组织和集中领导，统筹兼顾，科学决策，整体规划。要推进业务一体化，根据财政管理的基本要求，建立统一规范的业务流程，理顺各业务之间的操作与数据衔接关系，实现财政内部各业务之间、财政与外部单位业务之间、上下级财政业务之间的贯通。要推进技术一体化，统一技术标准规范，建立和推广实施应用支撑平台，认真执行应用支撑平台技术开发规范和数据交换规范等技术标准，建立业务应用系统整合机制，有效促进信息系统由单项开发、独立运行逐步向统一整合、互联互通转变。

四、遵循基本原则

统筹规划、统一标准、突出重点、分步实施、整合资源、讲求实效、加强管理、保证安全的原则，是多年来财政系统信息化建设实践经验的总结，必须坚决贯彻落实。

统筹规划、统一标准。遵循信息化建设的基本规律，结合财政发展改革进度，按照一体化要求，统筹安排好财政内部、财政和外部单位以及上下级财政的信息系统建设规划，统一财政业务规范、技术标准和行政管理信息化平台，完善管理制度，确保信息化建设协调、规范、可持续发展。

突出重点，分步实施。紧紧围绕财政中心工作，抓住财政管理中迫切需要解决的问题，集中力量加以推进，通过重点项目的突破带动整体信息化建设。先规划，后建设，合理安排项目的时间节点和阶段性任务，精心组织，分步实施，逐步完善。

整合资源，讲求实效。充分利用财政现有的信息化基础设施和建设成果，整合优化配置资源，找准资源利用率和运行效率的平衡点，降低信息化建设成本，提高信息化投资效益。

加强管理，确保安全。高度重视信息安全工作，把信息安全工作摆在信息化建设的突出位置。提高安全保密意识，加强安全保密监督检查。建立健全财政信息化安全建设与管理制度体系，健全运行维护体系，坚持建设与管理并重，确保信息系统安全运行。

五、理顺几个关系

财政管理信息化建设涉及面广、建设内容多、工作任务重，必须把握统筹兼顾这一根本方法，正确认识和妥善处理好以下几个关系：一是财政信息化内在要素之间的关系。要对财政信息化内在要素及建设内容进行统筹规划，根据财政业务需求统筹规划业务系统，同时根据业务系统运行要求统筹规划系统软硬件配置、网络基础设施、信息安全保障和IT运行维护体系建设，在此基础上同步建设，整体推进。二是当前与长远的关系。要立足当前，着眼长远，科学合理地设计财政管理信息系统。既要下大力气积极解决当前工作中面临的突出问题，又要结合信息化建设的长远目标和要求，使当前的建设与长期需要相衔接。三是局部和整体的关系。要改变以往系统分散建设的模式，加强统筹规划，标准先行，完善制度，形成完整的、相互协同的大系统。四是中央和地方的关系。要坚持一体化要求，加强财政部的统一领导，整体推进财政管理信息化建设，同时也要重视地方的个性发展，加强分类指导。五是内外关系。在做好财政内部信息化建设的同时，要充分学习借鉴其他部门好的经验做法，搞好与其他电子政务工程的衔接。六是人机关系。信息技术是管理手段，要真正发挥作用，关键在人。要充分发挥财政干部运用信息化手段加强财政管理的主观能动性，做到人机结合。同时，规范业务流程，设计出优化规范的处理程序，堵塞流程外的违规操作。

第三节 财政管理信息化建设主要内容

财政管理信息化建设是一项庞大的系统工程。根据"构建一个平台，实现二级数据处理，建成三个网络，开发应用四类系统，坚持五个统一"的建设内容，财政管理信息化建设主要包括以下几个方面：

一、标准规范体系和应用支撑平台建设

（一）标准规范体系建设

统一的标准规范是信息化建设的基础，是落实一体化要求的重要保证。推进财政管理信息化建设，必须建立健全标准规范体系。财政管理信息化标准规范体系要按照标准化建设的原则和方法，结合财政管理信息化建设的实际需要和特点研究制定，具体包括总体标准、基础数据标准、数据交换标准、应用支撑标准、

网络标准、安全标准、运行维护标准和管理标准。"十二五"时期，要加大现有标准规范的执行力度，并在现有标准规范的基础上，不断充实、完善技术标准和管理制度，进一步健全信息化标准体系，实现财政信息化建设的规范管理和全国财政系统标准的统一，为财政管理信息化建设与发展奠定坚实基础。

（二）应用支撑平台建设

应用支撑平台是对财政核心业务系统公共数据和公共控制的高度集中和有效集成，是整合统一财政核心业务系统、构建一体化管理大系统的重要基础和技术手段。它由若干通用业务组件和技术组件构成，就像一个规范的、适应多样性"插头"的"多功能插座"，表层应用系统可以通过各种各样的"插头"接入"插座"，从而构建统一的财政业务应用系统。平台由财政部统一组织开发、完善、升级及扩展。当前及今后一段时期内要全面完成平台在省和地市级财政部门的推广实施，基于平台整合统一业务系统，实现财政内部、财政与同级单位、上下级财政间的贯通，不断深化平台应用，以应用推平台，以平台促应用，进一步提高财政管理信息化建设与应用水平，有力支撑和促进财政科学化精细化管理。

二、应用系统建设

应用系统建设是财政管理信息化建设的核心内容和关键部分，是财政业务管理与财政发展改革的重要技术支撑和保障，主要包括预算编制、预算执行、决策支持和行政管理信息四类系统建设。

（一）预算编制系统

包括部门预算、预算指标管理、地方财政分析评价、非贸易外汇管理、地方政府性债务管理、全国预算指标监控、财政收支测算等系统。部门预算系统的基本功能是编制部门预算，在采集预算单位、人员、工资、项目、资产等基础信息的基础上，建立基础资料库和项目库，对收入预算、基本支出预算、项目支出预算、政府性基金预算、新增资产及资产存量预算等预算数据进行全面管理，实现从预算编制、审核、测算到批复的全过程计算机处理和网络化管理，使预算编制更加科学化、精细化。预算指标管理系统的基本功能是反映部门预算及中央对地方专款指标的批复、下达和调整情况，管理部门预算和中央对地方专款指标的调整，涵盖所有业务与资金种类的预算指标管理，实现部门预算与国库集中支付的衔接与贯通。地方财政分析评价系统的基本功能是对地方财政情况进行分析评价，建立地方财政供给单位人员信息、财政收支等综合信息库，对地方财政情况进行监控、分析与评价，为开展地区间比较和分析、实施财政宏观调控、制定财政政策、加强县乡财政管理提供基础信息和依据。非贸易外汇管理系统的基本功能是对非贸易非经营项目用汇进行管理，包括用汇预算编制、购汇审批与核销管理，编报非贸易非经营外汇的预决算数据，实现银行对账单的实时管理，产生上报全国人大及国务院的统计分析报表。地方政府性债务管理系统的基本功能是对地方各级财政部门及有关部门、单位的政府性债务进行管理，包括对地方政府性债务的余额变化、债务举借、资金使用、还本付息、会计核算、统计分析等环节进行全程管理和动态监控，实现对债务风险的动态评估预警。全国预算指标监控系统的基本功能是以项目为主线实现对转移支付项目指标的全程跟踪与监控，进一步完善转移支付预算编制，以各级财政预算指标下达时间为依据，监控中央（省、市）财政设立转移支付项目的预算执行情况，加强资金监管，简化上下级财政对账工作，全面反映并全程监控中央和地方转移支付资金的安排、落实情况。财政收支测算系统的基本功能是为准确编制政府预算而需要进行的财政收支预测提供支持，与税务系统、海关系统密切配合，建立财政收支历史数据库、统计及分析模型、财政收支预测模型，为预算编制提供依据。

（二）预算执行系统

预算执行类系统包括国库收付管理、非税收入管理、工资统一发放、现金管理、国债管理、政府采购、固定资产管理、财政国库监控管理、预算执行分析、部门决算管理以及财税库银横向联网、中国农民补贴网等系统。国库收付管理系统的基本功能是用于支撑国库收支业务管理，包括用款计划管理、支付管理、账务管理等，实现财政资金按照集中支付和实拨等支付方式的审核拨付以及收支业务数据的账务管理等业务功能，提高预算资金核算和资金使用效率，加强资金划转的安全控制。非税收入管理系统依托财政和银行的计算机网络，按票款分离原则建立收费项目管理、专用收款票据管理、执收单位开票记账管理、银行代收代缴管理等，实现代理银行、执收单位与财政三方网上对账，保证缴款人的每一笔缴费及时、足额进入财政专户。工资统一发放系统的基本功能是对财政供养人员的基本信息、工资结构进行管理，通过国库单一账户管理和发放财政供养人员的工资，通过系统的内部控制机制以及财政部门、人事部门、编制机构的三方核对，有效防止个人工资虚增冒领的现象。现金管理系统的基本功能是对国库现金账进行实时管理，与国库和银行进行支付对账，对现金流进行预测，实现按现金流总体控制支付授权。国债管理系统包括国债发行计划管理、国债发行与兑付管理、国债风险评估、国债经济效益分析等功能，对国债发行计划的编制、审批、审核，历年来国债的发行计划、发行数和兑付数，国债发行和兑付的时间、进度、代理单位、回款（支付）情况等方面进行管理；根据历年国债发行数、兑付数、当前国债发行数、外债情况、宏观经济景气、国内金融指标、宏观经济指标等信息，采用金融风险分析方法，对国债发行风险进行分析评估；根据相应的国债发行数据和同期金融指标，对国债发行的经济效益进行分析。政府采购管理系统对需要进行政府采购的项目进行管理，对分期采购的项目，管理采购进度及采购完成情况，对每一个项目，都全面记录当前采购的进展情况及完成的采购额，对于完成采购的项目，记入相应的固定资产总分类账，作为固定资产进行管理。固定资产管理系统通过建立固定资产总分类账，支撑固定资产折旧、报废、重估等国有固定资产管理工作，实时更新固定资产数据库。行政事业单位资产管理系统，通过建立资产管理动态数据库，全面、准确、动态地反映资产的总量、构成、分布和变更信息。财政国库监控管理系统的基本功能是对预算单位国库集中支付资金和中央拨付专项资金进行监控管理，通过预警保证财政资金的安全。预算执行分析系统的基本功能是完成财政总决算业务和旬、月报业务分析的管理，通过汇总收集各级财政的收支数据，完成旬、月和财政总决算分析报告工作。部门决算管理系统的基本功能是完成预算单位决算数据的编报、审核、批复和分析。财税库银横向联网是指财政部门、税务机关、国库、商业银行（含信用社）利用信息网络技术，通过电子网络系统办理税收收入征缴入库等业务，税款直接缴入国库，实现税款征缴信息共享的缴库模式。中国农民补贴网以每家农户为单位，实现对农户、种粮等有关信息的网络化管理，各项涉农补贴可通过网络发放并进行实时、动态监测，逐步实现涉农资金统一管理、涉农资金的"一卡通"管理。"金财工程"一期着重完成国库收付管理系统、非税收入管理系统、工资统一发放系统、行政事业单位资产管理系统、财税库银横向联网、中国农民补贴网建设，其他系统建设将根据财政管理与改革需要开展。

（三）决策支持系统

做好财政业务数据的深入开发与综合利用，将各部门掌握的分散业务数据进行梳理整合，逐步建成一个时间跨度长、信息量大、覆盖面广的财政经济数据库。"金财工程"一期着重推进财政经济景气预测分析系统建设，在整合相关财政数据资源，广泛搜集和利用国内外宏观经济数据的同时，与"金宏工程"实现有效对接，加强相关经济模型的研发，建立宏观经济预测和政策模拟分析模型，通过准确、全面地分析宏观经济和财政收支增减因素，为预算编制、财政政策调整和科学决策提供依据。

（四）行政管理信息系统

财政行政管理信息系统是指各级财政机关政务处理的信息化，与财政业务管理信息化共同构成财政信息化的整体，即电子财政。财政信息化建设必须加快推进财政行政管理信息化建设。在行政管理信息系统建设过程中，要加强组织协调，立足当前，兼顾长远，统筹各种需求，制订建设规划，建设内容既包括公文、档案、信息、新闻、会议、值班、督查、信访等方面的综合办公系统，也包括人事、培训、监察、法规等方面的信息管理系统。以加快推进公文处理信息化为突破口，切实抓好综合办公信息系统的建设与应用，在中央（含财政部驻各地财政监察专员办事处）、省、地市财政部门尽快建立自动化办公平台，建立和完善党政、人事、教育、法规、后勤等财政机关事务的信息化管理平台，逐步实现内部办公的自动化、网络化，提高行政管理工作质量和办公效率，节约行政成本。

三、网络及信息安全保障体系建设

（一）网络体系建设

网络体系为应用系统运行及信息传输提供稳定可靠环境，是财政管理信息化的基础设施。按照"金财工程"网络建设规划及有关技术标准，结合实际应用需求，对现有网络基础设施进行必要的改造、优化与完善，调整网络布局，优化网络结构，提升网络性能，增强网络可靠性，建立一个布局合理、功能完善、性能较强、运行稳定的网络体系，使之更好地适应"金财工程"建设与发展的需要。

（二）信息安全保障体系建设

信息安全保障体系是财政管理信息化建设的重要内容和保障措施，对加强财政安全保密工作、保障网络及信息系统安全稳定运行、促进财政管理信息化可持续发展具有重要作用。财政信息安全保障体系要按照国家信息安全有关规定和等级保护要求及标准规范，遵循"积极防御、综合防范"的方针，结合财政工作实际逐步建立和完善，包括安全基础设施、数据备份与容灾、网络信任系统、安全策略与管理制度等方面。安全基础设施包括防火墙、入侵检测、漏洞扫描、病毒防护、VPN系统、网络隔离、安全审计等；数据备份与容灾包括本地数据备份、同城灾备和异地灾备；网络信任系统以密码技术为基础，包括身份认证、授权管理和责任认定；安全策略与管理制度为信息安全保障体系建设与运行管理提供依据和制度规范。通过建立信息安全保障体系，不断提高信息安全保障能力和防护水平，确保网络与信息系统安全稳定运行及信息内容安全可靠。"十二五"期间，在进一步巩固基本防护措施的基础上，加快信息安全保障体系建设，开展信息安全整体部署工作，提升信息安全整体保障能力和水平，全面推进财政身份认证及授权管理系统建设，强化身份认证、授权管理和责任认定系统的应用，规划建设异地灾备中心，健全信息安全管理制度。

四、运行维护体系建设

运行维护体系是财政管理信息化建设的重要组成部分,对提高技术服务水平和能力、发挥财政信息化效益具有十分重要的作用。运行维护体系建设要根据IT服务管理理论、方法和标准(ISO2000)及最佳实践(ITIL),按照一体化建设的要求,结合财政实际逐步建立和完善,包括技术支撑、组织管理模式、制度规范等内容。技术支撑主要为IT服务管理体系正常运转提供技术支撑,包括流程管理平台、监控管理平台、共享支持系统和业务服务管理系统等。其中,流程管理平台对事件管理、问题管理、变更管理、配置管理、发布管理等流程进行管理控制;监控管理平台对机房、网络、安全、主机、数据库、存储备份、中间件等IT基础架构及应用系统进行集中监控与管理;共享支持系统为流程管理平台和监控管理平台提供知识库、配置库等共享信息;业务服务管理系统将IT资源的管理信息与业务系统相联系,通过业务视图直观表达业务流程的运行情况,快速判定IT资源失效对业务的影响,合理调度资源,保证关键业务的正常运行。组织管理模式主要为IT服务管理体系正常运转提供组织保障,确定IT服务管理方式和组织机构,划分任务、角色与岗位,合理配置IT服务管理资源,建立集中统一的IT服务管理机制。制度规范主要为IT服务管理体系正常运转提供制度规范保障,明确IT服务管理的行为准则和工作程序,建立评价考核指标,规范运行维护费用管理。通过建立IT服务管理体系,转变IT服务管理理念和管理方式,实行集中统一的IT服务管理模式,健全管理制度,规范管理流程,强化技术手段,提高IT服务管理水平,及时解决信息系统运行中发生的各类问题,为用户提供方便、快捷的技术支持和服务,实现对网络及信息系统的实时监控和动态管理，有效防范控制系统故障和风险，保障网络及信息系统稳定运行，确保财政业务工作正常进行。

第四节 信息数据管理与应用

财政信息数据管理与应用是通过对财政信息数据的采集、审核、存储、传输、发布、应用等过程进行管理、控制与监督，以保证数据的质量，满足查询、分析、报表、统计、监控、预警等方面工作需求，提高数据利用效率。数据管理与应用应坚持分级管理、过程控制、信息共享、保障安全的原则，实行分层级的数据管理模式，建立数据从报送、采集、审核到应用、维护全过程的控制规范和安全制度，整合应用系统，实现数据一次采集、集中存储、共享使用，并做好数据安全保密工作。

一、实现"三个贯通"

所谓"三个贯通"，就是通过平台构建统一业务系统，实现财政内部之间、财政与同级预算单位之间、上下级财政部门之间业务通畅和数据贯通。

（一）平台支撑本级财政主体业务，实现财政内部的业务和数据贯通

平台以总账为核心，对财政业务公共数据进行了高度集中，对公共规则进行了归纳抽象，以一套控制规则约束预算指标分配和执行，以一本总账详细记录财政业务信息发生及变化过程，能够较好地支撑财政主体业务流程通畅、业务衔接、控制严密、数据共享等管理要求。基于平台构建一体化管理系统，支撑以预算编制为源头、以收支管理为主线、以统计分析为决策支持的财政主体业务，实现本级财政内部的业务和数据贯通。采用开发生长

模式或接入模式，基于平台将预算编制、指标管理、国库支付、非税收入、工资统发、专项资金监督、债务管理、查询分析等系统整合统一成为信息共享、流程通畅的一体化管理大系统，实现财政资金从分配到使用全过程的监控、管理，更好地满足财政、部门、预算单位、银行等不同用户对财政业务的一体化管理需求。

（二）平台统一信息交换方法，支撑财政与其他部门间的业务和数据贯通

财政部门完成完整的业务处理流程，离不开预算部门（单位）、代理银行及人民银行等部门的协同工作，在信息处理上，主要体现在财政部门需要高效优质地完成与这些部门之间频繁的数据交换。为统一数据交换方式和方法，平台通过数据交换组件，建立起财政系统统一的数据交换机制，从根本上改变以往系统建设一类业务一种数据交换方式的状况。同时，为规范数据交换组件的使用，财政部研究制定《基于金财工程应用支撑平台数据交换规范》（以下简称《交换规范》），在统一数据交换手段的基础上统一交换标准。各级财政部门基于平台接入整合系统，以平台为内外数据交换中枢，构建起财政业务横向数据贯通通道，借助平台提供的数据同步和一致性校验规则，使得业务数据可以在财政部门、预算部门（单位）和银行间通畅、安全地流转，以解决财政与同级其他部门间的业务和数据贯通问题。

（三）平台建立纵向数据交换通道，为实现上下级财政间的业务和数据贯通创造条件

以统计分析、资金监控为特征的纵贯各级财政部门的综合业务管理，对上下级财政部门实现系统贯通提出了更高要求。平台在实现财政部门与同级其他部门间数据交换的同时，应建立上下级财政部门间的数据交换通道。统一的基础数据和一致的系统架构为上下级财政间的业务和数据贯通奠定基础，平台交换组件的

建设与应用，为上下级财政间的业务和数据贯通提供有效手段。本级财政部门可以根据预置规则从平台中实时抽取及发出业务数据，并利用平台交换组件完成上下级财政间收支业务数据的传输交换，提高上下级财政部门间数据采集及交换的便利性、高效性和准确性。平台在各地财政部门全面推广实施后，全国财政系统信息互联互通的格局将初步形成，不仅能够切实解决长期困扰财政部门的上下级之间系统隔断、数据断层的问题，更为财政主管部门及时准确地监控资金流向、掌握整体收支情况、科学分析决策创造有利条件。

二、建立数据中心

逐步建立中央和省级财政部门数据中心，对财政业务系统信息实行集中存储、备份、处理、交换和管理。通过对各财政业务的现行数据、历史数据及外部信息进行挖掘整理、统一规范，逐步建成一个时间跨度长、信息量大、覆盖面广的财政经济数据库，实现数据集中处理和信息充分共享。数据中心建设有赖于应用支撑平台全面推广实施和统一标准的全面应用，统一平台、统一标准后，原有系统分割、数据分散存储的局面将得到彻底改变，大量的财政业务数据将集中存储到平台中，形成统一的数据中心。采取有力措施，加强数据管理，提高数据质量，确保数据及时、完整、真实、准确和规范。在此基础上，通过建立相关经济数据模型，利用财政经济形势分析和财政政策模拟工具，对数据信息进行深度加工、综合利用和统计分析，为财政预算编制和执行、财政政策制定和科学决策提供依据。

三、深化数据应用

随着平台的逐步推广实施和应用，大量的财政业务数据将集中存储到平台。如何用好这些数据，充分发挥数据信息资源的价值，是财政部门面临的重大课题。财政部已启动基于平台的全国预算执行数据中心建设，研究制定财政收支数据采集标准及上下级系统贯通技术方案，在完成系统开发后选择条件成熟的省市进行试点。在此基础上，进一步将财政收支数据的采集范围逐步扩大到省、市、县三级财政部门，形成真实、完整、及时的全国预算执行数据中心，不断丰富各级数据中心的业务数据内容，将各级财政部门的预算编制、人员、项目库、资产等数据纳入数据中心，综合运用财政、经济、数据模型方法和数据仓库技术，实现对数据的统计、汇总和分析利用，为管理决策提供辅助支持。各地财政部门根据财政部统一部署和安排，配合完成省级分中心建设相关工作，按照有关数据采集规范和办法，及时提供完整、准确的业务数据，并结合本地业务管理需要，逐步拓展业务数据的覆盖范围。同时，根据本地财政资金支持经济社会发展的重点投向和政策热点、焦点，研究建立财政综合分析指标体系，对数据进行分主题、分层次、多角度的综合分析和深度利用，为及时了解财政政策落实情况和资金运行情况、实施财政宏观调控等提供有力依据。

第十八章　财政干部队伍建设

第一节　财政干部是财政管理的第一资源

做好财政管理工作，关键在人。人是财政管理中最活跃、最具有决定性的因素，是财政管理的第一资源。财政干部是直接从事财政管理、执行财政政策的人员，是财政管理的主体。加强财政干部队伍建设，提高财政干部的综合素质，是贯彻落实科学发展观的基本要求，是各项财政职能和政策措施得以实现的重要保证，对于建设勤政、廉洁、务实、高效的财政部门和全面推进财政科学化精细化管理、推动财政事业健康发展，具有十分重要的意义。

近年来，财政部门大力加强思想政治建设、领导班子建设、机关作风建设、反腐倡廉建设、财政文化建设，不断深化干部人事制度改革，财政干部队伍素质不断提高，为加强财政管理、有效发挥财政职能作用提供了有力保障。但是，财政干部队伍建设中仍存在人员综合素质不够全面、管理水平有待提高、人力资源配置不尽合理、干部人事制度改革有待深化，以及干部服务观念、责任观念、效率观念仍需加强等问题。

随着世界经济一体化进程不断推进，我国经济国际化、全球化趋势日趋明显，科技进步日新月异，政府职能加快转变，公共财政体系不断完善，财政收支规模不断扩大，财政分配领域和服务对象不断多元化，对财政工作提出了新的更高要求，同时也对财政干部队伍建设提出了新的更高要求。

当前及今后一个时期，必须适应新形势、新任务，按照科学化精细化管理思想，努力建设一支政治过硬、业务熟练、作风优良的财政干部队伍，为全面提升财政管理水平、推动财政事业科学发展提供有力的组织保障。

第二节　能力素质建设

财政管理水平的高低，很大程度上取决于财政干部队伍的能力素质。要大力加强财政干部能力素质建设，不断完善能力素质结构，提高管理水平。

一、加强领导班子建设

各级财政机关领导班子是财政管理的领导者、组织者。要以提高执政能力为重点，按照政治坚定、求真务实、开拓创新、勤政廉洁、团结协调的要求，进一步加强领导班子的思想、组织、能力、作风建设，使之成为学习型组织、创新型团队、实干型集体、廉洁型班子，在提高财政管理水平中发挥强有力的领导核心作用。

加强思想政治建设。思想政治素质是领导干部素质的灵魂，加强领导班子思想政治建设是提高领导班子和领导干部素质的根本途径。在选准干部、配强班子的基础上，要把思想政治建设摆在各级领导班子建设的首位。核心是要深入学习贯彻邓小平理论和"三个代表"重要思想，全面落实科学发展观，在武装思想、指导实践、推动工作上狠下工夫。要坚定理想信念，树立马克思主义的世界观、人生观、价值观和正确的权力观、地位观、利益观，不断提高思想政治水平。要严明政治纪律，增强政治意识、大局意识和责任意识，与中央保持高度一致，把思想和行动统一到党的各项决策部署上来，把智慧和力量凝聚到中央对财政工作的各项部署和要求上来。要加强廉政建设和道德修养建设，带头讲党性、重品行、作表率。

加强组织建设。要着眼于提高领导财政发展改革的整体功能和综合素质，按照政治坚定、开拓创新、求真务实、勤政廉政、团结协调的要求，进一步加强各级领导班子建设。认真执行干部任用条例和中央有关文件规定，按照制度和程序要求选准配好"一把手"。深化干部选拔任用制度改革，不断优化领导班子结构，既考虑专业、能力结构上的合理性，又考虑个性特点、工作阅历上的互补性，形成合理的年龄、知识、专长结构，增强班子整体功能。

加强能力建设。要不断提高各级财政领导班子分析形势、把握大局、服务大局的能力，依法理财、规范行政的能力，科学化精细化管理的能力，求真务实、开拓创新的能力，妥善协调利益关系、应对复杂局面的能力，做好思想政治和群众工作、带好队伍的能力，拒腐防变、经得起各种诱惑和考验的能力。要按照科学理财、民主理财、依法理财的要求，加强理论武装、学习培训和实践锻炼，深入群众、深入基层、深入部门，全面提高领导班子和领导干部运用科学发展观干事创业的水平。

二、加大教育培训力度

教育培训的目的，是为了提高财政干部的能力素质，为提高财政管理水平打下基础。要深入贯彻落实《2010—2020年干部教育培训改革纲要》精神，以需求为导向，以能力建设为中心，不断改进培训方法，丰富培训内容，创新培训体制机制，增强培训的计划性、针对性和实效性，努力形成多层次、规范化、高效益的教育培训工作格局。

结合实际开展分级分类培训。一是积极开展岗位培训。对财政管理人员履行岗位职责所需要的专门知识进行培训，让干部掌握履职尽责所必备的知识，成为有知识、懂业务、胜任本职工作的行家里手。在专业知识、政策法规、岗位技能等方面欠缺的，要及时补课，加强培训，提高履行职责的能力。要在全面提高财政干部综合素质和岗位技能的基础上，培养一批业务骨干。二是认真组织初任培训。对新录用人员进行基础性、适应性的入门培训，促使培训人员尽快了解财政部门的工作、环境、制度要求，迅速完成角色转变。三是切实抓好任职培训。对财政干部晋升后及时进行相应的任职培训，除了进行思想道德教育外，业务培训应侧重宏观经济理论、财税理论、管理科学、领导艺术等内容。四是开展专题培训。根据形势要求，定期或不定期安排政治理论、时事政治和党风廉政建设等专门内容的培训。五是适度组织境外培训。合理利用境外培训资源，适度组织干部赴境外培训，从实践中学习借鉴发达国家的先进财政管理经验和做法。

加强学习型组织建设。要按照造就一支善于学习、勇于创新、追求卓越、德才兼备的高素质管理队伍要求，加强学习型组织建设。广大财政干部尤其是领导干部都要努力学习。越是工作忙、任务重，越要注意挤出时间学习。要端正学习态度，明确学习内容，坚持理论联系实际，学以致用，将理论更好地应用到财政管理实践中。通过全体财政干部的共同勤奋学习，努力把各级财政机关建设成学习型机关，把财政干部队伍建设成为学习型队伍，努力形成思想在学习中凝聚、人才在学习中涌现、事业在学习中兴旺的生动局面。

加强人才库建设。建立一支高素质的人才队伍，是提升财政管理水平的重要举措。按照《2010—2020年国家中长期人才发展规划纲要》的要求，研究制定财政系统人才培养规划，继续实施重点骨干人才培养工程，改善人才结构，提高管理水平。

三、进一步改进工作作风

作风好则事业兴。树立良好的工作作风，是提高财政管理工作质量和效率的重要保证。要进一步改进工作作风，以良好的作风抓管理、促落实，不断提高财政管理水平。

加强领导干部作风建设。领导干部的良好作风对一个机关和部门具有重要的示范效应。从财政系统工作实践来看，加强各级领导班子和领导干部作风建设，是贯彻落实党和国家方针政策，实现新时期财政工作总体要求，加强财政管理，充分发挥财政职能作用的重要保证。各级领导干部都要牢记"两个务必"、"八个坚持、八个反对"的要求，进一步加强作风建设，努力做到为民、务实、清廉。要牢固树立科学发展观和正确的政绩观，坚持解放思想、实事求是，一切从实际出发，求真务实，埋头苦干，扎实工作，不搞形式主义、官僚主义。改进领导方式和方法，改革和完善决策机制，健全决策规则，规范决策程序，强化决策责任，提高决策科学化、民主化水平。要严格执行并不断完善民主集中制，按照集体领导、民主集中、会议决定的原则，完善领导班子决策制度和议事规则；凡是涉及全局性和战略性的重大财政问题，要由领导班子集体研究决定。要以对财政事业高度负责的态度，敢抓敢管，真抓实干，团结带领广大财政干部共同推进各项财政管理工作。

增强干部的责任意识。财政管理工作政策性强、涉及面广、工作具体，管理中稍有疏忽就会产生问题，给国家和人民造成损失。因此，财政干部必须增强责任感，在加强管理上狠下工夫。要牢固树立为国理财、为民服务的工作宗旨，增强事业心和责任感。要熟悉政策，了解情况，钻研业务，掌握所从事工作的要求和关键，增强履行管理职责的能力和水平。要加强工作的协调配合，既有分工，又有合作，既有制约，又有协调，心往一处想，劲往一处使，形成工作合力。坚决反对那些只顾个人、部门和局部利益，不顾全局利益，有令不行，有禁不止的行为。要培养严谨细致的工作态度。广大财政干部要按照精确、细致、深入的要求，抓住财政管理的薄弱环节，有针对性地采取措施，抓紧、抓细、抓实，不断提高管理效能。

第三节 党风廉政建设

一、加强财政部门党风廉政建设的必要性和紧迫性

党风廉政建设是党的建设的重要组成部分，是"三个代表"重要思想的内在要求，是科学发展观在党建工作中的具体体现。党风廉政建设的好坏关系到党的生死存亡，关系到国家的兴衰成败。在市场经济条件下，加强党风建设、增强党员干部的廉洁自律意识，尤其具有紧迫性和重要意义。在社会发展过程中，党面临着各种各样的严峻考验，只有坚持加强党风廉政建设，才能促使广大党员干部正确对待、运用手中的权力，全心全意为人民服务；才能密切党群、干群关系，保持党与人民群众的血肉联系；才能永远保持共产党员的高尚情操，使党的组织更加纯洁；才能使党在政治上更加统一、坚强，经受住各种考验，保持先进性永不变质。

近年来，各级财政部门在积极推进财政工作的同时，进一步增强深入推进党风廉政建设和反腐败斗争的责任感和使命感，按照标本兼治、综合治理、惩防并举、注重预防的方针，全面推进

党风廉政建设各项工作,加强对财政部门贯彻落实中央决策部署情况的监督检查,确保党和国家大政方针在财政工作中的贯彻执行,切实加强财政干部作风建设,严肃查处违法违纪案件,不断完善对财政权力运行的监督制约机制,深入推进财政管理制度改革,全面开展专项治理工作,进一步强化财政纪检监察自身建设,财政部门党风廉政建设和反腐败斗争取得了新的成效。同时,我们也清醒地看到,当前财政党风廉政建设中还存在一些不容忽视的问题:财政干部作风建设还需要进一步加强,对财政权力运行的监督制约还要进一步完善,对重大财税政策落实情况的监督检查还要进一步深入,财政管理制度改革还要进一步深化,等等。这些情况表明,财政部门党风廉政建设任务仍然繁重。各级财政部门必须正确认识党风廉政建设和反腐败斗争形势,以更加坚定的信心、更加坚决的态度、更加有力的措施、更加扎实的工作,抓紧解决存在的突出问题,坚定不移地把财政部门党风廉政建设和反腐败斗争推向前进。

二、推进财政反腐倡廉建设

加强财政反腐倡廉建设是不断开创财政事业新局面、更好服务于发展中国特色社会主义的必然要求,是推进财政系统干部队伍建设和党的建设的必然要求,是适应财政系统党风廉政建设和反腐败斗争形势发展的必然要求,要大力推进廉政风险防控机制建设,排查廉政风险,健全内控机制,构筑制度防线,形成以积极防范为核心,以强化管理为手段的科学防控机制。

扎实开展反腐倡廉教育。加强反腐倡廉建设,必须把教育这个基础抓好抓实。要把学习和遵守党章作为重要教育内容,以树立正确权力观为重点,深入进行理想信念、党风党纪、廉洁从政、艰苦奋斗教育,不断夯实财政干部廉洁从政的思想道德基础，筑牢拒腐防变的思想道德防线。要把反腐倡廉的思想教育、纪律教育与社会公德、职业道德、家庭美德和法制教育结合起来，广泛开展丰富多彩的廉政文化创建活动，教育和引导广大财政干部坚持为国理财、为民服务的工作宗旨，树立社会主义荣辱观。要注重采取灵活多样的教育形式，既依靠基层党组织进行教育，又引导广大党员进行自我教育；既运用传统的教育方式，又充分利用现代化信息技术等多种手段；既积极开展专题教育，又坚持不懈抓好日常教育；既运用先进典型进行示范教育，又利用反面案例进行警示教育，拓展宣传教育领域，增强反腐倡廉宣传教育的针对性和有效性。

完善反腐倡廉制度。要进一步推进各项财政管理制度改革和创新，完善管理制度和运行机制，更好地从源头上防治腐败。深入推进部门预算、国库集中收付、"收支两条线"管理、政府采购、政府收支分类等预算管理制度改革，加快"金财工程"建设，使预算管理更加科学、规范、公开、透明。试行国有资本经营预算制度，建立规范的社会保险基金预算制度。在中央和省级预算单位全面推广应用公务卡。切实加强行政事业单位资产管理，规范中央和国家机关经营性资产管理。深化财政体制改革，完善转移支付分配办法。进一步规范各地区、各部门、各单位的津贴补贴，严肃查处违规发放津贴补贴行为。推动制定特殊岗位津贴补贴管理办法和事业单位绩效工资实施办法。加强对制度执行情况的监督检查，严肃查处违反制度的行为，保证反腐倡廉各项法规制度得到贯彻执行、发挥应有的作用。

建立健全权力结构和运行监督机制。要抓住权力行使这个关键，加强对权力运行的监督，建立廉政风险防控机制，做到关口前移，防范在先。要建立健全决策权、执行权、监督权既相互制约又相互协调的权力结构，形成结构合理、配置科学、程序严密、制约有效的权力运行机制,既保证权力高效运行,又保证权力正确行使。要进一步健全财政部门组织体制和程序规则,把权力运行纳入制度化、规范化、程序化轨道,保证干部各司其职、各负其责。建立健全预算执行与预算编制相互制约、相互协调的互动机制,强化财政部门内部制约机制。要加强与其他部门的沟通,形成科学有效、相互协调、相互制约的工作机制。加强对领导班子和领导干部的监督,坚决查处违纪违法案件。积极推进预算公开和政务公开,努力打造"阳光财政"。

三、加强财政机关党的建设

加强财政机关党的建设,提高财政部门党员干部政治思想素质,对于保证党的路线方针政策的正确贯彻执行,推动财政发展改革,促进经济社会又好又快发展,有着重要意义。

加强财政机关党的建设要坚持以中国特色社会主义理论体系为指导,以贯彻落实科学发展观为统领,以加强党的执政能力建设和先进性建设为重点,以建设高素质的党员队伍为关键,以加强党的基层组织建设为基础,以保持党同人民群众的血肉联系为核心,坚持围绕中心、服务大局,坚持党要管党、从严治党,坚持与时俱进、开拓创新,全面推进机关党的思想、组织、作风和制度建设,使各级党组织始终充满生机与活力,使全体党员在财政发展改革事业中始终保持蓬勃朝气、昂扬锐气和浩然正气。

要加强财政部门党员干部理想信念教育和思想道德建设。政治坚定是党员保持先进性的重要前提。财政机关各级党组织要组织党员深入学习中国特色社会主义理论体系,用马克思主义中国化最新成果武装头脑、指导实践、推动工作。广泛开展世情国情党情教育、形势政策教育、爱国主义教育、社会主义荣辱观教育，自觉成为实践社会主义核心价值体系的模范，做共产主义远大理想和中国特色社会主义共同理想的坚定信仰者、科学发展观的忠实执行者、社会主义荣辱观的自觉实践者、社会和谐的积极促进者。

要加强财政机关基层党组织建设。党的基层组织是党全部工作和战斗力的基础，是落实党的路线方针政策和各项财政工作任务的战斗堡垒。要按照《中国共产党和国家机关基层组织工作条例》的要求，坚持"围绕中心、服务大局、拓宽领域、强化功能"十六字指导方针，着力在发展党内民主、建设高素质"带头人"队伍、扩大基层党组织覆盖面、推进工作创新、增强生机活力上下工夫，使机关党的基层组织充分发挥推动发展、服务群众、凝聚人心、促进和谐的作用。要积极推进财政机关党内民主建设，推行机关党务公开，拓宽党员参与党内事务的渠道，激发机关党组织的生机和活力。加大对专职党务干部和机关党支部书记的培训力度，努力建设政治坚定、作风优良、业务精通的复合型、高素质党务干部队伍。要加强对党员干部的教育管理服务工作，严格党的组织生活，健全党内生活制度，进一步健全党内激励、关怀、帮扶机制，不断增强基层党组织的凝聚力。

要切实提高财政机关党建科学化水平。进一步深化对财政机关党建工作规律性的认识，总结和完善多年来机关党建的成功经验和有效做法，并上升到制度层面。深入研究新情况、解决新问题，特别是要从不同地方的财政工作实际出发，及时分析推进机关党建科学化过程中遇到的各种矛盾和困难，研究提出切实可行的办法和措施，使机关党建工作更加讲求科学、依靠科学。当前及今后一个时期，要以深入开展"创先争优"活动为契机，督促财政机关基层党组织和党员干部落实好"推动科学发展、促进社会和谐、服务人民群众、加强基层组织"的目标要求。要以坚定理想信念为重点加强思想建设，以造就高素质党员干部队伍为重点加强组织建设，以保持党同人民群众的血肉联系为重点加强作风建设，以健全民主集中制为重点加强制度建设，以完善惩治和预防腐败体系为重点加强反腐倡廉建设，既着眼整体，又突出重点，既立足当前，又放眼长远，真正把提高财政机关党建科学化水平的要求落到实处。

第四节　人事制度建设

为政之道，要在得人。做好财政管理工作，很关键的一条是选好人、用好人。各级财政机关要在总结以往人事工作经验的基础上，进一步深化干部人事制度改革，逐步完善体现科学发展观和正确政绩观要求的干部选拔任用和考核评价体系，形成广纳群贤、人尽其才、能上能下、充满活力的用人机制，营造激励干部干事业、支持干部干成事业的良好氛围，使优秀人才脱颖而出。

扩大干部工作民主。这是深化干部人事制度改革的基本方向，关键是进一步落实广大干部群众对干部选拔任用的知情权、参与权、监督权。财政部门以扩大干部工作民主为主线，积极探索，扎实推进改革，逐步建立起针对不同单位性质、不同职务特点的较为完备的干部选拔任用制度体系；规范干部选拔任用提名方式，大力推行竞争上岗，扩大民主推荐范围；推行差额选拔干部机制，差额确定考察对象，差额票决确定任职人选。要进一步深化改革，明确干部选拔任用提名主体，规范提名形式、提名程序，合理界定提名责任，增强民主推荐的科学性和真实性；按照代表性、知情度和相关性原则，合理确定参加民主推荐人员范围；完善差额选拔干部机制，扩大差额考察范围；推进干部工作信息公开，切实提高干部工作民主质量。

健全竞争择优机制。加大竞争性选拔干部力度，广开举贤荐能之路，进一步拓宽选人用人渠道，是财政部门一直坚持的干部选拔任用改革方向。比如，在财政部机关和派出机构初步形成了坚持党管干部、突出岗位特点、注重工作实绩、与后备干部选拔相衔接的竞争上岗工作机制；在事业单位通过"一推、一述、一评"的方式选拔领导成员副职；很多地方的财政部门也结合自身特点，创造性地开展了竞争性选拔工作，一大批优秀干部脱颖而出。要不断完善竞争性选拔干部工作机制，进一步增强竞争上岗考试的科学性，改进笔试、面试的题目设置，真正体现干什么考什么，并把考试与考察更好地结合起来，全面准确地评价干部德才表现和工作业绩；完善事业单位"一推、一述、一评"选拔方式，丰富个人陈述内容，完善民主测评指标；继续探索适合本单位实际、行之有效的竞争性选拔方式。

提高考核、考察质量。考核、考察是干部选拔任用和管理监督的基础环节，也是干部人事制度改革的重点和难点之一。财政部门不断探索完善考核标准，推行对领导班子的考核，强化考核结果运用，将年度考核结果作为干部职务晋升的重要依据；改进考察方法，严格考察责任，开展延伸考察，实行考察工作实名制；在选拔任用工作中引入综合评价，充分体现干部的实际贡献。要进一步健全促进科学发展的领导班子和领导干部考核评价机制，逐步建立符合不同层次、不同类型领导班子和领导干部特点的考核评价体系，探索建立对干部"德"的测评指标体系，提高考核工作科学化水平。要完善干部考察方法，在考察干部"工作圈"表现的同时，也要向考察"生活圈"、"社交圈"表现延伸，全面把握干部德才情况。

创新干部培养方式。按照中央大规模培训干部的要求，财政部门紧密围绕有效提升财政干部科学化精细化管理的素质和能力，加大培训力度，突出对重点骨干人才的培养，根据财政发展改革的需要，对急需人才进行个性化培养。同时，严格执行干部下基层锻炼制度，有计划地安排年轻干部到艰苦地区、复杂环境、关键岗位砥砺品质、锤炼作风、增长才干。坚持多岗位锻炼，丰富干部阅历、提高能力。从财政工作的全局出发，遵循干部成长规律，不断推进干部交流，突出交流重点，拓宽交流渠道，完善交流制度，加强交流监督。加大干部下基层锻炼的力度，探索建立从基层一线选拔干部制度。

第五节 财政文化建设

文化是民族的灵魂和血脉，是国家发展、民族振兴的重要支撑。财政文化是社会主义先进文化的重要组成部分，对于提高财政干部队伍素质、增强干部队伍凝聚力和战斗力、提高财政管理水平、推动财政科学发展具有重要意义。各级财政部门要高度重视和大力加强财政文化建设，为财政事业发展提供强大的精神动力和智力支持。

一、财政文化的丰富内涵

财政文化是各级财政部门在长期实践活动中积累的、被社会公众认可的各种物质形式、行为规范、管理制度、价值观念、职业道德的集中体现，包括物态文化、行为文化、制度文化、精神文化四个层面。财政物态文化是指财政工作的物质形式和保障财政文化开展的环境条件等；财政行为文化是财政部门和财政人员的组织形象、职业准则、行为规范、言行修养、工作作风等；财政制度文化是指为保障财政工作运行而建立的组织机构、工作体制、管理模式、管理制度及其运行机制等；财政精神文化主要是指以核心价值观为主导的理财理念、道德规范和价值取向等。财政物态文化、行为文化、制度文化和精神文化四个层面相互联系，相互交融，共同构成一个有机的整体。其中，精神文化是财政文化的核心与灵魂，是财政文化的高度浓缩和集中体现，也是财政文化中最活跃、最富有激励性的部分。

二、财政文化建设的总体要求和原则

加强财政文化建设，要以邓小平理论和"三个代表"重要思想为指导，全面贯彻落实科学发展观，大力弘扬为国理财、为民服务的财政工作宗旨，倡导以爱岗敬业、依法理财、科学管理、勤政务实、廉洁奉公为主要内容的财政职业道德规范，实现提高干部素质、增强敬业精神、弘扬优良作风、构建和谐环境、激发工作动力的目标，推动财政事业科学发展。

围绕中心，服务大局。财政文化建设必须与财政中心工作紧密结合，更好地服务财政发展改革的大局。要紧紧围绕推进依法理财、深化财政改革、强化科学管理、加强队伍建设的财政工作主题来明确财政文化建设的定位和思路，不断丰富内涵，切实加以推进，促进财政管理质量和效率的提高，促进财政事业的科学发展和财政职能作用的充分发挥。

以人为本，全员参与。财政文化建设必须牢固树立以人为本的思想，着眼于促进财政干部的全面发展，关心人、爱护人、激励人、塑造人，增强干部的主人翁意识和历史责任感，激发干部的积极性、主动性和创造性。要坚持把领导者的主导作用与全体干部的主体作用紧密结合起来，动员全体干部广泛参与财政文化建设，使广大干部在主动参与中了解财政文化建设的内容，认同核心价值，形成齐心协力、共谋发展的良好氛围。

有机融合，相互促进。财政文化建设与思想政治工作、精神文明创建等密切相关。要通过财政文化建设，为思想政治工作提供良好的平台和载体，使思想政治工作更好地与财政管理相结合，渗透到财政管理的各个环节。要把财政文化建设与精神文明创建有机结合起来，引导财政干部以为国理财、为民服务为工作宗旨，以内强素质、外树形象为主要目标，推动财政系统精神文明创建活动的深入开展。

长期培育，坚持不懈。财政文化有一个形成、发展、逐步走向成熟的过程，要注重长期培育、坚持不懈、潜移默化。要注意继承和发扬中华民族的优秀传统文化，积极借鉴国外先进文化，挖掘整理本单位长期形成的宝贵文化资源，并适应形势发展需要，用发展的观点和创新的思维对财政工作理念等进行整合和提炼，赋予新的时代内涵，在继承中创新，在弘扬中升华。

实事求是，务求实效。财政文化建设要坚持求真务实，重实际、办实事、求实效，防止形式主义，不搞形象工程。要坚持一切从实际出发，按照科学、实用的要求，创建具有鲜明时代特征和丰富管理内涵的财政文化体系。要加强财政文化的研究与实践，不断探索财政文化建设的客观规律，积极稳妥地加以推进。

三、财政文化建设的主要内容

财政物态文化、行为文化、制度文化和精神文化四个层面既相互联系，又各有特点，要准确把握，整体推进。

加强财政物态文化建设。财政物态文化虽然是反映财政实践活动的物质形式，但其间也蕴含和折射出丰富的财政思想、管理理念、审美意识和价值观念。财政物态文化建设要坚持简朴实用、美观大方，注重体现文化内涵。比如要适应工作需要不断改善办公条件，为干部职工创造良好的工作环境；同时，必须以坚持勤俭节约为前提，决不能贪大求洋搞建设。

加强财政行为文化建设。任何行为都贯穿着一定的文化理念和文化精神,体现和反映着一定的文化意识形态。财政文化在很大程度上是通过全体干部职工的行为来体现的。这就需要财政干部职工在实际工作中用自己的行为体现出较高的文化素养和丰富的文化内涵,让社会公众感受到优秀的财政文化。要大力开展文明窗口建设,依法理财,文明服务,展示财政干部的精神风貌,进一步树立财政部门的良好社会形象。加大精神文明创建力度,培养先进典型,树立一批具有行业特色、时代特征的先进典型,并大力宣传其优秀事迹、高尚品格和精神风貌,使干部通过向先进典型学习来规范自己的行为,自觉践行良好的行为方式。广大财政干部要精诚团结,礼貌待人,营造和谐融洽的工作氛围。

加强财政制度文化建设。财政制度文化建设的作用在于通过制定和完善各项制度,使之成为财政工作人员自觉遵循的行为规范,并坚持用制度管权、按制度办事、靠制度管人,营造干事创业的良好氛围,促进财政管理的科学化精细化。要适应情况变化,从实际出发,不断丰富、完善各项管理制度,实现制度建设的与时俱进,逐步形成一个健全的制度体系,确保各项工作有据可依、有条不紊。要按照党中央、国务院的统一部署,积极稳妥地推进财税体制改革,更加有效地发挥财政宏观调控的职能作用。要进一步完善财政管理体制,优化财政业务流程,明确职责分工,建立完善、可操作性强的岗责体系,加强业务衔接,形成权力层层分解、工作环环相扣、相互联系制约的科学严密的管理链条,促进财政管理质量和效率的提高。要深化内部管理改革,保持良好工作秩序,提高工作效率。

加强财政精神文化建设,是财政文化建设的重点。要坚持以科学的理论武装人、以正确的舆论引导人、以高尚的精神塑造人、以优秀的作品鼓舞人,大力推进财政精神文化建设,使全体干部明确价值取向，提高精神境界，增强综合素质，把个人的价值实现与财政事业发展目标紧密结合起来，为财政事业的发展贡献聪明才智。要加强理论武装，用科学理论武装头脑、指导实践、推动工作，不断激发财政管理人员献身财政、报效祖国的豪情壮志。要开展以爱岗敬业、依法理财、科学管理、勤政务实、廉洁奉公为主要内容的财政干部职业道德教育，促使干部立足本职，勤奋工作，认真负责，严谨细致，干一行，爱一行，钻一行，精一行，在平凡工作岗位上做出一流业绩。要大力弘扬团队精神，教育干部切实增强集体荣誉感，时刻以党和人民的事业为重，以为财政事业的发展贡献力量为荣，自觉维护国家、集体的荣誉和利益。要加强团结，做到淡泊名利、注重事业，心胸坦荡、彼此尊重，既讲党性、原则，也讲感情、友谊，成为政治上志同道合的同志、思想上肝胆相照的知己、工作上密切配合的同事、生活上相互关心的挚友，共同推进各项财政工作。要重视和关心干部的心理健康，引导他们保持健康心态，形成良好的思维方式和行为习惯。要结合机关工作实际开展健康向上、形式多样的文体活动，营造健康、祥和、温馨的文化氛围，提高干部文化素养，丰富干部业余文化生活，形成积极向上的生活情趣。

第六节　保障体系建设

全面推进财政科学化精细化管理，需要建立必要和有效的保障体系。具体来说，就是要加强财政机关内部的政务管理、后勤事务管理及财务管理，为财政干部实施财政管理活动提供辅助决策、综合协调、后勤服务、资金物资等方面保障，确保财政管理各项措施的有效落实。

一、加强财政机关内部政务管理

财政机关内部政务管理是财政机关以辅助决策、综合协调为主线的内部行政办公管理,包括公文处理、会议管理、文稿起草、新闻宣传、政务公开、督促检查、政务值班、信访处理、保卫保密等业务。政务管理是保障机关正常有序运转、推动财政管理活动顺利开展的前提和基础。加强政务管理有利于发挥参谋助手作用,服务领导决策;有利于发挥综合协调作用,推动财政管理顺利开展;有利于发挥审核把关和运转保障作用,提高财政管理效能;有利于发挥督促检查作用,促进财政管理目标落实。

加强财政机关内部政务管理,必须按照建设法治政府、服务政府、责任政府、效能政府的原则和深化行政管理体制改革的要求,着力转变职能,推进管理创新,全面优化服务,进一步提高工作质量和效率,建设权责一致、分工合理、决策科学、执行顺畅、监督有力、公正透明、廉洁高效的财政机关。

强化科学管理,提高管理效能。按照科学化精细化管理的要求,明确政务工作的目标、标准、流程,使每个组织和个人的行为、每项工作都遵循一定标准和程序运行,做到秩序优良、管理规范、服务到位,既提高效率又减少差错。要按照明确职责、理顺关系、减少交叉、强化配合的原则,进一步优化机关内设机构,科学、合理界定各部门的工作职责,形成分工明确、责任清晰、各司其职、协调配合的工作机制,提高工作效率。

完善决策机制,提高决策水平。坚持依法决策、科学决策、民主决策原则,按照公开、公平、公正的要求,完善决策规则,规范决策程序,建立和完善公众参与、专家论证、风险评估、合法性审查和集体讨论决定相结合的决策机制,加强重大决策跟踪反馈和责任追究。坚持集体领导、民主集中、个别酝酿、会议决定，切实提高决策质量。自觉接受人大、审计和社会监督，积极推行政务公开，对人事录用、选拔任用、工作考核等方面情况，依照有关规定公开，强化民主监督。

健全规章制度，提高工作效率。建立健全政务管理制度，使各项工作有章可循、有据可依。建立完善的岗位责任体系，加强工作绩效考核，提高政务管理的针对性和有效性。依托现代信息技术，运用科学的方法和手段，整合内外信息资源，实现财政系统内部上下之间、外部与各级政府及有关部门之间的信息交换和共享，形成纵向畅通、横向互联的行政办公、公共服务网络，全面推进财政政务工作自动化和网络化，提高管理效能。

强化服务意识，转变工作作风。服务是政务管理的出发点和落脚点。要牢记为机关、为基层、为群众服务的宗旨，自觉培养服务意识，努力增强服务工作的主动性。要以积极主动的态度和敬业爱岗的精神把服务工作做细、做实、做周全。要处理好为机关服务与为基层服务之间的关系，做到既使机关满意，也让基层满意、群众满意。要改进工作作风，克服官僚主义、形式主义，树立财政部门良好形象。

二、加强财政机关事务管理

财政机关事务管理是机关职能活动的派生，是一项以资产管理为核心、以提供物质保障和综合服务为手段、以保证机关职能活动高效有序开展为目标的基础性工作，内容涵盖了房产土地管理、基建维修管理、社会事务管理、综合治理、卫生绿化管理、会议接待、通讯保障、物业、医疗、交通、文印及餐饮服务等方面。加强财政机关事务管理，有利于为开展财政管理提供物质保障，促进提高财政管理效能；有利于进一步调动干部职工的积极性和主动性；有利于向社会展示财政机关精神风貌、文明程度和管理水平。

各级财政机关要以"廉洁、服务、节俭"为原则,以保障有力、提高效率、优质服务为目标,加强机关事务管理,充分发挥辅助功能作用,支持财政管理活动有效开展。

以人为本,牢固树立服务意识。要牢固树立以人为本理念,增强服务意识,提高服务本领,把为广大干部职工提供工作生活的便利条件放在首位,使服务工作更具人性化。要增强主动性和前瞻性,想干部职工之所想、急干部职工之所急,倾听干部职工呼声,关注意见需求,遇事不推诿、不扯皮、不拖拉,提高干部职工对机关事务管理的信任度和满意度。

统筹兼顾,不断提高履职能力。要牢固树立全局意识和大局观念,在为机关和广大干部职工服好务的同时,还要为财政系统服好务。要适应新形势、新要求,建立一支高素质的管理队伍,有效配置、合理使用机关各种服务保障资源,制定统一的政策标准和服务规范,简化办事程序、提升工作效率,构建起良好的财政机关服务支撑体系。要按照市场导向、监管到位、廉洁高效、保障有力的要求,推进财政机关后勤管理体制改革,切实提高后勤管理效能。

厉行节约,坚持勤俭办事。要加强成本核算和日常管理,科学合理配置人、财、物,努力花好钱、办好事,少花钱、多办事。要厉行节约,精打细算,既尽力而为,又量力而行,从点滴做起,从细节做起,尽量节约开支,降低能源资源消耗。要加强制度建设,严格规范财政机关资产、公务用车等管理,大力推进节约型机关建设。

三、加强财政机关财务管理

加强财政机关财务管理,是维持机关正常运转、有效实施财政管理的基础条件，也是建设节约型机关的必然要求。

近年来，各级财政机关紧紧围绕财政中心工作，坚持依法理财，科学管理，努力提高资金使用的安全性、规范性和有效性，实现了财务管理由事务型向管理型和服务型的转变，相关工作成效显著。但也存在一些不容忽视的问题，比如预算编制的科学性、准确性以及预算执行的均衡性、有效性还有待进一步提高，资产管理工作还比较薄弱等，需要下大力气加以解决。一是加强部门预算编制管理，努力提高预算编制的科学性、准确性；二是加强部门预算执行管理，提高预算执行的及时性、均衡性和有效性；三是加强经费支出管理，提高资金使用的规范性；四是加强国有资产管理，确保资产安全、完整，防止资产流失，提高资产使用效率；五是建立健全与国库集中支付改革相适应的内部管理制度，规范资金支付管理，保证资金安全、高效运行；六是加强政府采购管理，要按照公开、公平、公正的原则，坚持依法采购、依政府采购预算采购，进一步规范采购行为；七是加强财会基础工作和财务监督，保证财政资金支出合法、合规、安全、有效。

依法科学民主理财，不断提高财务管理的规范性和有效性。严格遵守国家各项财务管理法规，健全完善财务制度体系，以制度规范财务管理工作。适应新形势、新要求，不断转变理财观念，调整理财思路，充分利用现代科学技术和管理方法，切实提高财务管理的科学化精细化程度。要加大财务公开力度，努力提高财务工作透明度，有效发挥干部职工对财务管理的监督作用。

围绕财政中心任务，牢固树立保障意识和服务意识。深入了解财政管理实际需求，科学合理地安排和调度资金，保证重点，以人为本，努力提高经费保障能力与服务财政管理和干部职工的水平。

强化支出绩效管理，努力提高资金使用效益。始终牢记"两个务必"，树立艰苦奋斗、厉行节约、精打细算的思想，统筹合理安排资金，使有限的资金发挥最大的效益。增强成本和效益意识，强化支出绩效考核，建立完善支出绩效评价指标体系，注重绩效考核结果的运用，研究提高资金使用效益的方法和途径。

锐意改革创新，完善财务管理体制。在遵循财务工作客观规律的同时，认真研究分析财务工作面临的新形势、新情况、新问题，进一步解放思想、求真务实，探索财务工作的新思路、新方法，积极稳妥地深化各项改革，推动财务工作机制创新，以科学的制度规范财务管理行为。

加强监督检查，完善财务制约机制。强化财务监督体系建设，细化监督措施，完善监督手段，加大监督力度。积极推进部门预算公开和财务公开，自觉接受各方面监督，实现对财务管理重要事项和重点环节的内部监督、外部监督和自我监督。

主要参考文献

1. 深入学习实践科学发展观编委会编：《科学发展观学习读本》，人民出版社2009年版。

2. 谢旭人主编：《深入学习实践科学发展观 进一步推进财政改革与发展》，人民出版社2009年版。

3. 谢旭人著：《中国税收管理》，中国税务出版社2007年版。

4. 欧文·E. 休斯著：《公共管理导论》，中国人民大学出版社2007年版。

5. 王乐夫主编：《中国公共管理理论前沿》，中国社会科学出版社2006年版。